KB214981

스타트업 창업가 DNA

DNA

정진선

성공으로 가는 길

法 文 社

머 리 글

몇 년 전, 산업 현장에서 대학 강의실로 자리를 옮겼다. 오랜 시간 기업에서 신제품을 기획하고 비즈니스 전략을 세우던 내게 강의실은 또 다른 세상이었다. 산업 현장은 시장과 경쟁 속에서 빠르게 움직이며 성과를 만들어내야 하는 곳이었다면, 강의실은 한 세대 이후 이들이 생각을 확장하고 지식을 탐구하도록 이끄는 공간이다.

무엇보다 창업했거나 창업을 꿈꾸는 학생들과의 만남이 기억에 남는다. 새로운 세상을 만들겠다는 도전 정신과 창의력에 감동하는 한편, 걱정스러운 마음이 들었다. 아이디어와 도전 정신만으로, 창업의 길로 뛰어들어도 괜찮을까?

막연히 "나도 창업 한 번 해볼까?"라고 생각하는 이도 적지 않다. "성공한 창업가가 멋있어 보여서", "돈을 많이 벌고 싶어서", "내 친구도 창업했으니까"라는 이유만으로 시작하기에 그 여정은 험난하다. 시장은 치열한 경쟁이 도사리고 있는 전쟁터이고 대충 적당히 해서는 살아남기 힘들기 때문이다.

필자 역시 처음부터 비즈니스 세계를 잘 이해한 건 아니다. 공대를 졸업한 후 연구원으로 직장 생활을 시작했는데, 준비 없이 시작한 사회생활은 카오스 그 자체였다. 자본이 어떻게 흐르고, 자원이 어떻게 활용되는지, 관계를 어떻게 유지해야 하는지 온통 백지상태였다. 기술에는 익숙했지만, 회사가 어떻게 운영되는지, 비즈니스가 어떻게 돌아가는지 전혀 몰랐다.

그렇게 우왕좌왕하며 사회생활을 하던 중, 기술과 시장을 연결하는 방법을 시행착오와 성취로 배웠다. 그 후 상품기획과 신제품 개발을 담당하며, 기술이 어떻게 시장에서 비즈니스로 자리 잡는지를 직접 경험했다. 그리고 박사 과정에서 비즈니스 모델 혁신을 연구하며, 기업이 지속 가능한 성장을 이루는 데 필요한 요소들을 탐구했다.

창업을 이야기할 때 좋은 아이디어를 강조하지만, 그 아이디어를 어떻게 비즈니스로 만들고 지속 가능하게 운영할 것인가도 중요하다. 창업가는 비즈니스 모델을 설계하는 능력을 갖춰야 하고, 시장을 이해하고 변화에 적응하는 전략을 고민해야 한다. 또한, 고객 니즈를 정확히 파악하고 이를 해결할 수 있는 역량을 키워야 한다.

하지만 한정된 강의 시간에 이러한 내용을 충분히 전달하기란 쉽지 않다. 다수의 학생을 대상으로 진행해야 하다 보니 표준화된 강의 내용에 집중해야 하는 현실도 있다. 수업이 끝난 후에도 더 이야기하고 싶은 부분이 있고, 한 명 한 명에게 개별적인 조언을 해주고 싶은 순간도 많았다. 강의실에서는 이 모든 것을 담아낼 수 없었다.

그래서 이 책을 쓰기로 했다.

예비 혹은 초기 스타트업 창업자들을 위해. 창업이론과 경영 지식뿐 아니라, 창업가로서 그리고 사회인으로서 알아야 할 태도와 사고방식까지 담았다. 초기 단계 생존을 넘어서면 다른 도전이 시작되는데 이때 고려해야 할 요소들도 다루었다. 대개 초기 생존에 집중하여, 지속적인 성장 전략을 충분히 고민하지 못하는 경우가 많다. 기업이 장기적으로 살아남기 위해서는 단계에 따라 성장 전략과 운영 방식의 변화가 필요하다. 이 책은 창업 초기부터 성장단계까지, 단계별로 창업가가 알아야 할 내용을 풀어간다.

창업은 회사를 세우고 사업을 운영하는 것이 다가 아니다. 스스로 삶을 개척하고 끊임없이 문제를 해결하는 과정에서, 자신의 철학과 가치를 기반으로 세상을 변화시키는 일이다. 하지만, 비즈니스 세계는 만만치 않다. 창업은 더더욱 쉽지 않다. 수많은 변수가 있고, 예상치 못한 문제들이 끊임없이 등장하기 때문이다. 하지만, 올바른 방향을 설정하고, 준비한 상태에서 도전한다면, 그 길은 충분히 개척할 수 있다. 그리고 정상에 깃발을 꽂고 당당히 설 수 있다.

이 책이 창업을 고민하는 당신에게 하나의 등불이 되기를 바란다.
길이 어두울 때 작은 불빛이 되어 방향을 찾을 수 있도록, 어려운 순간에 다시 일어설 수 있도록.
당신의 창업 여정이 의미 있는 성장이 되기를.
세상에 새로운 가치를 만들어내는 창업가로 거듭나기를 진심으로 응원한다.

2025년 봄,
정진선

contents

차 례

차 례

제3부
전 략: 생존과 성장을 이끄는 설계안

제4부
제 품: 기승전 · 제품, 경쟁력의 중심

제5부
성 장: 성공을 향한 다음 단계

Prolog

이제 우리는 생애 한 번 이상 창업을 경험하게 될 것이다.

100세 시대를 넘어 120세를 논하는 오늘날, 우리는 이전 세대와 전혀 다른 환경 속에 살고 있다. 바이오와 헬스 기술, 그리고 ICT(정보통신기술)의 융합으로 인간 수명은 점점 더 연장되고 있다.

2019년 한국인 평균 기대 수명은 83세를 넘어섰다. 반면, 평균 퇴직 연령은 49.3세로, 퇴직 이후 적어도 한 번 이상 새로운 형태의 경제활동을 해야 하는 현실이다. 정년퇴직은 더 이상 보편적인 개념이 아니며, 권고사직, 명예퇴직, 정리해고와 같은 비자발적 퇴사는 계속 증가하고 있다. 실제로 정년퇴직 비중은 9.6%에 불과하고, 비자발적 퇴사 비중은 41.3%에 이른다.

[그림] 기대수명 추이(2011~2021년)

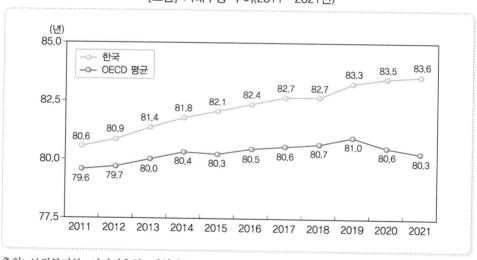

출처: 보건복지부, 이미지출처: 병원신문

이 간극은 대기업과 공공기관을 막론하고 모든 근로자에게 영향을 미치고 있다. 대기업에서는 50대 전후에 회사를 떠나는 게 일반적이며, 공공기관도 60세

이전 은퇴를 맞는다. 그렇다면 정년 연장이 답일까? 정년을 65세로 연장하는 방안이 논의되고 있지만, 이는 기업 인건비 부담과 정부 세금 지출 증가를 초래해 지속 가능한 해결책으로 보기 어렵다.

퇴직 이후 삶은 생계뿐 아니라, 삶의 방향성과 직결된 문제다. 낮은 보수를 받으며 새로운 직장으로 이직하거나, 자산만으로 생활하며 경제활동을 하지 않는 것도 선택지가 될 수 있다. 그러나 일을 통해 얻는 의미와 가치는 소득 이상의 것이다.

결국 우리는 생애 한 번 이상 창업을 경험할 가능성이 크다. 창업은 거창한 것이 아니다. 나의 경험과 역량을 활용해 새로운 가치를 창출하는 활동 그 자체가 창업이다. 다만, 준비 없는 창업은 어려운 길이 될 수 있다. 직장 생활과 창업은 완전히 다른 세계이며, 소비와 수익을 창출하는 활동의 결도 다르다.

이는 중장년층뿐 아니라 젊은 세대에게도 해당하는 이야기다. 20대와 30대는 사회 진출과 동시에 불확실성이라는 과제를 마주한다. 과거에는 대학 → 취업 → 안정된 직장 → 은퇴라는 경로가 삶의 공식처럼 여겨졌지만, 오늘날 현실은 달라졌다.

20대는 학업과 취업 준비로 긴 경쟁의 시간을 보내며 높은 취업 문턱과 비정규직 채용 증가로 안정감을 얻기 어렵다. 청년 실업률이 7.2%에 달하며, 결혼, 출산, 내 집 마련을 포기하는 N포 세대라는 신조어가 등장할 만큼 이들은 불확실한 미래에 직면하고 있다.

30대는 사회 경력을 쌓으며 가정과 경제적 책임을 동시에 짊어지는 시기다. 그러나 빠르게 변하는 직업 환경과 디지털 전환 속에서 이들도 장기적인 경력 설계에 대한 불안을 느끼고 있다. 평균 퇴사 연령이 49.3세인 현실에서, 30대는 현재의 경력만으로 오래 일할 수 없음을 점차 깨닫고 있다.

중년층은 풍부한 경험을, 젊은 세대는 참신한 아이디어를 강력한 무기로 활용할 수 있다. 오늘날 우리는 창업을 선택이 아닌 필수로 받아들여야 하는 환경에 놓여 있다. 개인의 경력 단절과 경제적 불확실성은 창업을 새로운 돌파구로 제시한다. 창업은 생계 유지 수단을 넘어, 자신의 경험과 아이디어를 활용해 새로운 가치를 창출하고 자립적인 미래를 설계할 기회를 제공한다.

창업의 혜택은 개인적인 차원을 넘어선다. 경제적 자유를 얻을 수 있는 기회를 제공하며, 자신의 브랜드와 전문성을 구축하고, 자아실현의 길을 열어준다. 또한, 창업 과정에서 얻는 경험과 네트워크는 경력의 폭을 넓히고, 새로운 도전과 성장을 가능하게 한다.

무엇보다 사회적으로도 큰 가치를 창출한다. 새로운 일자리를 만들고, 시장의 다양성을 확대하며, 혁신적인 아이디어를 통해 사회적 문제를 해결하는 데 기여한다. 이는 경제적 참여자로서만이 아니라, 세상을 변화시키는 주체로 자리매김할 수 있음을 보여준다.

이 책은 창업 여정을 시작하는 당신을 위해 쓰였다. 고객을 설득하는 데 필요한 구체적인 전략과 사례를 통해, 성공적인 창업의 길로 안내하고자 한다.

저자가 20년간 산업에서 겪은 시행착오와 성공 경험을 바탕으로, 비즈니스를 성장시키는 데 실질적인 도움을 줄 수 있는 전략을 제시할 것이다.

'제1부: 창업가 DNA - 성공으로 가는 길'에서는 스타트업 창업가에게 필요한 10가지 핵심 정보와 꿀팁을 담았다. 비즈니스 기초를 튼튼히 다지는 밑거름이 되길 바란다.

'제2부: 고객 - 사업의 시작과 끝'에서는 고객을 정의하고, 고객 페르소나 작성 과정을 다룬다. 첫 고객 발굴, 신규 고객 유치, 그리고 고객과 장기 관계를 통해 성장하는 방법까지 전한다. 고객의 중요성은 아무리 강조해도 지나치지 않다.

'제3부: 전략 - 비즈니스 성공을 디자인'에서는 경쟁력 유지와 강화를 위한 전략과 방법론을 다룬다. 방법론은 시행착오를 줄여주고, 전략은 생존과 성장, 성공을 가능하게 하는 사업의 틀이다. 성공적인 사업 운영의 설계를 도울 것이다.

'제4부: 제품 - 기승전·제품, 경쟁력의 중심'에서는 제품의 본질과 기획에 대해 다룬다. 제품은 경쟁력의 핵심이며, 생존과 성장을 좌우하는 축이다. 경쟁력을 갖추지 못한 제품은 살아남기 어렵다. 성공적인 제품 기획을 위한 관점과 인사이트, 그리고 방법론을 제공한다.

'제5부: 성장 - 성공을 향한 다음 단계'에서는 창업자가 다음 단계로 도약하는데 필요한 주제를 다룬다. 생존을 넘어 성장을 통해 성공을 향해 가는 길목에 알아두어야 할 내용을 담았다. 시장에 발을 디딘 당신의 이 도전 끝 결말은 어떤 모습인지 그려보라. 적당히 시작해 적당히 성장하며 근근이 버티는 게 목표인가? 그렇지 않다면 반드시 숙지해야 할 내용이다.

창업은 불확실성과 변화의 시대를 헤쳐 나가는 시간이다. 이 책은 스타트업 창업자, 그리고 창업을 꿈꾸는 이들에게 지식과 통찰을 제공하며, 첫걸음을 내딛는 데 든든한 동반자가 되어줄 것이다. 첫 창업을 준비하는 이들에게는 길잡이가 되고, 이미 도전 중인 이들에게는 다음 단계 설계에 필요한 도구다. 또한, 기업 내에서 혁신을 이끌거나, 새로운 사업 기회를 모색하는 이들에게도 도움이 될 것이다. 이제, 당신의 가능성과 미래를 재발견할 시간이다.

한 걸음 한 걸음 이 책과 함께하며, 당신의 아이디어를 세상에 실현하는 창업가로 성장하길 바란다. 그리고 언젠가, 당신의 성공 이야기를 다른 이들과 나눌 날을 기대하며, 첫 페이지를 넘기길 권한다. 스타트업 창업의 길, 생존을 넘어 성공으로 가는 길, 이제 당신이 밟을 차례다.

제1부
창업가 DNA: 성공으로 가는 길

그는 세련된 캐주얼 비즈니스 룩을 완벽히 소화한다. 몸에 맞는 블레이저 안에 심플한 흰 셔츠를 입고, 스마트 워치를 착용한 모습은 기술과 인간미의 조화를 보여준다. 손에는 태블릿이, 아이디어가 떠오를 때는 메모하거나 팀과 소통한다.

설득력 있는 말투에는 진정성이 묻어난다. 팀원 대화에서는 경청이 우선이며, 결정적인 순간에는 누구도 따라올 수 없는 결단력을 보여준다. 회의에서는 창의적인 질문을 던져 사람들의 생각을 자극하고, 문제를 새로운 관점에서 해결한다.

강연이나 미디어 인터뷰에서는 자신감 넘치는 미소와 함께 무대에 오른다. 자신의 비전과 회사 미션을 말할 때는 열정이 목소리와 눈빛에서 뚜렷하다. 데이터를 기반으로 성과를 설명하되, 언제나 사람 중심의 접근을 강조하며, 고객과 팀원들을 향한 감사의 말을 잊지 않는다.

주변 사람들은 그를 '영감과 실행력을 동시에 갖춘 리더'라고 칭한다. 실패를 두려워하지 않고 배움의 기회로 삼는 태도는 팀과 기업 문화를 강하게 만든다. 또한, 항상 변화에 민감하게 반응하며, 새로운 도전과 기술을 회사에 접목해 끊임없이 진화하는 모습을 보여준다.

그는 스타트업 성공을 넘어, 세상을 더 나은 곳으로 만들겠다는 비전을 실행으로 옮기며 많은 사람에게 귀감이 되는 존재다.

여기서 그는 누구일까? 성공한 스타트업 CEO의 모습이다. 이 글은 누군가의 실제 모습일 수도 있고, 어쩌면 당신의 미래를 미리 그려본 것일지도 모른다. 혹시 이 글에서 당신의 모습을 발견했는가? 그렇다면 이 책과 함께 더 멀리 나가 보자. 아직 당신의 모습이 비치지 않았다고 걱정할 필요 없다. 지금은 준비할 시간이다. 이 책이 당신에게 필요한 지침서가 되어줄 것이다.

창업은 도전의 연속이다. 모든 도전은 준비된 자에게 유리하다. 성공적인 스타트업 창업을 위해선 열정뿐 아니라, 냉철한 전략과 실질적인 노하우가 필요하다. 제1부에서는 스타트업 창업가가 꼭 알아야 할 10가지 핵심 팁을 다룬다. 이는 저자가 산업 현장에서 겪은 시행착오와 스타트업 연구를 바탕으로 도출한 가이드다.

멘탈과 자금 관리부터 초기 성과를 검증하고 네트워크를 확장하는 전략까지 포괄한다. 막연한 두려움을 떨치고, 튼튼한 기초를 다지며 첫 발걸음을 내딛는 데 필요한 자신감을 얻게 될 것이다. 이제, 창업가 DNA를 형성하는 여정을 시작해 보자.

01. 시작하는 용기 – 첫 발걸음이 중요하다
02. 창업 아이템 발굴 – 나로부터 시작하라
03. 네트워크 활용 – 혼자보다는 둘이 낫다
04. 창업 지원 정책 – 정부 기관을 적극 활용하라
05. 스타트업 성공 요인 – 성공에는 이유가 있다
06. 실행이 답이다 – 작은 성공에서 큰 성장을 기획하라
07. Run-rate(런 레이트) 확보 – 작더라도 꾸준한 매출을 만들어라
08. 두 개의 주머니 – 생활비와 사업비는 별개다
09. 심신 관리 – 마인드 컨트롤이 우선이다
10. 실패의 교훈 – 포기하지 않으면 실패는 없다

01 시작하는 용기
: 첫 발걸음이 중요하다

    세상은 아이디어와 열정으로 무장한 창업가들이 만들어낸 변화의 흔적으로 가득하다. 하지만 그 시작은 결코 화려하거나 거창하지 않다. 창업을 결심하는 순간, 당신은 한 발짝도 앞을 내다볼 수 없는 불확실한 길 위에 서게 된다. 그럼 에도 불구하고 첫 발걸음을 내딛는 용기는 모든 성공의 시작점이 된다.

    스타트업 창업은 새로운 도전을 받아들이고, 실패를 통해 배우며, 끊임없이 성장하는 여정이다. 첫 발걸음을 내딛는다는 건 단지 행동에 그치지 않는다. 이 는 스스로를 믿고, 세상에 무언가 새로운 가치를 전달하겠다는 다짐의 표현이다.

    이 책은 많은 스타트업 창업가가 공통으로 겪는 두려움과 의문－"내가 할 수 있을까?", "실패하면 어떡하지?"－에 대한 현실적인 해답을 제공한다. 시작하는 용기가 왜 중요한지, 그리고 그 용기가 어떻게 성공의 씨앗이 되는지를 함께 탐 구해보자.

스타트업 창업이 만드는 변화

스타트업 창업 결심은 쉬운 일이 아니다. 자본과 시간을 걸고 '내 일'을 시작하겠다는 선언이며, 성공이 보장되지 않은 길을 용기 있게 걷겠다는 다짐이다. 시작부터 자리 잡기까지는 마치 맨발로 험한 길을 걷는 것과 같을지도 모른다.

사실, 필자 역시 회사 다닐 때만 해도 창업은 먼 이야기였다. 산업과 기업, 조직에 익숙한 시각은 '내 일'을 한다는 개념이 생소했다. 20년 넘게 산업 현장에서 일하며 나름의 전문성을 쌓았지만, 창업은 낯설고 어려웠다. 이미 체계와 기반이 갖춰진 조직 안에서 맡은 역할을 잘 해내는 것과, 거의 제로에서부터 하나씩 새롭게 만들어가는 일은 완전히 다른 차원의 도전이다.

2023년 잡코리아와 알바몬 조사에 따르면, 직장인의 76.8%가 창업 계획이 있다고 응답했다. 직장인 창업 이유는 '고용불안(39.1%)'과 '부가 수입(37.8%)'이 주요 동기로 나타났다. 이는 고용 안정성과 경제적 압박에 대한 반작용이자, 보다 나은 삶을 추구하려는 내적 동기에서 비롯된 결과다.

이러한 결과는 창업이 선택을 넘어 필수적 생존 전략으로 변하고 있음을 보여준다. 창업자들이 안정적인 시작을 하도록 환경적 지원과 제도적 도움도 점차 중요해지고 있다.

[그림 1-1] 직장인 창업희망 이유

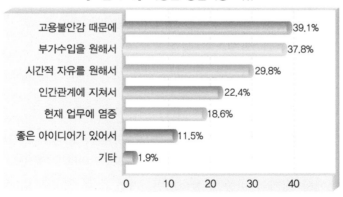

출처: 잡코리아, 알바몬

청년의 창업 동기 설문조사 결과, '자유롭게 일하기 위해'가 50.5%, '더 많은 경제적 수입을 위해'가 46.2%로 나타났다. 청년 창업자들은 자유로운 근무 방식과 더 큰 경제적 수익을 원하며, 전통적인 직업 환경의 제약을 벗어나고자 하는 욕구가 강함을 보여준다. 동시에, 정년 없이 안정적이고 지속 가능한 수익 창출이라는 현실적인 동기도 중요한 요인으로 작용하고 있다.

[그림 1-2] 청년창업 동기

출처: 한국경영자총협회

창업은 개인적으로도, 사회적으로도 의미 있는 도전이다. 개인에게는 경제적 부를 쌓고, 일을 통한 성취감을 얻을 기회를 제공한다. 한국 부호 순위 상위 10위 중 3명이 창업가라는 점은 성공한 창업의 경제적 대가를 잘 보여준다. 또, 자신의 아이디어, 노력과 역량으로 새로운 것을 창조해 내는 성취는 학업에서 최고 성적을 얻는 것과는 비교할 수 없는 깊은 만족을 선사한다.

사회적으로도 창업은 매우 중요한 전환점에 놓여 있다. 한국 경제는 2018년 처음으로 1인당 국민소득(GNI, Gross National Income)이 3만 달러를 넘어서며 선진국 반열에 올랐다. 그러나 경제성장률은 2%대로 OECD 평균보다 낮다. 또한, 한국 경제에서 대기업 비중을 살펴보면, 기업 수는 전체의 0.09%에 불과하지만, 매출액은 45.6%, 자산은 50.6%를 차지한다. 이는 대기업 의존도가 지나치게 높다는 것을 보여주며, 경제의 다양성과 지속 가능성을 저해하는 요인으로 지적되고 있다.

무엇보다 창업은 사회적 혁신과 일자리 창출의 핵심 동력이다. 산업의 지속 성장과 경쟁력을 위해 혁신은 필수이며, 스타트업은 새로운 아이디어와 기술을 통해 산업에 활기를 더하고 질적 성장을 촉진한다. 또한, 스타트업은 신시장 창출과 고용 증대를 이끌며 경제 성장과 사회적 지속 가능성에 크게 기여한다. 미국의 1982년과 2009년 두 차례 경기 침체 극복 과정에서도 스타트업의 역할은 매우 중요했다.

모든 시작은 작고 불완전하다

스타트업 창업을 생각하면 이 말이 가장 먼저 떠오른다. 직장에서 쌓은 경험과 전문성이 있어도, 창업이라는 새로운 세계는 마치 모든 것을 초기화시키는 듯한 느낌을 준다. 열정과 의지가 커질수록 불안과 의심도 함께 밀려온다.

정말 이 길이 옳은 선택일까?
내가 선택한 아이템과 시장은 성공 가능성이 있을까?

그럼에도 불안을 이겨낼 수 있는 건 하나의 믿음이다. '내가 하고자 하는 일이 세상에 꼭 필요한가?', '내 아이템이 고객에게 진정한 가치를 제공할 것인가?'라는 질문에 자신있게 '그렇다'라고 답할 수 있다는 점이다. 이 믿음이야말로 창업의 첫걸음을 내딛게 만드는 원동력이다. 성공한 창업가들 역시 이러한 믿음을 바탕으로 불확실한 길을 묵묵히 걸어가며 자신만의 혁신을 이루어냈다.

"나는 우리가 세상을 바꿀 수 있다고 믿습니다.
그 믿음이 나를 계속 앞으로 나아가게 만듭니다."
– 애플 창업자 스티브 잡스

*"당신이 해결하려고 하는 문제는 정말 중요한가?
그렇지 않다면 에너지를 다른 데 쏟아라."*
– 테슬라와 스페이스X 창업자 일론 머스크

*"고객 중심으로 사고하고, 그들에게 진정한 가치를
제공하겠다는 믿음을 잃지 마세요."*
– 아마존 창업자 제프 베조스

시작이 반이다. 어떤 사업 아이템이든 처음부터 완벽할 수 없다. 완벽을 기하다 보면 첫 발걸음이 무거워 실행이 지연되기 쉽다. 창업 아이템과 성공 아이템이 다른 사례는 스타트업에서 흔히 볼 수 있다.

유튜브는 데이트 동영상 플랫폼으로 시작했지만, 사용자들에게 큰 반응을 얻지 못해 일반 동영상 공유 플랫폼으로 방향을 바꿨다. 이후 폭발적인 성장을 이루며 현재 전 세계 20억 명의 월간 활성 사용자를 보유한 대표적인 동영상 플랫폼이 되었다.

인스타그램 역시 처음에는 위치 기반 체크인 앱으로 시작했지만, 사용자들이 사진 공유 기능에 더 큰 관심을 보이자 이를 중심으로 서비스 방향을 변경해 성공을 거두었다.

트위터는 팟캐스트 플랫폼으로 시작했지만, 애플의 시장 진입으로 기존 서비스 경쟁력이 약화되자, 140자 제한의 마이크로블로그 서비스로 방향을 틀며 새로운 기회를 잡았다.

특정 아이템이나 서비스로 시작했더라도 시장 반응에 따라 유연하게 전환(pivot)하여 성공한 스타트업 사례는 무수히 많다.

중요한 것은 '왜 이 일을 하는가?'라는 질문에 답해 보는 거다. 이 답은 창업 과정에 마주할 수많은 도전과 실패 앞에서 당신을 지탱해 줄 기준이 된다. 성공한 창업가들 역시 이 질문을 통해 자신만의 길을 찾았다.

성공한 창업가들이 초기에 가졌던 기준은 간단하다.

- 나의 아이템이 세상에 기여할 수 있는가?
- 이 일을 하며 내가 행복할 수 있는가?

이 질문의 답을 찾는 과정은 고통스럽더라도 필수다. 하지만 답을 찾았다면, 고민을 멈추고 실행에 옮기는 거다. 성찰과 실행이 맞물릴 때 비즈니스의 방향성과 속도가 잡힌다. 창업의 첫걸음은 그렇게 시작된다.

02 창업 아이템 발굴
: 나로부터 시작하라

창업을 결심한 이후 가장 먼저 마주하는 시급한 문제는 바로 '아이템 발굴'이다. 최근 대학 창업 관련 학과는 관심이 뜨겁다. 정부도 청년 창업을 적극 지원하고 있고. 하지만 매 학기 창업을 꿈꾸는 이들에게 가장 많이 나오는 공통적 질문은 바로 '무엇'이다.

어떤 아이템으로 창업해야 할까요?
아이템 추천 좀 해주세요!

아이템 발굴의 핵심 요소는 창업자가 해결하고자 하는 문제, 고객 니즈, 그리고 시장 기회다. 아래 그림처럼 창업가 역량, 시장 기회, 고객 니즈가 만나는 교차 지점에서 아이템을 발굴하는 게 이상적이다. 하지만 이 과정이 쉽지 않기에 많은 창업자가 아이템 발굴 단계에서 막막함을 느낀다.

[그림 1-3] 창업 아이템 발굴의 핵심 요소

창업 아이템 발굴은 어떤 문제를 해결할 것인가, 어떤 가치를 창출할 것인가를 고민하는 과정으로 창업의 방향성을 결정짓는 중요 단계다. 아래에 창업 아이템을 발굴하는 다섯 가지 구체적인 방법을 제시한다.

창업 아이템 발굴의 5가지 팁

#1. 창업가 역량: 개인적인 경험에서 아이디어 찾기

창업 아이템을 선택하는 과정은 매우 흥미롭고, 다른 한편으로는 매우 어렵다. 처음엔 수많은 아이디어를 떠올리지만, 그중 어떤 것이 정말 실행 가능할지, 시장에서 받아들여질 수 있는지를 판단하기 쉽지 않기 때문이다. 아이템 발굴의 기본 원칙은 내가 잘 아는 곳에서 시작하는 거다. 익숙하지 않은 시장이나 기술은 위험 요소가 크고, 초기 창업자에게는 더 큰 부담이다.

이전 산업 경험이 있다면, 속했던 업계와 경험에서 출발하면 된다. 당신의 경험이나 전문성을 어떻게 활용할 수 있을까? 몸담은 산업에서 반복적으로 관찰된 문제를 리스트업하고, 해결할 솔루션을 고민해 보는 거다. 예를 들어, IT 업계에서 일했던 사람이 업무 자동화 솔루션을 개발하거나, 물류 업계 경험을 바탕으로 배송 최적화 서비스를 제안하는 사례가 이에 해당한다.

이와 달리 특정 업계 경험이 없는 경우라면, 일상생활에서 불편하거나 개선이 필요한 점에 주목해 창업 아이템을 구상할 수도 있다. 예를 들어, 대학생이라면 일상에서 자주 필요한 학교 내 서비스를 묶어 구독형 모델을 제공하는 아이템을 생각해 볼 수 있다. 아이 키우는 부모 입장에서 유아용품의 불편한 점을 해결하는 제품을 개발하거나, 직장인의 점심시간 어려움을 해소하는 맞춤형 도시락 서비스를 시작하는 방식이다. '문제를 발견하고, 이를 해결하는 솔루션을 제공한다'는 접근 방식이지만, 이는 창업 아이템을 구체화하는 데 결정적인 역할을 한다.

마켓컬리의 창업 아이템은 창업자인 김슬아 대표가 일상에서 발견한 불편함에서 출발했다. 김대표는 유학 시절 신선한 재료를 구입해 요리한 경험을 떠올리며, 한국에서는 신선한 식재료를 구매하기가 번거롭고, 특히 직장인들은 장보러 갈 시간이 부족하다는 점에 주목했다.

한국에 돌아온 후, 기존 식재료 유통 구조와 고객들의 불편을 해결할 방법을 고민하면서, 소비자가 고품질의 신선식품을 편리하게 구매하고 원하는 시간에 받아볼 수 있는 서비스가 필요하다고 느꼈다. 그래서 신선식품을 중심으로 한 온라인 쇼핑몰과 새벽 배송 서비스를 결합한 "마켓컬리"가 탄생한 거다.

이처럼 개인적 경험에서 출발해 고객 문제를 파악하고 해결할 솔루션을 구체화하면 된다. 일상 속 불편함을 발견하고 이를 창업 아이템으로 발전시키면 된다. 자신의 경험이나 관심사를 활용하면 창업 아이템의 차별화를 이룰 수 있다. 과거의 실패 경험조차 새로운 비즈니스 기회를 만드는 출발점이 될 수 있다.

#2. 창업가 역량: 기존 시장의 불만족 분석하기

시장에서 고객이 느끼는 문제점과 미충족된 니즈는 아이템 개발의 출발점이다. 고객 관찰, 고객 리뷰 및 설문 조사, SNS 분석, 혹은 고객과의 직접 대화를 통해 문제를 탐구해 기회를 찾을 수 있다. 이때 중요한 것은 문제의 표면적인 증상에 머무르지 않고, 근본 원인을 이해하는 것이다.

기존 시장에서 고객이 느끼는 불편이나 만족하지 못하는 부분은 창업 기회다. 이때 중요한 것은 문제의 표면적인 증상에 머무르지 않고, 근본 원인을 이해하는 것이다.

커피 애호가이자 물류 전문가였던 한 창업자는, 고급 커피 원두를 구매하고 보관하기 어렵다는 불만을 자주 접했다. 그는 이 문제를 해결하기 위해 소형 냉동 보관 배송 시스템을 활용한 커피 구독 서비스를 론칭하여 성공을 거두었다.

기존 시장의 불만족을 해결할 수 있는 창업 아이템은 자연스럽게 차별화를 이룰 수 있다. 경쟁 제품이나 서비스와 구별되는 가치를 제공함으로써 고객 신뢰를 얻고 시장에서 두각을 나타낸다.

무신사 창업자 조만호 대표는 국내 스트릿 패션 시장에서 정보 부족이라는 문제를 발견했다. 당시 소비자들은 스트릿 패션 브랜드와 스타일에 대한 정보를 얻기 어려웠고, 시장 내에서도 이를 체계적으로 제공하는 플랫폼이 없었다.

조만호 대표는 평소 스트릿 패션에 관심이 많아, 문제 해결을 위한 온라인 커뮤니티 '무진장 신발 사진이 많은 곳'을 시작했다. 이 커뮤니티는 사용자들에게 스트릿 패션 브랜드와 스타일에 대한 정보를 제공하며 빠르게 성장했다.

커뮤니티 운영 과정에서 조 대표는 사용자들의 니즈를 발견했다. 정보를 얻는 것에서 나아가, 스트릿 패션 제품을 구매할 수 있는 플랫폼을 원하는 목소리가 많았던 것이다. 커뮤니티는 자연스럽게 스트릿 패션 판매 플랫폼으로 확장되었고, 이후 국내 스트릿 패션 브랜드와 소비자를 연결하는 독창적인 생태계를 구축했다.

이처럼 창업가는 자신의 열정과 전문성을 기반으로 문제와 해결 방안에 접근할 수 있다. 창업은 아이디어 게임이나 단거리 경주가 아니다. 긴 여정에 살아남으려면 선택한 아이템과 시장에 대한 전문성과 애정이 필요하다.

좋아하는 것에서 시작하되, 이를 뒷받침할 전문성과 경험이 있는 분야를 선택해야 한다.

[창업 아이템 발굴을 위한 질문]
· 내가 가장 흥미를 느끼고 애정을 가진 분야는 무엇인가?
· 내가 가장 잘 알고, 전문성을 발휘할 수 있는 분야는 무엇인가?
· 이 두 가지를 결합해 시장의 문제를 해결할 수 있는 방법은 무엇인가?

창업 아이템 발굴은 창업가의 열정과 전문성을 기반으로, 기존 시장의 불만족을 해결하는 데서 시작할 수 있다. 자신이 좋아하고 잘 아는 분야에서 시장의 문제를 해결하려는 접근은 아이템의 차별성과 지속 가능성을 동시에 확보하는 방법이다. 고객 문제를 깊이 이해하고 이를 해결하는 과정을 통해, 창업가는 시장에서 신뢰받는 존재로 자리 잡을 수 있다.

#3. 시장 기회: 트렌드와 기술에서 아이디어 찾기

시장 기회는 창업 아이템 발굴의 또 다른 출발점이다. 시장 트렌드와 기술은 아이디어를 제공하고, 가능성을 열어준다. 변하는 트렌드와 기술 흐름을 제대로 읽으면 시장에서의 성공 가능성이 높아진다.

트렌드는 소비자의 관심사와 행동 변화를 반영한다. 건강에 대한 관심이 높아지는 트렌드는 헬스케어, 웰빙, 친환경 제품 등에 대한 수요를 급격히 증가시켰다. 풀무원의 잇슬림(EatSlim), 대상의 베지미트(Vegemeat), 농심의 베지가든(Veggie Garden), 신세계 푸드의 베러미트(Better Meat) 등은 식품 시장의 글로벌 트렌드를 잘 보여준다. 건강과 환경을 중시하는 소비자들을 위한 새로운 기회를 창출하고 있다.

트렌드는 사회, 문화, 경제, 환경 등 다양한 요인에 의해 형성되므로, 뉴스, 시장 보고서, 소셜 미디어 등의 정보를 통해 변화의 흐름을 주기적으로 파악해야 한다.

매년 11월경 발간되는 김난도 교수 외 『트렌드 코리아』는 소비 시장의 변화를 이해하고 창업 아이템을 구상하거나 비즈니스 전략을 설계하는 데 좋은 참고 자료다. 2025년 키워드는 "SNAKE SENSE"로 다음의 트렌드를 제시하고 있다.

- **옴니보어**: 다양한 콘텐츠와 서비스를 동시에 소비하는 현대인의 소비
- **아보하**: 행복을 추구하는 삶의 방식과 경험
- **토핑경제**: 맞춤화된 소비 경험 추구
- **페이스테크**: 얼굴인식 기술과 AI가 결합된 기술 활용
- **무해력**: 환경과 사회에 해를 끼치지 않는 소비와 생활 방식
- **그라데이션K**: K – 컬처가 확장되는 경향
- **물성매력**: 물질 자체의 매력을 탐구
- **기후감수성**: 기후 변화와 환경 문제에 민감

·**공진화 전략:** 개인, 기업, 사회가 함께 발전하는 방향을 모색
·**원포인트업:** 간단한 업그레이드로 일상에 만족

자세한 사항은 해당 도서를 통해 더 깊이 학습하길 바란다.

기술은 창업 경계를 넓히고, 기존 시장을 혁신한다. 최근 4차 산업 혁명의 물결은 새로운 기술에 대한 기대를 더욱 높이고 있다. 인공지능(AI), 블록체인, IoT(사물인터넷), AR/VR(증강/가상현실), 빅데이터 등은 다양한 산업에서 새로운 비즈니스 모델을 가능하게 하며, 기존의 한계를 뛰어넘는 기회를 제공하고 있다.

[그림 1-4] 4차 산업 시대 기술

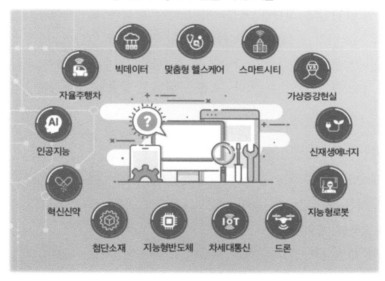

출처: 과학기술정보통신부 블로그

이외에도 로봇 공학, 친환경 기술, 바이오테크, 양자 컴퓨팅 등 많은 신기술은 창업자에게 기존 시장을 혁신하거나 새로운 시장을 창출하는 가능성을 열어준다. [그림 1-4]의 다양한 기술들은 향후 비즈니스와 산업 변화를 이끌 열쇠이다.

기술을 활용한 창업은 기존에 없던 문제 해결 방식을 제시하거나, 효율성 향상에 초점을 맞출 수 있다. 기술을 이해하고, 이를 특정 시장이나 고객 니즈에 맞게 적용하는 창의적 접근이 필요하다.

화상 회의 플랫폼인 줌(Zoom)은 원격 근무와 디지털 협업이라는 트렌드와 고품질 화상 통신 기술을 결합해 팬데믹 기간 동안 폭발적인 성장을 이뤘다. 특히, 사용자의 편리성과 안정성을 강조한 접근이 성공의 열쇠가 되었다.

트렌드와 기술, 이 둘은 융합할 때 더 큰 시너지를 발휘한다. 트렌드는 사용자들의 요구를 반영하며, 기술은 이를 충족시키는 도구로 기능한다. 창업자는 트렌드와 기술의 연결 고리를 찾아 창의적으로 결합함으로써 새로운 시장 기회를 발견할 수 있다.

트렌드와 기술은 고정된 것이 아니라 지속적으로 변화하고 발전한다. 따라서 창업자는 시장과 기술 동향에 민감하게 반응하며, 새로운 흐름을 포착해야 한다. 이를 위해 관찰과 학습을 게을리하지 않는 태도가 요구된다.

고객 요구를 반영한 트렌드와 이를 실현할 기술을 결합하면, 기존 시장의 혁신은 물론 새로운 시장 창출도 가능하다. 트렌드와 기술을 효과적으로 활용하면 성공 가능성을 크게 높일 수 있다. 흐름을 읽는 통찰력과 실행력은 창업의 중요 요소다.

#4. 고객 니즈: 문제에서 출발하기

모든 비즈니스는 고객을 깊이 이해해야 한다. 고객 니즈 파악은 창업 아이템 발굴의 또 다른 출발점이다. 특히, 타깃 고객과의 대화는 그들이 겪는 문제를 발견하고 식별하는 기회이다.

고객이나 주변 사람들과 대화를 나누며 그들이 일상에서 반복적으로 겪는 불편함을 찾아야 한다. 단순히 불만을 듣는 데 그치지 말고, 문제의 본질과 숨겨진 니즈를 파악하는 데 집중해야 한다. 표면적인 문제 뒤에 숨겨진 근본적인 원인을 파악해야 한다.

대화를 통해 특정 문제나 불편함이 반복적으로 언급된다면, 이는 시장의 중요한 니즈를 반영하는 단서일 가능성이 높다. 이러한 문제를 해결함으로써 가치를 창출할 수 있으며, 경쟁력을 확보할 수 있다.

[고객 니즈와 문제 발견의 질문]

· 고객은 어떤 상황에서 가장 큰 불편을 느끼는가?
· 기존의 해결책은 왜 충분하지 않은가?
· 더 나은 경험을 제공하기 위해 무엇을 개선할 수 있는가?

배달의민족은 이러한 원칙을 기반으로 성공을 거둔 사례다. 창업자 김봉진 대표는 고객들이 배달 가능한 음식점을 전단지로 찾아야 하고, 전화 주문 과정에서 생기는 오해와 불편함을 발견했다. 그는 이를 해결하기 위해 배달 음식점 정보를 한 곳에서 확인하고 간단히 주문할 수 있는 앱을 개발했다. 이후 리뷰와 별점 평가 시스템을 추가해 신뢰를 높이고, 고객 경험을 대폭 개선했다.

이처럼 고객 니즈를 정확히 이해하고 이를 해결하면서, 배달의민족은 배달 앱 시장의 선두주자로 자리 잡았다.

고객과의 대화를 통해 문제를 발견하고, 그 본질을 이해하며, 해결책을 제시하는 과정은 창업의 필수적인 첫걸음이다. 문제를 깊이 이해할수록 더 나은 제품과 서비스를 설계할 수 있으며, 이는 신뢰를 기반으로 지속 가능한 비즈니스를 만드는 초석이 된다. 창업 아이템은 고객 문제를 해결하는 데서 시작할 수 있다.

#5. 창의적인 연결로 새로운 가치 창출하기

새로운 가치를 창출할 때 기존 요소들을 창의적으로 조합하거나 이종 산업 간의 연결로 새로운 시장을 여는 접근도 가능하다. 창의적 연결은 아이디어를 떠올리는 데 그치지 않고, 시장 문제와 고객 니즈를 깊이 이해한 뒤 이를 해결할 혁신적인 방식을 찾아내는 데서 시작한다. 이를 통해 기존 시장을 혁신하거나, 완전히 새로운 시장을 만들어낼 수 있다.

첫 출발은 "기존 요소를 어떻게 조합해 새로운 가치를 만들 수 있을까?"라는 질문이다. 기존의 기술, 서비스, 제품 등을 창의적으로 재구성하거나, 새로운 방식으로 응용하여 차별화된 가치를 창출하는 것이다. 창의적인 변형과 연결로 차별화된 가치 창출이 중요하다.

서로 다른 산업 간의 연결은 창의적 연결의 주요 방식 중 하나다. 산업과 기술의 경계를 허물고 각 분야의 특성과 강점을 결합해 새로운 비즈니스 모델이나 시장을 창출하는 전략은 점점 더 중요해지고 있다. 특히 4차 산업혁명 시대에는 이러한 융복합이 가속화되며, 기존 산업의 구조적 한계를 극복하는 접근이 새로운 기회를 제공한다. 이를 통해 기존 시장이 제공하지 못한 새로운 경험과 가치를 고객에게 전달하거나, 완전히 새로운 시장을 열 수 있다.

직방은 부동산과 IT 기술을 결합해 부동산 거래 과정을 달리했다. 기존 오프라인 중개소 의존도를 줄이고, 모바일 앱을 통해 부동산 정보를 간편하고 투명하게 탐색할 수 있도록 설계했다. 최근에는 VR(가상현실) 기술을 도입해, 직접 방문하지 않아도 집 내부를 확인할 수 있는 경험을 제공했다. 이는 고객의 시간과 비용을 절감하며 부동산 산업의 디지털 전환을 선도한 융합 사례다.

오늘의집은 콘텐츠와 커머스를 창의적으로 융합해 인테리어 시장에 진입했다. 인테리어 아이디어를 공유하는 커뮤니티로 시작한 이 플랫폼은 고객이 직접 올린 인테리어 사례를 기반으로 신뢰와 영감을 제공했다. 나아가 플랫폼 내에서 바로 제품을 구매할 수 있는 커머스 기능을 추가하며, 아이디어 탐색부터 구매까지 하나의 과정으로 통합했다. 이는 고객 경험을 대폭 개선하며 새로운 시장 가치를 창출했다.

창의적인 연결은 창업 아이템 발굴과 비즈니스 모델 개발에 유용한 도구다. 시장 문제와 고객 니즈를 분석하고, 다양한 산업과 기술을 결합해 혁신적인 해결책을 찾아야 한다. 성공적인 융합은 아이디어에서 끝나지 않고, 고객 중심의 접근과 생태계 구축을 통해 지속 가능한 가치를 만들어낸다.

창업자는 창의적 연결을 통해 고객에게 차별화된 경험을 제공하고 시장에서 독보적인 경쟁력을 확보할 수 있다. 다양한 아이디어와 방법을 적극적으로 탐구하며 자신만의 독창적인 길을 모색해 보자.

〈표 1-1〉 창업 아이템 발굴

#1. 창업가 역량: 개인적인 경험에서 아이디어 찾기

#2. 창업가 역량: 기존 시장의 불만족 분석하기

#3. 시장 기회: 트렌드와 기술에서 아이디어 찾기

#4. 고객 니즈: 문제에서 출발하기

#5. 창의적인 연결로 새로운 가치 만들기

첫걸음 없이는 나아갈 수 없다

스타트업 창업은 완벽한 아이템에서 시작되지 않는다. 아이템 발굴은 고객의 문제를 깊이 이해하고, 내가 잘할 수 있는 것과 열정을 가질 수 있는 일을 연결하는 데서 출발한다. 끊임없는 질문과 검증의 반복이며, 이를 통해 세상에 필요한 가치를 제공한다.

마켓컬리, 무신사, 배달의민족, 직방, 오늘의집 등 성공적인 스타트업들도 작고 구체적인 문제를 해결하는 데서 시작했다. 이들은 고객 니즈를 탐구하고, 이를 해결하며 성장의 발판을 마련했다. 첫걸음은 크거나 완벽할 필요가 없다. 오히려 작고 의미 있는 문제를 발견하고 이를 해결하는 과정에서 창업의 길이 열린다.

첫 단추를 끼울 때 스스로에게 다음과 같은 질문을 던져보자.

무엇을 잘 알고 있는가?
무엇을 잘할 수 있는가?
무엇을 진정으로 좋아하는가?

이러한 자기 탐구와 고객 목소리를 이해하는 과정을 결합하면 더욱 탄탄한 창업 기반이 만들어진다. 창업은 아이디어가 고객 문제를 어떻게 해결할 수 있는지 지속해서 실험하고 발전시키는 여정이다.

여기서 잠깐, 창업 아이템 발굴은 현재에만 초점을 맞추어서는 안된다. 5~10년 뒤의 시장 변화, 고객 기대, 기술 발전을 함께 고려해야 한다. 기술과 소비자 행동 변화는 예측하기 어려울 정도로 빠르게 바뀌고 있기 때문이다.

따라서, 현재 문제를 해결하는 동시에 미래 시장에서 지속 가능성과 경쟁력을 확보할 수 있는 아이템을 구상해야 한다. 미래 지향적인 접근을 반드시 포함해야 한다.

작고 불완전한 첫걸음이라도 창업의 시작이라는 점을 잊지 말자. 창업은 단거리 경주가 아닌, 중장기 마라톤이다. 고객 문제를 탐구하고, 반복적인 검증을 통해 해답을 찾아가는 과정의 작은 발걸음들이 모여 비즈니스가 세상에 자리 잡게 된다. 중요한 것은 완벽함을 기다리며 멈춰 있지 않는 거다. 미래를 준비하며 첫걸음을 내디딜 때, 비로소 나아갈 수 있다.

〈당신의 성공 노트 #1〉

■ 창업 아이템 발굴을 위해 다음 질문에 답해 보자.

1. 내가 가장 잘 알고 전문성을 발휘할 수 있는 분야는 무엇인가?

2. 내가 진정으로 흥미를 느끼고 애정을 가진 분야는 무엇인가?

3. 고객이 가장 큰 불편을 느끼는 상황은 무엇이며, 기존 해결책의 한계는 무엇인가?

4. 더 나은 경험을 제공하기 위해 어떤 혁신적 개선이 가능한가?

5. 내가 잘 아는 기술이나 파악한 트렌드가 시장의 문제를 해결하는 데 어떻게 활용될 수 있는가?

이를 종합한 당신의 창업 아이템은 무엇인가?

03 네트워크 활용
: 혼자보다는 둘이 낫다

　스타트업 창업은 혼자만의 노력으로 목적지에 도달할 수 없는 치열한 도전의 장이다. 개인 역량으로 창업 과정의 복잡한 난관을 모두 돌파하는 건 쉽지 않다. 고객, 파트너, 투자자, 팀원 등 다양한 이해관계자와의 협력은 필수이며, 이들과의 조화와 시너지가 비즈니스의 성장 속도를 결정짓는다.

[그림 1-5] 시너지

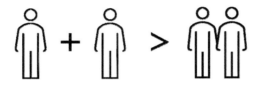

　서로 다른 전문성과 역량을 가진 팀원들이 하나의 비전을 공유하며 문제를 해결하고 목표를 향해 나아갈 때, 혼자서는 불가능한 성과를 만들어낼 수 있다. 강력한 팀은 창업자가 직면한 복잡한 문제를 함께 극복하는 힘을 제공한다. 팀워크는 협업을 넘어 창업 기반이 된다.

　네트워크는 외부 자원과 기회를 연결하는 역할을 한다. 네트워크의 가치는 많은 사람을 아는 데 있지 않고, 의미 있는 관계를 구축하고 시너지를 창출하는 데 있다. 창업 초기에는 인맥의 크기보다는 그 인맥이 어떤 기여를 할 수 있는지가 중요하다. 네트워킹은 협력 기회를 창출하고 비즈니스를 성장시키는 과정이다. 창업자는 자신의 비전을 명확히 전달하고, 이를 함께 실현할 수 있는 팀과 관계를 형성하는 데 적극적이어야 한다.

　팀워크와 네트워크는 비즈니스를 지속적으로 성장시키는 창업의 자산이다. 팀은 창업자가 혼자 해결하기 힘든 문제를 극복하도록 돕고, 네트워크는 새로운 기회와 자원을 연결해 준다. 내가 만든 팀과 구축한 네트워크의 힘에 따라 비즈니스의 성장 속도와 규모가 결정된다.

창업은 '나'가 아닌 '우리'가 만들어가는 여정이다. 함께 성장하며 새로운 기회를 만들어갈 때, 성공에 더 가까워진다.

팀 창업, 역할 분담과 시너지

스타트업 창업은 기술 개발, 시장 개척, 고객 발굴, 자금 관리 등 다양한 역할을 요구한다. 이러한 과제를 혼자 해결하려는 건 비효율적일 뿐 아니라, 성장 속도를 크게 저하시킨다. 팀 창업은 이러한 문제를 줄이며, 비즈니스 성공 가능성을 높여주는 방안이다.

비즈니스는 다양한 전문성을 요구한다. 기술 개발을 담당할 CTO, 마케팅 전략을 설계할 CMO, 재무 관리를 책임질 CFO 등 각 분야 전문가로 구성된 팀은 효율성과 전문성을 극대화한다.

각 팀원이 자신의 역할과 책임을 명확히 이해하고 유기적으로 협력하면, 비즈니스의 복잡한 문제를 효과적으로 해결할 수 있다. 특히 스타트업 환경에서는 창의적인 문제 해결과 신속한 실행이 필수이기 때문에, 팀워크는 성공의 핵심 요소로 작용한다.

[팀 창업의 장점]
- 아이디어의 질: 다양한 관점이 모이면 더 탄탄하고 실행 가능한 아이디어가 나온다. 한 명의 생각보다 두세 명이 함께 논의한 아이디어가 더 창의적이고 구체적이다.
- 추진력과 속도: 혼자 해결해야 할 때 부딪히는 벽을 여러 명이 함께 해결하면 추진력과 실행 속도가 크게 향상된다.
- 효율성 극대화: 역할 분담을 통해 각자 잘하는 분야에 집중하면, 비즈니스의 효율성과 생산성이 높아진다.

한편, 팀 창업은 양질의 아이디어 도출, 추진력과 속도 향상, 효율성 극대화의 장점을 가지지만, 커뮤니케이션과 갈등 관리라는 필연적 과제가 따른다. 이조차 협업의 일부로 받아들여야 한다. 이를 효과적으로 조율하는 능력이 팀 성장과 성공을 좌우한다. 다음은 팀워크 강화를 위한 요소이다.

[팀워크 강화를 위해 필요한 요소]
- **효율적인 의사소통**: 명확하고 투명한 의사소통 체계를 마련해야 한다.
- **갈등 관리 능력**: 갈등은 필연적이다. 문제를 신속히 식별하고 해결할 수 있는 프로세스를 구축해야 한다.
- **신뢰와 협력 문화**: 열린 커뮤니케이션과 상호 신뢰는 강력한 팀워크를 위한 기본이다.

좋은 팀을 구성하려면 역할의 명확성, 전문성의 조화, 팀워크 중심 문화를 구축해야 한다.

[그림 1-6] 좋은 팀 구성 기준

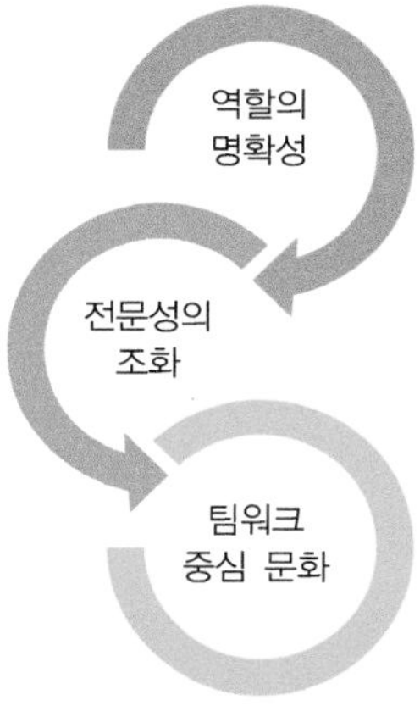

팀원 간 역할과 책임을 명확히 정의해야 불필요한 오해와 갈등을 예방하며, 제한된 자원으로 최상의 성과를 내게 한다.

또한 기술, 영업, 운영 등 다양한 전문성을 가진 팀원들이 서로의 강점을 보완할 수 있도록 구성해야 한다. 필요에 따라 외부 전문가의 도움을 받아 부족한 부분을 보완하는 것도 좋은 전략이다.

아울러 팀워크 중심 문화를 구축해 협업을 원활히 이끌어야 한다. 열린 커뮤니케이션과 정기적인 피드백 세션을 통해 의견을 자유롭게 나누고 성과를 공유하도록 해야 한다. 이러한 문화는 창의적이고 적극적인 아이디어를 이끌어낸다.

팀은 다양한 전문성과 관점으로 복잡한 문제를 더 효과적으로 해결할 수 있으며, 급변하는 시장 환경에도 유연하게 대응할 가능성이 크다. 투자자와 창업 지원 프로그램에서 팀 중심 창업을 선호하는 이유이다.

또한, 팀 내 협업은 창업자의 아이디어를 구체화하고 실행에 옮길 때, 촉매 역할을 한다. 팀 중심 창업은 지속 가능성과 성공 가능성을 높인다.

스타트업은 혼자 시작할 수 있어도, 성공적인 비즈니스를 만들려면 반드시 함께하는 힘이 필요하다. 강력한 팀과 시너지 있는 네트워크는 창업자가 혼자 해결하기 힘든 문제를 극복하고, 더 빠르고 강력한 성장을 이끌어낼 것이다.

네트워크와 멘토링이 주는 힘

창업 네트워크와 팀워크는 비즈니스 성장의 중요한 동력이며, 멘토와의 연결은 성공 가능성을 높인다. 혼자 모든 것을 해내려는 부담에서 벗어나, 함께 성장할 수 있는 사람들과의 연결을 만들어야 한다.

네트워크는 창업자가 필요한 기회와 자원을 연결해 준다. 함께 논의하고, 협력하며, 도전적인 목표를 실현할 동반자를 찾는 과정이다. 협력으로 더 나은 아이디어와 실행력을 얻을 수 있으며, 네트워크를 통해 고객, 파트너, 투자자를 만나며 비즈니스 성장 기반을 다질 수 있다.

멘토는 창업자가 미처 보지 못한 관점을 제공하며, 중요한 결정을 내릴 때 방향을 제시하는 나침반과 같은 존재다. 멘토는 창업자가 실수를 예방하며, 실패에서 교훈을 얻도록 도와주며, 새로운 기회로의 연결을 돕는다. 어려운 상황에서는 격려와 현실적인 조언으로 정신적 지지를 제공하기도 한다. 멘토는 조언자를 넘어 창업자가 더 나은 결정을 내리고 성공으로 나아가도록 지원해준다.

이러한 멘토는 창업자의 비전과 목표를 이해하고 실질적인 도움을 줄 수 있는 사람이어야 한다. 좋은 멘토는 다음과 같은 특징을 가진다.

[좋은 멘토의 특징]
· 해당 업계에서 경험과 전문성을 보유
· 실패와 성공 경험이 풍부
· 현실적인 조언과 정신적 지지를 제공
· 중요한 네트워크로 연결할 수 있는 역량
· 시간과 관심을 투자

멘토를 찾으려면 창업 세미나, 워크숍, 콘퍼런스 등 네트워킹 행사에 참여하거나 스타트업 커뮤니티를 활용할 수 있다. 기존 네트워크를 통해 멘토를 소개받거나, 관련 기관의 멘토링 프로그램에 참여하는 것도 방법이다. 도서나 강연에서 잠재적인 멘토를 발견한 뒤 직접 연락을 시도해 볼 수도 있다.

혼자 모든 것을 감당하려고 애쓸 필요 없다. 멘토와의 연결은 방향성을 제시하고 복잡한 도전을 극복하는 데 도움을 준다. 또, 네트워크를 활용해 고객 발굴, 비즈니스 전략수립, 방향성 정립 등에 도움 받을 수 있다. 함께할 때 성공 가능성은 배가된다. 당신이 구축한 연결이 비즈니스의 미래를 결정할 것이다. 도전적인 여정을 더 탄탄하고 성공적인 방향으로 이끌 것이다.

04 창업 지원 정책
: 정부 기관을 적극 활용하라

정부가 제공하는 다양한 프로그램과 플랫폼을 활용하면 성장 발판을 마련할 수 있다. 2022년 이래, 정부는 매년 3조원 이상의 예산을 창업지원사업에 투입하고 있다. 창업자는 초기 자금, 네트워킹, 교육, 멘토링 등의 지원을 받으며, 아이디어를 사업으로 전환하고 성장할 기회를 얻을 수 있다.

전략적으로 정부 지원 프로그램을 활용하면 도약의 기회로 활용할 수 있다. 성장 단계에 맞는 프로그램을 활용하여 자금 부담을 줄이고, 사업 방향성을 잡으며, 초기 리스크를 완화할 수 있다.

주요 프로그램은 아래와 같다.

〈표 1-2〉 단계별 정부 지원 프로그램

지원 프로그램	성장 단계	주요 내용
예비창업패키지	아이디어 발굴	아이디어 구체화, 자금 지원, 멘토링 제공
초기창업패키지	창업 초기	초기 시장 진입과 사업화 지원
창업도약패키지	성장 및 도약	마케팅, 네트워킹, 사업 확장 지원
팁스, K-startup 지원	글로벌 진출	연구개발 자금, 글로벌 진출 지원

예비창업패키지를 통해 창업 아이디어를 구체화하고, 초기 자금을 확보하며, 시장 조사를 통해 아이디어의 실현 가능성을 검증할 수 있다. 또한, 멘토링과 네트워킹 기회를 통해 아이디어의 실행력을 높일 수 있다.

초기창업패키지는 필요한 자금을 지원하고, 창업자가 시장에 진입하며 사업화를 추진할 수 있도록 돕는다. 창업 아이템의 초기 시장 검증과 사업화 전략 수립에 집중할 수 있어, 시장에 자리 잡을 수 있는 기반 마련을 도와준다.

창업도약패키지는 사업 확장 단계에서 필요한 마케팅 비용이나 네트워크 자원을 제공한다. 또한, 사업 모델을 고도화하기 위한 멘토링 프로그램도 운영 중이다. 이를 통해 창업자는 사업 전략을 보다 효과적으로 실행할 수 있다.

팁스(TIPS) 프로그램은 기술 창업 가속화와 글로벌 진출을 지원한다. 팁스는 민간 주도형 기술 창업 지원 프로그램으로, 민간 투자사가 유망 스타트업을 발굴해 투자하면 정부가 후속 R&D 자금을 지원한다. 팁스를 활용해 기술 개발을 가속화하고 글로벌 시장으로 확장할 수 있는 발판을 마련할 수 있다.

이상과 같이, 정부는 창업 성장 단계에 맞춰 다양한 맞춤형 지원 프로그램을 운영하고 있다. 창업자는 도전적인 여정을 헤쳐 나가는 데 도움받을 수 있다.

정부 지원은 자금 제공뿐 아니라, 성공적인 비즈니스를 구축하기 위한 기반을 마련해 준다. 성장 단계와 목표에 부합하는 프로그램을 선택하고, 자금, 멘토링, 네트워크, 교육과 같은 부가 자원도 적극적으로 이용할 수 있다.

물론, 정부 지원이 창업의 모든 문제를 해결해 주는 만능 해법은 아니다. 그러나 창업자가 리스크를 줄이고 성장 발판을 마련하는 지원군은 될 수 있다. 비전과 목표를 구체화하고 시장 경쟁력을 강화하는 지렛대로 활용할 수 있다.

창업 지원의 중심 허브, K-startup

정부는 창업자가 다양한 정보를 손쉽게 찾아 활용할 수 있도록 K-Startup 창업포털을 운영하고 있다. 이 플랫폼은 창업 지원 사업의 중심 허브로, 필요한 정

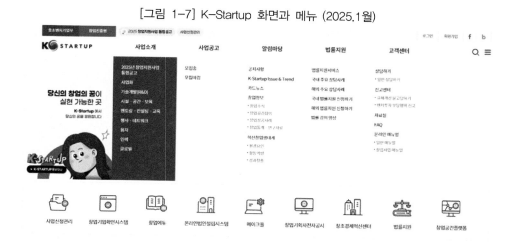

[그림 1-7] K-Startup 화면과 메뉴 (2025.1월)

보를 통합적으로 제공하며, 체계적인 성장을 지원한다.

[K-Startup의 주요 기능]
· 지원 프로그램 안내 및 신청: 예비창업패키지, 창업도약패키지 등 다양한 지
  원 사업 확인 및 신청 가능
· 교육과 멘토링: 창업 기초, 사업 계획서 작성, 마케팅 전략 등 온라인 강좌
  와 멘토링 제공
· 정책과 트렌드 정보 제공: 창업 관련 정부 정책, 성공 사례, 최신 트렌드 제공
· 자금 및 투자 유치 지원: 지원금, 융자, 투자 유치 정보 안내
· 네트워킹 기회 제공: 세미나, 콘퍼런스, 네트워킹 행사를 통해 유망 인맥 구축

다음은 K-Startup을 효과적으로 활용하는 방법이다.

[K-Startup 활용 방안]
· 자신의 창업 단계와 목표를 명확히 설정: 자신의 상황에 맞는 프로그램 선택
  이 중요. ex) 아이디어 발굴: 예비창업패키지, 사업 확장: 창업도약패키지
· 온라인 교육과 멘토링 활용: 창업 역량 강화를 위한 강좌 수강. 사업 계획서
  작성, 재무 관리 등 맞춤형 교육
· 네트워킹 기회 적극 활용: 투자자, 파트너, 고객과의 연결 기회 찾기. 세미나
  와 콘퍼런스에서 의미 있는 관계 구축
· 정기적으로 정보 업데이트 확인: 신규 지원 프로그램과 공지사항 수시 확인
· 전문가 네트워크 적극 활용: 멘토링 프로그램을 통해 조언 및 창업 과정 지원

창업 지원 사업은 자금 지원 외 성장에 필요한 네트워크, 교육, 멘토링 등을
포괄적으로 제공한다. 초기 리스크를 줄이고 지속 가능한 사업을 구상하려 할
때, 지원 프로그램과 전문가 네트워크를 활용할 수 있다.
창업은 혼자 갈 수 없는 여정이다. K-Startup과 같은 플랫폼을 통해 전문가와
협력하고, 도전과 불확실성을 극복하며 성공으로 가는 발판을 마련하길 바란다.

05 스타트업 성공 요인
: 성공에는 이유가 있다

스타트업의 성공과 실패를 분석하는 작업은 진행 중이다. 이는 창업자, 투자자, 정책입안자 등 창업 생태계의 다양한 이해관계자들에게 중요한 의사결정 기준을 제공한다. 이러한 분석은 성공에 대한 과학적이고 체계적인 접근을 가능하게 하며, 스타트업의 지속 가능성을 높이는 데 기여한다.

스타트업 성공은 결코 운에 의해 결정되지 않는다. 성공한 스타트업들에는 공통된 이유와 전략이 존재한다. 매년 수많은 스타트업이 등장하지만, 생존율은 높지 않다. 시장과 비즈니스 환경에 통제할 수 없는 변수가 많기 때문이다.

성공한 스타트업들은 도전과 불확실성 속에서 자신만의 길을 개척한다. 명확한 전략과 실행력을 바탕으로 목표를 이루어내며, 어려움을 극복하고 생존을 이어간다. 그들의 성공은 결코 우연이 아니다.

스타트업 성공의 핵심 요인과 전략을 살펴보자. 창업 여정에서 나침반 역할을 할 통찰을 얻고, 도전과 불확실성 속에서도 성공의 길을 만들어가는 비결을 발견할 수 있을 것이다.

빌 그로스의 스타트업 성공 요인

미국의 기업가이자 투자자, 스타트업 액셀러레이터로 잘 알려진 Idealab의 창업자 빌 그로스(Bill Gross)는 2015년 TED 강연에서 스타트업 성공 요인에 대한 분석을 발표했다. 자신의 경험과 Idealab 데이터를 바탕으로 200개 이상의 스타트업을 분석하여 성공 요인을 도출했다. 그 결과는 다음과 같다.

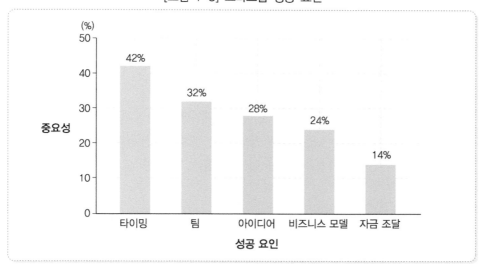

[그림 1-8] 스타트업 성공 요인

타이밍(42%)은 제품이나 서비스가 시장에 출시되는 시기의 적절성을 의미한다. 시장이 준비되어 있는지, 수요와 부합하는지가 스타트업 성공에 가장 큰 영향을 미친다.

팀(32%)은 아이디어를 실행하고 변화하는 환경에 민첩하게 적응하는 창업자와 구성원의 역량을 의미한다. 팀의 실행력과 문제 해결 능력이 성공의 핵심이다.

아이디어(28%)는 비즈니스 아이템의 차별성과 독창성으로 문제 해결의 혁신성과 시장의 필요를 충족하는 정도를 포함한다.

비즈니스 모델(24%)은 수익 창출 방법과 비즈니스 구조의 효율성을 뜻한다. 명확하고 실현 가능한 수익 모델의 존재가 중요하다.

자금조달(14%)은 사업 운영에 필요한 자금을 확보하고 관리하는 능력을 의미한다. 초기 투자와 자금 흐름의 안정성은 중요하지만, 상대적으로 낮은 비중을 차지한다는 것을 확인할 수 있다.

빌 그로스의 분석은 창업자들에게 중요한 메시지를 전달한다. 성공의 결정적 요인이 시장과 고객이 준비된 시점을 적절히 파악하고 진입하는 능력이라는 것이다. 창업자는 시장 흐름과 고객 니즈를 철저히 분석하고, 실행력과 전략적 접근으로 생존 가능성을 확보해야 한다. 시장의 문이 열리는 '최적의 타이밍'을 포착해야 한다.

성공 스타트업의 공통점

스타트업 성공 요인을 규명하는 연구는 국내외에서 활발히 진행되고 있다. 성공적인 스타트업이 가지는 공통점은 창업가의 문제 해결 능력, 높은 기술력, 성장 가능성이 높은 산업 환경, 명확한 글로벌 전략, 신속한 인재 영입으로 도출되었다.

〈표 1-3〉 팁스 선정 스타트업의 사례분석 결과

요인	사례분석 결과 공통 사항
창업가	시장에 대한 문제 정의와 해결 능력, 경험에 기반한 창업
자원	높은 기술력을 바탕으로 한 자원 활용
산업환경	성장기 산업 및 4차 산업혁명으로 변화하는 산업군
전략	글로벌 전략 수립과 단계별 시장 확장
팀	신속하고 적극적인 인재 영입

출처: 이태린 · 남정민(2021), 스타트업의 팁스(TIPS) 선정요인 사례연구

또한, 창업가의 신뢰성과 진정성, 시장의 성장 가능성, 팀원들의 전문성과 역량을 성공의 핵심 요인으로 꼽기도 한다. 창업자의 리더십과 명확한 비전, 투명한 커뮤니케이션 역시 중요 요소다. 그리고 시장의 성장 가능성과 확장성은 스타트업의 미래 가치를 평가하는 기준이다.

<표 1-4> TIPS 투자자들의 투자 우선순위 요소

상위요인	하위요인	우선순위
창업가(팀)	창업가의 신뢰성 및 진정성	1
시장	시장 성장 및 확장 가능성	2
창업가(팀)	팀원들의 전문성 및 역량	3
시장	현 시장 규모 적정성	4
시장	신시장 창출 가능성	5
창업가(팀)	창업가(팀)의 관련 산업 경험	6
네트워크	추천 방식	7
제품 서비스	제품 서비스의 가치	8
제품 서비스	제품 서비스의 파급 효과	9
창업가(팀)	창업가(팀)의 고객과 시장 이해도	10
시장	시장의 경쟁 강도 및 진입 장벽	11
제품 서비스	기술의 차별성 및 혁신성	12
네트워크	적합한 파트너(협력사) 보유 여부	13

출처: 고병기 외(2022), 민간주도형 기술창업지원 팁스 투자의사 결정요인에 관한 연구

스타트업의 성공은 다양한 요인들이 복합적으로 작용하며, 이를 체계적으로 분석하고 우선순위를 설정해 실행하는 것이 중요하다. 성공한 스타트업들의 사례와 연구를 통해 도출된 성공 요인은 다음과 같다.

#1. 고객 중심의 문제 해결

스타트업 성공은 고객 문제를 정확히 이해하고 이를 해결하는 데 달려있다. 고객이 겪고 있는 고통을 해결하거나, 고객에게 실질적인 가치를 제공하는 제품이나 서비스는 높은 가치를 가진다. 시장 적합성(Product-Market Fit)을 빠르게 달성하고, 고객 피드백을 반영하며 유연하게 대응하는 실행력이 필요하다.

#2. 역량 있는 팀과 리더십

역량 있고 헌신적인 팀과 명확한 비전을 가진 리더십은 스타트업의 지속 가능한 성장을 이끄는 원동력이다. 팀 내 조화와 협력은 어려운 상황에서도 스타트업을 지속적으로 성장시키는 원동력이다. 변화에 민첩하게 대응하는 리더십과

팀의 협력은 복잡한 문제를 극복하는 데 핵심적인 역할을 한다.

#3. 적절한 시장 진입 타이밍

성공한 스타트업은 시장의 준비 상태와 수요를 분석해 최적의 타이밍에 진입한다. 지나치게 이른 시장 진입은 고객 수요를 충족시키지 못하고, 늦은 진입은 경쟁에서 뒤처질 위험이 있다. 기술 발전, 정책 변화, 경쟁 상황 등 외부 요인을 면밀히 검토해 시장 진출 시점을 결정해야 한다.

#4. 확장 가능한 비즈니스 모델

명확한 수익 창출 구조를 설계하고, 초기 성과를 바탕으로 시장을 확장할 수 있는 비즈니스 모델이 필요하다. 이는 투자 유치와 지속 가능성을 뒷받침하는 요인이며, 장기적으로는 시장 내에서 경쟁 우위를 확보하는 데 기여한다.

#5. 자금 조달 및 관리

초기 자금은 제품 개발과 시장 진입의 기반을 마련하며, 성장단계에서는 추가적인 투자 유치가 필요할 수도 있다. 자금 관리의 효율성을 높여 핵심 영역에 집중적으로 투자하는 것이 중요하다.

이 외에도 네트워크와 지원 시스템, 유연성과 실행력, 브랜드 신뢰 구축, 기술과 혁신이 스타트업의 성공 요인으로 작용한다. 정부의 창업 지원 프로그램, 전문가와 멘토의 조언, 투자자 및 협력 파트너와의 네트워크는 초기의 불확실성을 줄이고 성장을 촉진한다.

스타트업은 변화하는 시장 환경에 신속히 대응하고, 고객 피드백을 반영해 실행력을 강화하는 유연성을 갖추어야 한다. 동시에, 신뢰를 바탕으로 한 긍정적인 브랜드 이미지를 구축하고, 지속적인 연구개발과 기술 혁신을 통해 경쟁 우위를 확보해야 한다. 이러한 전략들은 단기적인 성과를 넘어 장기적인 성공을 견인하며 스타트업이 지속 가능성을 유지하고 더 큰 도약을 이루도록 지원한다.

성공은 준비된 창업자의 손에서 만들어진다. 다양한 성공 요인을 이해하고 이를 실행 가능한 전략으로 전환하면, 불확실성을 극복하고 지속 가능한 성장을 이룰 수 있다. 도전 속에서 길을 개척하며, 당신의 성공 요인을 새롭게 써 내려 가자.

[그림 1-9] 스타트업 성공 요인

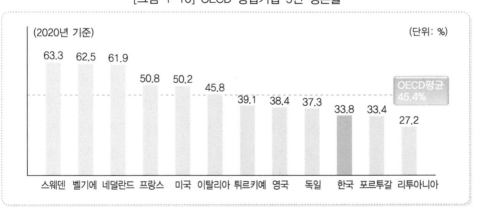

고객 중심의 문제 해결
강력한 팀과 리더십
적절한 타이밍
비즈니스 모델
자금 조달 및 관리

실패에서 배우는 성공 단서

스타트업 창업은 무수한 가능성과 도전으로 가득하다. 하지만 현실은 냉혹하다. 국내 창업기업의 생존율은 경제협력개발기구(OECD) 평균에 비해 낮은 수준이다. 2020년 기준, 국내 창업기업의 5년차 생존율은 33.8%로, OECD 평균인 45.4%보다 낮다.

[그림 1-10] OECD 창업기업 5년 생존율

(2020년 기준)   (단위: %)

63.3 62.5 61.9 50.8 50.2 45.8 39.1 38.4 37.3 33.8 33.4 27.2

OECD평균
45.4%

스웨덴 벨기에 네덜란드 프랑스 미국 이탈리아 튀르키예 영국 독일 한국 포르투갈 리투아니아

출처: 중소벤처기업부

[그림 1-11] 스타트업이 실패하는 이유

순위	이유	비율
1위	시장이 원하지 않는 제품	42%
2위	자금 부족	29%
3위	팀원 구성 문제	23%
4위	경쟁에 뒤져	19%
5위	가격 · 원가 문제	18%
6위	나쁜 제품 · 비즈니스 모델 문제	17%
7위	마케팅 부족 · 고객 무시	14%
8위	타이밍 문제 · 포커스 상실 · 팀워크 부조화	13%
9위	변화 실패	10%
10위	열정 부족 · 위치 문제	9%
11위	투자자 관심 부족 · 네트워크와 멘토 미활용 · 탈진	8%
12위	변화하지 못함	7%

출처: CB인사이트

CB인사이트가 조사한 바에 따르면, 약 42%의 스타트업이 '시장 수요 부족'으로 실패하며, 29%는 '현금 부족'으로 운영을 지속할 수 없었다. 팀 구성, 경쟁력, 가격 정책, 사용자 경험 등도 실패의 주요 원인으로 꼽힌다. 이러한 통계는 실패의 이유를 거울삼아 성공으로 가는 전략을 도출할 수 있는 귀중한 교훈을 제공한다.

① **시장 수요 부족(No market need)**: 42%의 스타트업이 시장의 요구를 충족하지 못하는 제품이나 서비스를 제공해 실패했다. 고객의 문제나 필요를 충분히 이해하지 못한 채 개발된 솔루션은 외면받을 가능성이 크다. 이를 방지하려면 철저한 시장 조사와 고객 중심 사고를 통해 솔루션을 설계해야 한다. 또한, MVP(최소 기능 제품)를 활용해 초기 시장 반응을 테스트하고, 그 결과를 바탕으로 개선 방향을 설정하는 과정을 반드시 거쳐야 한다.

② **현금 부족(Ran out of cash)**: 29%의 스타트업이 자금 관리 실패로 인해 현금이 고갈되어 운영을 지속하지 못했다. 초기 자금 소진은 스타트업에

있어 치명적인 위협으로, 수익이 발생하기 전에 자금이 고갈되면 생존이 불가능하다. 이를 방지하려면 철저한 현금흐름 관리와 현실적인 자금 계획이 필수다. 특히, 비용 우선순위를 명확히 설정하여 핵심 기술 개발과 고객 확보 같은 중요한 영역에 자금을 집중 투자해야 한다.

③ 부적절한 팀 구성(Not the right team): 23%의 스타트업이 핵심 역량을 갖춘 팀을 구성하지 못해 실패했다. 팀워크와 전문성은 사업 성패를 가르는 요소다. 이를 극복하기 위해 명확한 역할 분담과 공유된 비전과 문화를 기반으로 팀을 구축해야 한다. 또한, 부족한 전문성은 외부 조언자나 컨설턴트를 활용해 보완하는 것도 방법이다.

④ 경쟁에서의 패배(Get outcompeted): 19%의 스타트업이 경쟁사 대비 경쟁력을 확보하지 못해 시장에서 도태되었다. 시장에서 생존하려면 차별화가 필수이며, 특히 유사한 제품이나 서비스를 제공하는 경우 경쟁 우위를 확보해야 한다. 이를 위해 차별화 전략과 지속적인 혁신이 중요하다. 경쟁사의 강점과 약점을 파악하고, 이를 기반으로 효과적인 전략을 수립해야 한다.

⑤ 가격 및 비용 문제(Pricing/cost issues): 18%의 스타트업이 가격 책정과 비용 관리 실패로 수익성 확보에 어려움을 겪었다. 가격이 지나치게 높으면 고객의 외면을 받고, 지나치게 낮으면 수익성을 확보하기 어려워 사업이 지속 가능하지 않다. 또한, 비용 관리가 부실하면 금전적 압박이 커질 수 있다. 이를 해결하기 위해서는 고객이 느끼는 가치를 기반으로 한 가격 책정과 원가 구조 최적화가 필수다. 초기 고객 그룹을 대상으로 다양한 가격 정책을 테스트하고, 시장 반응을 바탕으로 전략을 조정하는 것도 효과적인 방법이다.

실패 데이터를 통해 중요한 시사점을 도출할 수 있다.

첫째, 시장 조사와 고객 분석은 필수다. 해결하려는 문제가 실제로 고객에게 얼마나 중요한지 깊이 이해하지 못한다면, 성공을 기대하기 어렵다. 고객의 요구와 문제를 철저히 파악해 명확한 방향을 설정해야 한다.

둘째, 자금 관리와 현금흐름 계획은 사업의 생명줄이다. 초기 단계에서는 자금 소진 위험이 높기 때문에, 현실적인 목표를 설정하고 자원 배분을 철저히 관리해야 한다. 자금의 흐름을 계획적으로 운영하는 것은 생존을 위한 전략이다.

셋째, 창업은 결국 사람과 함께 이루어진다. 핵심 역량을 갖춘 팀을 구성하는 것은 성공과 실패를 좌우하는 중요한 요소다. 팀원 간의 명확한 역할 분담과 비전 공유는 스타트업이 견고하게 성장할 수 있는 기반을 마련한다.

실패 사례는 길을 비춰주는 방향등과 같다. 창업가는 시장과 고객의 목소리에 귀를 기울이고, 유연한 비즈니스 모델을 설계하며, 변화와 경쟁을 두려워하지 않는 자세를 가져야 한다. 스타트업의 세계에서 실패는 끝이 아니라, 더 나은 성공으로 가는 전환점이 될 수 있다.

06 실행이 답이다
: 작은 성공에서 큰 성장을 기획하라

창업 초기, 많은 사람들은 성공한 창업가들의 화려한 이야기에 매료되어 큰 그림 그리는 데 몰두한다. 미디어에서 전해지는 억만장자 창업가들의 삶은 "나도 저렇게 되고 싶다"는 열망을 부르지만, 이러한 열망은 종종 완벽주의와 강박으로 이어진다. 비즈니스 모델의 완벽함과 모든 변수 통제에 집착하다 보면, 정작 중요한 시장 검증과 고객 니즈 파악의 기회를 놓친다.

스타트업은 이상적인 계획이 아닌, 현실에서의 실행력을 요구한다. 완벽함을 추구하며 시작을 미루기보다, 작고 빠른 실행을 통해 고객 피드백을 얻고, 이를 바탕으로 비즈니스 모델을 개선해 나가는 게 중요하다.

제프 베조스는 아마존을 창업하며 온라인 책 판매를 시작으로 고객 데이터를 분석해 시장 반응을 세심히 관찰했다. 초기에는 사람들이 원하는 책의 다양성과 추천 상품에 대한 관심을 파악해 추천 알고리즘과 고객 맞춤형 서비스를 도입했다. 이를 바탕으로 전자제품, 의류 등으로 사업을 확장하며 아마존을 글로벌 플랫폼으로 성장시켰다.

베조스는 항상 고객 중심 사고를 바탕으로 데이터를 활용해 의사 결정을 내렸으며, 이러한 접근은 아마존 프라임, AWS(Amazon Web Service, 클라우드 서비스) 같은 혁신적인 서비스로 이어졌다.

창업은 시장 반응을 기반으로 전략을 수립하고 확장하는 것이 중요하다. 작지만 실행 가능한 목표를 설정하고, 빠르게 실행에 옮겨야 한다. 작은 성공이 쌓이면 시장 신뢰를 얻고, 더 큰 성장을 위한 기반을 마련할 수 있다.

완벽한 계획은 없다, 빠르게 실행하라

창업을 결심한 순간, 머릿속은 근사한 비즈니스 모델과 멋진 로드맵으로 가득 차기 마련이다. 하지만 큰 그림만 그리며 실행을 미루는 건 위험하다. 시장은 우리의 예상대로 움직이지 않으며, 고객 반응은 종종 우리 예측과 다르게 나타난다.

10년 넘게 상품기획 업무를 맡아 신제품을 출시하며 깨달은 것은, 내부의 성공 예측과 실제 시장 결과가 반드시 일치하지 않는다는 사실이다. 확신했던 제품이 실패하고, 반대로 기대하지 않았던 제품이 큰 성공을 거두는 경우도 있었다. 이는 예측의 부족함이 아니라, 시장이라는 복잡하고 역동적인 환경에서 불확실성이 항상 존재한다는 점을 잘 보여준다.

> *"내부 예측과 시장 성공은 완벽히 일치하지 않는다.*
> *중요한 것은 실행을 통해 시장에서 데이터를 얻는 것이다."*

완벽한 계획을 세우려는 시도는 오히려 시장 진입을 지연시키고, 중요한 기회를 놓치는 결과를 초래한다. 실행 없는 계획은 단지 가설에 불과하며, 아무리 치밀하게 준비해도 시장에서 검증되지 않으면 의미가 없다.

초기 단계에서는 작은 규모로 빠르게 실행해 시장 반응을 확인하고, 이를 기반으로 비즈니스 모델을 수정하거나 강화해야 한다. 시장 검증은 제품과 아이디어의 잠재력을 판단할 가장 확실한 방법이며, 고객 피드백과 데이터를 통해 전략적 방향을 조정할 수 있다.

시장과 고객 기반이 없는 창업은 본질적으로 더 높은 불확실성을 안을 수밖에 없다. 모든 변수를 통제하려는 계획은 실현 가능성이 작을뿐더러, 실행을 지연시킨다. 실행 방안을 살펴보자.

[초기 창업 실행 방안]
· **작게 시작하라:** 완벽한 제품 대신 최소 기능 제품(MVP)을 개발해 시장에 빠르게 진입하라. 작은 목표로 실행을 시작하면 불확실성을 줄이고, 더 큰 성장을 위한 데이터를 확보할 수 있다.

- 피드백을 받아 개선하라: 고객의 목소리와 시장 데이터를 적극 수집하고 이를 기반으로 제품과 비즈니스 모델을 지속적으로 발전시켜라. 고객 피드백은 예측만으로는 알 수 없는 중요한 인사이트를 제공한다.
- 실행으로 학습하라: 실행 과정에서 얻는 데이터와 경험은 계획으로는 얻을 수 없는 귀중한 자산이다. 빠르게 행동하고, 실험하며, 배워야 한다. 실행은 창업자가 시장과 고객을 체감하고, 사업 전략을 현실에 맞게 조정할 수 있는 길이다.

창업은 본질적으로 불확실성과의 싸움이다. 그러나 실행은 불확실성을 줄이고, 성공 가능성을 높인다. 모든 변수를 통제하려는 계획에 얽매이지 말고, 지금 실행 가능한 첫걸음을 내딛어라. 행동 속에서 배움과 성장의 기회를 찾고, 이를 통해 다음 단계를 설계하라.

완벽한 계획은 존재하지 않는다. 실행은 창업가를 성공으로 이끄는 강력한 무기다. 오늘의 행동이 당신의 성공을 시작할 것이다. 실행하고, 배우고, 성장하라.

준비와 실행의 균형

실행의 중요성을 강조하면 이런 의문이 생길 수 있다.

"무조건 실행만 하라는 건가?
준비가 부족한 상태에서 실행해도 괜찮은가?"

특히 초보 창업가들에게 불안과 혼란을 불러일으킬 수 있다. 실행은 필수지만, 아무런 준비 없이 실행에만 의존하는 것은 위험하다. 준비가 부족한 상태에서 시장에 진입하면 리소스 낭비, 고객 신뢰 훼손, 팀 사기 저하, 투자자 신뢰 상실 같은 부정적 결과를 초래할 수 있다.

실행 전에 다음 사항을 점검하며 준비 상태를 확인해 보자.

[실행 전 점검 사항]

- 문제 정의와 고객 이해: 해결하려는 문제가 무엇인지 명확히 정의하고, 타깃 고객의 니즈를 깊이 이해해야 한다. 고객 인터뷰나 설문 조사를 통해 문제의 본질을 파악하라.
- MVP(최소기능제품) 핵심 기능 설정: 완벽한 제품을 목표로 하지 말고, 고객의 주요 문제를 해결하는 핵심 기능에 집중하라.
- 리소스와 실행 가능성 점검: 현재 보유한 자원(시간, 인력, 자금 등)으로 실행이 가능한지 점검하고, 부족한 부분은 해결 방안을 모색하라.
- 작은 실험부터 시작: 첫 실행은 시장 검증을 위한 작고 빠른 실험이어야 한다. 간단한 프로토타입을 제작하거나, 고객에게 아이디어를 소개하며 반응을 살피는 것도 좋다.

준비와 실행 사이에서 균형을 잡기 위해, 아래 질문을 통해 현재 상황을 점검해 보자.

〈표 1-5〉 실행 점검 체크리스트

실행 전 준비 사항 점검 체크리스트	점검 결과
1. 내가 해결하려는 문제는 무엇인가?	
2. 누가 내 고객이고, 그들의 가장 큰 불편함은 무엇인가?	
3. 내 제품이나 서비스가 고객에게 어떤 가치를 제공하는가?	
4. 현재 내 자원으로 실행 가능한 단계는 어디까지인가?	
5. 이 실행이 실패했을 때, 어떤 교훈을 얻고 어떻게 수정할 수 있는가?	

준비와 실행은 상호 보완적이다. 준비 없이 실행하면 실패 확률이 높아지고 자원 낭비로 이어지며, 과도한 준비는 실행을 지연시켜 시장 기회를 놓칠 위험이 있다. 중요한 것은 70% 수준의 준비 상태에서 실행하는 것이다. 이는 준비 부족과 완벽주의라는 두 극단을 피하면서 실행력과 준비의 균형을 맞추는 지점이다.

제품 출시는 꿀단지를 기업 내부에서 외부로 옮기는 과정과 유사하다. 가득 찬 꿀단지는 옮기다 흘러 손실이 발생할 수 있다. 즉, 완벽을 지나치게 추구하면 시장 진입 시점을 놓쳐 환경변화를 놓치거나 경쟁사에 뒤처질 위험이 있다.

반대로, 너무 비어 있으면 노력 대비 효과가 떨어진다. 준비가 부족한 상태로 시장에 진입하면 약점이 그대로 고객에게 노출된다. 이는 고객 불만과 부정적 피드백을 초래하고, 팀 사기를 저하할 우려가 있다.

적절한 준비 상태에서의 실행은 리스크를 줄이고 성공 가능성을 높인다. 준비와 실행이 조화를 이룰 때 창업의 첫걸음은 단단해진다.

[그림 1-12] 시장 진입의 적정한 타이밍

작은 성공에서 시작되는 성장 여정

작은 성공의 가장 큰 장점은 고객 피드백을 통해 제품과 시장의 적합성을 검증할 수 있다는 점이다. MVP를 통해 고객은 필요한 기능과 개선점을 알려주며, 창업자는 제공하려는 것과 고객이 원하는 것의 일치 여부를 확인할 수 있다.

구글의 초기 사례는 작은 성공의 가치를 잘 보여준다. 구글은 초기 단계에서 페이지랭크(PageRank)라는 핵심 기능에 집중해 빠르고 정확한 검색 결과를 제공하며 사용자의 즉각적인 반응을 끌어냈다. 이를 바탕으로 지속적으로 품질을 개선하며 글로벌 기술 기업으로 성장했다. 비슷한 맥락에서 오픈AI의 GPT-3는 텍스트 생성 기능을 중심으로 MVP를 공개하고, 초기 피드백을 통해 모델을 개선하며 다양한 응용 사례로 확장하였다. 이 과정은 두 기업이 글로벌 리더로 자리 잡는 기반이 되었다.

때로는 MVP를 통해 중요하다고 생각한 기능이 고객에게 큰 가치를 제공하지 못한다는 피드백을 받을 수도 있다. 이는 비즈니스 방향을 수정하고 고객의 요구를 반영하는 역할을 한다. 이 과정을 통해 시장과 고객의 니즈를 이해하고, 사업을 발전시킬 수 있는 통찰을 얻게 된다.

작은 성공은 큰 성장을 준비하는 발판이다. 초기 성과는 시장 신뢰를 구축하고 창업자와 팀의 자신감을 높이며, 다음 단계를 준비할 동력을 제공한다. 이 과정에서 중요한 것은 완벽함을 추구하기보다 시장 검증을 통해 작은 성공을 얻는 데 집중하는 것이다. 이는 생존 가능성을 높이고 고객 관계를 강화하며, 비즈니스 확장의 기반을 다진다.

창업은 불확실성과의 싸움이다. 실행 없이는 변화도 기대할 수 없다. MVP를 활용해 시장에서 검증받으며, 실행이 첫걸음이 될 수 있음을 기억하라. 완벽하지 않아도 괜찮다. 배우고 성장하며 길을 만들어가면 된다. 당신의 실행이 작은 성공을 쌓아 큰 변화를 이끌어낼 것이다. 지금, 첫걸음을 내디뎌라.

07 Run-rate(런 레이트) 확보
: 작더라도 꾸준한 매출을 만들어라

Run-rate는 특정 기간의 매출 데이터를 연간 기준으로 환산해 미래 매출 흐름을 예측하는 지표다. 예를 들어, 한 달 매출이 1,000만 원이면 연간 Run-rate는 1억 2천만 원으로 계산된다. 이는 비즈니스의 안정성과 성장 가능성 평가에 유용하며, 창업자와 투자자 모두에게 중요한 판단 기준으로 활용된다.

창업 초기에는 매출의 크기보다 꾸준히 이어지는 매출 흐름이 더 중요하다. Run-rate는 작은 매출이라도 지속적으로 발생한다면 비즈니스의 지속 가능성과 안정성을 보여주는 신뢰 지표가 된다. 초기의 작은 성공이 더 큰 성공으로 이어질 수 있는 기반을 제공한다.

이 장에서는 초기 매출 확보의 중요성과 Run-rate를 활용해 비즈니스를 성장시키는 전략을 다룬다. 창업자는 꾸준한 매출의 의미를 이해하고, 이를 지속 가능한 성공으로 연결할 방향을 명확히 설정해야 한다.

시장에 첫발을 내딛는 순간, 꾸준한 매출이 가지는 의미를 깨닫고, 이를 통해 사업의 안정적 성장을 설계할 수 있기를 바란다. 창업 초기, 작더라도 꾸준한 매출이야말로 비즈니스 성장을 위한 출발점이다.

꾸준한 매출의 중요성

초기 매출은 경제적 교환을 넘어, 제품이나 서비스의 시장 타당성을 검증하는 지표다. 고객의 구매는 창업자가 시장에 적합한 가치를 제공하고 있다는 신뢰의 증표이며, 지속적인 매출은 제품이 시장에 자리 잡고 있음을 보여준다. 또한, 고객의 반복적인 선택은 제품 경쟁력을 확인하는 중요한 척도가 된다.

넷플릭스는 초기 DVD 대여 서비스를 구독 기반으로 운영하며 안정적인 월 매출을 확보했다. 개별 고객의 구독료는 크지 않았지만, 이를 통해 확보된 지속적인 매출은 서비스 개선과 새로운 콘텐츠 투자에 활용되었다. 안정적인 매출은 넷플릭스가 스트리밍 서비스로 전환하고 글로벌 시장으로 확장하는 데 기여했다.

초기 대규모 투자나 단기 계약은 성공을 거둔 것처럼 보이지만, 꾸준한 매출 흐름과 고객 관계를 구축하지 못한 스타트업은 생존에 실패하거나 큰 어려움을 겪는다. 초기에는 외부 투자에 의존할 수 있지만, 장기적으로는 자체적인 수익 창출이 생존과 성장을 보장한다. 매출 없이는 고정비를 충당할 수 없고, 자금 고갈로 인해 사업을 지속할 수 없는 상황에 직면할 수 있다.

꾸준한 매출은 금전적 안정감뿐 아니라, 창업자와 팀원들에게 심리적 안정감을 제공한다. 안정적인 현금 흐름은 더 나은 의사결정을 가능하게 하며, 장기적인 계획을 세우는 데 도움을 준다. 또한, 고객 유치, 마케팅 투자, 제품 개선 같은 중요한 활동을 지속할 수 있는 동력을 제공한다.

스노우팍스 김승호 회장은 그의 저서 『돈의 속성』에서 '일정하게 들어오는 돈의 힘'을 강조했다. 그는 이를 '질이 좋은 돈'으로 표현했다. 일정하게 들어오는 돈은 다른 자금을 잘 불러 모으고, 흩어지지 않는 속성이 있다고 설명했다. 이는 기업 관점에서 현금흐름(Cash Flow)이며, 안정적인 자금 흐름이 기업의 성장과 생존에 중요함을 인지할 수 있다.

꾸준한 매출과 안정적인 현금 흐름은 기업이 미래를 예측하고, 리스크를 효과적으로 관리하며, 성장 전략을 실행할 수 있는 기반을 마련한다. 새로운 투자 기회를 탐색하거나, 시장 변화에 유연하게 대응할 수 있는 동력을 제공한다. 창업자는 초기 단계부터 작은 매출이라도 꾸준히 발생하는 '질이 좋은 돈'을 만들어내는 데 집중해야 한다. 이는 창업의 생존과 성장의 든든한 초석이 될 것이다.

신뢰로 장기적인 매출 흐름을 확보하라

초기 매출은 시장 적합성을 검증하고, 운영 자금을 충당하며, 창업자가 비즈니스를 지속할 수 있는 최소한의 기반을 제공한다. 하지만 단기적인 매출만을 목표로 삼다 보면, 지속 가능성과 성장 가능성을 간과하기 쉽다. 중요한 것은 현재의 매출을 기반으로 장기적인 매출 흐름과 고객 신뢰를 구축하는 것이다.

거래는 고객과의 관계 형성의 시작점이다. 작은 거래라도 고객이 제품이나 서비스를 선택했다는 것은 신뢰의 증표이며, 반복 구매와 추천 가능성을 열어주는 기회다. 따라서 창업자는 초기 작은 성공을 통해 매출을 점진적으로 늘려가면서, 고객과의 신뢰를 바탕으로 장기적인 매출 흐름을 설계해야 한다.

드롭박스(Dropbox)와 스포티파이(Spotify)는 초기 작은 성공을 통해 신뢰를 구축하고, 이를 기반으로 지속 가능한 매출 흐름을 만들어낸 사례다.

드롭박스는 무료 2GB 스토리지 제공을 통해 클라우드 기술에 대한 고객의 신뢰를 얻고, 이후 유료 서비스로 전환하며 꾸준한 매출 기반을 확보했다. 고객의 긍정적 경험은 반복 구매와 장기적 관계로 이어졌다.

스포티파이는 광고 기반 무료 서비스를 제공하며 초기 사용자층을 확보한 후, 광고 없는 프리미엄 모델로 자연스럽게 전환을 유도했다. 무료 사용자가 프리미엄 플랜으로 이동하며 신뢰와 매출의 선순환 구조를 만들어냈다.

이들 사례는 초기 작은 성공이 장기적인 신뢰와 매출 안정성으로 이어질 수 있음을 보여준다. 반복 구매와 장기 계약은 비즈니스의 지속 가능성을 강화하며, 창업자가 안정적으로 성장 전략을 실행할 수 있도록 돕는다.

창업자는 단기 매출과 함께 장기적인 매출 흐름을 고려하며 다음과 같은 질문을 던져야 한다.

내 제품이나 서비스가 고객의 문제를 지속적으로 해결할 수 있는가?
반복 구매를 유도할 구조를 어떻게 만들 수 있는가?
단기 매출에서 시작해 장기적인 신뢰를 구축하기 위한 전략은 무엇인가?

이 질문들은 창업자가 단기 성과에만 몰두하지 않고, 비즈니스의 장기적 성공 가능성을 설계하도록 돕는다. 작은 거래라도 지속 가능한 매출 흐름으로 발전할 가능성을 키우며, 고객과의 신뢰를 바탕으로 점진적인 확장을 꾀할 수 있다.

창업 초기 작은 매출은 단순한 수익을 넘어 시장 적합성을 검증하고, 고객과의 신뢰를 쌓아가는 과정이다. 단기 매출 확보에 집중하되, 이를 바탕으로 반복 구매와 장기 고객 관계를 형성할 수 있는 기반을 마련하라. 지금의 작은 성공이 미래의 지속 가능한 매출 기반으로 이어질 수 있음을 기억하라.

커다란 눈사람을 만들기 위해서는 먼저 작은 눈덩이를 굴려야 한다. 작은 눈덩이는 초기 매출과 같으며, 이를 굴리며 점점 더 큰 눈덩이를 만들어가는 과정이 장기적 매출 흐름을 설계하는 일이다. 작은 성공에서 시작해 신뢰를 쌓아가며, 꾸준히 눈덩이를 굴리는 것이야말로 비즈니스 성장의 핵심이다.

창업자는 신뢰를 기반으로 현재와 미래를 연결하는 전략을 설계해야 한다. 작은 거래를 반복 구매로 이어가고, 고객과의 관계를 강화하며, 지속 가능한 매출 흐름을 만들어야 한다. 당신의 성과는 비즈니스의 안정과 성장을 이끄는 자산이 된다.

08 두 개의 주머니
: 생활비와 사업비는 별개다

창업은 기회와 위기가 반복되는 여정이며, 그중 가장 큰 도전은 재정적 안정성을 확보하는 것이다. 특히, 스타트업 창업자는 '죽음의 계곡(Valley of Death)'이라 불리는 단계를 반드시 대비해야 한다. 이 시기는 초기 자금이 빠르게 소진되지만 매출이 발생하지 않아 기업이 생존 위기에 처하는 단계다. 많은 스타트업이 이 계곡을 넘지 못하고 중도 포기하는 이유는 자금 관리 부족과 준비 미흡때문이다.

죽음의 계곡을 극복하기 위해 창업자는 다음과 같은 전략을 실천해야 한다.

1. **생활비와 사업비의 철저한 분리**: 개인 생활비와 사업 자금을 혼용하면 재정적 스트레스가 사업 의사결정에 부정적인 영향을 미칠 수 있다. 생활비는 최소한으로 유지하며, 사업비는 투명하게 관리하여 운영 자금의 흐름을 명확히 파악해야 한다. 두 개의 주머니를 사용하는 재정 관리 습관은 창업 초기에 반드시 갖춰야 할 기본이다.

2. **현실적인 자금 계획 수립**: 예상되는 비용과 수익을 기반으로, 최소한의 운영 자금이 어느 정도 필요한지 파악하라. 초기 단계에서는 낭비를 줄이고 핵심적인 영역에만 자원을 집중해야 한다. 자금 계획은 단순히 숫자를 나열하는 것이 아니라, 전략적 의사결정을 뒷받침하는 도구로 활용되어야 한다.

3. **외부 자금 유치와 자원 활용**: 필요하다면 투자자, 정부 지원금, 창업 대출 등 외부 자금을 활용하라. 이를 통해 현금 흐름을 안정적으로 유지하고, 죽음의 계곡을 건너는 데 필요한 동력을 확보할 수 있다. 외부 자금을 유치할 때는 창업의 비전과 현실적인 계획을 명확히 전달하는 것이 중요하다.

4. **매출 흐름의 조기 확보**: 초기에는 작더라도 꾸준한 매출을 만들어내는 것이 필요하다. 고객이 필요로 하는 핵심 가치를 제공하는 MVP를 빠르게 출시해 시장에서 검증받고, 매출의 기반을 다져야 한다. 매출은 수익을 넘어

비즈니스 지속 가능성을 입증하는 핵심 지표다.

죽음의 계곡은 창업자의 자금 관리 능력과 비즈니스 실행력에 따라 성패가 달라진다. 철저한 준비와 계획, 그리고 실행은 창업 초기의 위기를 기회로 바꾸는 열쇠다.

작은 성공과 꾸준한 매출을 통해 안정적인 비즈니스 모델을 구축하고, 이 기반 위에 점진적으로 성장 전략을 실행하라. 철저히 관리된 두 개의 주머니는 비즈니스의 생존과 성장에 필수적인 재정적 기반을 제공할 것이다. 당신의 비즈니스는 죽음의 계곡을 넘어 더 큰 기회를 맞이할 준비를 하게 될 것이다.

주머니를 두 개로 분리하라

창업 초기에는 생활비와 사업비를 명확히 구분하고, 현금 흐름 관리를 통해 불필요한 리스크를 방지해야 한다. 이러한 자금 관리의 기본 원칙은 사업의 안정성을 확보하고, 창업자가 사업에 집중할 수 있는 환경을 만들어준다.

미국 대학생 창업 성공률이 상대적으로 높은 이유 중 하나는 학업과 병행하며 생활비 부담이 적은 환경 덕분이라는 연구 결과가 있다. 미국 5년 생존률은 50.2%이다. 이는 안정된 재정적 기반이 창업자의 의사결정과 성공 가능성에 직접적인 영향을 미친다는 점을 시사한다.

한국 창업의 3년 생존률은 약 41%, 5년 생존률은 33.8%로 상대적으로 낮은 편이다. 이런 환경에서는 3년 치 생활비를 미리 계획해 개인 재정 문제가 사업 운영에 영향을 미치지 않도록 해야 한다. 대부분의 창업자에게 현실적인 자금 준비는 창업 성장을 위한 필수 조건이다.

다음 창업자의 현실적인 자금 관리 방법에 대해 생각해 보자.

[창업자의 현실적인 자금 관리 전략]
- 생활비와 사업비의 철저한 분리: 개인 재정과 사업 자금을 명확히 구분하라. 이를 통해 사업과 무관한 지출을 최소화하고, 운영 자금을 투명하게 관리할 수 있다.
- 여유 자금 확보: 창업 초기에는 급여를 받기 어려운 경우가 많다. 미리 생활비를 준비하거나, 필요한 경우 파트타임 일자리나 아르바이트로 추가 수입을 확보할 방안을 마련하라.
- 현실적인 재정 계획 수립: 자신의 상황에 맞는 자금 관리 계획을 세우고, 필수 지출과 선택적 지출을 구분해 효율적으로 관리하라. 지출 우선순위를 명확히 하면 자금 소진을 줄이고 안정성을 높일 수 있다.
- 비상 자금 준비: 창업 과정에서 발생할 수 있는 예기치 않은 상황에 대비해 일정 금액의 비상 자금을 따로 준비하라. 이는 돌발적인 재정적 어려움에서 사업을 보호하는 완충 역할을 한다.

창업 초기 자금 관리는 재정적 불확실성을 줄이고, 창업자가 비즈니스에 온전히 집중할 수 있는 환경을 조성한다. 생활비와 사업비를 분리해 관리하는 준비는 창업의 기반을 탄탄하게 만들어준다. 주머니를 두 개로 나누어 관리하라. 이 단순한 원칙이 창업 여정을 안정적으로 만드는 중요한 걸음이 될 것이다.

투자로 사업의 다음 단계를 준비하라

창업 초기, 모든 자금을 개인 자산으로 충당하기란 쉽지 않다. 특히 기술 개발, 마케팅 등 대규모 자금이 필요한 경우, 투자 유치는 다음 단계로 도약시키는 효과적인 방법이다. 하지만 성공적인 투자 유치를 위해서는 명확한 비즈니스 모델, 입증 가능한 성장 가능성, 그리고 투자자를 설득할 체계적인 계획이 필수다.

투자자는 창업자의 비즈니스 모델이 수익을 창출할 수 있는 구조인지, 시장 경쟁력을 갖추고 있는지를 확인하고자 한다. 이를 위해 창업자는 다음의 준비가 필요하다.

[투자 유치를 위한 필수 준비사항]
- **명확한 비즈니스 계획서 작성**: 고객 세분화, 시장 분석, 수익 모델, 성장 전략 등을 구체적으로 포함한 비즈니스 계획서를 작성하라. 투자자는 창업자의 비전과 사업의 실현 가능성을 이해할 수 있는 명확한 로드맵을 기대한다.
- **MVP 개발**: 초기에는 최소 기능 제품(MVP)을 제작해 제품이나 서비스의 잠재력을 시연하라. 이를 통해 시장 검증과 고객 피드백을 확보하고, 사업의 가능성을 구체적으로 입증해야 한다.
- **데이터 기반의 성장 가능성 입증**: 고객 획득률, 사용자 증가율, 시장 점유율 등 데이터를 통해 시장 내 타당성과 확장 가능성을 제시하라. 정량적 데이터는 투자자 설득의 가장 강력한 도구다.

투자 네트워크는 자금 확보를 넘어 사업 성장과 시장 확장을 위한 전략적 파트너십을 구축하는 과정이다. 창업자는 〈표 1-6〉각 투자자의 특성을 이해하고, 비즈니스에 적합한 파트너를 찾아야 한다.

〈표 1-6〉 스타트업 투자자 유형

투자자 유형	설명
엔젤 투자자	초기 단계에서 자금 지원과 함께 창업자에게 조언과 네트워크를 제공한다.
엑셀러레이터	자금뿐 아니라 멘토링, 네트워크, 워크숍을 통해 초기 스타트업의 성장을 지원한다.
벤처 캐피털 (VC)	고성장을 목표로 하는 스타트업에 대규모 자금을 투자하며, 전문적인 지원과 네트워크를 제공한다.

성공적인 투자 유치를 위해서는 다음과 같은 전략적 접근이 요구된다.
- **장기적인 성장 가능성과 지속 가능성 강조**: 투자자는 단기보다 장기적인 성장 가능성과 시장 내 지속 가능성을 중요시한다. 이를 강조하는 명확한 전략과 실행 계획을 제시해야 한다.
- **투명한 재무 관리**: 투자자는 자금 사용 내역과 관리 능력을 주의 깊게 살핀다. 자금이 어떻게 사용되고 있는지 투명하게 보고하고, 효율적인 재정 운영을 통해 투자자의 신뢰를 얻어야 한다.

- 리스크 관리 계획: 투자자는 창업의 리스크를 이해하며, 이를 대비할 창업자의 능력을 평가한다. 잠재적인 위험을 관리하고 이를 해결하기 위한 체계적인 계획을 마련하라.
- 단계적 접근 전략: 초기에는 소규모 투자로 시작해, 성장 단계에서 추가 투자를 유치하는 방식으로 신뢰를 유지하며 확장하라. 이는 창업자와 투자자 모두에게 안정성을 제공한다.

투자 유치는 비즈니스 성장과 시장 확장을 위한 전략적 파트너십을 구축하는 중요한 과정이다. 성공적인 투자 유치를 위해 창업자가 추가적으로 알아야 할 사항은 다음과 같다.

첫째, 핵심 성과 지표(KPI)의 정의와 관리가 요구된다.

투자자는 비즈니스 성과를 정량적으로 평가하기를 원하며, 이는 창업자의 실행력과 사업의 가능성을 검토하는 중요한 기준이 된다. 따라서 창업자는 주요 지표(KPI)를 명확히 정의하고, 이를 기반으로 사업 성과를 지속적으로 추적해야 한다. 예컨대, 고객 획득 비용(CAC), 고객 생애 가치(LTV), 월간 반복 수익(MRR)과 같은 지표는 투자자가 사업의 현황과 성장 가능성을 이해하는 필수 자료가 된다.

둘째, 지식재산권(IP)의 관리가 필요하다.

기술 중심 스타트업의 경우, 특허나 상표권과 같은 지식재산권은 기업의 핵심 자산으로 간주된다. 이는 투자자가 비즈니스의 독창성과 보호 가능성을 판단하는 중요한 역할을 한다. 창업자는 자신이 보유한 지식재산권을 체계적으로 관리하고, 필요할 경우 추가 등록을 통해 사업의 자산 가치를 강화해야 한다.

셋째, 투자자와의 문화적 및 산업적 적합성을 고려해야 한다.

투자자는 자금뿐 아니라, 창업자가 산업 내에서 성장할 수 있도록 돕는 파트너다. 창업자는 해당 투자자가 보유한 네트워크, 전문성, 그리고 지원 역량이 자신의 비즈니스에 적합한지 신중히 판단해야 한다. 이러한 적합성은 투자 유치 후 협력 관계의 성공 여부를 결정짓는다.

넷째, 필요 자금(Minimum Viable Capital)을 명확히 설정하는 것이다.

투자 유치 과정에서 창업자는 필요한 자금 규모와 사용 계획을 명확히 제시해야 한다. 투자자는 창업자가 자금을 어떻게 사용할지, 그리고 해당 자금이 어떤 성과를 낼 수 있을지에 대해 구체적인 계획을 요구한다. 창업자가 효율적으로 목표를 달성할 수 있음을 보여준다면, 투자자에게 신뢰를 얻는 데 도움이 된다.

투자 유치는 자금 확보를 넘어, 사업 성장과 시장 확장을 위한 전략적 파트너십을 구축하는 과정이다. 투자자는 네트워크, 멘토링, 산업 지식 등 다양한 자원을 제공해 창업자가 더 큰 성과를 낼 수 있도록 돕는다.

창업자는 철저한 준비와 투명한 운영을 통해 투자자와 신뢰를 쌓고, 협력 관계를 구축해야 한다. 이러한 관계는 창업자가 불확실성을 넘어 장기적인 성공을 설계하고 실행할 수 있는 든든한 기반이 될 것이다.

자금 관리는 숫자가 아닌 전략이다

창업에서 자금 관리는 비용 절감 이상의 의미를 지닌다. 사업의 안정성과 지속 가능성을 보장하고 성장을 지원하는 활동이다. 창업자는 생활비와 사업비를 명확히 구분하고, 현금 흐름을 철저히 관리하며, 투자자와의 협력을 통해 안정적이고 성장 가능한 기반을 마련해야 한다.

창업 초기에는 재정적 불안정성과 예상치 못한 지출이 발생하기 쉽다. 필자역시 자금 관리의 중요성을 간과한 경험이 있다. 그 결과, 자금 문제는 사업 운영에 큰 어려움을 초래했고, 의사결정의 질에도 부정적인 영향을 미쳤다. 그러나 이후 자금 관리 체계를 도입하며, 비즈니스가 점차 안정되고 성장 기회를 다시 찾을 수 있었다.

간단하지만 강력한 방법은 주머니를 두 개로 분리하는 것이다. 생활비와 사업비 분리는 창업자의 재정적 안정성과 비즈니스의 지속 가능성을 높이는 데 도움이 된다. 이 변화는 창업자가 핵심 역량에 집중할 수 있는 환경을 조성하고, 재정적 스트레스를 줄이는 동시에 더 나은 의사결정을 내리게 한다.

스타트업과 자금 관리는 떼려야 뗄 수 없는 관계다. 자금 관리의 중요성을 강조하는 글로벌 기업자들의 조언을 들어보자.

- 워렌 버핏(Warren Buffett): "돈이 바닥나지 않는 한 사업이 실패하는 일은 거의 없다."

  '오마하의 현인'이라 불리는 워렌 버핏은 현금 흐름 관리와 재정적 안정성이 사업의 생명줄임을 강조한다. 자금 관리는 선택이 아닌 생존과 성공을 위한 필수 조건이다.

- 마크 쿠반(Mark Cuban): "현금이 왕이다(Cash is King)."

  억만장자 기업가이자 투자자인 마크 쿠반은 스타트업이 반드시 지출을 철저히 통제하고 안정적인 자금 흐름을 구축해야 한다고 조언한다. 그는 초기 창업자가 불필요한 지출을 억제하고, 수익성을 최우선으로 관리할 것을 강조했다.

- 벤 호로위츠(Ben Horowitz): "사업을 망치는 가장 빠른 방법 중 하나는 재정적 압박에 시달리는 것이다."

  실리콘밸리의 전설적인 투자자 벤 호로위츠는 재정적 압박이 창업에 미치는 부정적 영향을 경고하며, 예산 관리와 현금 흐름 점검이 창업 성공의 기초임을 강조한다. 그는 자금 관리를 통해 투자자와 팀에게 신뢰를 주는 것이 중요하다고 역설했다.

이들의 조언은 자금 관리를 단순한 숫자 계산이 아닌, 생존과 성장을 위한 전략적 도구로 바라봐야 한다는 점을 분명히 보여준다. 자금 관리가 잘 이루어진다면 창업자는 안정적인 비즈니스 기반 위에서 도전과 성장을 이어갈 수 있다.

창업은 도전의 연속이다. 자금 관리는 그 도전을 견디고 극복하며, 사업을 다음 단계로 끌어올리는 강력한 동력이다. 철저한 자금 관리를 통해 창업자는 비즈니스의 불확실성을 극복하고, 안정적이고 지속 가능한 성장을 실현할 수 있다.

09 심신 관리
: 마인드 컨트롤이 우선이다

　얼마 전 한 TV 다큐멘터리에 판교의 세 스타트업이 소개되었다. 그들의 일상, 고민, 그리고 목표가 담긴 이야기를 유심히 지켜보다 놀라운 사실을 알게 되었다. 스타트업 대표들 중 일부가 극심한 정신적 스트레스로 인해 우울증 약을 복용하고 있는 것이다.

　매달 사업비와 직원 급여를 충당해야 하는 현실, 그리고 불규칙적이고 불안정한 수입은 창업자들에게 끊임없는 압박으로 작용했다. 그들은 분명한 목표를 가지고 있지만, 그 목표를 실현할 수 있을지에 대한 불확실성은 하루하루를 무겁게 만들었다.

　회사를 다닐 때는 조직의 일원으로서 안정적인 월급을 받으며 사업비 부족에 대해 크게 걱정할 필요가 없다. 그러나 수입과 지출을 직접 책임지게 되면 세상의 냉혹함을 실감하게 된다. 창업이란 늘 도전과 불확실성 속에서 살아가는 과정임을 깨닫는다. 이러한 환경에서 심신이 흔들리는 것은 어쩌면 당연하다. 그러나 이런 흔들림을 견뎌내고 극복하는 힘은 결국 마인드 컨트롤에서 비롯된다.

창업 초기에는 누구나 목표 달성에 대한 강박감과 높은 기대치에 사로잡히기 쉽다. 이러한 압박은 창업가를 심리적, 신체적으로 소진시킨다. 많은 창업가들이 시간이 지날수록 깨닫는 중요한 진실은, 지속 가능한 성과는 건강한 몸과 마음에서 나온다는 것이다.

창업 환경은 불확실성과 도전의 연속이며, 이를 견디기 위해 심신 관리는 선택이 아닌 필수다. 몸과 마음이 무너지면 결국 사업에도 부정적인 영향을 미친다. 건강은 장기적으로 창업 여정을 지속하게 하는 가장 중요한 자산이다.

건강한 심신은 창업가가 도전 속에서도 안정된 판단을 내리고, 어려움을 극복하며, 팀원들에게 긍정적인 에너지를 전달할 수 있게 한다. 이는 궁극적으로 사업의 성공과도 직결된다.

시간과 에너지 관리

창업 초기에는 무수히 많은 일이 동시에 쏟아지며, 시간과 에너지가 부족하다는 압박감에 시달린다. 사업 아이디어를 구체화하고, 자금을 마련하며, 시장을 조사하고, 고객을 확보하는 등 모든 과정을 한꺼번에 완벽히 해내야 한다는 생각은 창업자를 극도로 불안하게 만든다. 이런 상황일수록 효율적인 시간과 에너지 관리가 필수적이다.

모든 일을 완벽히 해내겠다는 강박은 창업자의 에너지를 소진시키고, 오히려 성과를 방해할 수 있다. 중요한 것은, 지금 이 순간 가장 우선적으로 처리해야 할 일을 명확히 식별하는 것이다. "지금 이 순간 가장 중요한 것은 무엇인가?"라는 질문은 창업자가 산만함에서 벗어나 성과를 내는 핵심 업무에 집중할 수 있도록 돕는다.

효율적인 우선순위 설정을 위해 아이젠하워 매트릭스를 활용할 수 있다. 이 도구는 업무를 중요도와 긴급도 기준으로 네 가지 카테고리로 나누어, 해야 할 일의 우선순위를 정리하는 데 유용하다.

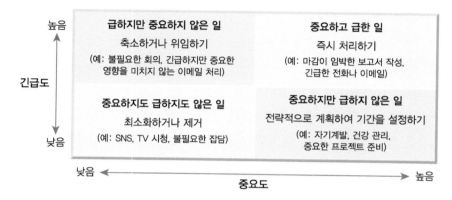

[그림 1-13] 아이젠하워 매트릭스

높음 ↑ 긴급도 ↓ 낮음	**급하지만 중요하지 않은 일** **축소하거나 위임하기** (예: 불필요한 회의, 긴급하지만 중요한 영향을 미치지 않는 이메일 처리)	**중요하고 급한 일** **즉시 처리하기** (예: 마감이 임박한 보고서 작성, 긴급한 전화나 이메일)
	중요하지도 급하지도 않은 일 **최소화하거나 제거** (예: SNS, TV 시청, 불필요한 잡담)	**중요하지만 급하지 않은 일** **전략적으로 계획하여 기간을 설정하기** (예: 자기계발, 건강 관리, 중요한 프로젝트 준비)

낮음 ← 중요도 → 높음

· 중요하고 급한 일: 즉시 처리하기
· 중요하지만 급하지 않은 일: 전략적으로 계획하여 기간을 설정하기
· 급하지만 중요하지 않은 일: 축소하거나 위임
· 중요하지도 급하지도 않은 일: 최소화하거나 제거

아이젠하워 매트릭스를 활용하면 한정된 시간과 에너지를 정말 중요한 일에 집중할 수 있어 창업 여정의 효율성과 지속 가능성을 동시에 높일 수 있다.

우선순위를 정한 후에는 시간을 효율적으로 사용하는 것이 중요하다. 다음의 기법들은 시간 관리와 생산성을 향상시키는 데 도움이 된다. 포모도로 기법 (Pomodoro Technique)은 25분 동안 집중하여 작업하고 5분간 휴식하는 주기를 반복하는 방식이다. 짧은 집중 시간을 쪼개어 작업 효율을 높이고, 긴 작업 시간으로 인한 피로를 줄인다. 그리고, 타임 블로킹(Time Blocking)은 하루를 일정한 시간 블록으로 나누어 각 블록마다 특정 업무에만 집중하는 방법이다. 이는 작업 간 전환으로 인한 비효율성을 줄이고, 중요한 업무에 몰입할 수 있도록 돕는다.

창업 초기에는 높은 기대와 목표를 설정하기 쉽지만, 지나친 이상은 부담으로 작용해 스트레스를 가중시킬 수 있다. 현실적인 기대치를 설정하고, 단기와 장기 목표를 구분하면 도움이 된다.

・매일 또는 매주 달성 가능한 구체적인 계획을 세워 작은 성취를 쌓아가라.

・작은 성공은 자신감을 높이고, 더 큰 목표로 나아가는 발판이 된다.

시간과 에너지는 창업가에게 한정된 자원이자 가장 중요한 자산이다. 효과적인 관리는 하루 생산성을 높이는 것을 넘어, 창업 여정 전반의 성공과 지속 가능성을 결정짓는다. 중요한 일을 식별하고, 우선순위를 정하며, 효율적인 도구와 기법을 활용한다면 불필요한 스트레스와 에너지 낭비를 줄일 수 있다.

시간과 에너지를 관리한다는 것은 곧 자신을 관리하는 것이다. 창업가는 자신의 삶과 비전을 설계하는 디자이너다. 올바른 시간 관리 습관은 창업가로 하여금 더 나은 결정을 내리고, 균형 잡힌 삶을 유지하며, 지속적으로 목표를 향해 나아갈 수 있게 한다.

시간과 에너지는 당신의 성공을 이끄는 중요 자산이다. 이를 소중히 다루고, 효율적으로 활용하라. 창업 여정에서 균형과 성과를 모두 이루는 비결이 바로 여기에 있다.

휴식, 운동, 그리고 명상의 힘

시간과 에너지 관리는 건강한 생활 습관이 뒷받침될 때 비로소 완성된다. 창업 초기에는 하루 24시간을 온전히 사업에 쏟아부어야 한다는 강박에 시달리기 쉽다. 그러나 시간이 지나면 많은 창업자들이 깨닫는다. 효율적으로 일하고 지속 가능한 성과를 내기 위해서는 충분한 휴식과 균형 잡힌 생활 습관이 필수라는 것을.

정신 건강은 창업의 성패를 좌우하는 중요한 요소다. 이를 유지하기 위해 휴식, 운동, 명상이라는 세 가지 축을 실천해보자.

첫째, 휴식! 생산성을 높이는 재충전의 시간.

휴식은 생산성을 높이는 필수 과정이다. 계속 일만 하다 보면 창의력과 문제 해결 능력이 급격히 저하된다. 일정 시간을 비워, 좋아하는 음악을 듣거나 짧은 낮잠을 자며 업무에 벗어나는 시간을 가져라. 주말에는 가족이나 친구와 시간을 보내며 새로운 관점을 얻고 마음의 여유를 찾아보자. 휴식은 에너지 충전을 넘어, 창의적인 아이디어를 떠올리고 복잡한 문제를 해결하는 데도 도움을 준다.

둘째, 운동! 체력은 곧 창업의 능력.

규칙적인 운동은 정신 건강 유지와 스트레스 해소에 탁월하다. 운동은 엔돌핀 분비를 촉진해 긍정적인 기분을 유지하고 스트레스를 줄여준다. 하루 30분간 산책이나 요가, 주말에는 짧은 하이킹을 통해 심신의 피로를 풀고 에너지를 충전하자. 운동은 체력을 높이는 데 그치지 않고, 의사 결정 능력과 업무 집중력도 강화한다. 체력은 창업자가 지속 가능하게 도전을 이어가기 위한 중요한 자산이다. 건강한 신체가 더 나은 성과로 이어진다.

[그림 1-14] 창업자 심신관리

셋째, 명상! 정신을 차분히 다스리는 습관.

창업자는 매일 수많은 결정을 내려야 하며, 이는 스트레스와 불안을 동반한다. 명상은 마음을 차분히 가라앉히고 과도한 감정적 반응을 줄이며, 복잡한 문제 속에서 길을 찾는 데 도움을 준다. 정신적 안정을 되찾고 집중력을 높이는 데 도움을 준다. 매일 단 10분이라도 눈을 감고 깊게 호흡하며 내면을 바라보는 습관을 들여보라. 창의적인 아이디어를 떠올리고 복잡한 문제를 해결하는 데 유리한 상태를 만들어준다.

휴식, 운동, 명상은 각각 독립적으로도 효과를 발휘하지만, 이를 통합적으로 실천하면 더 큰 시너지를 낼 수 있다. 휴식으로 재충전하고, 운동으로 활력을 얻으며, 명상을 통해 정신을 차분히 다스리는 균형 잡힌 루틴을 만들어보자. 이러한 균형은 창업 과정에서 겪는 스트레스를 효과적으로 관리하고 지속 가능한 성공의 기반을 마련해준다.

창업은 단거리 경주가 아니다. 자신을 돌보고 관리하는 것은 완주를 위한 가장 현명한 투자다. 건강한 몸과 마음은 더 나은 결정을 내리게 하고, 당신의 비전을 지속적으로 실현할 수 있게 한다. 창업 여정에서 휴식, 운동, 명상의 힘을 활용해 균형과 성과를 모두 이루길 바란다. 당신의 성공은 건강에서 시작된다.

회복탄력성 키우기

우리 삶에서 실수와 실패는 피할 수 없는 동반자다. 아무리 철저히 계획하고 준비해도 모든 일이 원하는 대로 흘러가지 않는다. 실패는 좌절과 스트레스를 불러오지만, 이를 어떻게 받아들이고 활용하느냐에 따라 이후 결과는 완전히 달라진다.

실패는 피드백 도구다. 부정적인 결과로 받아들이기보다는 경험과 통찰의 기회로 삼아야 한다. 무엇이 잘못되었는지, 어떤 점을 개선해야 하는지 가르쳐 준다. 초기 제품의 실패는 시장의 현실, 고객의 요구, 제품의 약점을 이해하게 해주며, 더 나은 제품을 개발할 기회를 제공한다. 실패를 학습으로 전환하려면 이를 문제로 보기보다 과정의 일부로 받아들이는 긍정적인 태도가 필요하다.

김주환 교수는 그의 저서 『회복탄력성』에서 회복탄력성(resilience)을 다음과 같이 정의한다.

> *"회복탄력성이란 고통이나 실패를 겪을 때 쉽게 좌절하지 않고, 이를 새로운*
> *기회로 삼아 더 나은 삶으로 나아가는 능력이다."*

이 능력은 실패 극복을 넘어, 학습과 성장의 기회로 전환하는 내적 힘을 의미한다. 김 교수는 회복탄력성이 강한 사람은 통제할 수 없는 일에 집착하기보다는, 통제 가능한 부분에서 해결책을 찾는다고 말한다. 이러한 접근은 작은 실패를 발판 삼아 더 큰 도전에 대비할 수 있는 기반을 제공한다.

회복탄력성은 자기 돌봄에서 시작한다. 실패 후에는 원인을 냉철히 분석하고, 이를 다음 계획에 반영하되 자신을 비난하거나 과도하게 자책하지 않아야 한다. 충분한 회복 시간을 가지며, 새로운 도전을 위한 에너지를 재충전하는 것도 중요하다. 이는 동기를 잃지 않고 꾸준히 앞으로 나아가는 힘이 된다.

장기적인 목표와 방향을 유지하는 것 또한 회복탄력성을 강화하는 방법이다. 단기적인 실패에 집착하기보다, 장기적인 목표를 떠올리고 나아가는 태도를 가져야 한다. 성공은 하루아침에 이루어지지 않으며, 꾸준한 노력과 과정 속에서 쌓여가는 결과임을 잊지 말아야 한다. 궁극적으로 도달하고자 하는 지점을 설정하고, 그에 맞는 전략과 계획을 지속적으로 유지하는 것이 중요하다.

[그림 1-15] 회복탄력성

출처: iStock

회복탄력성은 개인마다 발휘되는 방식이 다르기 때문에, 자신에게 맞는 방법을 찾는 것도 중요하다. 명상과 운동을 통해 내적 에너지를 회복하거나, 신뢰할 수 있는 사람들과의 대화를 통해 힘을 얻는 방식이 있을 수 있다. 혹은 실패를 기록하고 이를 성장 기회로 삼는 습관을 들이거나, 새로운 도전을 위해 충분히 준비하는 시간을 갖는 것도 효과적이다. 자신에게 잘 맞는 방법을 발견하고 이를 꾸준히 실천하면, 삶의 일부로 자리 잡아 어려움 속에서도 흔들리지 않는 내적 힘을 키울 수 있다.

회복탄력성은 실패 극복에 그치지 않고, 실패를 성장의 발판으로 삼는 능력이다. 창업 과정에서 실패는 불가피하지만, 그것이 끝이 아니라 새로운 시작임을 기억하라. 자신의 내적 힘을 강화하고, 실패를 배움의 기회로 전환하며, 장기적인 비전을 향해 나아가라. 창업 여정에서 회복탄력성은 당신이 어려움을 극복하고 더 높은 곳으로 도약하게 할 중요한 자산이다.

비즈니스맨의 마인드 컨트롤

일상에서 우리는 흔히 감정과 직관에 의존해 행동한다. 하지만 비즈니스 세계는 다르다. 감정적 반응이나 순간적인 직관보다는 냉정하고 체계적인 사고가 요구된다. 비즈니스 환경은 예측할 수 없는 변수와 복잡한 이해관계로 가득하며, 협상, 계약, 리스크 관리, 경쟁, 규제 등 다양한 도전이 끊임없이 등장한다. 이러한 환경에서 성공하려면 감정을 억제하고 상황을 객관적으로 분석하며, 장기적인 관점에서 결정을 내리는 능력이 필수다.

비즈니스맨의 멘탈 관리는 냉정함과 객관성, 협상 능력, 그리고 관계에 대한 유연성을 갖추는 것이다. 이 역량은 단순히 이해하는 데서 끝나지 않고, 실제 상황에 적용할 수 있어야 한다.

이미지 트레이닝은 이러한 능력을 키우는 데 효과적인 도구다. 단순한 상상이 아닌, 뇌가 이를 실제 행동처럼 받아들이도록 훈련하는 방법이다. 반복적으로 구체적인 시나리오를 상상하면 감정 통제와 문제 해결 능력이 자연스럽게 강화되고, 자신감 또한 높아진다.

다음은 마인드 컨트롤을 강화하기 위한 세 가지 핵심 상황과 훈련 방법이다.

#1. 냉정함과 객관성 기르기

비즈니스에서는 순간적인 감정이 판단을 흐리게 할 수 있다. 냉정하게 상황을 분석하고 감정을 통제하며, 공사 구분을 명확히 하는 태도가 중요하다. 예를 들어, 협상 중 상대방의 예기치 않은 요구가 나왔을 때, 감정적으로 대응하면 관계는 악화되고 협상은 결렬될 위험이 있다. 대신 상황을 체계적으로 정리하고 냉철하게 대안을 검토해 최적의 해결책을 제시한다면, 신뢰를 얻고 협상에서도 유리한 위치를 차지할 수 있다.

중요한 회의나 협상을 앞두고 예상되는 시나리오를 머릿속에 구체적으로 그려보라. 상대가 강한 반대 의견을 제시하거나 예상치 못한 요구를 내놓는 상황에서 침착하게 대응하는 자신을 상상한다. 예를 들어, 상대의 주장에 즉각 반박하기보다는 "좋은 지적입니다. 추가로 검토한 후 다시 논의하겠습니다"라고 말하는 장면을 떠올려 보라. 감정적으로 흔들릴 가능성이 큰 상황에서도 침착하게 호흡을 가다듬고 차분히 대응하는 자신을 시각화하라.

#2. 협상 스킬

협상은 비즈니스의 중심에서 갈등을 해결하고 상호 이익을 창출하는 데 필수적인 기술이다. 능숙한 협상가는 상대방의 요구와 우려를 이해하며, 양측 모두 만족할 수 있는 윈-윈(win-win) 전략을 제시한다. 이는 현재 문제 해결뿐 아니라, 관계를 강화하고 미래의 협력 가능성까지 열어둔다. 이는 본 저서의 제5부 4장에 자세히 다루고 있으니 참고 바란다.

상대 입장에서 생각하며, 그들의 요구를 반영한 합리적인 대안을 제시하는 자신을 상상하라. 예를 들어, 고객이 가격 인하를 요구할 때, "가격은 조정이 어렵지만, 대신 추가 지원 서비스를 제공할 수 있습니다"라고 말하며 양측 모두 만족하는 결과를 이끌어내는 장면을 떠올린다. 협상 과정에서 예상 질문과 답변을 구체적으로 그려보고, 긍정적인 합의에 이르는 모습을 반복적으로 상상하라.

#3. 관계 유연성

비즈니스 세계에서는 영원한 적도 동지도 없다는 말이 있다. 관계는 상황과 이익에 따라 달라질 수 있으며, 때로는 경쟁사와도 협력해야 할 전략적 유연성이 요구된다. 이는 변화하는 시장 환경에서 기회를 창출하고 위험을 회피하는 데도 효과적이다. 유연한 관계 관리는 신뢰를 기반으로 하되, 언제든 변하는 환경에 적응할 수 있는 사고방식을 요구한다.

경쟁사와의 전략적 파트너십을 맺는 장면을 상상하라. 예를 들어, 두 기업이 서로의 강점을 결합해 새로운 시장 기회를 창출하는 모습을 머릿속에 그려보라. 예상치 못한 갈등이 발생하는 상황에서도 유연하게 관계를 조율하며, "현재의 상황은 어렵지만, 우리가 함께 해결할 수 있는 부분에 집중합시다"라고 말하며 신뢰를 회복하는 장면을 시각화하라.

비즈니스맨의 마인드 컨트롤은 감정을 억누르는 데만 그치지 않는다. 냉정함은 올바른 판단을 가능하게 하고, 협상 능력은 갈등을 해결하며, 유연한 관계 관리는 변화에 적응하고 기회를 창출한다.

비즈니스는 단기적인 성공보다 장기적인 방향성과 균형을 요구한다. 꾸준히 마인드 컨트롤을 단련하고 적용한다면, 변화무쌍한 환경 속에서도 흔들림 없이 더 큰 성공을 향해 나아갈 수 있다.

냉정함과 유연성을 바탕으로 한 당신의 판단과 행동은 불확실한 비즈니스 세계에서 진정한 리더십을 발휘하게 할 것이다.

당신의 심신이 비즈니스의 기초 체력이다

'감기(感氣)'라는 한자는 '느낄 감(感)'과 '기운 기(氣)'로 구성되어 있다. 흔히 감기를 바이러스에 의한 가벼운 질병으로 여긴다. 하지만 한자적 의미로는 기운이 약해졌을 때 외부 자극(바이러스 등)에 의해 생기는 병으로 해석할 수 있다. 선조들은 감기를 단순한 신체적 이상이 아니라, 몸과 마음의 기운이 조화를 잃었을 때 나타나는 경고 신호로 받아들였다. 이는 육체적 회복뿐 아니라 심신의 균형을 되찾는 것이 중요하다는 지혜를 담고 있다.

비즈니스 환경에서도 이러한 '감기'는 창업자의 심신 상태와 깊은 연관이 있다. 장시간의 업무, 과도한 스트레스, 불규칙한 생활 습관은 심신의 균형을 무너뜨린다. 이 상태에서 외부의 스트레스나 실패 같은 자극이 가해지면 쉽게 흔들릴 수 있다. 창업자의 건강이 무너지면 비즈니스 역시 심각한 위기를 맞을 수 있다.

작은 감기는 방치하면 폐렴과 같은 심각한 합병증으로 이어질 수 있듯, 창업 과정에서도 심신의 작은 경고 신호를 무시하면 장기적인 번아웃이나 실패로 이어질 가능성이 크다. 선조들이 감기를 '기운의 병'으로 받아들였듯, 비즈니스 또한 심신의 건강이 무너지면 지속 가능한 성장과 성공은 불가능하다.

창업은 마라톤과 같다. 장기적인 관점에서 비즈니스를 성장시키기 위해 가장 중요한 요소는 창업자의 심신 관리다. 명확한 목표 설정, 실패를 학습 기회로 삼는 태도, 긍정적인 마음가짐은 모두 건강한 몸과 마음에서 비롯된다. 심신이 지치면 비즈니스도 흔들리지만, 건강한 심신은 어떤 도전에도 흔들림 없이 맞설 수 있는 기초 체력이 되어준다.

스스로를 지나치게 몰아붙이는 것은 장기적으로 번아웃을 초래할 위험이 크다. 초기에는 성과를 낼 수 있을지 몰라도, 지속 가능한 성장은 어려워진다. 건강한 창업자는 비즈니스의 근본적인 안정성을 제공하며, 이를 위해 자기 자신을 돌보는 시간을 반드시 가져야 한다. 이는 비즈니스와 개인의 균형을 유지하며 더 멀리 나아가기 위한 필수 준비다.

창업, 이 여정에서 가장 소중한 것은 바로 당신 자신이다. 당신이 잘 버티고 성장할 때, 비즈니스는 더 오래, 더 멀리 나아갈 수 있다. 성공적인 창업자란 단지 재무적 성과를 이루는 사람이 아니라, 그 과정에서 더 나은 사람으로 성장하는 사람이다. 비즈니스의 성공은 결국 당신이 어떻게 변하고 어디로 나아가는가에 달려 있다.

창업자는 자신의 심신을 중요한 자산으로 여기고, 이를 지키기 위한 노력을 멈추지 말아야 한다. 건강한 마음과 몸은 창업 여정의 강력한 무기이며, 어떤 도전 속에서도 당신을 흔들림 없이 지탱해 줄 것이다.

당신의 심신은 비즈니스의 기초 체력이다. 꾸준히 자신을 돌보고 관리하라. 당신이 강할 때, 당신의 비즈니스도 더 단단해질 것이다.

10 실패의 교훈
: 포기하지 않으면 실패는 없다

창업의 길은 도전과 실패의 연속이다. 예상치 못한 문제, 고객의 미온적인 반응, 실행 과정에서의 시행착오는 모든 창업자가 직면하는 현실이다. 하지만 실패는 좌절의 끝이 아니라, 성공으로 가는 필수 과정이다. 실패는 귀중한 학습의 기회를 제공하며, 새로운 도전을 위한 발판이 된다.

실패를 두려워하기보다는 분석하고 배움을 얻는 자세를 갖추는 것이 중요하다. 실패는 단순한 잘못이 아니라, 무엇이 효과적이고 무엇이 아닌지를 알려주는 피드백 도구다.

실패를 학습의 기회로 삼으려면 다음과 같은 태도를 가져야 한다.

- **실패 원인 명확히 파악하기**: 실패의 이유를 감정적으로 받아들이기보다는 객관적으로 분석하라. 무엇이 잘못되었는지, 어떤 대안을 선택했어야 했는지 명확히 이해하라.
- **교훈을 다음 단계에 적용하기**: 실패에서 얻은 교훈을 바탕으로 더 나은 선택을 하고, 이를 비즈니스 전략에 반영하라.
- **배움에 대한 개방적인 태도 유지하기**: 실패는 단순한 좌절이 아니라, 성장의 과정임을 받아들이고 수용하는 마음을 가져라.

성공한 많은 창업자들은 실패를 통해 성장했다. 실패는 두려움의 대상이 아니라, 비즈니스를 점진적으로 발전시키는 과정이다. 실패를 수용하고 배우는 태도는 창업자로서 지속 가능성을 높인다.

실패를 성장과 혁신의 원동력으로 삼아야 한다. 당신이 포기하지 않는 한, 실패는 단지 배움의 일부일 뿐이다. 포기하지 않으면 실패는 없다.

실패가 두려워 실행을 멈추면, 비즈니스는 더 이상 발전할 수 없다. 반면, 실패를 받아들이고 이를 반복적인 실행과 학습으로 연결한다면, 창업자는 더 나은 결정을 내릴 수 있는 능력을 얻게 된다. 창업에서 가장 큰 실패는 도전하지 않는 것이다.

실패는 끝이 아니라 더 나은 성공으로 가는 여정이다. 실패의 교훈을 배우고, 그것을 디딤돌로 삼아 앞으로 나아가라. 당신의 도전이 멈추지 않는 한, 실패는 결코 당신의 이야기를 끝낼 수 없다.

실패를 통해 배우는 성공의 비밀

우리가 알고 있는 성공한 창업가 중 실패를 겪지 않고 오늘에 이른 사람은 없다. 성공 뒤에는 수많은 실패와 그로부터 얻은 귀중한 교훈이 자리하고 있다. 실패는 성장 과정에서 피할 수 없는 단계이며, 이를 어떻게 받아들이고 활용하느냐가 창업의 성패를 결정짓는 열쇠다.

스타벅스를 글로벌 브랜드로 성장시킨 하워드 슐츠(Howard Schultz)의 여정은 실패에서 시작되었다. 스타벅스를 인수하기 전, 그는 1985년 일 지오날레(Il Giornale)라는 커피 사업을 시작하며 이탈리아식 에스프레소 바 문화를 미국에 소개하려 했다. 그러나 사업 자금을 마련하는 과정에서 200명 이상의 투자자에게 거절당하는 어려움을 겪었다. 당시 투자자들은 미국 시장에서 에스프레소 문화가 성공하지 못할 것이라는 회의적인 시각을 가지고 있었고, 이는 슐츠에게 큰 좌절감을 안겨주었다.

하지만 그는 거절에도 굴하지 않고 끝까지 비전을 포기하지 않았다. 결국 소수의 투자자를 설득해 자금을 확보했으며, 열정과 끈기를 발휘해 일 지오날레를 성공적으로 운영했다. 1987년 스타벅스를 인수하여, 세계적인 브랜드로 성장시키는 발판을 마련했다.

슐츠는 시장의 무관심과 냉소 속에서도 자신의 아이디어와 비전에 대한 확신을 잃지 않았다. 반복된 거절과 실패 속에서도 끈기와 열정으로 돌파구를 찾아낸 그의 자세는 성공적인 창업자가 갖추어야 할 중요한 자질을 잘 보여준다. 그의 이야기는 실패를 두려워하지 않고, 이를 학습과 도전의 기회로 삼는 태도가 창업 여정에서 얼마나 중요한지를 여실히 증명한다.

넷플릭스 창업자 리드 헤이스팅스(Reed Hastings)의 이야기는 실패를 통해 배우고 성장하는 과정을 잘 보여준다. 1991년, 그는 소프트웨어 디버깅 도구를 제공하는 퓨어 소프트웨어(Pure Software)를 설립해 빠르게 성장시켰다. 그러나 급격한 확장 과정에서 경영 경험 부족으로 여러 문제에 직면했다.

기술 역량은 뛰어났지만, 직원 관리, 조직 문화 구축, 의사결정의 속도와 품질 등 경영 전반에서 어려움을 겪었다. 회사가 성장할수록 혼란과 비효율성은 증가했고, 경영 부담도 가중되었다. 자신감 부족이나 잘못된 의사결정이 반복되면서 조직은 불안정해졌다. 여러 차례 조직 개편을 시도했지만 근본적인 문제를 해결하지 못했고, 결국 1997년 퓨어 소프트웨어를 레이셔널 소프트웨어(Rational Software)에 매각하며 첫 번째 경영 도전을 마무리해야 했다.

이 경험은 헤이스팅스에게 교훈을 남겼다. 그는 경영 역량의 중요성과 체계적인 접근의 필요성을 절감하며, 이후 학습과 자기 계발에 매진했다. 같은 해, 그는 넷플릭스를 창업하며 이전 경험을 발판으로 새로운 조직 문화와 경영 방식을 설계했다.

넷플릭스는 유연하면서도 체계적인 조직 문화를 기반으로, DVD 대여 서비스에서 스트리밍 플랫폼으로 성공적으로 전환하며 엔터테인먼트 업계의 선두주자로 자리 잡았다. 그는 조직 내 혁신과 효율성을 동시에 추구하며, 넷플릭스를 글로벌 시장에서 주목받는 기업 중 하나로 성장시켰다.

헤이스팅스의 여정은 실패가 끝이 아니라 배움의 시작임을 보여준다. 퓨어 소프트웨어의 경험은 그에게 더 나은 경영자가 되는 방법을 가르쳐 주었고, 이를 통해 넷플릭스라는 혁신적인 플랫폼을 성공적으로 구축했다. 실패를 학습과 성장의 기회로 삼는 태도가 얼마나 중요한지를 몸소 입증했다.

트위터(Twitter)를 공동 창업한 잭 도시(Jack Dorsey)는 첫 번째 스타트업인 오데오(Odeo)에서 실패의 쓴맛을 경험했다. 오데오는 팟캐스트 플랫폼으로 유망한 아이디어로 평가받았으나, 2005년 애플의 아이튠즈가 팟캐스트 지원 기능을 선보이며 경쟁력을 잃고 시장에서 도태되었다.

잭 도시는 오데오의 실패를 냉철히 인정하고, 팀과 함께 새로운 아이디어를 모색했다. 그 과정에서 140자 이내의 짧은 메시지를 실시간으로 공유할 수 있는 플랫폼이라는 아이디어가 탄생했다. 이 아이디어는 곧 트위터로 이어졌으며, 짧고 간결한 메시지로 실시간 소통을 가능하게 하는 혁신적인 플랫폼으로 자리 잡았다. 트위터는 커뮤니케이션의 새로운 방식을 창조하며 전 세계적으로 큰 성공을 거두었다.

도시는 실패를 좌절로 끝내지 않고, 시장 변화에 유연하게 대응하는 법을 배웠다. 또한, 팀워크와 창의적 사고를 활용해 혁신을 이뤄냈다. 그의 이야기는 실패가 끝이 아니라 새로운 시작의 기회임을 잘 보여준다.

토스(toss)의 이승건 대표는 창업 과정에서 8번의 실패를 겪었다. 초음파 기술 기반 SNS 울라블라(Ulabla)는 기술력은 뛰어났으나 고객 니즈를 충족하지 못해 실패했고, 투표 기반 SNS 다보트(DaVote)는 명확한 타깃층 설정과 차별성 부족으로 시장에서 도태되었다. 이 경험을 통해 그는 기술만으로 성공할 수 없으며, 고객이 서비스를 사용할 명확한 이유를 제공해야 한다는 교훈을 얻었다.

2015년, 이승건 대표는 기존 은행 송금 시스템의 복잡성과 불편을 해결하기 위해 '토스'를 출시했다. 간편 송금, 계좌 연결 등 사용자 중심의 가치를 제공하며 빠르게 성장한 토스는 이후 보험, 투자, 대출 비교 등 다양한 금융 서비스를 통합하며 핀테크 슈퍼앱으로 자리 잡았다.

이 대표는 실패를 분석하고 이를 학습과 개선의 기회로 삼아 고객 중심 사고를 바탕으로 성공을 이끌었다. 실패가 끝이 아니라 새로운 도전의 시작임을 보여준다. 끊임없는 도전과 혁신이 토스의 성공을 견인했다.

쿠팡 창업자 김범석 대표는 2010년 창업 당시 소셜 커머스 모델을 도입했다. 단기 할인 딜로 소비자를 유치하는 방식은 위메프, 티몬 등 경쟁자들과 함께 주목받았으나, 수익성 확보와 장기적 고객 만족 유지라는 두 가지 과제에 직면했다.

특히, 공급망 관리와 고객 서비스의 부족은 고객 신뢰를 저하시켰고, 시장에서 지속 가능한 성장을 이루기 어려운 점을 노출시켰다. 김범석 대표는 이러한 한계를 직시하며, 기존 모델로는 장기적인 성장을 이루기 어렵다는 판단을 내렸다.

2014년, 김 대표는 이커머스 플랫폼으로의 전환이라는 과감한 결단을 내렸다. 그는 고객 만족을 최우선으로 설정하고, 로켓배송을 도입해 빠르고 신뢰할 수 있는 배송 서비스를 제공하며 고객 경험을 혁신했다.

이 전략은 쿠팡을 한국 이커머스 선두주자로 자리 잡게 했으며, 2021년 뉴욕 증권거래소 상장을 통해 글로벌 시장에서도 주목받았다. 현재 쿠팡은 빠른 배송과 우수한 고객 서비스로 이커머스 업계를 선도하고 있다.

김 대표의 여정은 사업 모델의 한계를 극복하고 과감히 혁신할 줄 아는 리더십이 창업 성공의 핵심임을 보여준다.

〈표 1-7〉 창업가 실패 사례와 교훈

창업가	창업회사	실패내용	실패 교훈과 효과
하워드 슐츠	일 지오날레 (Il Giornale)	에스프레소 바 사업 초기 자금 유치 실패 (200명 이상 거절당함)	비전과 끈기로 투자자를 설득, 스타벅스 인수 및 성공 기반 마련
리드 헤이스팅스	퓨어 소프트웨어 (Pure Software)	급격한 성장 속 경영 미숙으로 조직 혼란과 효율성 저하	경영 역량 부족을 깨닫고 학습과 자기 계발을 통해 넷플릭스 성공
잭 도시	오데오(Odeo)	애플의 아이튠즈 등장으로 경쟁력 상실	시장 변화에 유연하게 대응하며 트위터를 창조
이승건	울라블라(Ulabla), 다보트(DaVote)	고객 니즈와 시장 흐름을 놓친 기술 중심의 사업 실패	고객 중심 사고와 문제 해결의 중요성 이해, 토스를 성공적으로 이끔
김범석	쿠팡	소셜 커머스 모델의 수익성 부족 및 고객 만족도 하락	사업 모델 전환의 용기와 고객 만족 중심 전략으로 쿠팡 성공

이 사례들은 실패가 좌절의 끝이 아니라 성공의 디딤돌임을 보여준다. 실패는 단지 잘못된 결과가 아니라, 성장을 위한 피드백이며, 이를 통해 얻은 교훈은 창업의 지속 가능성을 높이는 원동력이다.

포기하지 말고, 실패에서 배우며 도전하라. 실패는 끝이 아니라, 더 나은 미래로 나아가는 과정일 뿐이다. 당신의 도전이 계속되는 한, 실패는 결코 당신을 멈출 수 없다.

비전 유지와 동기 부여로 열정을 잃지 말라

창업 여정은 길고 험난하며, 때로는 실패와 좌절 속에서 열정이 소진되거나 회의감에 빠지기 쉽다. 이런 순간에는 처음 창업을 결심했던 비전과 목표를 되새기는 것이 중요하다. 비전은 당신이 이루고자 했던 궁극적인 가치를 상기시키며, 창업의 본질적 이유를 다시 찾게 한다. "왜 이 길을 선택했는가?"라는 질문은 새로운 동기를 부여하는 출발점이 된다.

큰 목표에만 집중하면 도달하기 어려운 이상에 압도될 수 있다. 그러나 작은 성과를 축하하는 습관은 긍정적인 에너지를 유지하고 자신감을 높인다. 예를 들어, 새로운 고객을 확보하거나, 제품 개선에 성공하거나, 마케팅 캠페인을 효과적으로 실행했다면 이를 팀과 함께 기념하라. 작은 성공들은 다음 도전의 동력이 되며, 이런 성취가 쌓일수록 창업 여정은 더욱 안정적이고 견고해진다.

비전이 모호하거나 추상적일 경우, 동기 부여의 효과는 제한적이다. 따라서 비전을 구체적이고 명확한 목표로 전환해야 한다. 단기적이고 실현 가능한 목표와 장기적 비전을 함께 설정하면, 작은 성공을 통해 성취감을 느끼는 동시에 더 큰 그림을 향한 동력을 유지할 수 있다. 단기 목표는 즉각적인 성과와 자신감을 제공하며, 장기 비전은 창업 여정의 방향성을 제시한다.

비전은 혼자만 품는 것이 아니라, 팀과 공유하여 열정을 확산시켜야 한다. 팀원들에게 비전을 명확히 전달하고, 그들이 성취감을 느낄 수 있는 환경을 조성하는 리더십이 필요하다. 팀 전체가 비전과 목표를 공유하며 협력할 때, 강력한 시너지가 발생한다. 이는 개별적인 노력이 아닌 공동의 목표를 위한 협력으로 이어지며, 팀의 에너지를 극대화한다.

동기와 열정을 지속하기 위해서는 스스로를 관리해야 한다. 규칙적인 휴식과 재충전 시간을 가지며, 일상에서 벗어나 새로운 시각을 얻는 기회를 만들어라. 번아웃은 장기적 동기 부여의 적이며, 이를 예방하기 위해 휴식, 운동, 명상 등 건강한 활동을 실천해야 한다. 자기 관리는 더 강한 열정과 집중력을 제공하며, 장기적인 창업 여정의 동반자이다.

당신의 비전을 기억하고, 작은 성과를 축하하며, 스스로를 돌보는 과정에서 열정은 계속 타오를 것이다. 창업은 단순히 사업을 이루는 것이 아니라, 꿈꾸는 세상을 만들어가는 여정이다. 당신이 열정을 잃지 않고 나아갈 때, 성공은 더 가까워질 것이다.

포기하지 않으면 실패는 없다

창업 과정에서 실패는 피할 수 없는 동반자다. 실패는 부족한 점을 깨닫고 더 나은 방법을 찾을 기회를 제공한다. 창업의 긴 여정에서 실패를 어떻게 받아들이고 활용하느냐에 따라 결과는 완전히 달라질 수 있다.

실패는 창업자에게 가장 정직한 피드백이다. 시장이 요구하는 가치를 제대로 파악하지 못했거나, 전략적 의사결정에서 오류가 있었던 부분을 명확히 보여준다. 이러한 피드백은 창업자가 약점을 보완하고 강점을 강화하는 계기가 된다.

실패는 무엇이 잘못되었는지 알려줄 뿐 아니라, 더 나은 방향으로 도전할 수 있는 지침을 제공한다. 포기하지 않는 한 실패는 끝이 아니며, 지속적인 시도와 개선 속에서 성공의 문을 열어줄 것이다.

박정부 회장은 다이소를 창업하기 전, 한국 유통 시장에서 여러 차례의 실패를 경험했다. 1992년, 그는 다이소의 전신인 아성산업을 설립하며 생활용품 도소매 사업을 시작했지만, 초기에는 고객에게 충분한 가치를 전달하지 못해 큰 성과를 내지 못했다.

그러나 그는 포기하지 않았다. 일본의 100엔숍 모델을 참고하여, 합리적인 가격에 다양한 품질의 제품을 제공하는 새로운 비즈니스 모델을 개발했다. "값싸고 좋은 제품"이라는 명확한 비전을 바탕으로 사업을 재정비하고, 고객 니즈에 맞춰 품목을 확대하며 다이소를 한국의 대표적인 생활용품 브랜드로 성장시켰다.

초기에는 값싼 제품이라는 인식 때문에 품질에 대한 부정적인 시선도 존재했지만, 끊임없는 품질 개선과 고객 중심 전략을 통해 이를 극복했다. 그 결과, 박 회장은 실패를 두려워하지 않고 배움을 통해 성공을 이룬 창업자의 롤모델로 평가받는다. 그의 경험은 『천원을 경영하라』에 잘 소개되어 있다.

서정진 회장은 셀트리온을 창업하기 전, 대우그룹 해체라는 인생의 큰 시련을 겪었다. 안정적인 직장 생활이 갑작스러운 실직으로 끝나며 좌절감을 안겼지만, 그는 이를 새로운 도전의 기회로 받아들였다. 이후, 당시로서는 생소했던 바이오 의약품 개발에 뛰어들어 셀트리온을 설립했다.

초기 셀트리온은 극심한 자금 부족에 시달렸다. 연구소 임대료조차 낼 수 없을 정도였고, 서 회장은 직접 투자자를 찾아다니며 바이오시밀러 시장의 가능성을 설득했지만, 대부분의 투자자들은 신뢰하지 않았다.

또한, 제품 개발 실패와 규제 승인 거절이라는 위기도 겪었다. 글로벌 규제기관의 엄격한 기준을 통과하지 못하며 비용은 증가하고 회사 운영은 위태로웠다. 하지만 서정진 회장은 이에 굴하지 않고, 다국적 제약사와 협력하여 글로벌 품질 관리 체계를 구축했다. 그 결과, 셀트리온은 FDA와 EMA 승인을 받은 '램시마(Remima)'를 성공적으로 출시하며, 세계 최초로 항체 바이오시밀러 허가를 받은 기업이 되었다.

서 회장은 이 경험을 통해 모든 위기는 준비된 사람에게 기회가 된다는 교훈을 얻었고, 셀트리온은 오늘날 글로벌 바이오 시장에 안정적으로 자리 잡았다.

많은 창업자가 실패를 두려워하지만, 성공적인 창업자들은 실패를 회피하기보다는 받아들인다. 실패는 일시적인 장애물일 뿐, 중요한 것은 포기하지 않고 꾸준히 도전하는 태도다.

실패는 깊이 분석하고 배우는 과정이다. 실패한 프로젝트나 제품에 대해 "왜 실패했는가?"라는 질문을 던지고, 근본적인 원인을 파악하라. 이 과정은 더 나은 전략을 수립하고, 다음 단계에서 성공 가능성을 높이는 데 도움이 된다.

앞선 사례는 실패가 끝이 아니라, 성공으로 가는 과정임을 보여준다. 실패에서 배우고 성장의 발판으로 삼을 때, 창업자는 새로운 기회를 발견하고 성공을 이끌어낼 수 있다. 실패는 멈춤이 아니라 전진의 디딤돌이다.

실패를 두려워하지 않고 계속 도전하는 노력은 결국 성공이라는 결실로 이어진다. 실패는 끝이 아니라 더 나은 미래를 위한 시작일 뿐이다. 포기하지 않고 도전하는 여정은 창업뿐 아니라 삶 그 자체를 풍요롭게 만든다.

이제 당신은 창업 여정에서 실패를 두려워하지 않고 맞설 준비가 되었는가? 실패를 발판삼아 성공의 정상에 깃발을 꽂을 각오를 다졌는가? 그렇다면 다음 단계로 나아갈 때다.

당신은 이미 단단한 심장과 강한 의지를 가졌으며, 앞으로 마주할 도전들을 맞설 용기와 힘을 얻었다. 다음 장에서는 시장과 고객을 이해하는 방법, 전략을 설계하고 실행하는 구체적인 지침, 그리고 제품 개발과 운영의 비결을 다룰 것이다.

이 책은 창업의 성공적인 도약을 위한 실질적인 가이드를 제공한다. 끝까지 완주하라. 여정의 끝에서 당신은 진정한 혁신가로 성장해 있을 것이다.

제2부
고 객: 사업의 시작과 끝

　　누구나 삶을 살아가며 무언가에 닫혀 있던 자신을 깨우는 순간을 경험한다. 박웅현 작가는 『책은 도끼다』에서 책은 우리 안의 꽁꽁 얼어붙은 강을 깨뜨리는 도끼여야 한다고 말했다. 책은 독자의 마음을 열고 생각의 깊이를 확장시키는 역할을 한다.

　　사업에서도 이와 같은 도끼가 필요하다. 우리의 고객은 매일 자신만의 얼어붙은 강을 품고 살아간다. 그 강은 그들의 고민, 문제, 해결되지 않은 니즈로 가득 차 있다. 고객 마음속 강을 깨우는 도끼를 제공하지 않는다면, 우리의 제품이나 서비스는 그저 하나의 선택지에 불과하다.

　　하지만 우리는 고객의 삶을 바꿀 수 있는 도끼를 만들 수 있다. 고객의 니즈를 이해하고, 그들의 목소리를 진심으로 듣는다면, 그들의 삶에 의미 있는 변화를 만들어낼 수 있다. 독자의 얼어붙은 강을 깨뜨리는 책처럼, 고객의 삶에 가치를 더하는 도끼가 되는 것이야말로 사업의 본질이 아닐까?

　　고객은 사업의 이유이자 존재의 목적이다. 스타트업 여정에서 가장 중요한 질문은 항상 "고객은 누구인가?", "고객의 문제는 무엇인가?", 그리고 "우리는 어떻게 그 문제를 해결할 수 있는가?"라는 질문으로 귀결된다. 고객을 정확히 이해하고 그들에게 실질적인 가치를 제공하지 않는다면, 그 어떤 비즈니스 모델이나 제품 전략도 성공할 수 없다.

이제 우리는 고객을 이해하고, 그들의 니즈를 파악하며, 그들을 진정으로 움직일 도끼를 만들어야 한다. 이 장에서는 고객을 사업의 중심에 두는 것이 왜 중요한지, 그리고 고객 중심 사고를 통해 어떤 가치를 창출할 수 있는지를 탐구해 보려고 한다. 고객 여정을 이해하고 그들과 함께 성장해 나갈 준비가 되었는가? 그렇다면 다음으로 넘어가자. 당신 고객을 만나러 가는 시간이다.

01. 고객을 설득하는 여정: 창업의 시작
02. 고객 정의하기: 우리의 고객은 누구인가?
03. 고객을 찾아라: 고객 발굴의 기술
04. 관계를 넘어 신뢰로: 고객 설득과 관계 관리

01 고객을 설득하는 여정
: 창업의 시작

　드라마 〈스타트업〉에서 남도산과 그의 팀은 인공지능(AI) 기반 이미지 인식 기술로 창업에 도전하며, 샌드박스 투자 피칭 장면에서 고객 중심 사고와 설득의 중요성을 보여준다. 남도산 팀은 시각 장애인을 타깃 고객으로 설정하고, 이들이 물건을 구별하거나 환경을 파악하는 데 겪는 어려움을 해결하고자 했다. 시각 정보를 음성으로 제공하는 솔루션을 제안하며, 고객 인터뷰와 데이터를 활용해 문제의 심각성을 강조하고, 기술의 효과를 시연했다.

　팀은 고객의 니즈를 중심으로 한 맞춤형 솔루션을 설계했다. 접근성을 극대화한 인터페이스와 혁신적인 기술을 통해 고객의 삶을 변화시킬 가치를 전달했다. 또한, 도산의 진정성 있는 스토리텔링은 프로젝트를 기술 이상의 의미로 확장하며 투자자들에게 관심을 받았다. 이는 투자 유치로 이어졌으며, 고객의 문제를 해결하는 데 초점을 맞춘 전략의 중요성을 보여준다.

　창업에서 고객은 중요한 출발점이다. 창업은 고객을 설득하는 여정이다. 아무리 독창적이고 훌륭한 아이디어를 가지고 있어도, 그 아이디어가 고객의 문제를 해결하지 못하거나, 고객의 마음을 움직이지 못한다면 성공할 수 없다. 고객은 비즈니스 방향을 결정짓고, 성과를 쌓는 기반이다.

이 여정은 고객을 이해하는 데서 출발한다. 그들이 직면한 문제는 무엇인지, 현재의 해결책이 무엇인지, 그리고 왜 불완전한지를 깊이 탐구해야 한다. 설득은 곧 신뢰의 축적이며, 고객의 삶에 가치를 더하는 제품과 서비스를 제공할 때 비로소 빛을 발한다.

이 장에서는 창업가가 반드시 알아야 할 고객 중심 사고와 고객 설득 기술을 다룬다. 고객의 마음을 얻는 것에서 시작해 관계를 어떻게 지속적으로 확장해 나갈 수 있는지를 알아보자.

1.1 왜 스타트업 창업인가?

당신은 왜 스타트업 창업에 뛰어들었는가?

이 책을 집어 든 당신에게 묻는다. 스타트업 창업을 시작하는 이유는 무엇인가? 당신은 이 여정에서 무엇을 이루고자 하는가?

어떤 이는 자신의 아이디어를 실현해 세상에 영향을 미치고 싶어, 어떤 이는 이전 직장에서 쌓아온 전문성을 활용해 더 큰 가치를 창출하려고, 혹은 기존 성공을 발판 삼아 도전에 나서기 위해 또는 선택의 여지가 없는 상황에 처한 이도 있을 것이다. 이유와 목표가 무엇이든, 스타트업 창업은 하나의 문장으로 귀결된다.

나는 고객의 삶에 어떤 가치를 더할 것인가?

스타트업은 단순히 신생 기업을 의미하지 않는다. 그것은 혁신적인 기술과 아이디어로 기존 시장의 한계를 극복하고, 새로운 시장을 창출하며 산업의 판도를 바꾸는 도전적 여정이다.

1990년대 후반, 미국 실리콘밸리에서 시작된 스타트업 개념은 오늘날 전 세계적으로 확산되며, 창업 생태계의 패러다임을 바꾸어 놓았다. 스타트업은 기존의 안정적인 사업 모델과는 다른 길을 걷는다. 불확실성과 위험을 감수하면서도 빠른 성장과 변화를 목표로 하며, 기술 혁신과 시장 개척을 통해 새로운 가치를 창출한다.

스타트업의 가치와 의의

오늘날 사회와 정부, 투자자들이 스타트업을 지지하는 이유는 분명하다. 스타트업은 산업 전반에 새로운 활력을 불어넣고, 질적 성장을 견인하며, 혁신과 변화를 선도하는 핵심 동력이기 때문이다. 세상을 바꾸는 혁신의 원천이다.

스타트업은 안정성에 머물러 있는 기존 산업과 달리, 새로운 길을 개척하며 시장의 판도를 바꾼다. 첨단 기술을 활용해 산업 전반의 한계를 극복하고, 불가능을 가능으로 만든다. 또, 새로운 일자리를 창출하고, 소비자에게 전례 없는 가치를 제공하며, 경제의 지속 가능성을 높인다. 그리고, 기존 틀을 깨고, 사람들이 일하고, 소비하며, 살아가는 방식을 새롭게 설계한다.

당신이 창업하는 이유는 무엇인가? 아래에서 당신이 원하는 인생이 있는지 찾아보자.

[스타트업 창업의 이유]
· **당신의 시간과 인생을 소유하자.** 스타트업 창업자는 자신의 시간과 삶을 스스로 설계한다. 정해진 틀에 갇혀 일하는 대신, 진정 원하는 방식으로 일할 수 있다. 정년 없이 오래 일하고 싶다면, 창업이 하나의 선택이다.
· **경제적 잠재력을 극대화하자.** 2024년 대한민국 부자 순위에서 상위 10명 중 3명이 스타트업 창업가다. MBK 파트너스의 김병주 회장 97억 달러, 카카오 김범수 의장 45억 달러, 스마일케이트 권혁빈 창업자 35억 달러. 이들은 회사를 다녔다면 쌓을 수 없는 부를 창출했다. 창업은 당신의 아이디어가 부와 영향력으로 전환될 수 있는 가능성이다.
· **자신의 가치를 실현해 보자.** 스타트업은 당신의 열정과 비전을 구현하는 무

대다. 일을 통해 진정한 성취감을 느끼고, 자신의 가치를 증명하고 싶다면, 창업은 자유와 창의의 장을 제공한다.

· 미래의 혁신가로 성장하자. 스타트업은 실패와 도전을 반복하며 끊임없이 학습하고 성장하는 과정이다. 스타트업을 통해 당신은 미래를 설계하는 혁신가로 거듭날 수 있다.

· 나이와 무관한 기회의 장. 서정진 회장(셀트리온)과 박정부 회장(다이소)은 70대에도 여전히 현장에서 뛰며 성공의 길을 개척하고 있다. 반면, 직장에서는 정년이 60세를 넘지 못한다. 창업은 나이와 관계없이 당신이 원하는 삶을 지속할 수 있는 기회를 제공한다.

창업은 새로운 회사를 시작하는 것만이 아니다. 삶의 주도권을 되찾고, 당신만의 세상을 창조하며, 성공과 성취의 무대를 확장하는 여정이다.

이제 당신에게 질문을 던진다.

평범함에 안주할 것인가?
아니면, 도전과 혁신을 통해 당신의 이름을 남길 것인가?

창업은 쉬운 길은 아니지만, 진정한 가치와 의미를 찾아가는 여정이다. 스타트업은 당신의 열정과 가능성을 세계에 알리는 무대다. 자, 이제 당신의 이야기를 시작할 시간이다!

스타트업 창업의 특징

스타트업 창업은 일반 창업과 다르다. 일반 창업은 [그림 2-1] 왼쪽 그래프처럼 주로 안정적인 수익 창출과 기존 시장을 공략하는 데 초점을 맞춘다. 검증된 비즈니스 모델을 기반으로 상대적으로 낮은 리스크를 감수하며 안정적인 성장을 추구한다.

반면, 스타트업 창업은 [그림 2-1]의 오른쪽 J-커브 그래프처럼 높은 불확실성과 빠른 성장을 전제로 한다. 기존 시장의 한계를 극복하거나 새로운 시장을 창출하려는 목표를 지니며, 이를 위해 기술과 제품, 혹은 고객과 시장 혁신을 동반한다.

[그림 2-1] 스타트업 창업과 일반 창업의 비교 (William Auletand Fiona Murray(2013))

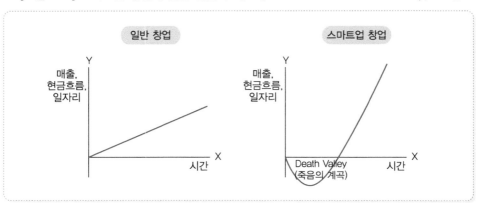

[스타트업의 주요 특징]
· 혁신 중심의 접근: 스타트업은 기존 시장에서 차별화된 혁신적인 아이디어와 기술을 바탕으로 경쟁 우위를 확보한다. 이러한 혁신은 제품, 서비스, 운영 방식, 또는 비즈니스 모델에 적용될 수 있다.
· 빠른 성장과 확장성: 스타트업은 높은 성장 가능성을 목표로 한다. 이를 위해 비즈니스 모델과 운영 구조는 빠르게 확장할 수 있도록 설계해야 한다.
· 리스크와 높은 불확실성: 스타트업은 새로운 시장을 개척하거나 기존 시장을 변혁하는 과정에서 높은 리스크를 마주한다. 이는 자금 부족, 기술 개발의 어려움, 시장 수요 예측 실패 등과 관련이 있다.
· 기술과 데이터 활용: 스타트업은 기술을 적극 활용하여 효율성을 극대화하고 경쟁력을 확보한다. 특히 데이터 기반 의사결정을 통해 고객의 니즈를 예측하고 맞춤형 솔루션을 제공한다.
· 자금 조달과 투자 유치: 스타트업은 투자를 유치하기 위해 다양한 펀딩 라운드를 거친다. 엔젤 투자자, 엑셀러레이터, 벤처 캐피털로부터 시드머니, A-시리즈, B-시리즈, C-시리즈의 단계로 자금을 조달한다.

그러나, 스타트업 창업 여정은 평탄하지 않다. 초기에는 시장 불확실성, 자금 부족, 팀 빌딩의 어려움, 경쟁 속 차별화 부족, 제품–시장 적합성 찾기까지의 시간 등 여러 난관을 만난다.

이러한 어려움은 창업의 일부다. 창업 도전은 곧 성장의 기회이다. 한계를 극복하며 얻은 경험은 창업자가 더 나은 전략적 결정을 내리고, 실패를 발판 삼아 더 강력한 회사를 구축하는 밑거름이 된다.

창업은 끝없는 도전의 연속이다. 그러나 그 안에서 배운 교훈은 당신을 더욱 강하게 만들고, 당신의 스타트업이 성장할 수 있는 토대가 될 것이다.

이 장에서는 창업자가 반드시 알아야 할 고객 발굴과 관계 관리의 핵심 요소를 살펴본다. 스타트업 창업이라는 도전 속에서 성공 기반을 마련하기 위한 방안을 함께 탐구해보자.

산업 변화와 새로운 기회

[그림 2-2] 산업혁명의 변천사

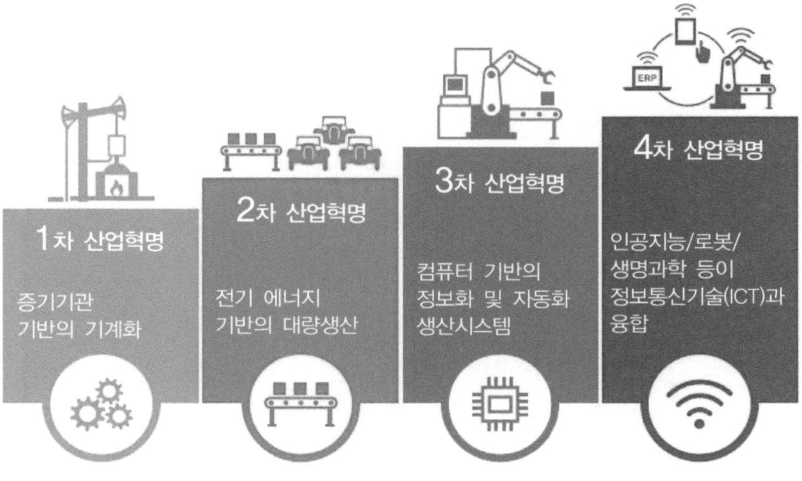

18세기 중반 증기기관의 발명으로 시작된 1차 산업혁명은 인류의 생산 방식에 혁명적인 변화를 가져왔다. 증기기관은 농업 중심의 사회를 산업화된 제조업 중심으로 전환시켰으며, 대규모 생산을 가능하게 해 경제 성장과 사회 구조의

변화를 이끌었다. 이 혁신은 철도와 기계 산업의 발전으로 이어져 전 세계적인 무역과 연결성을 강화했다.

그 이후, 19세기 말에 전기를 동력으로 활용한 2차 산업혁명은 대량 생산과 분업 시스템을 도입하며 자동차, 철강, 화학 산업을 중심으로 새로운 경제 시대를 열었다. 이어 20세기 중반의 3차 산업혁명은 컴퓨터와 정보 기술의 도입으로 디지털화와 자동화를 가능하게 하며 서비스 산업의 부상을 촉진했다.

오늘날의 4차 산업혁명은 인공지능, 빅데이터, 사물인터넷(IoT), 로봇 공학, 블록체인 등 첨단 기술을 기반으로, 디지털과 물리적 세계를 통합하며 산업 전반의 근본적인 변화를 주도하고 있다. 이 혁명은 개인화된 제품과 서비스 제공, 실시간 데이터 분석, 전례 없는 연결성과 효율성을 가능하게 하며, 기존 산업과 비즈니스 모델을 재구성하고 있다.

이처럼 산업혁명은 기술 혁신과 함께 사회와 경제를 변화시키며, 각 시대의 산업 구조와 비즈니스 모델의 중심축을 바꾸어 왔다. 1차 산업혁명에서 시작된 변화는 오늘날 4차 산업혁명에 이르기까지 지속적으로 진화하며, 현재의 비즈니스 환경에 깊은 영향을 미치고 있다.

1990년대까지는 소비재 중심의 비즈니스가 시장을 주도했다. 대량 생산 기술 발전은 소비를 촉진하고 기업 성장을 견인하며, 대기업화를 이끌었다. 이에 따라 공급자는 완제품 제조사의 요청에 따라 부품을 개발해 공급하는 수동적인 구조를 유지해 왔다. 대부분 고객사가 설계한 사양에 맞춘 맞춤형(Customizing) 방식으로 제작되었으며, 공급사 선정은 가격과 성능을 비교하는 경쟁 입찰 방식(Bidding) 방식으로 이뤄졌다.

그러나 3차 산업혁명 이후, 산업의 축은 하이테크 중심으로 옮겨갔다. 하이테크 산업은 정보통신(IT), 제약, 항공, 의료, 컴퓨터 등의 분야를 포함하며, 이 분야에서는 기술이 제품의 핵심 속성이 되었다. 이에 따라 중요 부품을 공급하는 기업의 가치와 역할도 크게 증가했다. 국내 배터리 제조사와 글로벌 전기차 회사의 협력은 기술 기반 기업이 기술 경쟁력을 바탕으로 파트너십을 주도하는 모습을 잘 보여준다. 고객사가 먼저 협력을 제안하는 사례도 더 이상 낯설지 않다.

4차 산업혁명은 시장에 또 다른 기회를 열어주고 있다. 인공지능(AI), 빅데이터, 사물인터넷(IoT), 클라우드 기술 등 첨단 기술이 보편화되면서 기업 간 협력 방식이 근본적으로 변하고 있다. 이러한 기술들은 기업 간 데이터와 자원의 실시간 공유를 가능하게 하여, 더욱 빠르고 효율적인 의사결정을 지원한다. 또한, 기존의 산업 경계를 허물고 새로운 비즈니스 모델과 협업 생태계를 창출하며 혁신을 가속화하고 있다.

이러한 변화는 산업 간 융복합, 새로운 기술의 등장, 혁신적인 비즈니스 모델과 새로운 산업 생태계 형성을 통해 기업의 본질적인 역할과 운영 방식을 재정의하고 있다. 오늘날 기업은 더 이상 제품이나 서비스 제공에 그치지 않고, 다양한 산업과의 협업을 통해 새로운 가치를 창출하며, 빠르게 변화하는 시장 환경에 적응해야 하는 도전에 직면해 있다.

오늘날 시장은 글로벌 경쟁 속에서 그 중요성이 더욱 부각되고 있다. 내수 시장이 제한적인 한국 기업에게 글로벌 시장 진출은 선택이 아닌 생존을 위한 필수 전략이다. 고객 중심의 혁신을 주도하고, 전략적 파트너십을 구축하며, 강력한 기술 경쟁력을 보유한 기업만이 세계 시장에서 두각을 나타낼 수 있다. 창업자 역시 글로벌 관점을 바탕으로 경쟁력을 강화하여 새로운 기회를 창출해야 한다. 첨단 기술을 활용한 제품 개발과 글로벌 시장으로의 확장은 기존 한계를 넘어 새로운 가능성을 열어 준다. 산업 변화와 기술 발전은 창업자에게 새로운 가능성을 제공한다.

이 책을 집어 든 당신은 이미 끊임없는 변화와 혁신의 중요성을 인지하고, 글로벌 시장에서 무한한 가능성을 발견하려는 여정을 시작했다. 이 책은 당신이 가진 잠재력을 현실로 전환하는 데 필요한 통찰과 전략을 제공하며, 성공적인 창업의 길을 설계하는 안내자가 되고자 한다.

비즈니스에서 고객의 역할

고객은 비즈니스의 출발점이자 도착지다. 모든 비즈니스 활동은 고객 니즈를 충족시키고 가치를 제공하는 데 초점이 맞춰져 있다. 고객은 제품이나 서비스를 구매하는 소비자일 뿐 아니라, 비즈니스의 성장과 혁신을 이끄는 중요한 동반자이다. 고객의 의의와 고객의 역할을 살펴보자.

첫째, 고객은 비즈니스의 방향을 결정한다.

고객의 니즈와 요구는 기업의 전략, 제품 개발, 서비스 개선 방향을 결정한다. 특히 스타트업 초기 단계에서는 고객 피드백이 제품－시장 적합성을 찾는 데 중요한 역할을 한다. 고객의 문제를 정확히 이해하고 해결하는 기업은 빠르게 자리 잡을 수 있다.

둘째, 고객은 기업의 성장 동력이다.

만족한 고객은 재구매를 넘어, 기업의 홍보대사가 될 수 있다. 추천과 입소문은 특히 마케팅 예산이 제한적인 스타트업에게 좋은 성장 수단이다. 또한, 고객 데이터는 기업이 더 나은 서비스를 제공하고 시장 기회를 발굴하는 데 필요한 인사이트를 제공한다.

셋째, 고객은 혁신을 이끄는 영감의 원천이다.

성공적인 비즈니스는 고객의 변화를 민감하게 감지하고, 새로운 요구에 빠르게 대응한다. 고객이 제기하는 불만이나 새로운 요청은 더 나은 제품과 서비스로 혁신을 이루는 기회가 될 수 있다.

넷째, 고객은 비즈니스 파트너가 될 수 있다.

현대 비즈니스 환경에서는 고객과 기업이 함께 가치를 창출하는 협력적 관계가 점점 더 중요해지고 있다. 특히 B2B 시장에서는 고객이 기업의 제품 개발 과정에 직접 참여하거나, 공동 프로젝트를 진행하는 경우도 많다. 이러한 파트너십은 고객과 기업 모두에게 경쟁력을 강화하는 기회를 제공한다.

다섯째, 고객은 비즈니스의 지속 가능성을 좌우한다.

고객 충성도는 비즈니스의 장기적인 성공과 지속 가능성을 결정한다. 기업은 판매에만 집중하기보다, 고객과의 장기적인 관계를 구축하고 유지해야 한다.

비즈니스에서 고객은 단순한 소비자가 아닌, 함께 가치를 창출하고 비즈니스의 방향성을 제시하는 중요한 파트너다. 고객의 니즈를 이해하고, 만족시키고, 그들과 긴밀한 관계를 형성

고객의 역할
○ 비즈니스의 방향 결정
○ 기업 성장의 동력
○ 혁신을 이끄는 영감의 원천
○ 기업의 파트너
○ 비즈니스의 지속가능성을 좌우

하는 기업만이 지속적으로 성장하고 경쟁력을 유지할 수 있다. 고객 중심적 사고는 모든 성공적인 비즈니스의 핵심 원칙이다.

1.2 고객 설득의 기본

왜 고객이 당신의 제품이나 서비스를 선택해야 하는가?

이 질문에 자신 있게 답할 수 없다면, 고객 설득은 시작되기도 전에 실패할 가능성이 크다. 설득은 좋은 점을 나열하는 게 아니라, 고객이 스스로 "이거다!" 하고 느끼게 만드는 과정이다. 고객은 늘 자신의 문제를 해결하고 가치를 제공해 줄 파트너를 찾고 있으니까. 그리고 그 선택은 신뢰를 기반으로 이루어진다.

시장에서 자리 잡기 위해 고객의 이야기에 귀 기울이고, 그들의 진짜 문제를 이해하며, 이를 해결할 방법을 제시하는 데 모든 노력을 기울여야 한다. 이렇게 고객과의 신뢰를 쌓는 과정이 비즈니스 성공의 시작이다.

고객 중심 경영의 변화

산업 환경과 소비자 행동의 변화는 기업 경영의 중심을 '고객'으로 이동시키고 있다. 현대 고객은 기업과 대등한 위치에서 의사결정과 비즈니스 전략에 실질적인 영향을 미치는 핵심 이해관계자로 자리 잡았다. 이런 변화 속에서 기업은 고객 관점과 기대를 심층적으로 이해하고, 이를 기반으로 전략적 접근을 수립해야만 지속 가능한 성장을 도모할 수 있다.

공급 과잉, 시장 경쟁 심화, 소비자 요구의 다양화는 고객 중심 경영으로의 전환을 촉진한 요인들이다. 기술 발전과 대량 생산의 확산으로 공급이 수요를 초과하며, 고객 선택권이 대폭 확대되었다. 기업은 차별화된 가치를 제공하는 파트너로 자리매김해야 한다. 또한, 경제 성장과 소득 증가는 고객 요구를 세분화하고 개인 맞춤형 제품과

고객 중심 경영으로의 변화
○ 공급 과잉과 시장 경쟁 심화
○ 소비자 변화
○ 소비자의 영향력 확대

서비스에 대한 수요를 증가시켰다. 한편, 소비자들은 기업의 비윤리적 관행에 저항하며 불매운동 등 집단 행동을 통해 강력한 영향력을 행사하고 있다. 기업은 고객의 요구와 가치를 무시할 수 없는 경영 현실에 직면했다.

글로벌 경쟁이 심화되고 변화 속도가 빨라진 환경에서 고객 중심 경영은 기업의 지속 가능한 성장과 경쟁 우위를 확보하기 위한 핵심 가치로 자리 잡았다. 국내 주요 기업은 매년 신년사에서 고객 입장, 고객 신뢰, 고객 만족 등을 강조하며, 고객 중심 경영의 중요성을 부각시킨다. 삼성전자, 현대자동차, SK하이닉스, LG전자 등 한국을 대표하는 기업들은 기술력 강화, 조직문화 혁신, 고객 가치 창출을 통해 고객 중심 경영을 실현하고 있다.

현대 비즈니스에서 고객은 자신의 문제를 효과적으로 해결하고, 기대를 충족시킬 수 있는 가치를 제공받기 원한다. 이는 가격과 품질만을 비교하는 데 그치지 않고, 장기적으로 신뢰할 수 있는 브랜드와의 관계를 통해 더 큰 만족과 가치를 추구하는 방향으로 확장되고 있다. 특히, B2B 환경에서는 고객이 비즈니스 목표 달성에 기여할 수 있는 협력자를 선호하는 경향이 두드러진다.

고객 설득은 단지 눈길을 끄는 영업 기술만이 아니다. 이는 고객과 신뢰를 기반으로 관계를 형성하는 첫 단계이며, 문제 정의, 솔루션 제안, 신뢰 구축이라는 세 가지 핵심 요소로 구성된다.

[그림 2-3] 고객 설득 요소 및 과정

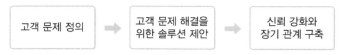

스타트업 창업자는 고객이 직면한 문제와 니즈를 심층적으로 이해하고, 이를 해결하는 실행 가능한 솔루션을 제안해야 한다. 또한, 단기적인 성과를 넘어서 지속적으로 신뢰를 강화하며 고객과의 관계를 발전시키는 것이 중요하다. 이 과정은 비즈니스의 성장 가능성을 확대한다. 이를 반복하며 관계를 강화하는 것이 바로 고객 설득의 본질이다.

실제 고객을 대면했을 때의 경험을 떠올려보자.

고객 니즈를 파악하지 못해 제안이 빗나간 적 있는가?
제품이나 기술 설명에 치중해 고객 관심을 놓친 적 있는가?
경쟁사를 제대로 분석하지 못해 설득에 실패한 적 있는가?

이러한 실수를 피하려면 고객 관점에서 문제를 바라보아야 한다. 고객의 상황과 니즈를 이해하며 이에 맞는 실질적인 솔루션을 제안해야 한다. 나아가, 고객이 이를 통해 얻을 수 있는 가치를 명확히 전달해야 한다. 고객과의 신뢰는 이러한 반복적이고 진정성 있는 노력 위에서 형성된다.

고객 중심 경영은 단순한 전략이 아니라, 기업이 지속 가능한 경쟁력을 유지하기 위한 필수적인 경영 철학이다.

한 명의 고객으로부터 시작

마케팅은 시대와 기술의 발전에 따라 그 접근 방식이 진화해 왔다. 과거에는 불특정 다수를 대상으로 하는 대중 마케팅(Mass Marketing)이 주류였다. 대량 생산과 대량 소비를 기반으로 한 이 접근은 가능한 많은 사람들에게 메시지를 전달하고, 더 많이 파는 데 초점을 두었다.

그러나 시간이 지나며 소비자들의 요구와 기대가 점점 다양해지자, 기업들은 보다 세밀한 접근이 필요하다는 것을 깨닫게 되었다. 이로 인해 등장한 것이 세분 마케팅(Segmented Marketing)이다. 세분 마케팅은 소비자 집단을 인구통계, 심리적 요인, 행동 패턴 등으로 구분하여, 각 집단의 특성에 맞는 마케팅 전략을 개발하는 방식이다. 이를 통해 기업은 고객의 니즈를 더 잘 이해하고, 보다 정교하게 대응할 수 있게 되었다.

오늘날, 디지털 기술은 마케팅의 새로운 지평을 열었다. 기업들은 이제 개인 맞춤형 마케팅(Personalized Marketing)으로 전환하고 있다. 이는 한 명의 고객을 중심으로 데이터를 분석하여, 그들의 취향, 행동, 구매 패턴에 따라 개인화된 메시지와 서비스를 제공하는 방식이다. 예를 들어, 넷플릭스의 추천 알고리즘이나 아마존의 개인화된 상품 추천은 이러한 마케팅 트렌드의 대표적인 사례다.

이 변화를 청소년 간식 트렌드의 변화로 이해해 보자.

1990년대 청소년의 최애 간식은 길거리 떡볶이였다. 사각 요리판에 붉게 양념된 떡볶이는 가격도 저렴하고, 누구나 좋아하는 간식이었다. 길거리 떡볶이는 대중 마케팅의 대표 사례다. 특정한 타깃 없이 모든 사람을 대상으로, 단순한 맛과 저렴한 가격으로 누구에게나 다가갔다. 떡볶이 앞에 사람들이 북적이는 모습을 보면, 당시엔 '이 정도면 충분히 성공적인 마케팅'이라고 생각할 수 있었다.

시간이 지나면서 떡볶이는 점점 세분화된 형태로 발전해 즉석 떡볶이가 등장했다. 사람들은 길거리에서 누구나 먹는 떡볶이가 아닌, 친구나 가족과 우리의 메뉴를 조리해 먹는 경험을 원했다. 즉석 떡볶이는 매운맛, 단맛, 추가 재료 등 다양한 선택지를 제공하며, 소비자의 기호에 맞춘 세분 마케팅의 본보기가 되었다.

그리고 요즘 가장 눈에 띄는 변화는 마라탕이다. 마라탕은 떡볶이보다 더 개인화된 음식이다. 각자 자신이 좋아하는 재료를 선택하고, 맵기, 국물의 농도, 심지어 간까지 세세하게 조정할 수 있다. 마라탕을 처음 먹으러 갔을 때, 재료를 고르며 놀랐다. '내가 정말 원하는 음식이 뭘까?'를 고민하게 만들어서. 이 경험이 바로 개인 맞춤형 마케팅의 핵심이다. 한 명의 고객이 가진 세세한 취향까지 이해하고, 그에 맞는 경험을 제공하는 것이다.

길거리 떡볶이, 즉석 떡볶이, 마라탕으로의 변화는 곧 마케팅의 발전 과정을 보여준다. 대중 마케팅은 "모두를 위한 하나의 제품"을, 세분 마케팅은 "특정 집단을 위한 맞춤형 제품"을, 그리고 개인 맞춤형 마케팅은 "한 명의 고객을 위한 특별한 경험"을 제공한다.

이제는 불특정 다수 고객에 집중하는 게 아니고, 한 명의 고객이 원하는 것을 제공해 주어야 한다. 마케팅의 변화는 결국 고객 한 명 한 명에 대한 깊은 이해를 요구한다.

오늘날 시장은 개인 맞춤형 마케팅으로 이동 중이며, 기업은 이를 극대화하기 위해 이미 노력을 시작했다. 개인 맞춤형 마케팅은 단순히 제품과 서비스를 제안하는 것을 넘어, 고객 개개인에게 특별한 경험을 제공하는 데 중점을 둔다. 이는 고객과의 정서적 연결을 강화하고, 장기적으로 브랜드에 대한 충성도를 높이는 데 기여하기 때문이다. 특히, "한 명의 고객"에 집중하는 이 접근법은 고객의 생애 가치를 극대화(Lifetime Value, LTV)하고, 기업이 지속 가능한 성장을 이루는 핵심 전략으로 자리 잡고 있다.

스타트업 여정 역시 한 명의 고객으로부터 시작한다. 초기 고객과의 만남은 고객 문제를 이해하고 이를 해결하기 위한 솔루션을 함께 만들어가는 과정이다. 초기 고객은 피드백을 제공하며 제품 완성도를 높이는 데 기여하고, 이후에는 성공 사례로 작용해 추가 고객을 확보하는 데 도움을 준다. 설득력 있는 솔루션을 제시하고, 고객이 이를 통해 얻을 수 있는 명확한 가치를 전달하며, 그들 요구에 민첩하게 대응하는 실행력은 초기 고객과의 관계를 공고히 한다.

첫 고객과의 관계는 창업의 방향을 설정하는 나침반이다. 이 과정을 성공적으로 수행하면, 안정적인 성장을 위한 초석을 마련할 수 있다. 한 명의 고객이 창업이 성공으로 이어지는 문을 여는 열쇠가 될 수 있다.

고객 설득은 비즈니스의 핵심

기업의 존재 목적은 단순하다. 이윤 창출. 아무리 뛰어난 기술과 디자인을 갖춘 제품이라도 고객이 선택하지 않는다면 그 가치는 무의미하다. 시장에서 고객 선택을 받는 제품이 진정한 '좋은 제품'이다.

오늘날 고객 중심 경영은 선택이 아니라 필수다. 시장 경쟁은 날로 심화되고, 소비자의 선택권이 확대된 지금, 제품을 생산한다고 해서 고객이 찾아오는 시대는 끝났다. 이제는 고객 문제를 정확히 이해하고, 그들에게 차별화된 가치를 제안하며, 신뢰를 얻어야 한다.

창업자가 고객을 설득하는 건 단순한 거래 제안이 아니라, 장기적인 파트너십을 구축하고 함께 성장할 기반을 만드는 과정이다.

고객 설득은 다음 질문에서 출발한다.

[고객 설득 전 질문 리스트]

· 우리는 고객의 문제를 얼마나 깊이 이해하고 있는가?
· 우리의 제품이나 서비스가 고객에게 실질적인 가치를 제공하고 있는가?
· 고객과의 관계를 신뢰로 전환하기 위해 어떤 노력을 기울이고 있는가?

창업에서 첫 고객 확보는 특히 어려운 도전이다. 그러나 한 명의 고객과 신뢰를 구축하는 데 성공하면, 그 고객이 레퍼런스가 되어 이후 비즈니스 확장의 토대가 된다.

창업자로서 기억해야 하는 건, 고객 설득은 고객 관점에서 문제를 해결하고 가치를 제공하며, 신뢰를 쌓는 과정이다. 이 모든 과정은 단기 성과를 넘어 비즈니스의 지속 가능성을 확보하는 데 기여한다.

이제, 당신의 비즈니스가 선택받는 여정을 시작할 시간이다. 한 명의 고객으로부터 시작해, 신뢰를 쌓고 성장하는 파트너십을 만들어 나가자.

제1장 마무리

드라마 스타트업에서 남도산과 그의 팀이 시각 장애인을 위한 AI 기반 솔루션을 개발하며 고객 설득에 성공했던 장면이 떠오르는가? 고객의 문제를 깊이 이해하고, 데이터와 진정성을 바탕으로 상대를 설득하고 그 순간이 창업의 시작이다. 고객의 문제를 해결하고 마음을 움직인다면, 비즈니스의 첫걸음을 성공적으로 내디딘 것이다.

창업은 아이디어 실행만이 아니라, 고객의 문제를 이해하고 신뢰를 쌓는 과정에서 비즈니스의 본질이 결정된다. 성공적인 창업가는 고객을 소비자가 아닌 파트너로 보고, 그들과 함께 성장하는 비즈니스를 설계한다.

스타트업 창업자를 위한 핵심 메시지는 다음과 같다.
- 고객은 비즈니스의 출발점이며, 고객의 문제를 이해하고 해결하는 것이 창업의 첫걸음이다.
- 신뢰는 설득의 기반이며, 진정성 있는 접근과 실질적인 가치를 제공해야 한다.
- 작은 시작이 큰 가능성을 만든다. 첫 고객과의 관계는 비즈니스 확장의 기초다.

첫 고객의 신뢰를 얻었다면, 이를 기반으로 비즈니스를 구체화할 단계로 나아가야 한다. 2장에서는 우리의 고객이 누구인지 정의하고 구체적으로 형상화하는 방법을 살펴보겠다. 고객의 문제 해결을 넘어 지속 가능한 성장을 설계하는 여정을 시작하자.

02 고객 정의하기
: 우리의 고객은 누구인가?

　시장에 뿌리를 튼튼히 내리기 위해서는 고객을 얼마나 깊이 이해하느냐가 관건이다. 고객이 누구인지, 무엇을 필요로 하고 원하는지, 명확히 정의하지 못한다면, 성공적인 제품 개발과 마케팅 전략은 불가능하다.

　픽사의 〈토이 스토리〉와 디즈니의 〈겨울왕국〉은 캐릭터 재설정을 통해 관객과의 정서적 연결을 강화했다. 고객(관객)의 공감과 몰입을 이끌어내기 위해 얼마나 정교한 접근이 필요한지를 잘 보여준다.

　〈토이 스토리〉의 초기 제작 과정에서, 우디는 고집스럽고 경쟁심 많은 이기적인 장난감으로 설정되었다. 그러나 테스트 상영 후, 관객들이 우디에게 공감하기 어렵다는 피드백이 이어졌고, 픽사는 캐릭터를 전면적으로 수정했다. 제작진은 우디를 '장난감 세계의 리더'로 재정의하며, 두려움과 질투, 팀워크를 배우는 성장 과정을 부여했다. 이를 통해 관객들은 우디의 여정에 몰입할 수 있었고, 〈토이 스토리〉는 애니메이션 역사의 새로운 장을 열었다.

　〈겨울왕국〉에서도 엘사는 초기 설정에서 전통적인 악역으로 그려졌으나, 제작진은 관객의 공감을 얻기 어렵다고 판단하고 그녀를 다차원적인 인물로 재구성했다. 엘사는 자신의 능력을 두려워하는 내면적 갈등을 가진 캐릭터로 변모했으며, 이를 통해 "자기 수용(self-acceptance)"이라는 주제를 강조했다. 이 변화는 엘사의 여정에 관객을 몰입시켰고, 영화는 세계적인 성공을 거두었다.

두 사례는 캐릭터의 동기, 목표, 두려움 등 내면적 특성을 구체화하는 작업이 얼마나 중요한지 보여준다. 이는 현대 마케팅에서 고객 페르소나를 정의하는 과정과 직결된다.

기업은 고객의 인구통계학적 정보에만 의존해서는 안 된다. 고객의 동기, 문제, 기대, 그리고 그들이 원하는 솔루션을 심층적으로 이해해야 한다. 픽사와 디즈니가 캐릭터를 통해 관객의 공감을 이끌어낸 것처럼, 기업도 고객 페르소나를 활용해 고객의 이야기에 몰입하고, 기대를 충족시키는 전략을 설계해야 한다. 이를 통해 브랜드는 고객과의 감정적 연결을 강화해 의미 있는 관계를 형성할 수 있다.

2.1 이상적인 고객

축구는 대표적인 팀 스포츠로, 선수들이 드리블과 패스를 통해 공을 주고받으며 골대로 득점하는 게임이다. 이 과정에서 상대 팀 선수가 수비하지 않는 우리 팀의 선수를 찾아 공을 패스하거나, 복잡한 상황 속에서도 목표 지점으로 정확하게 공을 차는 것이 중요하다. 무작정 앞만 보고 드리블만 하는 플레이는 효과적이지 않으며, 경기장 상황을 전체적으로 파악하고 가장 적합한 위치에 공을 전달하는 선수가 팀의 승리를 이끄는 MVP(Most Valuable Player)다.

비즈니스에서도 이와 유사한 전략이 필요하다. 모든 고객에게 우리의 제품이나 서비스를 알리려는 것은 무작정 드리블만 하는 플레이와 같다. 이보다는 제품이나 서비스를 가장 필요로 하는 고객을 명확히 정의하고, 그들에게 집중하는 게 훨씬 효과적이다. 이상적인 고객을 정의하는 과정은 비즈니스의 경기장에서 득점을 결정짓는 전략이다.

눔(Noom)은 2008년 정세주 대표와 아텀 페타코브(Artem Perakov)가 설립한 건강 관리 및 체중 감량을 지원하는 애플리케이션이다. 초기에는 다양한 연령대와 라이프스타일을 아우르는 고객층을 대상으로 서비스를 제공했지만, 성과가 기대에 미치지 못했다. 이후 데이터를 면밀히 분석하여 이상적인 고객층을 재정의한 결과, 체중 감량과 건강 관리를 목표로 하면서도 바쁜 일상에서 간단하고 지속 가능한 솔루션을 찾는 20~40대 고객층이 주요 이용자라는 사실을 발견했다.

이에 눔은 심리학 기반 코칭, 개인 맞춤형 식단 관리, 일상에서 쉽게 실행할 수 있는 건강 팁을 중심으로 서비스를 최적화했다. 또한, 바쁜 직장인들이 시간과 장소에 구애받지 않고 사용할 수 있도록 간편한 인터페이스와 사용자 경험(UX)을 개발했다. 이러한 전략은 눔이 초기 고객층을 공고히 다지면서 글로벌 시장에서 빠르게 성장할 수 있는 발판이 되었다.

눔 사례는 스타트업이 이상적인 고객을 정의하고 그들의 니즈에 맞춘 솔루션 제공이 얼마나 중요한지 보여준다. 초기에는 넓은 고객층을 대상으로 시작하더라도, 데이터를 통해 핵심 고객층을 파악하고 그들에게 집중하는 전략이 필요하다. 이를 통해 제품이나 서비스의 완성도를 높이고, 시장에서의 경쟁력을 강화할 수 있다.

경기장에서 성공적인 패스를 통해 득점을 올리는 것처럼, 비즈니스에서도 제품과 서비스를 가장 적합한 고객에게 전달하는 것이 중요하다. 이상적인 고객을 명확히 정의하고, 그들에게 집중할 때 비즈니스는 더 높은 성공 가능성을 갖게 된다. 우리의 목표는 모든 고객을 잡으려는 것이 아니라, 가장 적합한 고객을 찾아 그들과 함께 성장하는 것이다.

당신의 제품과 서비스의 이상적인 고객은 누구인가? 어떤 집단을 타깃으로 하고 있는가? 만약 아직 정의하지 않았다면 아래 제시된 요소를 참고해 구체적으로 정립해 보자. 이미 설정한 고객이 있다면, 이를 바탕으로 한층 더 정교하게 다듬어 보자.

이상적인 고객 정의의 필요

비즈니스는 가장 적합한 고객에게 집중하는 데서 시작한다. 모든 고객이 동일한 가치를 제공하지 않으며, 일부 고객은 비즈니스 성장에 더 중요한 역할을 한다.

따라서 창업자는 고객 특성과 니즈를 면밀히 분석하고, 경제적 적합성과 장기적인 파트너십 가능성을 기준으로 '이상적인 고객'을 정의해야 한다. 이는 고객 발굴부터 마케팅전략, 리소스 배분에 이르기까지 비즈니스 전반의 방향성을 명확히 설정하는 역할을 한다. 이상적인 고객을 정의하면 효율성 극대, 고객 만족도 증가, 장기적 성장의 이점이 있다.

[이상적인 고객 정의의 이점]
- 효율성 극대화: 마케팅과 영업 활동을 효과적으로 집중할 수 있다.
- 고객 만족도 증가: 고객의 니즈를 정확히 충족시키며 신뢰를 쌓는다.
- 장기적 성장: 충성도 높은 고객 기반을 통해 지속 가능한 성장을 이룬다.

이상적인 고객을 정의하기 위한 주요 관점을 B2C와 B2B로 구분해 소개한다. 이상적인 고객을 정의할 때는 고객 특성을 명확히 구분해야 한다. B2C와 B2B, 두 고객군은 구매 동기, 의사결정 과정, 니즈가 본질적으로 다르며, 각각에 맞는 맞춤형 접근이 필요하기 때문이다.

이상적인 고객은 우리의 제품이나 서비스가 제공하는 가치를 잘 이해하고 활용할 수 있는 사람 또는 조직이다. 이러한 고객은 문제를 해결하고 더 큰 가치를 얻으며, 단기적인 매출뿐만 아니라 장기적인 신뢰와 충성도를 기반으로 비즈니스 성장에 기여하는 핵심 파트너가 된다.

B2C와 B2B 고객의 구분

B2C(Business-to-Consumer, 기업과 일반 소비자 간 거래)와 B2B(Business-to-Business, 기업 간 거래) 고객은 본질적으로 서로 다른 요구와 행동 패턴을 가진다. B2C 고객은 개인적인 필요나 욕구에 기반해 감정적인 구매 결정을 내리는

경우가 많다. 반면, B2B 고객은 조직 목표와 효율성을 충족하기 위해 구매를 고려하며, 논리적이고 분석적인 접근을 취한다.

〈표 2-1〉 B2C와 B2B 고객의 비교

구분	B2C 고객	B2B 고객
구매 동기	개인적인 욕구나 감정적 만족을 위해 구매한다. 예를 들어, 새로운 스마트폰을 구매할 때 최신 기술과 디자인이 주요 결정 요인이 될 수 있다.	조직의 목표를 달성하기 위한 실질적인 필요에 따라 구매한다. 비용 절감, 생산성 향상, 품질 보증과 같은 구체적인 비즈니스 성과를 추구한다.
구매 과정	구매 결정권자가 한 명이며, 구매 과정이 간단하고 신속하다.	구매 과정이 복잡하며, 여러 의사결정권자 (예: 구매 담당자, 기술팀, CFO 등)가 참여한다. 의사결정은 오래 걸리고, 각 단계에서 신중한 검토가 이루어진다.
관계의 중요성	고객 브랜드 충성도가 중요하지만, 단기적 관계로도 만족하기도 한다.	장기적인 파트너십과 신뢰가 구매 결정에 큰 영향을 미친다. 일회성 거래보다 지속적인 협력을 선호한다.

구매 과정에도 큰 차이가 있다. B2C 고객은 비교적 간단한 의사결정을 통해 구매를 완료하는 반면, B2B 고객은 다수의 의사결정권자가 관여하며 복잡한 검토 과정을 거친다.

고객을 제대로 이해해야 시장에서의 경쟁력을 확보하고, 지속 가능한 비즈니스 모델을 구축할 수 있다. 이상적인 고객을 정의하고, 고객 페르소나를 작성하며, 그들이 진정으로 원하는 가치를 제공하는 전략을 수립해야 한다.

이 장에서는 우리의 고객이 누구인지 명확히 하고, 성공적인 고객 관계의 초석을 다지는 방법을 살펴본다. 고객 정의에서 시작해, 고객 니즈를 정확히 이해하고 이를 기반으로 관계를 형성하는 과정에 이르기까지 비즈니스 기초를 단단히 다지는 여정을 시작해 보자.

이상적인 B2C 고객 정의 요소

B2C 고객은 개인적인 필요와 욕구에 따라 감정적이고 직관적인 구매 결정을 내리는 경우가 많다. 이들은 일상생활 속 문제를 해결하거나 더 나은 경험을 추구하기 위해 제품이나 서비스를 찾는다. B2C 고객은 특정 상황에서 즉각적인 만족감을 느낄 수 있는 제품이나 서비스를 선호하며, 브랜드와의 감정적 연결을 통해 충성도를 형성하기도 한다.

이상적인 B2C 고객을 정의하려면 먼저 고객의 문제와 니즈를 명확히 파악해야 한다. 그들이 어떤 문제를 겪고 있는지, 이를 해결하기 위해 어떤 솔루션을 찾고 있는지 이해하는 것이 핵심이다. 또한, 고객의 나이, 성별, 소득 수준, 직업 등 인구통계학적 정보를 기반으로 세부적인 타깃층을 정의하고, 라이프 스타일과 구매 동기 등 심리적 특성을 반영해야 한다.

〈표 2-2〉 B2C 이상적 고객 정의 요소

요소	세부 내용
문제와 니즈	· 고객이 일상에서 직면하는 주요 문제는 무엇인가? · 고객은 제품이나 서비스를 통해 어떤 필요나 욕구를 충족하고자 하는가? · 고객이 제품이나 서비스에 기대하는 가치는 무엇인가?
심리적 특성	· 고객 일상에서 가장 중요한 것은 무엇이며, 제품이 이를 어떻게 지원하는가? · 고객은 실용성, 가격, 브랜드, 사회적 지위 등 무엇을 우선시하는가? · 고객이 충동 구매를 자주, 아니면 심사숙고 후 구매하는 경향이 있는가?
행동 패턴	· 고객이 제품 정보를 어디서 어떻게 탐색하는가? · 고객은 오프라인 매장을 선호하는가, 아니면 온라인을 주로 이용하는가? · 고객이 제품을 한 번만 구매하는가, 아니면 반복 구매할 가능성이 있는가? · 고객이 특정 브랜드에 충성하는지, 아니면 다양한 브랜드를 시도하는지?
감정적 요인	· 고객이 제품 구매 시 느끼는 감정(예: 기쁨, 자부심, 안정감)은 무엇인가? · 브랜드와의 감정적 연결이 구매 결정에 어떤 영향을 미치는가? · 고객의 구매 경험이 긍정적인 감정을 얼마나 강화할 수 있는가?
경제적 적합성	· 고객이 제품이나 서비스를 구매할 경제적 여력이 충분한가? · 가격 민감도가 높은 고객층인가, 아니면 품질과 브랜드를 중시하는가? · 특정 가격대가 고객의 구매 의사결정에 어떤 영향을 미치는가?
인구 통계학적 특성	· 연령대별로 제품이나 서비스의 니즈와 선호도가 어떻게 다른가? · 남성과 여성의 구매 동기나 행동에서 차이가 있는가? · 고객의 경제적 여력이 구매 결정에 어떤 영향을 미치는가? · 특정 지역, 도시, 국가에 따라 고객의 니즈가 다를 수 있는가?

고객의 행동 패턴 역시 중요한 요소다. 이들은 제품을 탐색하고 구매하는 과정에서 온라인 쇼핑몰, 소셜 미디어, 오프라인 매장 등 다양한 채널을 활용한다. 구매 빈도와 충동 구매 가능성, 브랜드 충성도는 이상적인 고객 정의에 중요한 참고 자료이다.

B2C 이상적 고객 정의에 자주 사용되는 요소들은 〈표 2-2〉를 참조하자. 초기 단계에 모든 요소를 고려하는 건 어려울 수 있다. 하지만, '문제와 니즈'를 포함해 최소 두 가지 이상의 요소를 기반으로 고객을 정의하는 작업은 꼭 필요하다. 이는 비즈니스 방향성을 설정하고 효과적인 마케팅 전략을 수립하는 기초가 되기 때문이다.

이상적인 B2B 고객 정의 요소

B2B 고객은 개인이 아닌 기업이나 조직 단위로 구매 결정을 내리며, 구매 과정은 보다 논리적이고 체계적이다. 이들은 조직의 목표를 실현하고 효율성을 높이기 위해 장기적인 관점에서 솔루션을 평가하고 선택한다.

B2B 고객을 정의하려면 먼저 해당 조직이 직면한 비즈니스 문제를 분석해야 한다. 조직의 규모, 산업 분야, 매출 규모, 지역적 특성 등 구체적인 정보를 수집하고, 조직 구조와 의사결정권자의 역할을 이해하는 것이 중요하다. 구매 결정 과정에 영향을 미치는 이해관계자를 파악하고, 의사결정 과정의 복잡성을 고려해야 한다. 또한, 신뢰를 기반으로 장기적인 파트너십을 구축할 가능성을 염두에 두어야 한다.

B2B 이상적인 고객 정의의 주요 요소는 〈표 2-3〉을 참조하자. 창업 초기 단계에서 고객을 명확히 정의하지 않고 무작정 달려들면, 수많은 시행착오와 리소스 낭비를 초래할 수 있다. 고객 정의는 첫 고객 확보 과정에서의 시행착오를 줄여줄 뿐 아니라, 향후 고객층을 확장하거나 추가 고객을 발굴할 때도 중요한 지침으로 활용된다.

<표 2-3> B2B 이상적 고객 정의 요소

요소	세부 내용
문제와 니즈	· 고객 조직이 직면한 주요 비즈니스 문제는 무엇인가? · 우리의 제품이나 서비스가 이 문제를 어떻게 해결할 수 있는가? · 고객이 조직의 목표를 달성하기 위해 필요한 솔루션은 무엇인가?
고객사 특성	· 산업분야: 해당 조직이 속한 산업은 무엇이며, 주요 트렌드는 무엇인가? · 기업 규모: 직원 수, 매출 규모, 시장 점유율 등은 어떠한가? · 지리적 위치: 해당 조직의 본사 및 주요 운영 지역은 어디인가?
의사결정 과정	· 의사결정권자: 구매 프로세스에서 최종 결정을 내리는 사람은 누구? · 영향력 있는 이해관계자: 구매에 영향을 미치는 부서나 담당자는 누구인가? · 의사결정 단계: 구매 과정은 단순한가, 아니면 여러 단계의 검토 과정을 거치는가?
기술적 요구사항	· 고객 조직의 기존 시스템이나 프로세스와 우리의 솔루션이 얼마나 호환 가능한가? · 고객의 기술적 요건은 무엇인가? · 맞춤형 솔루션 제공이 필요한 경우, 우리의 제품이 이를 충족할 수 있는가?
경제적 적합성	· 조직이 제품이나 서비스를 구매할 예산을 가지고 있는가? · 고객의 지불 능력과 예산 주기는 어떠한가? · 고객의 구매 결정이 가격 중심인지, 아니면 품질, ROI(투자 대비 효과)를 더 중시하는가?
장기 협력 가능성	· 신뢰와 관계: 장기적으로 파트너십을 형성할 수 있는 신뢰 가능성이 있는가? · 성장성: 고객사가 성장하며 추가 비즈니스 기회를 창출할 가능성이 있는가?

위 요소들은 이상적인 고객 정의에 유용한 가이드라인이다. 창업자는 고객 선택 과정에서 더 합리적이고 전략적인 의사결정을 내릴 수 있다. 실제 고객에게 적용하고 구체화할 때, 고객 페르소나 같은 방법론을 적용할 수 있다. 다음 장에 고객 페르소나를 작성하고 활용하는 방법을 알아보겠다.

〈당신의 성공 노트 # 2-1〉

〈표 2-4〉 B2C 창업자의 이상적인 고객 정의

창업기업명:

B2C 창업 아이템:

요소	자세한 사항	이상적인 고객
문제와 니즈	주요 문제	
	필요 혹은 충족 욕구	
	기대 가치	
심리적 특성	가치관과 라이프스타일	
	구매 동기	
	소비 성향	
행동 패턴	정보 탐색 방식	
	구매 채널	
	구매 빈도	
	브랜드 충성도	
감정적 요인	구매 시 감정	
	브랜드에 대한 감정	
	구매 경험	
경제적 적합성	경제적 여력	
	가격 민감도	
	특정 가격대	
인구 통계학적 특성	나이	
	성별	
	직업 및 소득	
	거주지	

〈당신의 성공 노트 # 2-2〉

〈표 2-5〉 B2B 창업자의 이상적인 고객 정의

창업기업명:

B2B 창업 아이템:

구분	항목	이상적인 고객
문제와 니즈	고객의 문제	
	해결 방법	
	솔루션	
고객사 특성	산업분야	
	기업 규모	
	지리적 위치	
의사결정 과정	의사결정권자	
	이해관계자	
	의사결정 단계	
기술적 요구사항	호환 여부	
	기술적 요건	
	맞춤형 솔루션	
경제적 적합성	예산	
	지불 능력	
	구매 결정 요인	
장기 협력 가능성	신뢰와 관계	
	성장성	

2.2 고객 페르소나

페르소나(Persona)는 라틴어에서 유래된 단어로, 고대 그리스와 로마의 연극에서 배우들이 특정 역할을 나타내기 위해 썼던 '가면(mask)'을 뜻한다. 이 개념은 심리학자 카를 융(Carl Jung)에 의해 차용되어, 사회적 역할이나 외부에 보여지는 자기 모습을 지칭하는 용어로 확장되었다.

픽사와 디즈니는 캐릭터 외형 디자인뿐 아니라, 관객과의 정서적 연결을 극대화하기 위해 각 캐릭터의 페르소나를 정교하게 설계했다. 이는 스타트업이 고객 페르소나를 개발할 때도 통찰을 제공한다.

고객 페르소나는 연령, 성별, 직업 같은 표면적인 데이터에 국한되지 않는다. 고객의 목표, 문제, 행동 패턴, 그리고 심리적 동기와 같은 깊이 있는 이해를 기반으로 설계하는 "지도"와 같다.

스타트업이 고객 페르소나를 설계할 때는 고객의 내적 특성과 니즈를 심도 있게 탐구하고 이를 기반으로 제품과 서비스를 설계해야 한다. 고객 페르소나는 고객의 문제를 해결하고 기대를 충족시키는 모든 의사결정의 등대 역할을 하기 때문이다.

기업은 고객 페르소나를 활용해 고객의 이야기에 몰입하고, 그들의 기대를 충족시키는 전략을 설계해야 한다. 이를 통해 브랜드는 고객과의 감정적 연결을 강화하고 의미 있는 관계를 구축할 수 있다.

고객 페르소나란

마케팅에서 페르소나 활용이 계속해 확대되고 있다. 막연한 고객 집단이 아닌 구체적으로 형상화한 대상을 설정함으로써, 효과적인 마케팅 전략 수립과 마케팅 캠페인 실행에 유용하기 때문이다.

현대 마케팅에서 페르소나는 특정 제품이나 서비스를 사용하는 이상적인 고객을 구체적으로 묘사한 허구적 캐릭터를 의미한다. 비즈니스의 핵심은 개인 또는 조직 내에서 의사결정 하는 사람을 설득하는 일이다. 고객 페르소나 작성은 이러한 의사결정권자와 그들에게 영향을 미치는 사람들을 구체적으로 이해하는 데 도움을 준다.

페르소나는 고객과의 정서적 연결과 마케팅 성과를 극대화하기 위한 전략적 도구로 자리 잡고 있다. 다음은 페르소나가 중요한 이유를 단계별로 설명한 내용이다.

첫째, **고객 이해 심화**. 페르소나는 인구통계학적 정보(예: 나이, 성별, 소득 등)를 넘어, 심리적, 행동적 데이터를 포함해 고객의 요구와 기대를 이해할 수 있게 한다. 고객의 구매 동기, 관심사, 사용 패턴 등을 분석하여 행동을 예측할 수 있다. 고객의 니즈를 선제적으로 파악하고 충족시키는 데 중요한 역할을 한다.

둘째, **맞춤형 전략 개발**. 고객 페르소나는 마케팅 메시지와 캠페인을 특정 고객층에 최적화하여 설계할 수 있게 돕는다. 이를 통해 기업은 가장 효율적이고 가치 있는 고객을 대상으로, 가성비 높은 전략으로 강렬한 메시지를 전달할 수 있다. 이러한 맞춤형 접근은 고객 관심과 반응을 극대화하고, 전환율과 충성도를 높인다.

셋째, **효율적인 자원 활용**. 모든 고객을 대상으로 마케팅을 펼치는 대신, 핵심 페르소나에 자원을 집중함으로써 시간과 비용을 절약할 수 있다. 마케팅 예산을 보다 전략적으로 배분하고, 성과 극대화에 도움을 준다. 더불어, 자원을 효율적으로 활용하면 팀의 에너지를 분산시키지 않고, 특정 고객층의 문제와 요구를 깊이 탐구할 수 있다. 이러한 노력은 고객 만족도를 높이고, 장기적인 신뢰 관계를 형성하는 데 기여한다.

넷째, **고객 경험 최적화**. 고객 여정(customer journey)을 설계할 때, 각 단계에서 고객의 기대와 문제를 예측하고 더 나은 경험을 제공한다. 고객은 브랜드와의 상호작용에서 일관성 있고 긍정적인 인상을 받을 수 있다. 이런 세심한 설계는 고객 충성도를 높이고, 차별화된 브랜드 경험을 제공하는 리더로 자리매김하게 한다.

다섯째, **데이터 기반 의사결정 지원**. 페르소나는 가정에만 의존하지 않고, 실제 데이터와 리서치를 기반으로 만들어져 마케팅 전략의 합리적 근거를 제공한다. 직관이나 추측 대신, 고객 행동과 니즈를 정확히 이해하며 효과적인 의사결정을 내릴 수 있다. 또한, 데이터 기반의 페르소나는 시장 변화나 트렌드에 신속하게 대응할 수 있도록 돕는다. 이를 활용해 마케팅 전략을 지속적으로 조정하고 개선함으로써, 경쟁 우위를 확보하고 더 나은 비즈니스 성과를 달성할 수 있다.

페르소나는 특정 고객 묘사를 넘어, 마케팅 전략을 정교화하고 자원을 효과적으로 활용하며 고객 관계를 강화하는 도구로 자리 잡았다. 이를 잘 활용하면 고객의 진짜 니즈를 이해하고, 경쟁에서 차별화된 경험을 제공하며, 장기적인 성과를 거둘 수 있다.

고객 페르소나 작성

고객 페르소나 작성은 고객 관점에서 문제를 이해하고, 해결책을 제시하는 토대를 마련하는 과정이다. 인구통계학적 정보, 심리적·행동적 특성과 구매 동기, 관심사, 문제 해결 방식 등을 분석한다. 이를 통해 기업은 고객이 진정으로 원하는 것을 파악하고, 고객 경험을 최적화할 수 있다.

고객 페르소나 작성은 다음의 절차와 같이 진행할 수 있다. 구체적이고 생생하게 진행할수록 그 효과가 극대화된다. 디즈니와 픽사가 캐릭터를 개발할 때, 세밀한 설정과 디테일을 통해 관객의 공감을 이끌어 내는 과정을 벤치마킹하자. 페르소나는 고객의 삶과 행동을 이해하고 이를 현실적으로 반영하는 정교한 작업이다.

[그림 2-4] 고객 페르소나 작성 단계

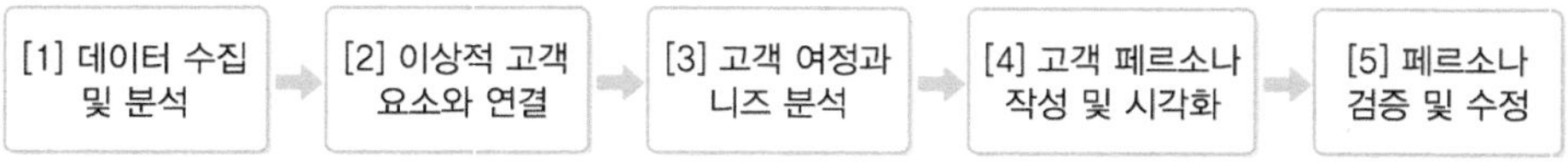

[1] 데이터 수집 및 분석	[2] 이상적 고객 요소와 연결	[3] 고객 여정과 니즈 분석	[4] 고객 페르소나 작성 및 시각화	[5] 페르소나 검증 및 수정

(1) 데이터 수집 및 분석 단계: 고객 페르소나 작성의 첫 단계는 데이터를 수집하고 분석하는 것이다. 이를 위해 고객 설문조사, 인터뷰, 행동 데이터(예: 웹사이트 분석, 구매 이력 등)를 통해 실질적인 데이터를 확보한다. 그런 다음, 공통된 패턴과 특징을 도출한다. 이 단계에서는 고객의 행동과 니즈를 객관적으로 이해하는 데 중점을 둔다.

(2) 이상적 고객 요소와 연결 단계: 수집된 데이터를 기반으로, 고객의 기본 정보(나이, 성별, 소득, 직업 등)와 문제 및 니즈, 경제적 적합성, 심리적 특성을 정리한다.

"바쁜 일정 속에서도 간편한 솔루션을 원하는 30~40대 직장인"처럼 고객의 핵심 요구를 파악하고 이를 명확히 문서화한다. 이상적 고객 정의 요소와의 연결을 통해, 목표 고객층에 대한 구체적인 그림을 그릴 수 있다.

(3) 고객 여정과 행동 분석 단계: 고객이 문제를 인식하고, 정보를 탐색하며, 최종 구매에 이르는 여정을 시각화한다. 이 단계에서는 고객의 정보 탐색 방식(예: SNS 검색, 친구 추천 등)과 결정 요인을 구체적으로 분석한다.

"SNS를 통해 건강 관리 정보를 탐색하며, 신뢰할 만한 리뷰를 바탕으로 구매 결정을 내리는 고객"과 같은 구체적인 행동 패턴을 파악한다.

(4) 고객 페르소나 작성 및 시각화 단계: 모든 데이터를 바탕으로, 허구적이지만 실질적인 고객 페르소나를 작성한다. 이처럼 세밀하게 묘사된 페르소나는 마케팅 전략 수립의 기반이 된다.

(5) 검증 및 업데이트 단계: 작성된 페르소나가 실제 고객에게 얼마나 부합하는지 검토한다. 이 과정에서 추가 데이터를 수집하거나, 시장의 변화에 따라 페르소나를 업데이트하여 지속적으로 개선한다. 검증과 수정 단계를 통해 페르소나는 점점 더 정교해지고, 현실과 밀접하게 연결된다.

이 5단계 과정을 통해 작성된 고객 페르소나는 비즈니스 의사결정의 중요한 기준이 된다. 데이터 기반 접근법과 체계적인 검증 과정을 통해, 기업은 고객의 니즈를 충족시키고, 보다 효과적인 마케팅 전략을 실행할 수 있다.

고객 페르소나는 일반인 고객(B2C)과 기업 고객(B2B) 모두를 대상으로, 고객 중심의 전략을 세우는 데 유용하다. 일반적으로 페르소나는 개별 고객의 특성과 행동을 심층적으로 이해하는 데 초점을 맞춘다. 고객의 감정적 동기와 행동 패턴을 분석해 구매 여정에 맞춰 세밀하게 전략을 설계할 수 있다. 또, 고객의 구매출동, 라이프스타일, 선호 채널 등을 분석해 적절한 타이밍과 메시지로 마케팅 성과를 향상할 수 있다.

반면, B2B 페르소나는 산업의 특수성을 반영해야 한다. 개별 의사결정권자뿐 아니라, 조직 내 다양한 이해관계자, 기업의 목표, 제약 조건, 구매 프로세스 등의 복잡한 요소를 고려해야 한다.

[그림 2-5] B2B 고객 페르소나 항목

B2B 고객 페르소나는 조직 내 역할과 의사결정 과정을 구체적으로 이해하는데 중점을 둔다. 이는 다음과 같은 항목을 중심으로 작성하면 효과적이다. 〈표 2-6〉은 각 핵심 항목에 대한 설명이다.

B2B 고객 페르소나를 작성하면 다음과 같은 이점을 얻을 수 있다.
① **맞춤형 자료 준비**: 고객의 니즈와 우려에 맞춘 마케팅 자료와 설득 포인트를 구체화할 수 있다.
② **내부 협업 강화**: 영업팀, 마케팅팀, 제품팀이 페르소나를 공유함으로써 일관된 전략을 실행할 수 있다.
③ **구매 시간 단축**: 고객 권한과 목표에 맞는 정보를 제공해 의사결정 과정을 효율화하고 시간을 절약할 수 있다.

<표 2-6> B2B 페르소나 항목과 설명

B2B 페르소나 항목	설명
역할 및 직책 (Role & Position)	고객사의 주요 인물과 그들의 직책, 책임, 영향력을 파악한다. 예를 들어, 기술팀 엔지니어는 제품의 기술 사양과 성능을 중시하는 반면, CFO는 비용 절감과 ROI(Return on Investment)를 우선시한다.
목표 (Goals)	고객의 목표에 맞춰 마케팅 메시지와 제안서를 설계한다. 예: "우리 솔루션은 비용을 20% 절감하고 생산성을 30% 향상 시킵니다."
우려 사항 (Concerns)	고객이 가진 잠재적 우려를 해결하는 데 초점을 맞춘다. 예: "초기 비용 부담을 줄이기 위해 유연한 결제 옵션을 제공합니다."
의사결정 영향력 (Decision-making Influence)	고객사의 의사결정 구조를 분석하여, 각 역할에 따른 맞춤형 접근 방식을 설계한다. 예: 최종 결정권자에게는 ROI와 장기적 이점을 강조하고, 실무 담당자에게는 기술적 사양과 구체적인 문제 해결책 제시

고객 페르소나는 고객의 상황과 요구를 구체적으로 이해하고, 맞춤형 전략을 수립하는 기반이다. 이는 B2C와 B2B 모두에서 고객 중심 전략을 수립하는 데 중요한 도구다. B2C 페르소나는 고객의 감정적 동기와 행동 패턴을 기반으로 개인화된 마케팅 메시지와 경험을 제공하는 데 초점을 맞춘다. 반면, B2B 페르소나는 조직 내 다양한 이해관계자와 복잡한 의사결정 과정을 이해하여, 고객의 목표와 우려에 부합하는 맞춤형 솔루션을 제시하는 데 중점을 둔다.

고객 페르소나 작성 절차를 통해, 비즈니스는 고객의 진짜 니즈를 파악하고, 이를 해결하기 위한 전략적 접근법을 설계할 수 있다. 이는 비즈니스 성장을 이끄는 기반이 된다.

페르소나는 작성에서 끝나는 것이 아니라, 이를 실질적으로 활용할 때 그 진정한 가치를 발휘한다. 특히, 마케팅과 영업 과정에서 페르소나는 고객 맞춤형 메시지를 설계하고, 구매 여정을 최적화하며, 영업 효율을 극대화하는 데 중요한 역할을 한다.

다음 장에서는 마케팅과 영업에서의 페르소나 활용 방안을 구체적으로 살펴보고, 이를 통해 고객 경험을 개선하고 비즈니스 성과를 높이는 방법을 알아보겠다.

마케팅과 영업에서 페르소나 활용

고객 페르소나는 마케팅 메시지를 정교화하고, 채널별 전략을 설계하며, 콘텐츠를 최적화하는 데 유용하게 활용된다. 세분화된 고객의 니즈와 동기를 기반으로 맞춤형 메시지를 설계할 수 있도록 도와준다. 고객의 특성과 행동을 세밀하게 이해하고, 최적화된 커뮤니케이션 전략을 수립하는 데 도움을 준다.

예를 들어, B2C 환경에서는 젊은 소비자를 대상으로 소셜 미디어 광고에서 감성적인 카피와 트렌디한 이미지를 활용해 공감을 유도할 수 있다. 반면, B2B CFO(최고재무책임자)에게는 ROI를 강조하거나 비용 절감 사례를 제시하는 메시지가 효과적이다. 이러한 맞춤형 접근은 고객의 관심을 끌고, 강력한 인상을 남기는 데 기여한다.

또한, 고객 페르소나는 콘텐츠 전략을 최적화하는 데도 유용하다. 고객의 관심사와 문제를 해결하는 데 초점을 맞춘 콘텐츠를 개발하면 고객의 참여도를 높이고, 브랜드와의 신뢰를 강화할 수 있다. 예를 들면, 기술팀 엔지니어를 위한 콘텐츠는 기술 자료와 제품 매뉴얼과 같은 실용적인 자료를 제공한다. 반면, 마케팅 팀을 대상으로 하는 콘텐츠는 업계 트렌드 보고서나 성공 사례를 중심으로 제작하여 정보 제공과 영감을 동시에 줄 수 있다.

뿐만 아니라, 고객 페르소나는 고객이 선호하는 채널을 파악하고, 해당 채널에 자원을 집중할 수 있도록 돕는다. 이는 채널별 전략 설계에도 도움이 된다. B2C에서는 Z세대를 겨냥한 TikTok 캠페인을 통해 바이럴 효과를 노릴 수 있으며, B2B에서는 특정 산업 플랫폼을 활용해 관련 세미나를 홍보하거나 잠재 고객과의 네트워킹을 강화하는 데 집중할 수 있다.

즉, 고객 페르소나는 고객과의 효과적인 소통과 관계 구축을 가능하게 한다. 이를 활용하여 고객의 니즈를 이해하고, 맞춤형 콘텐츠와 전략을 실행함으로써 고객 경험을 최적화하고 비즈니스 성과를 높일 수 있다.

또한, 영업 활동 전반에서 전략적 차별화를 가능하게 한다. 이를 통해 각 고객의 특성과 니즈에 맞춘 맞춤형 접근 방식을 설계할 수 있으며, 잠재 고객(리드)을 체계적으로 관리하고 우선순위를 정하는 효율적인 리드 관리가 가능해진다. 페르소나에 기반한 프레젠테이션은 고객의 문제를 구체적으로 제시하고, 이를 해결하는 솔루션을 명확히 전달함으로써 신뢰를 강화하고 설득력을 높이는 데 도움을 준다.

고객 페르소나는 고객의 역할과 의사결정 스타일을 분석하여 맞춤형 접근 방식을 설계하는 데 중요한 역할을 한다. 각 고객이 필요로 하는 정보와 가치를 효과적으로 전달할 수 있다. B2C의 경우, 소비자의 구매 패턴을 분석하여 개인화된 추천 제품을 제안함으로써 구매 전환율을 높인다. 예를 들어, 자주 구매하는 제품군이나 관심 분야에 기반한 맞춤형 할인 제안을 제공할 수 있다. B2B의 경우, 최종 결정권자에게 장기적 비즈니스 이점을 강조하며, 실무 담당자에게는 제품의 기술적 세부 사항과 구체적인 문제 해결 방안을 제공한다. 이를 통해 각 고객이 자신이 중요하게 생각하는 기준에 따라 정보를 얻고, 의사결정을 내릴 수 있도록 돕는다.

그리고, 잠재 고객(리드)을 체계적으로 평가하고 우선순위를 설정하는 도구로 작용한다. 고객의 관심사, 구매 가능성, 그리고 니즈 충족도를 기준으로 리드 점수를 부여할 수 있다. 잠재력이 높은 고객에게 자원을 집중함으로써 성과를 극대화할 수 있다. 특히, 효율적으로 자원을 배분하면 마케팅과 영업 활동의 ROI를 높이고, 시간과 비용을 절약할 수 있다.

또, 프레젠테이션의 설득력을 한층 높일 수 있다. 고객이 직면한 문제를 구체적으로 제시하고, 솔루션을 명확하고 체계적으로 전달할 수 있다. 또한, 성공 사례와 데이터 기반의 자료를 활용하면 신뢰를 강화하고, 고객이 제안하는 솔루션의 실질적인 가치를 체감하도록 돕는다. 고객의 요구와 목표에 최적화된 접근을 가능하게 하며, 고객과의 깊은 공감과 연결을 이끌어낼 수 있다.

마케팅, 영업, 제품 개발 팀 간 협업을 강화하는 데 기여한다. 모든 팀이 동일한 페르소나를 기반으로 일관된 전략과 메시지를 설계할 수 있다. 고객 피드백을 실시간으로 반영해 제품과 서비스를 지속적으로 개선할 수 있다. 마케팅과 영업에서 고객 페르소나를 효과적으로 활용하면 고객 중심 전략의 성과를 극대화할 수 있다.

다음 장에서는 페르소나를 실제 사례와 함께 어떻게 비즈니스에 적용할 수 있는지 살펴보고, 이를 실질적인 성공을 이끌어내는 방법을 다룰 것이다.

제2장 마무리

〈겨울왕국〉과 〈토이스토리〉속 캐릭터들은 각자의 이야기를 통해 관객의 공감을 이끌어낸다. 마찬가지로 비즈니스에서도 고객을 깊이 이해하고 그들의 이야기를 중심에 두는 것이 중요하다.

2장에서는 고객 정의를 통해 비즈니스의 토대를 공고히 하는 방법을 다루었다. 고객이 누구인지 명확히 파악하고, 그들의 문제와 니즈를 이해하는 것이 성공적인 제품·서비스 개발과 마케팅 전략의 핵심임을 살펴보았다.

- 고객 정의는 비즈니스의 출발점이다: 불특정 다수가 아닌, 제품·서비스를 가장 필요로 하는 핵심 고객층을 설정하고 집중해야 한다.
- B2C와 B2B의 차이를 인식한다: 각각의 구매 동기와 행동 패턴이 다르기 때문에, 이에 적합한 맞춤형 전략을 수립해야 한다.
- 고객 페르소나는 문제와 니즈를 구체화하는 도구다: 페르소나를 통해 고객의 동기, 고충, 행동 패턴을 파악하고, 맞춤형 솔루션과 메시지를 설계할 수 있다.
- 데이터와 지속적 업데이트의 중요성: 고객 페르소나는 고정된 것이 아니라, 시장 변화와 피드백에 따라 진화해야 한다.

고객 정의는 비즈니스를 고객 중심으로 설계하는 전략적 사고의 출발점이다. 이 과정이 탄탄할수록 비즈니스는 시장에서 신뢰와 가치를 창출할 수 있다.

다음 장에서는 고객 이해를 바탕으로 실제 고객을 발굴하는 기술과 전략을 탐구할 것이다. 엘사가 자신을 발견하고 세상과 연결되었듯이, 비즈니스가 목표로 삼는 고객을 찾아 나서는 여정을 시작할 차례다. 고객 발굴은 비즈니스의 가능성을 구체화하고 시장에서 자리를 잡는 과정이다. 3장에서 그 방법을 살펴보자.

03 고객을 찾아라
: 고객 발굴의 기술

『월리를 찾아라(Where's Waldo?)』를 본 적 있는가? 이 책은 영국 작가 마틴 핸드포드(Martin Handford)가 만든 그림책 시리즈다. 복잡하고 다채로운 그림 속에서 빨간 줄무늬 셔츠를 입은 월리를 찾아내는 과정은 결코 쉽지 않다. 수많은 사람과 물건으로 가득한 장면 속에 월리는 주변 환경에 완벽히 녹아 있어 찾는데 꽤나 시간이 걸린다.

하지만 그림을 세심히 관찰하고 집중하다 보면 발견할 수 있다. 마침내 월리를 발견했을 때 느끼는 성취감은 말로 표현할 수 없을 만큼 크다. 이 과정을 반복하면 월리를 찾는 속도는 점점 빨라지고, 어디에 숨어 있더라도 그를 찾아내는 자신감과 능력이 자연스럽게 쌓인다.

고객 발굴은 마치 월리를 찾는 여정과 같다. 시장이라는 복잡한 풍경 속에서 우리의 제품이나 서비스를 진정으로 필요로 하는 고객을 찾아내는 일은 도전적이고 복잡하며, 때로는 혼란스럽기도 하다. 고객은 쉽게 눈에 띄지 않으며, 표면적으로 보이는 사람들만으로는 진짜 고객을 알아내기도 어렵다. 하지만 적절한 도구와 관찰력, 그리고 인내심을 갖춘다면 고객을 발견하고, 그들과 의미 있는 연결을 맺을 수 있다.

이 장은 고객을 발굴하는 기술과 전략을 다룬다. 고객은 당신의 제품을 구매하는 존재일 뿐 아니라, 비즈니스의 성패를 좌우하는 중요한 동반자다. 복잡한 시장 환경 속에서 진정한 고객을 찾아내고 그들과 신뢰를 쌓는 방법을 함께 탐구해 보자.

고객 발굴의 과정은 쉽지 않지만, 월리를 찾았을 때처럼 고객을 발견했을 때의 성취감과 보상은 곧 비즈니스의 성공으로 이어진다. 자, 이제 당신의 월리를 찾아가 보자!

3.1 초기 고객 찾기

대부분 사람에게 '처음'은 특별한 경험으로 기억된다. 첫인상은 사람과 사람이 만났을 때 상대방에게 주는 첫 번째 이미지나 느낌을 말하며, 이는 관계 형성의 방향을 결정짓는 역할을 한다. 말콤 글래드웰은 그의 저서 『블링크(blink)』에서 인간이 첫인상을 형성하는 데 단 0.3초밖에 걸리지 않는다고 언급한 바 있다. 짧은 순간에 형성된 이 첫인상은 이후 관계 형성과 흐름에 큰 영향을 미친다.

첫사랑은 설렘, 기대, 긴장, 행복, 때로는 슬픔까지 포함된 복합적인 감정을 처음으로 경험하는 순간이다. 이는 사랑이라는 감정을 넘어, 개인적 성장과 변화를 촉진하는 중요한 시기로 작용한다. 마찬가지로 처음으로 장만한 내 집은 오랜 시간의 저축과 노력이 담긴 결과물로, 안정과 성취감을 상징한다.

이처럼 '처음'이라는 단어가 붙는 경험은 우리 삶의 이정표로, 잊을 수 없는 흔적을 남긴다. 심리학에서 말하는 '초두효과(Primacy Effect)'는 이러한 첫 경험이 우리의 기억과 판단에 강하게 남는 이유를 설명한다. 첫 경험에서 얻은 정보는 이후의 정보보다 더 큰 영향을 미치며, 기억에 오래 남는다.

비즈니스에서도 마찬가지다. 초기 고객은 창업 여정에 중요한 이정표이다. 이들은 거래 상대를 넘어, 제품이나 서비스 가치를 검증하고, 시장 가능성을 확인하는 과정에서 중요한 역할을 한다.

초기 고객은 창업자에게 여러 의미를 지닌다. 잠재 고객에게는 신뢰를 줄 수 있는 레퍼런스로 작용하고, 창업자에게는 사업 방향을 설정하고 자신감을 북돋아 주는 기회가 된다. 그렇다고 해서 지나치게 부담스러운 과제로 느껴서는 안 된다. 초기 고객은 성공을 위한 출발점이지만, 지나치게 과한 의미를 부여하거나 실패를 두려워할 필요는 없다.

이 장에서는 초기 고객을 효과적으로 확보하기 위한 전략과 사례를 다룬다. 초기 고객의 의미와 중요성을 살펴보는 한편, 성장의 시작점으로 바라보는 건강한 시각을 제안한다. 실패를 두려워하기보다는, 이들을 통해 얻은 경험과 교훈을 바탕으로 더욱 강한 비즈니스를 만들어 나갈 수 있다.

초기 고객의 중요성

첫 고객 확보는 결코 쉽지 않다. 이 과정은 필연적으로 시행착오를 동반한다. 초기에 부족한 완성도와 브랜드 인지도를 극복해야 하며, 특히 B2B 비즈니스에서는 고객사의 복잡한 의사결정 과정과 조건을 충족시켜야 하는 어려움도 존재한다. 그러나 이러한 과정 자체가 비즈니스의 학습 기회다. 설사 초기 고객과의 협력이 기대만큼 성과를 내지 못하더라도, 이는 향후 비즈니스 방향과 전략을 개선하는 밑거름이 된다.

초기 고객을 찾는 과정은 비즈니스의 성공 여부를 가늠하는 시험이 아니라, 시장과 고객에 대한 깊은 이해를 쌓아가는 시간이다. 따라서 초기 고객을 발굴하는 데 있어서 지나친 부담감을 느끼기보다, 성장과 학습의 과정으로 받아들이는 자세가 필요하다.

스타트업 창업자에게 초기 고객은 비즈니스가 성장하고 시장에서 자리 잡는 데 있어 중요한 동반자다. 초기 고객의 중요성을 이해하고, 이들과의 상호작용을 통해 제품을 개선하는 것이 성공적인 비즈니스의 시작점이 된다. 초기 고객은 다음과 같은 역할을 한다.

첫째, **시장 검증과 평가의 대상이 된다.** 초기 고객은 창업자의 아이디어가 시장에서 실제로 수용 가능한지 평가할 수 있는 대상이다. 제품이나 서비스가 고객의 니즈를 얼마나 충족하는지 보여줄 뿐만 아니라, 고객이 느끼는 가치를 확인할 수 있다.

둘째, **테스트베드(testbed) 역할을 한다.** 초기 고객은 제품과 서비스를 개선하기 위한 테스트베드 역할을 한다. 피드백을 통해 제품의 강점과 약점, 부족한 점을 파악할 수 있으며, 더 완성도 높은 제품으로 발전시킬 수 있다. 초기 고객은 사용자일 뿐만 아니라 창업자가 제품-시장 적합성(Product-Market Fit)을 찾아가는 여정에서 중요한 동반자다.

셋째, **잠재 고객을 위한 레퍼런스다.** 초기 고객과의 성공적인 협력은 잠재 고객에게 신뢰를 주는 레퍼런스로 작용한다. 초기 고객의 경험과 성공 사례는 브랜드 신뢰를 구축하는 데 큰 역할을 하며, 고객층을 확장하는 기반이 된다.

넷째, **시장 확장의 방향성을 알려 준다.** 초기 고객은 시장 확장을 위해 필요한 것과 부족한 점을 확인하는 데 중요한 역할을 한다. 이들의 피드백과 사용경험은 창업자가 더 큰 시장을 공략하기 위해 어떤 무기를 준비해야 하는지 알려준다. 초기 고객과의 상호작용은 판매나 서비스 제공을 넘어, 사업이 나아가야 할 방향을 설정하는 나침반이 된다.

결론적으로, 초기 고객은 비즈니스의 성공 여부를 판단하는 대상이 아니라, 시장에서 비즈니스의 가능성을 검증하고 확장 가능성을 만들어내는 동반자다. 이어서, 그들을 효과적으로 확보하고 활용하는 전략을 알아보자.

초기 고객 확보를 위한 접근

신규 고객 확보는 스타트업뿐 아니라 기존 기업에게도 끊임없는 도전 과제다. 거의 모든 시장은 이미 포화 상태에 이르렀고, 경쟁은 치열하며 빠른 기술 발전으로 고객 기대치는 날로 높아지고 있다. 이런 환경에서 거의 제로에서 시작하는 스타트업이 고객을 확보하는 건 어려운 숙제일 수밖에 없다.

스타트업 초기에는 자원이 제한적이고 브랜드 인지도가 낮기 때문에 고객 확보가 쉽지 않다. 그러나 철저한 준비와 효과적인 전략을 통해 이 장애물을 극복할 수 있다. 여기서는 스타트업이 첫 고객사를 확보하는 데 필요한 구체적인 접근법과 실천 가능한 전략을 단계별로 소개한다. 초기의 불확실성을 줄이고, 시장 진입을 위한 탄탄한 기반을 마련하길 바란다.

초기 고객 확보는 목표 시장과 이상적인 고객 정의에서 시작한다. 고객을 통해 검증하고자 하는 목표, 예를 들면 문제 해결, 시장 적합성, 가격 적정성 등을 명확히 하고, 이상적인 고객을 대상으로 한 고객 페르소나를 구체적으로 작성하는 거다.

[그림 2-6] 스타트업 초기 고객 확보

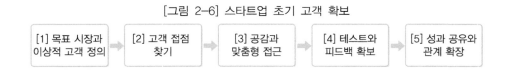

이렇게 목표 시장과 이상적 고객이 정의되면, 해당 고객과의 접점을 찾는다. 그들이 주로 존재하는 플랫폼, 자주 방문하는 장소나 앱, 읽는 미디어 등을 조사해 어디에 어떻게 가면 이상적 고객을 만날 수 있는지 알아내야 한다. 지인, 투자자, 동료 등 기존 네트워크를 활용해 고객 연결 기회를 만드는 것도 좋은 방법이다.

고객 접점을 찾았으면 고객 문제를 깊이 이해하고 진심으로 공감해, 맞춤형 솔루션을 제시하는 거다. 시장 선두 업체나 유사 솔루션을 제공하는 기업의 문제 해결 방법을 벤치마킹하여 효과적인 접근 방식을 참고할 수 있다. 이를 기반으로 솔루션을 제안할 수 있다.

이후는 초기 고객에게 무료 체험, 시범 프로젝트, 파일럿 프로그램을 제안해 제품이나 서비스의 가치를 체험하게 한다. 테스트 후 고객 경험, 불편 사항, 추가 기능 요청 등의 피드백을 수집하고 이를 제품 개선에 반영한다. 이를 통해 시장 적합성을 점검할 수 있다.

앞 단계들 수행 후에는, 초기 고객의 성공 사례를 구체적으로 기록하고, 이를 레퍼런스와 마케팅 자료로 활용하면 된다. ROI, 시간 절약, 비용 절감 등 구체적인 성과 지표를 포함해 다음 고객 확보에 유리한 자료로 사용하라. 추천 프로그램을 도입해 초기 고객이 신규 고객을 소개하도록 유도하는 것도 좋은 방안이다.

초기 고객 찾기는 고객 문제를 이해하고 신뢰를 구축하며 시장 적합성을 점증하는 과정이다. 단계별 접근을 통해 초기 고객과의 관계를 성공적으로 구축하면, 이들은 스타트업의 든든한 파트너가 된다.

계속해 고객 접점을 찾는 실질적인 방법인 기존 인맥 활용, 업계 레퍼런스와 커뮤니티 참여, 디지털 네트워킹 활용, 데이터 기반 고객 타기팅(targeting)을 소개하겠다. 이 중 당신의 제품과 서비스에 가장 적합하고, 실행 가능한 방식을 선택해 직접 시도해 보라. 두드리면 문은 열린다.

고객 접점을 찾는 방법

#1. 기존 인맥 활용

창업 초기에는 과거 경력이나 개인적인 인맥을 활용하는 것도 좋다. 이전 직장, 학업, 산업 내 네트워크, 또는 개인적 연결고리를 통해 초기 고객 발굴의 실마리를 찾을 수 있다.

과거 동료, 친구, 멘토 또는 업계 전문가에게 창업 소식을 알려라. 제품이나 서비스에 관심을 가질 만한 기업이나 개인 고객을 소개받아라. 이상적인 고객 정의와 목표 시장, 제공 가치 등을 명확히 전달하면 인맥을 통해 자연스럽고 효과적인 연결이 가능하다.

그냥 정보 요청에 그치지 않고, 자신의 제품이나 서비스가 해결할 수 있는 문제와 제공할 수 있는 가치를 강조해야 한다. 이는 네트워크와의 관계를 더욱 심화시키고 초기 고객 확보뿐 아니라 협력 가능성을 넓힐 수 있다.

피그마(Figma)는 이러한 접근법으로 성공을 거둔 사례다. 2012년에 설립된 피그마는 실시간 협업이 가능한 디자인 소프트웨어 플랫폼으로, UX/UI 디자이너들이 클라우드 기반으로 동시에 작업할 수 있게 한다.

창업 초기, 딜란 필드(Dylan Field)는 이전 프로젝트에서 알게 된 디자인 업계의 창업자 네트워크를 활용했다. 그는 피그마의 초기 버전을 소개하며, 제품이 해결할 수 있는 문제와 잠재적 가치를 명확히 전달했다. 이 방법은 피그마가 초기 고객사를 확보하는 데 도움을 주었다.

스냅챗(Snapchat)은 소셜 미디어 및 멀티미디어 메신저 애플리케이션으로, 사용자가 사진이나 비디오를 찍어 친구들과 공유하고, 일정 시간이 지나면 자동으로 삭제되는 기능이 특징이다. 스냅챗은 2011년 스탠퍼드 대학생 에반 스피겔(Evan Spiegel), 바비 머피(Bobby Murphy), 레지 브라운(Reggi Brown)에 의해 설립되었다.

초기 사용자층 확보를 위해, 스냅챗은 대학생들을 타깃으로 삼았다. 재학 중이던 대학 캠퍼스에서 직접 앱을 홍보하며, 친구들과 동료 학생들에게 사용을 제안했다. 이 접근은 젊은 세대 사이에서 빠르게 입소문이 퍼졌고, 스냅챗은 단기간에 많은 사용자를 확보하는 데 성공했다.

현재 스냅챗은 북미와 유럽의 10대와 20대 사용자들 사이에서 큰 인기를 얻고 있다. 특히 미국 스마트폰 사용자 중 13세에서 34세 사이의 60% 이상이 스냅챗을 사용하고 있을 정도로 막강한 영향력을 유지하고 있다.

이처럼 창업 초기에는 기존 인맥과 네트워크의 효과적인 사용이 고객 확보의 수단이 된다. 피그마, 스냅챗은 창업자가 자신의 네트워크를 적극적으로 활용해 사용자 기반을 확보했고, 제품의 시장 적합성을 검증한 좋은 예이다.

인맥은 가까운 기회의 문이다. 이를 적극적으로 활용해 보길 바란다.

#2. 디지털 네트워킹 활용

디지털 네트워킹은 스타트업이 초기 고객을 확보하고, 브랜드 인지도를 높이며 신뢰를 구축하는 데 효과적인 방법이다. 지리적 제약 없이 다양한 고객과 연결할 수 있는 디지털 플랫폼은 적은 비용으로도 큰 효과를 낼 수 있다.

먼저, 소셜 미디어 플랫폼을 활용할 수 있다. 소셜 미디어는 고객과 직접 소통하며 브랜드를 알릴 수 있는 가성비 좋은 도구다. 그룹 방탄소년단(BTS)은 데뷔 초기에 유튜브와 트위터를 활용해 전 세계 팬들과 연결하며 인지도를 높였다. 이처럼 적은 비용으로 큰 효과를 낸 사례는 스타트업 창업자들에게 교훈을 제공한다.

스타트업이 활용할 수 있는 주요 플랫폼은 다음과 같다:

[소셜 미디어 플랫폼]
- **유튜브**: 글로벌 도달력을 바탕으로 제품 데모, 튜토리얼, 브랜드 스토리를 공유.
- **인스타그램**: 시각적 콘텐츠를 활용한 감각적인 브랜드 홍보.
- **링크드인**: B2B 네트워킹 및 전문성 기반의 신뢰 구축.
- **틱톡**: 젊은 세대와의 연결을 위한 짧고 트렌디한 콘텐츠.
- **네이버 블로그**: 한국 시장에서 검색 중심의 고객 유도.

각 플랫폼의 특성을 이해하고, 목표로 하는 고객층에 가장 적합한 채널을 선택해 전략적으로 활용하면 된다. 고객과의 연결을 강화하고, 브랜드를 더욱 효과적으로 알릴 수 있다. 이를 위해서는 일관된 브랜딩, 커뮤니케이션 활성화, 바이럴 콘텐츠 등의 준비가 필요하다.

다음은, 디지털 커뮤니티를 활용하는 방법이다. 디지털 커뮤니티는 초기 고객을 확보하고 고객 니즈를 파악하기에 유용한 공간이다.

국내 대표적인 디지털 커뮤니티로는 네이버 카페, 다음 카페, 블라인드(Blind), 디시인사이드(DC Inside), 클럽하우스(Clubhouse), 카카오톡 오픈 채팅 등이 있다. 이들 플랫폼은 공통 관심사를 가진 사용자들과의 네트워킹을 가능하게 한다.

디지털 커뮤니티에 참여할 때는 홍보 목적으로 접근하기보다, 커뮤니티 멤버로서 진정성 있는 활동을 하는 것이 중요하다. 질문에 유용한 답변을 제공하거나, 커뮤니티 내에서 자주 논의되는 문제에 대한 해결책을 제시함으로써 창업자의 전문성을 자연스럽게 드러낼 수 있다. 예를 들어, IT 스타트업은 기술 문제 해결 팁을 공유, 에듀테크 스타트업은 학부모 커뮤니티에서 학습 정보를 제공, 건강 스타트업은 건강 관리 팁을 공유하며 자연스럽게 브랜드를 알릴 수 있다.

디지털 커뮤니티는 고객 니즈를 이해하고 문제를 해결하는 과정을 통해 브랜드 가치를 전달하며, 신뢰 기반의 장기적인 관계를 구축하는 역할을 한다.

디지털 네트워킹은 스타트업이 초기 고객을 확보하고 성장의 발판을 마련하는 데 유용한 도구다. 소셜 미디어와 디지털 커뮤니티를 전략적으로 활용해 고객과 연결하고, 유용한 정보를 제공하며 신뢰를 구축하라. 이를 통해 초기 단계의 불확실성을 줄이고 성공 가능성을 높일 수 있다.

#3. 업계 전시회나 콘퍼런스 참여

업계 관련 전시회 행사나 콘퍼런스(Conference) 참석은 잠재 고객사와 직접적으로 접촉할 수 있는 방법이다. 이는 특정 산업이나 주제에 관심 있는 다양한 이해관계자를 만나 네트워킹을 확장하고 신뢰를 구축하는 효과적인 플랫폼이다. 고객이 직면한 문제를 파악하고 그에 대한 해결책을 제안하며 관계를 형성하는 기회도 된다. 특히 B2B 환경에서는 대면 접촉을 통해 신뢰를 쌓고 전문성을 어 필하는 것이 매우 중요하다.

전시회나 콘퍼런스는 특정 산업이나 주제에 관심 있는 다양한 고객사를 한자리에서 만날 수 있는 플랫폼을 제공한다. 참가자들은 대부분 특정 문제나 솔루션에 관심이 많기 때문에, 창업자가 제공하는 제품이나 서비스와 그들의 필요 사이에 공통점을 발견하기 쉽다. 예를 들면, 발표 세션이나 워크숍에서 문제 해결 사례를 공유하거나, 제품 데모를 통해 솔루션의 가치를 자연스럽게 전달할 수 있다. 이런 접근은 홍보를 넘어 잠재 고객과의 신뢰 구축에 중요한 역할을 한다.

행사를 최대한 효과적으로 활용하려면 사전 준비가 필요하다. 행사 참석 전에 참가자 목록을 검토하여 고객을 선별하고, 사전에 연락해 미팅 일정을 잡아 두는 것도 좋다. 이렇게 하면 행사 당일에 보다 집중적이고 목표 지향적인 만남을 가질 수 있다. 또한, 짧은 시간 안에 회사와 제품의 강점을 전달하는 간결한 스피치 자료도 준비해 가자.

커뮤니티는 전시회나 콘퍼런스와 같은 일회성 만남을 장기적인 관계로 발전시킬 기회를 제공한다. 커뮤니티에서 얻은 인사이트는 제품이나 서비스의 방향성 조정에 활용할 수 있다. 고객이 실제로 직면한 문제와 요구를 이해하고 이를 제품에 반영하면, 더 나은 솔루션을 제공할 수 있다.

업계 행사와 커뮤니티 참여는 잠재 고객사와의 접촉 외에도 신뢰 구축, 관계 형성, 그리고 장기적인 성장을 위한 데이터와 정보 수집에도 유용하다. 이러한 활동은 사업 확장의 과정이다.

#4. 데이터 기반 고객 타기팅

이번에는 B2B 스타트업 창업자를 위한 데이터 기반 목표 고객 설정 방법을 살펴보겠다. 이상적인 고객 정의를 기반으로 데이터베이스를 구축하고 이를 효과적으로 활용하는 것이다.

먼저, 데이터베이스를 구성하기 위해 이상적인 고객 정의를 명확히 해야 한다. 이는 창업자의 제품이나 서비스가 해결할 수 있는 문제와 가장 잘 맞는 고객사를 식별하는 과정이다. 이때 고려해야 할 요소로는 산업, 기업 규모, 위치, 의사결정권자 등이 있다. 이상적인 고객 정의가 명확해지면, 산업 보고서, 기업 웹사이트, 관련 정부 기관 데이터 등 공개된 자료를 활용하거나 CRM 도구를 이용해 체계적으로 데이터를 수집할 수 있다.

구축된 데이터베이스를 활용해 콜드 메일(Cold mail), 콜드 콜(Cold call), 직접 방문 등의 접촉을 시도할 수 있다. 콜드 메일은 가장 간단하고 비용 효율적인 방식으로, 맞춤형 메시지를 통해 수신자와 초기 접촉을 시도한다. 수신자의 이름과 직책을 언급하고, 그들이 직면한 문제와 이를 해결할 수 있는 제품이나 서비스를 제안하며 간결하고 명확하게 핵심 메시지를 전달해야 한다. 후속 이메일을 정기적으로 보내 관심을 유지하며, 최종적으로는 미팅 일정 등의 구체적인 액션을 요청하는 것도 중요하다.

콜드 콜은 고객사와의 직접 대화를 통해 신뢰를 구축하는 것이다. 이 접근법에서는 고객사의 문제를 이해하고 이를 해결할 수 있는 방안을 중심으로 대화를 이끌어야 한다. 사전에 고객사의 배경을 조사해 대화의 질을 높이고, 추가 미팅이나 데모 요청 등의 후속 행동을 명확히 제안하여 관심을 구체적인 행동으로 전환하도록 유도해야 한다.

직접 방문은 대면 접촉을 통해 고객사와의 관계를 강화하는 데 유용하다. 고객사의 현장 환경을 직접 관찰하고, 이를 기반으로 맞춤형 솔루션을 제안함으로써 초기 관계를 형성할 수 있다. 간단한 브로슈어나 자료를 준비해 명확한 메시지를 전달하며, 현장에서 얻은 정보를 활용해 추가 전략을 보완하면 효과를 극대화할 수 있다.

물론 콜드 메일, 콜드 콜, 직접 방문은 환영받지 못할 가능성이 높다. 수백 통의 메일을 보내도 응답률은 10% 미만일 수 있고, 콜드 콜은 차가운 반응에 상처받을 수 있으며, 직접 방문은 외판원으로 오해받아 부정적 이미지를 남길 위험도 있다. 그러나, 이러한 노력으로 단 한 곳의 고객사라도 발굴한다면, 충분히 가치 있는 시도이다.

앞서 소개한 이러한 방식들은 각각 독립적으로도 효과적이지만, 통합적으로 활용할 때 더 큰 성과를 낼 수 있다. 예를 들어, 콜드 메일로 첫 접촉을 시도한 후 응답이 없으면 콜드 콜을 통해 대화를 이어가고, 필요시 직접 방문으로 관계를 강화하는 방식이다. 이를 통해 초기 고객을 확보하고 초기 성과를 달성하는 스타트를 끊을 수 있다. 또한, 각 방식의 성공률을 정기적으로 분석하고, 효과적인 메시지와 접근 방식을 지속적으로 개선하는 것도 중요하다.

이상적인 고객 정의를 기반으로 한 데이터베이스 활용은 B2B 창업자가 첫 고객사를 확보하고, 시장에서의 신뢰를 구축하며, 초기 성과를 극대화하는 전략이다. 체계적이고 지속적인 노력을 통해 창업 초기의 도전 과제를 효과적으로 해결할 수 있다.

기억하자. 초기 고객은 매출뿐 아니라, 제품과 서비스의 시장 적합성을 검증하고, 이후 고객 확장을 위한 레퍼런스로 활용될 수 있다는 것을.

초기 고객 발굴 현장

첫 고객을 확보하는 일은 모든 창업자에게 큰 도전이다. 두 명의 창업자 A와 B의 이야기는 첫 고객을 찾기 위해 어떤 노력을 기울였는지, 그리고 서로 다른 접근 방식이 어떻게 성공적으로 이어졌는지 흥미롭게 보여준다.

A는 B2B 창업에 도전하며 초기 몇 개월간 고객사를 확보하지 못해 난관에 부딪혔다. 그러던 중, A는 산업 전시회에 참석해 부스를 운영 중인 약 100여 곳의 업체를 직접 방문하며 대화를 시도했다.

이전 직장에서 알고 지낸 몇몇 사람들과 재회했지만, 실망스럽게도 비즈니스 대화로 이어지지는 않았다. 대부분의 업체는 낯선 방문자 A에게 냉담한 반응을 보였다. 하지만 A는 포기하지 않고 계속 대화를 시도했고, 마침내 한 업체의 엔지니어가 A가 가져온 샘플에 관심을 보였다. 그 샘플은 엔지니어가 직면한 문제를 해결할 가능성을 보여줬고, 이를 계기로 두 회사는 협력 관계를 시작했다.

이 기회는 이후 연간 수백만 불 규모의 거래로 이어졌으며, 두 회사는 현재까지도 긴밀한 파트너십을 유지하고 있다. A의 이야기는 전시회와 같은 현장에서의 직접 접촉과 구체적인 솔루션 제시가 첫 고객 확보에 얼마나 중요한지 잘 보여준다.

반면, 직장 경력이 없는 상태에서 창업에 도전한 B는 다른 접근 방식을 택했다. B는 잠재 고객 리스트를 작성하고 직접 방문에 나섰지만, 첫 만남에서 바로 비즈니스 이야기를 꺼내는 것이 오히려 부정적인 반응을 초래한다는 사실을 곧 깨달았다.

이를 계기로 B는 새로운 전략을 구상했다. 첫 방문에서는 비즈니스 목적을 언급하지 않고, 자연스럽게 개인적인 대화를 나누며 관계 형성에 집중한 거다. 대화 중에는 명함을 주고받고 자신이 하고자 하는 일을 간략히 설명한 후, 비즈니스 미팅을 제안하는 방식을 사용했다.

이러한 꾸준한 접근 덕분에, B는 1년 뒤 십여 개의 고객사를 확보하는 성과를 거뒀다. 시간이 걸렸지만, 관계 형성을 우선으로 한 B의 전략은 결국 성공적인 비즈니스 기회를 창출했다.

A와 B의 사례는 첫 고객을 확보하기 위한 다양한 접근법과, 고객의 상황에 맞는 전략적 유연성이 중요함을 보여준다. A는 전시회라는 특정 상황에서 샘플을 활용해 고객의 문제를 해결하며 신뢰를 얻었고, B는 신뢰를 기반으로 관계를 구축하는 접근법을 통해 장기적인 성과를 만들어냈다.

이 두 이야기는 창업자가 초기 고객사를 확보하는 과정에서 창의적인 접근, 유연성, 인내심이 성공의 열쇠임을 확인시켜 준다.

모든 접근법을 동시에 실행하기는 어렵지만, 자신의 상황과 자원에 맞는 실현 가능한 방법을 선택해 실행해 보라. 각 시도는 중요한 한 걸음이며, 최적의 방법을 탐색하는 과정은 창업 성공의 발판이 될 것이다. 시작이 반이다. 첫 도전을 두려워하지 마라!

3.2 신규 고객 유치 전략

월리를 기억하는가? 복잡한 그림 속에서 빨간 줄무늬 옷을 입은 월리를 찾는 일은 처음엔 쉽지 않다. 월리의 모습이 익숙하지도 않고, 주변에는 월리와 비슷한 사람들이 많아 단번에 찾아내기 어렵다. 하지만 몇 번 반복하다 보면 당신도 모르게 노하우가 쌓인다. 월리의 형상이 뇌리에 찍히고, 복잡한 그림에서 어디에 집중해야 좀 더 빠르게 찾을 수 있는지 알게 된다.

고객 확보도 이와 비슷하다. 처음에는 어디서 고객을 찾아야 할지 막막할 수 있다. 하지만 초기 고객 발굴에 성공하고 나면, 이를 기반으로 더 많은 고객을 유치할 수 있다. 신규 고객 유치는 사업 확장의 과정이며 매출 성장의 발판이다.

사업 확장은 본질적으로 두 가지 방향으로 이루어진다. 더 많은 고객을 끌어모으거나, 기존 고객에게 더 많은 가치를 제공하고 그에 따른 지불을 늘리는 것이다. 이 장에서는 첫 번째 접근법인 신규 고객 유치에 대해 다룬다. 초기 고객 발굴 이후, 어떻게 더 많은 잠재 고객을 발굴하고, 우리 제품과 서비스에 관심을 두게 하며, 장기적으로 팬으로 전환할지 구체적인 전략을 살펴보자.

고객 발굴은 월리를 찾을 때처럼 반복과 학습을 통해 점점 더 효과적이고 효율적으로 이뤄낼 수 있다. 이제, 신규 고객 유치를 위한 여정에 첫발을 내딛어 보자.

신규 고객 확보를 위한 가이드

신규 고객 확보는 초기 고객 발굴의 성공을 기반으로 사업을 확장하는 단계다. 이를 효과적으로 수행하기 위해서는 초기 고객 경험과 데이터를 활용해 전략적으로 접근해야 한다. 다음은 신규 고객 확보에 유용한 접근법이다.

초기 고객 데이터를 활용한 이상적 고객 정의와 고객 페르소나 업데이트, 신규 고객에게 적합한 맞춤형 솔루션 개발, 고객 접촉 방식의 규모 확대, 초기 고객 사례를 활용한 마케팅 메시지 개발을 통합적으로 실행할 수 있다. 한 발 한 발 전략적으로 접근하면 성공 가능성을 높일 수 있다.

[그림 2-7] 초기 고객을 기반으로 신규 고객 확보 방안과 절차

[1] 이상적인 고객 정의와 고객 페르소나 업데이트 → [2] 신규 고객에게 적합한 맞춤형 솔루션 개발 → [3] 고객 접촉 방식의 규모 확대 → [4] 초기 고객 사례를 레퍼런스로 활용한 마케팅 메시지 개발

구글 글래스(Google Glass)는 2013년에 출시한 증강현실 디스플레이, 사진 및 동영상 촬영, 음성 인식 및 제어 등의 첨단 기능을 가진 제품이다. 구글 글래스는 초기 출시 시, 기술에 열광하는 일반 소비자를 이상적 고객으로 설정했다. 하지만, 높은 가격(약 1,500달러), 실용성 부족, 사생활 침해 우려 등의 이유로 시장 반응은 부진했다.

이후 구글은 초기 고객 데이터를 분석하여 글래스의 진정한 가치를 발견한 고객층을 파악했다. 의료, 제조, 물류와 같은 전문 산업군에서 글래스를 생산성 향상과 문제 해결의 도구로 사용하는 고객들이 주목된 거다. 이상적 고객 정의를 수정했고, B2B 고객 페르소나를 새롭게 구축했다.

구글은 일반 소비자를 대상으로 설계된 글래스를 산업 특화 제품으로 변환하기 시작하며 맞춤형 솔루션을 개발하여 '구글 글래스 엔터프라이즈 에디션 (Google Glass Enterprise Edition)'을 출시했다. 의료 산업에서는 수술 중 실시간 데이터와 환자 정보를 표시하는 기능을 추가하였고, 제조 및 물류 산업에서는 작업자들이 작업 지시를 안전하고 효율적으로 수행할 수 있도록 도구를 최적화했다. 또한, 물리적 내구성을 강화하고 배터리 수명을 연장하는 등 산업 환경에서의 요구를 충족시켰다.

이후 글래스의 새로운 타깃 고객군에 도달하기 위해 구글은 전시회, 산업 콘퍼런스, 네트워킹 이벤트를 적극 활용했다. 의료 박람회, 제조업 콘퍼런스, 물류 전시회같은 산업별 행사에 참여해 구글 글래스를 시연하며 고객에게 직접적으로 제품의 가치를 전달했다. 또한, 파트너십을 형성해 산업 내 주요 기업들과 협력해 초기 고객사를 확대하는 전략을 실행했다.

이러한 사례를 바탕으로 구글은 ROI, 효율성 증대, 안전성 강화 등 실질적인 효과를 강조하는 마케팅 메시지를 개발하여 새로운 고객군에게 신뢰를 주고 제품의 가치를 전달했다.

구글 글래스는 초기 데이터를 기반으로 이상적 고객 정의를 수정하고, 산업 특화 솔루션을 개발하며, 접촉 방식을 확장하여 성공적인 전환을 이뤄낸 사례다.

이 사례는 초기 데이터를 활용해 전략을 유연하게 조정하고, 고객 중심의 접근 방식을 통해 시장에서 새로운 기회를 창출하는 방법을 잘 보여준다. 시장을 읽고, 고객의 니즈를 깊이 이해하며, 지속적으로 최적화하는 노력이 성공의 열쇠임을 기억하길 바란다.

디지털 마케팅으로 고객 주목 받기

모든 기업에게 제한된 자원을 효율적으로 활용하여 고객의 주목을 끌고, 신뢰를 구축하며, 구매 의사결정을 이끌어 내는 것은 중요하다. 디지털 마케팅은 작은 투자로도 큰 효과를 낼 수 있는 방안이다.

디지털 마케팅은 온라인 채널과 디지털 기술을 활용해 고객과 연결하고, 제품이나 서비스를 홍보하는 활동이다. 이는 데이터 분석과 맞춤형 콘텐츠를 통해 고객의 관심을 끌고, 신뢰를 쌓으며 구매 행동을 유도하는 데 중점을 둔다. 여기서는 효과적인 디지털 마케팅 전략, 고객의 문제를 해결하는 콘텐츠 전략, 그리고 타깃 광고를 통한 고객 공략 방법을 살펴본다.

디지털 플랫폼은 스타트업이 고객과 연결할 수 있는 중요한 창구이다. 제한된 자원으로 초기 고객을 확보하고 브랜드 인지도를 높이며, 초기 리드를 생성할 수 있는 효율적인 방법이다. 그러나 디지털 채널을 단순히 활용하는 것만으로는 부족하며, 고객의 관심을 끌고 신뢰를 형성하기 위한 접근이 필요하다.

첫째, 고객 중심 콘텐츠를 마련하자. 고객의 문제를 해결하는 콘텐츠는 디지털 마케팅에서 핵심이다. 이는 고객의 관심을 끌고 신뢰를 구축하며, 구매 결정을 돕는 역할을 한다. 고객이 자주 겪는 문제를 해결하는 가이드나 팁을 제공해야 한다. 예를 들어, 건강 스타트업이라면 건강 관리 팁을, 여행 스타트업이라면 여행 계획 팁을 제공하는 형태이다. 또, 스토리텔링 형식으로, 고객 성공 사례나 제품이 제공하는 가치를 이야기 형태로 전달하면 고객의 공감을 얻을 수 있다.

그리고, 비디오 콘텐츠를 제공하자. YouTube, Instagram Reels, TikTok과 같은 플랫폼에서 시각적이고 매력적인 비디오를 제작하면 고객의 관심을 끌 수 있다.

둘째, 검색 엔진 최적화(SEO, Search Engine Optimization)와 검색 엔진 마케팅 (SEM, Search Engine Marketing)을 고려하자. 고객이 자주 검색할 키워드를 선정 하고 이를 중심으로 콘텐츠를 제작하면 검색 결과 상위에 노출될 가능성을 높일 수 있다. 혹은 SEM을 활용해, Google Ads, 네이버 광고 등 유료 검색 광고를 통해 초기 트래픽을 유도하고 브랜드 인지도를 높일 수도 있다. 이 방법은 가시 적인 효과를 낼 수 있다.

셋째, 멀티채널로 접근하자. 하나의 채널에 의존하지 않고 다양한 채널을 활 용하되, 일관성 있는 메시지와 브랜딩을 통해 고객의 신뢰를 향상시켜야 한다. 고객이 쉽게 정보를 얻고 핵심 가치를 이해할 수 있도록 직관적인 UI/UX로 설 계한 웹사이트 최적화를 통해, 명확한 가치 제안(Value Proposition)을 포함하여 방문 고객의 관심을 잡아야 한다. 그리고, 소셜 미디어를 활용해 고객과 소통하 고 관계를 구축해야 한다. 소셜 미디어는 홍보를 넘어, 고객과 상호작용하며 신 뢰를 쌓는 공간으로 활용해야 한다. 또, 맞춤형 이메일을 발송하여 고객 니즈에 부합한 정보를 제공해 개인화된 경험을 선사해야 한다.

넷째, 데이터 기반 마케팅 최적화를 시도하자. 디지털 마케팅의 성공은 데이 터를 기반으로 지속적으로 개선하는 데 달려 있다. Google Analytics, Naver Data Labs 등의 분석 도구를 활용해 고객 행동 데이터를 수집하고, 이를 분석해 효과적인 채널과 콘텐츠를 파악해야 한다. 혹은 ROI를 기준으로 자원을 재배치 하고, 마케팅 활동의 효율성을 강화할 수 있다. 또, A/B 테스트를 통해 다양한 광고와 콘텐츠 형식을 실험하여 가장 효과적인 메시지와 디자인을 식별할 수 있 다. A/B 테스트는 두 가지 이상의 버전(A와 B)의 웹페이지, 광고, 이메일 등을 무작위로 사용자에게 노출한 후, 어느 버전이 더 높은 성과(클릭률, 전환율 등)를 보이는지 비교하여 최적의 옵션을 결정하는 실험 방법이다.

디지털 플랫폼은 성장을 가속하는 기회의 무대다. 디지털 마케팅은 멀티채널 접근으로 고객과의 접점을 확장하고, 고객 니즈를 해결하는 콘텐츠로 신뢰를 쌓으며, 데이터 기반 의사결정으로 효율성과 효과를 극대화해야 한다.

디지털 마케팅을 시작하라. 당신의 브랜드와 고객을 연결하는 다리가 놓이고, 그 다리 너머에는 한 단계 성장한 문이 열릴 것이다.

리드 고객 확보

리드(Lead) 고객은 제품이나 서비스에 관심을 보인 잠재 고객으로, 회사의 판매 활동을 통해 고객으로 전환될 가능성이 높은 대상이다. 리드 고객은 스타트업뿐 아니라 모든 기업에 성장과 지속 가능성을 위해 중요한 요소로 자리 잡고 있다. 특히, 스타트업의 경우, 높은 전환 가능성을 가진 리드 고객에게 집중하는 것이 필요하다. 리드 고객은 비즈니스의 생존과 확장을 위한 단계일 뿐 아니라, 매출을 통해 회사의 성과를 증명하고, 투자 유치에 설득력을 더하는 데 중요한 역할을 한다.

리드 고객을 확보하기 위한 방법은 전략적이고 체계적인 접근이 필요하다. 먼저, 콘텐츠 마케팅은 고객의 관심사와 문제를 해결하는 데 효과적이다. 블로그, 동영상, 웨비나(webinar, 온라인으로 진행되는 콘퍼런스나 세미나) 등 유용한 콘텐츠를 제작하여 고객의 신뢰를 얻고, 이를 통해 이메일 구독이나 상담 요청 등 리드 데이터를 확보할 수 있다. 고객이 필요로 하는 정보를 제공함으로써 자연스럽게 리드 확보로 이어지게 된다.

또한, 랜딩 페이지 최적화를 통해 리드 정보를 수집하는 것도 중요하다. 특정 캠페인을 위해 설계된 랜딩 페이지는 명확한 가치 제안과 행동을 유도하는 Call-to-Action(CTA)을 포함해야 한다. 고객이 랜딩 페이지에서 원하는 정보를 얻고, 필요한 행동을 취하도록 유도하는 것이 리드 확보의 핵심이다.

소셜 미디어 광고는 타깃 고객에게 다가가는 한 방법이다. 소셜 미디어 플랫폼에서 광고를 진행하면 관심 고객을 유도할 수 있다. 광고를 클릭한 고객이 정보를 입력하도록 랜딩 페이지와 연결해 리드 데이터를 확보할 수도 있다.

리드 고객을 확보하는 또 다른 방법은 이벤트 및 웨비나 개최다. 특정 주제에 관심이 있는 고객을 대상으로 온라인 또는 오프라인 이벤트를 열어 잠재 고객과의 접점을 마련할 수 있다. 이 과정에서 등록 정보를 통해 리드 데이터를 확보하고, 참여자와의 후속 커뮤니케이션을 통해 관계를 강화할 수 있다.

마지막으로, 리드 자석(Lead Magnet)을 제공하는 방식이 있다. eBook, 체크리스트, 무료 체험 등 고객에게 실질적인 가치를 제공하는 리소스를 대가로 이메일이나 연락처 정보를 요청하는 방식이다. 이는 고객의 니즈를 충족시키며 동시에 리드 데이터를 효과적으로 확보하는 방법이다.

이 모든 방법은 단독으로 활용될 수도 있지만, 서로 조합해 통합적으로 실행할 때 더욱 효과를 발휘한다. 각 전략은 고객의 니즈와 행동에 초점을 맞추어 설계되어야 하며, 지속적인 데이터 분석과 최적화를 통해 성과를 극대화해야 한다.

리드 고객 활용

리드 고객의 효과적 활용은 고객의 관심을 구매로 전환시키고, 나아가 장기적인 관계를 구축하는 과정이다. 실제 현장에서 리드 고객을 활용하는 방법을 알아보자.

① 리드 스코어링(Lead Scoring)으로 우선순위 설정하기: 리드 고객의 데이터를 기반으로 구매 가능성이 높은 대상을 선별하는 것은 성공적인 리드 활용의 첫 단계다. 리드 스코어링은 고객의 행동 데이터를 분석해 각 리드에 점수를 부여하고, 이들 중 우선순위를 정하는 방법이다. 예를 들어, 웹사이트를 여러 차례 방문하거나, 특정 콘텐츠를 다운로드한 리드는 높은 관심을 보이는 대상으로 간주할 수 있다. 이러한 분석을 통해 영업팀은 전환 가능성이 높은 고객에게 자원을 집중할 수 있으며, 이를 통해 시간과 비용을 절약하면서도 높은 효율성을 달성할 수 있다.

② **리드 전환 최적화로 구매 행동 유도하기**: 리드 고객이 구매로 전환되는 과정은 세심한 관리와 지속적인 개선이 필요하다. 전환 과정에서 리드가 이탈하는 지점을 분석하고, 이를 해결하기 위한 전략을 도입하는 것이 중요하다. 예를 들어, 랜딩 페이지의 설계를 개선하거나, 광고 메시지를 조정하여 리드 고객의 관심을 끌 수 있다. 이와 함께, 리드 고객이 구매를 망설이는 이유를 파악하고 이를 해결하기 위한 맞춤형 솔루션을 제공하면 전환율을 높일 수 있다. 전환 과정의 각 단계를 지속적으로 모니터링하고, 데이터를 기반으로 최적화하는 것은 리드 활용 전략에서 핵심적인 요소다.

③ **고객 사례를 활용해 신뢰와 설득력 강화하기**: 리드 고객의 성공 사례는 신규 리드 고객을 설득하고 신뢰를 구축하는 데 효과적인 도구다. 예를 들어, 특정 고객이 제품을 도입한 후 효율성이 향상되거나 성과를 낸 사례를 마케팅 자료로 활용하면, 다른 리드 고객에게 제품의 실질적인 가치를 전달할 수 있다. ROI, 시간 절약, 문제 해결 등 구체적인 성과를 제시하면 리드 고객의 관심을 끌고 구매 의사결정을 유도할 수 있다.

④ **초기 시장 테스트와 고객 피드백 수집**: 리드 고객은 구매 대상으로 끝나는 것이 아니라, 신제품이나 신규 서비스를 런칭할 때 초기 시장 테스트와 고객 피드백을 얻는 데 활용될 수 있다. 이들은 이미 제품에 관심을 보인 만큼, 새로운 아이디어나 기능에 대한 초기 반응을 검증할 수 있는 최적의 대상이다.

리드 고객은 신제품이나 신규 서비스 런칭 시 초기 시장 테스트와 고객 피드백 수집에 중요한 역할을 한다. 이들을 대상으로 제품의 초기 버전을 테스트하고, 사용성 평가와 솔직한 피드백을 통해 제품의 강점과 약점을 파악할 수 있다. 리드 고객과의 이러한 상호작용은 제품 개발 방향성을 제시하고, 완성도를 높이는 데 기여하며, 신뢰와 관계를 강화하는 기회가 된다. 또한, 리드 고객의 성공 사례와 데이터를 활용해 마케팅 자료로 활용하면 신규 고객 유치에도 효과적이다.

데이터를 활용한 고객 확장

초기 고객 발굴에 성공한 스타트업이 다음 단계로 넘어가기 위해서는 고객 데이터를 활용한 전략적 접근이 필요하다. 초기 고객은 시장 적합성을 검증하고 비즈니스의 기본 구조를 확인하는 중요한 역할을 한다. 하지만 신규 고객 확보와 더 많은 고객군으로 확장하려면 데이터 기반의 구체적인 전략이 필수다. 데이터는 현재 상황 이해를 넘어, 성장의 방향을 제시하고 새로운 기회를 발굴하는 등대이다.

초기 고객 데이터를 활용하면 이상적인 고객 정의를 더욱 정교하게 다듬을 수 있다. 초기 고객의 행동 데이터를 분석해 어떤 요소가 구매를 유도했는지 파악하고, 이를 기반으로 고객 페르소나를 업데이트해야 한다. 고객이 속한 산업, 규모, 문제점, 구매 의사결정 과정 등을 세밀히 분석하여 타기팅을 더욱 정밀하게 할 수 있다. 이 과정에서 고객 여정 지도(Customer Journey Map)를 참고하면 효과적이다.

고객 여정 지도는 고객이 특정 제품이나 서비스를 이용하는 전체 과정을 시각화한 도구로, 고객이 각 단계에서 경험하는 행동, 감정, 니즈를 이해하는 데 도움을 준다. 이를 통해 고객의 구매 여정을 더욱 명확히 파악하고, 각 접점에서 최적의 마케팅 메시지와 솔루션을 제안할 수 있다. 이를 통해 초기 고객과 유사한 특성을 가진 새로운 고객군을 식별하고, 신규 시장으로 확장하는 데 필요한 인사이트를 얻을 수 있다.

[그림 2-8] 고객 여정 지도

고객 확장 과정에서 데이터를 활용하는 몇 가지 구체적인 방법이 있다.

첫째, 리드 데이터를 세분화하여 고객군을 분류하고, 각 세그먼트에 맞는 맞춤형 전략을 설계해야 한다. 예를 들어, 산업별, 지역별, 고객 니즈별로 리드를 구분하고, 세그먼트별로 최적화된 마케팅 메시지와 솔루션을 제공할 수 있다. 초기 고객군에서 얻은 데이터를 바탕으로 비슷한 특성을 가진 신규 고객군에 집중하면 효과적으로 시장 점유율을 넓힐 수 있다.

둘째, 소셜 리스닝과 경쟁사 분석 등을 통해 새로운 고객군을 발굴해야 한다. 소셜 미디어에서 특정 키워드와 경쟁사에 대한 논의를 분석하면 신규 고객의 관심사와 문제를 파악할 수 있다. 또한, 경쟁사의 고객사와 관련 데이터를 분석해 자사의 솔루션이 더 나은 가치를 제공할 수 있는 고객을 타깃으로 삼을 수 있다. 이를 통해 기존 시장뿐 아니라 새로운 시장에서도 확장 가능성을 높일 수 있다.

셋째, 데이터를 기반으로 예측 분석을 활용해 고객 행동을 예측하고, 필요한 시점에 적절한 솔루션을 제안하는 것이 중요하다. 과거 데이터를 통해 구매 주기와 행동 패턴을 예측하면 마케팅과 영업 활동을 사전에 준비할 수 있다. 이는 신규 고객 확보를 위한 자원의 효율적인 활용을 가능하게 한다.

넷째, 초기 고객의 성공 사례를 활용해 신뢰를 강화하고, 신규 고객군에게 제품이나 서비스의 가치를 전달해야 한다. 초기 고객이 제품을 통해 얻은 성과를 데이터와 함께 구체적으로 제시하면, 신규 고객의 관심을 끌고 구매 의사결정을 유도할 수 있다.

데이터 활용의 핵심은 많은 데이터를 보유하는 것이 아니라, 이를 기반으로 정확하고 실행 가능한 인사이트를 도출하는 데 있다. 초기 고객 데이터를 활용해 이상적 고객 정의를 업데이트하고, 데이터를 기반으로 신규 고객군을 발굴하며, 확장 전략을 지속적으로 최적화해야 한다. 이 과정에서 고객의 니즈를 깊이 이해하고, 문제를 해결하는 솔루션을 제시하며, 신뢰를 쌓는 노력이 필요하다.

스타트업이 데이터를 활용해 시장을 확장할 때, 초기 성공을 발판 삼아 더 큰 도약을 이룰 수 있다. 데이터는 비즈니스의 나침반이자 가속기다.

제3장 마무리

3장에서는 고객 발굴의 중요성을 중심으로, 복잡한 시장 환경 속에서 『월리를 찾아라』처럼 핵심 고객을 어떻게 발굴하고 확보하며 확장할 수 있는지에 대해 다루었다. 초기 고객은 비즈니스 모델을 검증하고 시장 적합성을 확인하는 중요한 파트너로서, 스타트업 성장의 시작점임을 강조했다. 이들과의 상호작용을 통해 제품을 개선하고, 신뢰를 구축하며 신규 고객과 투자자에게 긍정적인 인상을 줄 수 있는 전략적 가치를 제시했다.

또한, 신규 고객 유치와 확장을 위해 데이터 기반 마케팅, 디지털 채널 활용, 리드 고객 관리 등 효과적인 방법론을 살펴보며, 폭넓은 고객층 확보 전략을 제시했다.

스타트업 창업자가 기억해야 할 핵심 메시지는 다음과 같다:
· 초기 고객은 비즈니스 검증과 시장 적합성 확인의 중요한 역할을 하며, 피드백은 개선의 출발점이 된다.
· 다양한 네트워크와 디지털 채널 등 고객 접점을 최대한 활용해야 한다.
· 초기 고객과 쌓은 신뢰를 성공 사례로 전환해 신규 고객을 유치한다.
· 고객 데이터와 시장 분석을 통해 전략을 최적화하며 성장을 도모한다.

고객 발굴은 신뢰를 구축하고 시장과 대화하는 과정이다. 이를 통해 스타트업은 점진적으로 성장하며 경쟁력 있는 기업으로 나아갈 수 있다.

다음 '제4장: 관계를 넘어 신뢰로 – 고객 설득과 관계 관리'에서는 고객과의 신뢰를 바탕으로 장기적인 파트너십을 형성하는 전략을 탐구할 것이다. 이제, 고객 신뢰를 기반으로 더 강력한 비즈니스를 설계할 준비를 해보자.

04 관계를 넘어 신뢰로
: 고객 설득과 관계 관리

    영화 〈파운더(The Founder)〉는 맥도날드 형제와 레이 크록의 협업 과정을 통해 신뢰와 설득이 비즈니스 성공에 얼마나 중요한 역할을 하는지 잘 보여준다. 1954년, 밀크셰이크 기계 판매원인 레이 크록은 맥도날드 형제가 운영하는 캘리포니아의 작은 햄버거 가게를 발견한다. 그는 그들의 독창적인 패스트푸드 시스템-효율적이고 간소화된 프로세스를 기반으로 한 운영 방식-에서 엄청난 잠재력을 보았다.

    레이는 맥도날드 형제를 설득하기 위해 전략을 세운다. 패스트푸드 시스템은 미국 전역에서 가족들이 쉽게 접근할 수 있는 외식 문화를 혁신할 수 있다는 비전을 제시했다. 그는 형제들에게 접근하기 전에 시장 조사를 통해 패스트푸드 산업의 성장 가능성과 소비자 니즈를 분석했고, 이를 바탕으로 프랜차이즈 사업 모델의 구체적인 계획을 준비했다. 또한, 형제들이 운영에 대한 통제권을 잃는 것을 우려하고 있다는 점을 간파해, 그들의 철학과 운영 원칙을 존중하겠다는 약속을 강조하며 신뢰를 구축했다.

이 이야기의 핵심은 레이 크록이 맥도날드 형제와 신뢰를 구축하며 협력했다는 점이다. 상대의 니즈를 이해하고, 그들의 성공을 자신의 성공으로 여기며 가치를 제공했다. 이를 통해 맥도날드라는 브랜드의 일관성을 유지함으로써 관계를 장기적으로 관리했다. 신뢰는 일관된 행동과 작은 약속을 지키며 쌓아온 결과다. 이런 신뢰와 비전이 맥도날드를 120여 개국, 약 4만2천 개 매장을 가진 세계적인 브랜드로 성장시켰다.

이 장에서는 고객과의 신뢰 구축 방법, 설득 기술, 그리고 장기적인 관계를 관리하는 방안을 다룬다. 설득력 있는 커뮤니케이션과 사후 관리, 그리고 고객 중심의 사고방식이 어떻게 비즈니스의 성과를 극대화할 수 있는지 살펴보자.

4.1 고객의 신뢰를 얻는 설득 전략

앞서 우리는 고객 설득의 중요성을 다루며, 창업의 시작은 고객을 설득하는 여정임을 강조했다. 또한, 우리의 고객이 누구인지 명확히 정의하고, 고객 발굴의 기술을 통해 효과적으로 접근하는 방법을 살펴보았다. 이제 우리는 고객을 찾는 것을 넘어, 그들과의 신뢰를 기반으로 한 관계를 형성하는 단계로 나아가야 한다. 신뢰는 고객 설득의 핵심이며, 이는 고객의 문제를 깊이 이해하고 맞춤형 솔루션을 제시하는 지속적인 노력에서 시작된다.

고객의 신뢰는 비즈니스의 지속 가능성을 만든다. 고객은 제품이나 서비스의 가치를 이해하고 구매 결정을 내리기까지 시간이 걸린다. 이 과정에서 기업은 판매자가 아닌 문제 해결의 파트너이자 새로운 가치 제공자라는 확신을 심어 주어야 한다. 신뢰를 얻는 설득은 고객의 고민과 목표를 이해하고, 맞춤형 솔루션과 실질적인 가치 제안을 더하는 것이다. 고객 신뢰는 반복적이고 일관된 노력으로 쌓이는 기업의 자산임을 기억해야 한다.

고객 관점에서의 니즈와 솔루션

고객 신뢰의 첫걸음은 고객 니즈를 깊이 이해하고, 그에 맞는 솔루션을 제시하는 것이다. 고객은 자신이 직면한 어려움을 명확히 해결할 수 있는 기업에 신뢰를 느낀다. 고객 관점을 충분히 이해하지 못한 기업은 잘못된 가정을 기반으로 제품이나 서비스를 제공하다가 실패를 경험한다.

블랙베리는 캐나다에 본사를 둔 Research In Motion(RIM)이라는 회사 제품으로, 2000년대 중반 세계 스마트폰 시장의 약 20%를 점유하며 연간 5천만 대 이상을 판매하던 선두 기업이었다. 하지만 2007년 애플이 아이폰을 출시하면서 시장에 큰 변화가 생겼다. 아이폰이 터치스크린, 앱스토어, 사용자 친화적인 인터페이스를 통해 고객 니즈를 새롭게 정의한 것이다. 반면, 블랙베리는 기존처럼 이메일과 보안 기능을 강화한 비즈니스 중심의 기기를 선호할 것이라는 고정관념에 사로잡혀, 고객의 새로운 니즈를 간과했다. 고객 만족에 실패한 블랙베리는 점유율을 급격히 잃으며 스마트폰 시장에서 사라졌고, 소프트웨어와 보안 서비스 중심으로 사업 방향을 전환했다.

이와 같은 실패를 방지하려면 기업은 고객 니즈를 정확히 파악하고 이를 기반으로 솔루션을 개발하는 접근이 요구된다.

첫째, 고객을 이해하는 방법과 체계를 구축해야 한다. 고객 인터뷰와 피드백 수집은 고객 니즈와 불편함을 파악하는 필수 과정이다. 고객이 실제로 원하는 것을 명확히 파악해야 한다.

전통적으로 기업들은 설문 조사, 심층 인터뷰, 포커스 그룹 인터뷰(FGI)와 같은 방법을 많이 활용했다. 최근에는 소셜 리스닝(Social Listening)을 통해 온라인 리뷰, 소셜 미디어 대화, 커뮤니티 포스트에서 자연스럽게 드러나는 고객 의견을 분석하는 방법이 주목받고 있다. 또한, 고객 관찰(Customer Observation) 기법을 통해 실제 사용 환경에서 고객 행동을 살펴보며, 언어로 표현되지 않은 숨겨진 니즈를 발견하는 노력도 이루어지고 있다.

기업은 이처럼 다양한 방법과 도구를 체계적으로 마련해 고객의 목소리를 효과적으로 수집하고 분석해야 한다. 이는 기업이 시장 경쟁력을 유지하며 지속 가능한 성장을 이루는 핵심 비결이다.

둘째, 데이터 기반 분석 체계를 갖추어야 한다. 이는 고객 행동 패턴과 니즈를 이해하는 데 필수다. 다양한 데이터를 수집하고 활용해야 한다. 고객의 구매기록, 서비스 사용 데이터, 웹사이트 방문 로그, 소셜 미디어 반응 등 다양한 데이터 소스를 활용해 고객의 행동을 입체적으로 분석할 수 있다. 수집된 데이터는 클렌징과 정규화를 통해 신뢰성을 확보하고, 고객을 세분화하여 그룹별 행동패턴과 니즈 파악에 활용할 수 있다.

또한, 단순히 데이터를 해석하는 데 그치지 않고, 예측 분석과 머신러닝 기술을 도입해 고객의 미래 행동을 예측하거나 맞춤형 추천을 제공할 수도 있다. 데이터를 시각적으로 표현한 대시보드와 차트를 활용하면 패턴을 쉽게 파악할 수 있으며, 분석 결과를 조직 전체와 공유하여 데이터 기반 의사결정 문화를 구축하는 것도 필요하다. 이러한 체계적인 데이터 분석은 고객 니즈를 충족하고 시장에서 경쟁 우위를 확보하는 수단이다.

셋째, 내부 교육을 체계적으로 실시해야 한다. 기업이 성장하면서 조직이 커질수록 고객 이해에 소홀해지기 쉽다. 특히 고객과 직접 소통하는 직원들은 기업과 고객 간의 중요한 연결고리로, 이들의 역할은 고객 신뢰 형성과 문제 해결의 핵심이 된다. 따라서 고객 관점에서 문제를 분석하고 효과적으로 응대할 수 있는 방법을 직원들에게 교육해야 한다.

내부 교육은 고객 중심 사고방식을 조직의 문화와 경영 철학으로 정착시키는 것을 목표로 해야 한다. 이를 통해 직원들은 고객의 니즈를 이해하고 해결책을 제시하는 데 있어 더 주도적이고 효과적으로 대응할 수 있다. 고객 중심의 사고가 조직 전반에 흐르는 환경을 조성하면, 고객 신뢰는 물론 기업의 장기적인 경쟁력과 지속 가능성도 강화될 것이다.

근래는 '고객 여정 지도(Customer Journey Map)' 활용이 늘고 있다. 고객 경험을 개선하기 위한 것이다. 고객 여정 지도는 고객이 제품이나 서비스를 접하는 모든 단계를 시각적으로 표현해, 각 단계에서 고객이 느끼는 감정, 기대, 그리고 직면하는 문제를 파악할 수 있게 한다. 기업은 고객 관점에서 경험을 분석하고, 문제를 명확히 정의할 수 있다. 여정 지도 작성 시에는 고객 페르소나를 정의하고, 설문 조사와 인터뷰, 데이터 분석을 통해 각 단계에서의 고객 경험 데이터를 수집해야 한다.

고객 여정 지도는 고객이 특정 단계에서 겪는 불편함과 만족 요인을 식별하고, 이를 바탕으로 고객 경험을 개선할 방안을 도출해야 한다. 특히, 고객의 기대와 실제 경험 간의 격차를 줄임으로써 고객 신뢰를 강화하고 만족도를

고객 니즈와 솔루션 확보 방안
○ 고객을 이해하는 방법과 체계를 구축
○ 데이터 기반 분석 체계 구축
○ 체계적인 내부 교육 실시
○ 고객 여정 지도 활용

높여야 한다. 고객 관계를 강화하고 장기적인 충성도를 이끌어내는 방안이다.

고객 관점에서 문제를 이해하는 것은 고객의 말을 듣는 데 그치지 않는다. 고객의 언어를 기업의 전략에 반영하고, 이를 실질적인 해결책으로 전환하는 지속적인 과정이 필요하다. 이러한 노력이 부족하면 고객 신뢰는 물론, 기업의 지속 가능성이 위태로울 수 있다. 고객은 당신 비즈니스의 시작과 끝이며, 언제나 물처럼 유연하게 함께 흘러가야 한다는 사실을 기억하라.

약속을 지키는 반복적인 행동

신뢰는 한순간에 쌓이지 않는다. 고객과의 관계는 작은 약속을 성실히 지키는 반복적인 행동을 통해 서서히 형성된다. 초기에는 약속한 납기일을 지키거나, 예상한 품질 수준을 충족시키는 기본적인 요소가 중요하다. 이러한 작은 약속을 꾸준히 지키는 과정을 통해 고객은 기업을 믿을 수 있는 파트너로 인식하게 된다. 특히, 문제 상황에서 책임 있는 태도로 대응하거나 추가적인 지원을 제공하면 신뢰는 더욱 강화된다.

도요타(Toyota)는 신뢰 구축의 모범 사례로 꼽힌다. 2009년 대규모 리콜 사태 당시, 도요타는 차량 결함 문제를 즉각 인정하고, 전 세계적으로 800만 대 이상의 차량을 리콜하며 신속한 해결책을 제시했다. 고객의 안전과 품질에 대한 책임을 최우선으로 삼아, 리콜 비용을 감수하며 고객 신뢰를 회복하기 위해 전력을 다했다. 이 같은 책임 있는 태도 덕분에 도요타는 위기를 극복하고 품질 중

심의 브랜드 이미지를 더욱 공고히 할 수 있었다.

반면, 폭스바겐(Volkswagen)은 고객 신뢰를 저버린 사례가 있다. 2015년, 폭스바겐은 디젤 차량의 배기가스 배출량을 조작한 사실이 밝혀지며 브랜드 이미지에 타격을 입었다. 이 사건은 윤리적 책임을 무시하고 고객과의 약속을 위반한 행위로 평가받았다. 사건 이후 폭스바겐은 300억 달러 이상의 벌금과 소송 비용을 지불하며 신뢰 회복을 위해 노력했지만, 주가가 급락하고 소비자 신뢰도 역시 크게 하락했다. 브랜드 평판에 미친 손상은 회복이 어려운 과제로 남아 있다.

이 두 사례는 고객과의 약속은 기업의 지속 가능한 성장과 신뢰의 핵심이라는 점을 보여준다. 약속을 성실히 지키고 책임 있는 태도를 일관되게 보여주는 기업은 고객의 신뢰를 얻어 장기적인 성공을 이루는 반면, 이를 저버린 기업은 회복하기 어려운 결과를 초래하게 된다.

신뢰는 반복적이고 일관된 행동에서 비롯되며, 이는 기업이 시장에서 자리 잡는 데 필수 요소다. 고객은 언제 어디서나 기업, 비즈니스, 브랜드를 주시하고 있다는 사실을 잊어서는 안 된다.

지속적인 가치 창출

신뢰는 고객과의 첫 거래에서 끝나는 것이 아니다. 장기적인 관계를 위해서는 지속적으로 고객에게 가치를 제공하는 노력이 필요하다. 정기적인 서비스 개선, 고객 맞춤형 콘텐츠 제공, 추가적인 혜택은 고객이 기업과의 관계를 유지하고 신뢰를 더욱 공고히 하는 데 중요한 역할을 한다.

고객의 변화하는 니즈에 부응하는 신제품 출시 또한 지속적인 가치를 창출하는 중요한 활동 중 하나다. 애플(Apple)은 신제품을 발표하며 고객에게 새로운 경험을 제공하고 브랜드 충성도를 강화하고 있다. 마찬가지로, 화장품 브랜드 로레알(L'Oréal)은 고객 데이터를 분석해 최신 트렌드와 요구를 반영한 신제품을 지속적으로 선보이며 고객과의 신뢰를 유지하고 있다. 이러한 신제품 출시는 고객이 기업을 지속적으로 관심 있게 바라보도록 유도하며, 시장에서의 리더십을 공고히 하는 데 기여한다.

또한, 기업들은 사회적 가치를 반영한 제품과 서비스를 제공하며 고객의 신뢰를 얻고 있다. 유니레버(Unilever)는 자사의 대표 제품인 '도브(Dove)'를 통해 여성의 진정한 아름다움을 강조하는 캠페인을 진행하며, 제품 판매를 넘어 사회적 메시지를 전달하였다.

오늘날 기업들은 지속 가능한 가치를 제공하기 위해 환경, 사회, 지배구조 (ESG) 경영을 적극적으로 도입하고 있다. 패션 브랜드 파타고니아(Patagonia)는 친환경 원료를 사용하고 재활용 프로그램을 운영하며, 환경 보호 캠페인을 통해 고객과의 신뢰를 구축해 왔다. 파타고니아의 이러한 노력은 환경과 사회에 긍정적인 영향을 미치겠다는 약속을 지켰다. 고객들은 파타고니아를 환경 보호와 윤리적 소비의 상징으로 신뢰하게 되었다.

지속적인 가치는 고객과 함께 더 나은 세상을 만들어 가는 과정에서 신뢰를 얻는 전략이다. 고객은 맞춤형 경험, 혁신적인 신제품, 그리고 사회적 책임을 포함한 통합적인 가치를 기대하고 있다. 이는 고객과의 관계를 강화하고, 브랜드 충성도를 높이며, 시장에서의 경쟁력을 지속적으로 확보하는 데 중요한 역할을 한다.

또한, 지속적인 가치는 고객과 기업이 상호 성장할 수 있는 연결고리로 작용한다. 기업이 제공하는 가치가 경제적 이익을 넘어 사회적, 환경적 가치를 포함할 때, 고객은 소비자가 아닌 기업의 비전에 동참하는 주체로 변화하게 된다. 이는 기업이 단기적인 성과에 머무르지 않고, 고객과 함께 지속 가능한 미래를 만들어가는 여정을 가능하게 한다. 궁극적으로, 지속적인 가치를 창출하는 기업만이 신뢰를 기반으로 성장하고, 진정한 지속 가능성을 달성할 수 있다.

신뢰는 고객이 기업을 선택하고, 다시 찾고, 지속적으로 관계를 유지하는 이유가 된다. 고객은 제품이나 서비스 그 자체뿐만 아니라, 그 뒤에 있는 기업의 철학과 태도를 통해 신뢰를 느낀다. 진정성 있는 접근과 지속적인 노력만이 고객의 마음을 얻고, 이를 유지하는 열쇠가 된다. 신뢰는 기업이 쌓아 올리는 가장 중요한 자산이며, 이를 통해 기업은 단기적인 이익을 넘어 고객과 함께 성장하는 미래를 설계할 수 있다.

4.2 효과적인 커뮤니케이션

『혼창통』은 이지훈 작가가 2010년에 출간한 경영서로, 대한민국 비즈니스계에 큰 반향을 일으켰다. 당시 삼성경제연구소의 'CEO가 휴가철에 읽어야 할 책'으로 선정되었으며, 네티즌이 뽑은 '올해의 도서'로도 꼽혔다. 포스코의 정준양 회장은 이 책을 "깊이 있는 통찰력으로 가득 찬 경영서이자 자기계발서"라고 추천하며, 높은 평가를 내렸다.

『혼창통』은 '혼(魂)', '창(創)', '통(通)'이라는 세 가지 키워드를 중심으로 성공의 비결을 제시하며, 많은 기업과 리더들에게 영감을 주었다. 특히, 세 번째 키워드인 '통(通)'은 커뮤니케이션의 본질을 강조한다. 이지훈 작가는 "상대를 이해하고 인정하며, 마음을 열고 서로의 차이를 존중해야 한다"고 제안하며, 신뢰와 공감을 바탕으로 이루어지는 커뮤니케이션이 성공의 핵심임을 강조한다.

비즈니스에서도 설득력 있는 커뮤니케이션은 정보 전달을 넘어, 고객과의 신뢰를 구축하고 문제를 해결하는 과정이다. 고객은 자신의 상황과 니즈를 충분히 이해하고 공감해주는 이를 원하며, 이는 효과적인 소통 기술을 통해 가능하다. 이를 위해 비언어적 신호, 명확한 메시지 전달, 질문 기술, 그리고 스토리텔링 같은 구체적인 기법이 필요하다.

이 장에서는 '통(通)'의 개념을 비즈니스 커뮤니케이션에 적용하며, 고객과의 소통에서 설득력을 강화하는 방법, 고객 니즈를 파악하는 질문 기술, 스토리텔링을 활용한 프레젠테이션을 살펴본다.

신뢰를 구축하는 커뮤니케이션의 핵심 요소

신뢰는 고객과의 커뮤니케이션에서 중요한 기반으로, 비즈니스 주요 이해관계자 및 고객과의 장기적인 관계를 형성하고 유지하는 역할을 한다. 신뢰를 구축하기 위해 다음과 같은 요소를 고려해야 한다.

첫째, **신뢰와 공감.** 고객은 자신이 처한 상황과 니즈를 이해하고 공감해주는 파트너를 원한다. 공감을 형성하려면 고객의 말을 경청하고, 그들의 감정을 진지하게 받아들이는 태도가 필요하다. 고객은 자신이 존중받고 있다는 느낌을 받을 때, 기업과의 관계를 신뢰로 이어가게 된다. 예를 들어, 문제 상황에서 책임을 인정하고, 고객의 불만에 적극적으로 대응하는 자세는 신뢰를 강화하는 방법이다.

둘째, **명확성과 간결함.** 신뢰는 명확한 메시지에서 시작된다. 고객은 자주 복잡한 설명이나 불필요한 정보로 인해 혼란을 느낀다. 중요한 정보는 간결하고 직관적으로 전달해야 한다. 이해가 쉬운 언어를 사용하되, 핵심 메시지가 왜 중요한지를 강조함으로써 그들의 이해를 돕는다. 예를 들어, 애플(Apple)은 제품 설명에서 단순하고 직관적인 언어를 사용해 고객과의 소통을 명확히 하고 있다.

셋째, **비언어적 신호의 중요성.** 고객과의 소통은 말뿐만 아니라 비언어적 신호를 통해서도 이루어진다. 표정, 제스처, 목소리 톤, 심지어 눈맞춤은 신뢰 형성에 중요한 역할을 한다. 긍정적인 비언어적 신호는 고객에게 자신감을 심어주며, 진정성을 전달하는 데 효과적이다. 예를 들어, 고객과의 대화에서 미소를 짓거나 적절히 고개를 끄덕이는 행동은 경청하고 있다는 인상을 주어 신뢰를 높인다.

앨버트 메라비언(Albert Mehrabian)의 7-38-55 법칙에 따르면, 커뮤니케이션에서 언어적 요소는 7%, 음성적 요소는 38%, 비언어적 요소는 55%의 비중을 차지한다. 이는 비언어적 신호가 메시지 해석에 결정적인 영향을 미친다는 점을 보여준다. 특히, 상대방과의 소통에서 언어적 메시지와 비언어적 신호가 일치할 때 신뢰가 더욱 강화된다.

따라서 고객이나 투자자를 만날 때는 단순히 말로 설득하려 하기보다 따뜻한 표정과 자신감 있는 제스처를 통해 진정성을 전달하는 것이 중요하다. 또한, 프레젠테이션이나 피칭을 진행할 때는 설득력 있는 목소리 톤과 명확한 제스처를 활용해 청중의 관심을 끌고 공감을 이끌어내야 한다. 갈등 상황에서는 비언어적 신호를 적절히 사용해 긴장을 완화하고, 상대방에게 공감과 신뢰를 전달하는 태도를 유지해야 한다.

넷째, **일관성과 진정성.** 일관성은 신뢰를 유지하는 핵심이다. 기업이 말과 행동에서 지속적으로 일관성을 보여줄 때, 고객은 그 기업이 믿을 만하다고 느낀다. 또한, 진정성을 담은 소통은 고객이 기업을 더 인간적으로 느끼게 하며, 장기적인 관계로 이어질 가능성을 높인다.

[그림 2-9] 메라비언의 커뮤니케이션 법칙

말의 내용
(메시지)
7%

청각적 요소
(발음, 억양, 톤)
38%

시각적 요소
(용모, 표정, 제스처)
55%

고객과 효과적으로 커뮤니케이션하기 위해 마케팅 커뮤니케이션 이론을 활용하면 보다 실질적이고 체계적인 접근이 가능하다.

#1. AIDA 모델

AIDA 모델은 Attention(주의), Interest(흥미), Desire(욕구), Action(행동)의 단계를 통한 소비자의 의사결정 과정을 설명한다. 이를 커뮤니케이션에 적용하면 고객과 신뢰를 구축하는 체계적인 방안을 수립할 수 있다.

주의(Attention) 단계에서는 고객의 관심을 끌기 위해 명확하고 간결한 메시지를 전달하는 것이 중요하다. 예를 들어, 광고나 이메일 제목에서 고객의 주요 문제를 해결하는 핵심 메시지를 강조하면 효과적이다. 흥미(Interest) 단계에서는 고객의 상황에 대한 공감과 관련된 정보를 제공해 관심을 유지한다. 고객 성공사례나 데이터를 활용해 문제 해결 가능성을 보여주는 것이 유용하다. 욕구(Desire) 단계에서는 고객이 제품이나 서비스를 통해 얻을 수 있는 혜택을 시각적으로 전달하며 감정적 참여를 유도한다. 예를 들어, 고객의 시간 절약 사례를 스토리로 풀어내는 방식이 있다. 마지막으로 행동(Action) 단계에서는 명확하고 신뢰할 수 있는 행동 촉구(Call to Action)를 제공해야 한다. 한정된 시간 동안 제공되는 혜택은 고객의 행동을 효과적으로 유도한다.

이처럼 AIDA 모델은 고객의 관심을 끌고 흥미를 유지하며, 최종적인 행동으로 이어지는 과정을 통해 신뢰를 기반으로 한 효과적인 커뮤니케이션 전략을 제공한다.

#2. 라스웰 커뮤니케이션 모델

라스웰의 모델은 커뮤니케이션 과정을 "누가, 무엇을, 누구에게, 어떤 방식으로, 어떤 효과를 가져왔는가"라는 다섯 가지 질문으로 체계화한다.

누가 메시지를 전달하느냐는 매우 중요하다. 기업이나 브랜드의 전문성과 신뢰성은 커뮤니케이션의 기본적인 출발점이다. 무엇을 전달하느냐는 메시지의 내용이 고객의 문제를 해결하고 니즈를 충족시키는 데 초점을 맞춰야 한다는 점을 강조한다. 누구에게 메시지를 전달하느냐는 타깃 고객에 대한 깊은 이해가 필요하다. 이는 개인화된 소통 전략을 통해 강화할 수 있다. 어떤 방식으로는 메시지 전달 채널과 커뮤니케이션 톤을 설정하는 과정으로, 젊은 고객층에는 소셜 미디어, 전문 고객층에는 이메일과 웹세미나가 효과적일 수 있다. 마지막으로 어떤 효과를 가져왔는가는 결과를 분석하고 피드백을 반영해 커뮤니케이션을 지속적으로 개선하는 데 중점을 둔다.

이처럼 커뮤니케이션의 각 단계를 분석하고 개선하는 과정은 고객과의 신뢰를 기반으로 한 효과적인 소통 전략을 설계하는 데 유용하다.

#3. 3C 프레임워크

3C 프레임워크는 Credibility(신뢰성), Consistency(일관성), Caring(배려) 세 가지 요소를 통해 고객과의 신뢰를 강화하는 접근법이다.

Credibility(신뢰성)은 기업이나 브랜드의 전문성을 보여주는 것으로, 고객 리뷰, 성공 사례, 수상 경력 등을 통해 신뢰를 강화할 수 있다. Consistency(일관성)은 모든 접점에서 일관된 메시지와 경험을 제공하는 것이다. 웹사이트, 소셜 미디어, 고객 지원 등의 채널에서 동일한 정보와 톤을 유지해야 한다. Caring(배려)은 고객의 니즈를 공감하고 이를 해결하려는 태도를 통해 드러난다. 고객 지원 과정에서 신속하고 친절한 응대는 배려의 대표적인 예다.

신뢰성, 일관성, 배려라는 세 가지 요소를 통해 고객과의 신뢰를 공고히 하며, 이를 바탕으로 장기적이고 지속 가능한 관계를 구축할 수 있는 강력한 토대를 제공할 수 있다.

신뢰는 일관된 태도와 진정성을 바탕으로 형성된다. 이를 위해 AIDA 모델은 고객의 관심을 끌고 흥미를 유지하며, 욕구를 자극해 행동으로 이끄는 과정으로 신뢰를 형성한다. 라스웰의 모델은 커뮤니케이션의 주체, 메시지, 타깃, 방식, 그리고 효과를 세분화해 신뢰를 강화할 수 있는 구체적인 실행 방안을 제공한다. 3C 프레임워크는 신뢰성, 일관성, 배려라는 세 가지 핵심 요소를 통해 고객과의 관계를 공고히 하며, 장기적 파트너십을 가능하게 한다. 세 가지 접근법은 상호 보완적으로 작용하며, 고객과의 관계를 거래에서 신뢰와 공감을 기반으로 한 협력 관계로 발전시켜, 궁극적으로 비즈니스가 지속 가능한 성공을 이루는 데 기여한다.

질문 기술과 스토리텔링을 활용한 설득

스타트업 창업자는 투자 유치, 고객 확보, 파트너십 구축 등 설득 상황에 자주 노출된다. 효과적인 설득은 상대방의 니즈를 파악하고, 공감을 이끌어내며, 이를 뒷받침하는 강력한 스토리를 전달하는 데서 시작된다. 질문 기술과 스토리텔링은 설득력을 향상하는 데 활용할 수 있다.

먼저, 질문의 기술을 살펴보자. 질문은 니즈를 깊이 이해하고 공감을 형성하는 과정이다. 고객과 상대방의 니즈를 파악하는 열쇠다. 상황에 따라 열린 질문과 닫힌 질문을 활용할 수 있다. "이 문제를 해결하면서 가장 큰 고민은 무엇인가요?"같은 열린 질문은 상대방의 니즈와 관점을 자세히 파악하는 데 유용하다. 반면, "이 솔루션이 효과적이라고 생각하시나요?"와 같은 닫힌 질문은 특정 사실을 확인하거나 결정을 유도하는 데 적합하다. 고객이나 투자자의 진짜 고민을 발견하려면 "왜"와 "어떻게"로 시작하는 문제 탐구형 질문이 효과적이다. 예를 들어, "왜 이 문제가 중요한가요?"는 상대방의 우선순위를 이해하게 하고, "어떻게 해결하려고 계획 중인가요?"는 기존 접근법의 한계를 드러낼 수 있다. 또, 상대방의 답변을 요약하거나 재확인하고, 반복적으로 확인 질문을 던짐으로써 오해를 방지하고 신뢰를 강화할 수 있다. "말씀하신 것을 정리하자면, 주요 도전 과제는 비용 절감과 효율성 개선이군요. 맞나요?"처럼.

다음은 스토리텔링에 대해 알아보자. 스토리텔링은 상대방의 감정을 자극하고 행동을 유도하는 방법이다. 감정과 공감을 이끌어내는 설득의 기술이다.

문제-해결-결과의 구조화된 스토리를 활용할 수 있다. 설득력 있는 스토리는 문제 상황을 제시하고, 이를 해결하는 과정을 보여주며, 긍정적인 결과로 마무리해야 한다. 예를 들어, "우리 팀은 고객 데이터 분석에 어려움을 겪던 스타트업과 협력했습니다. 이를 해결하기 위해 맞춤형 AI 솔루션을 제공했고, 그 결과 생산성이 30% 향상되었습니다."와 같은 스토리를 구성해 제안할 수 있다.

개인화된 사례 활용도 한 방법이다. 일반적인 데이터보다 구체적인 사례는 상대의 공감을 이끌어내기 쉽다. 특정 고객이나 사용자 경험을 중심으로 성공 사례를 전달하면 신뢰를 얻을 수 있다.

질문 기술과 스토리텔링은 별개가 아니라, 상호보완적으로 작용한다. 올바른 질문으로 상대방의 니즈를 파악한 뒤, 이를 반영한 스토리텔링을 통해 설득력을 강화할 수 있다. 예를 들어, 투자자와의 대화에서 "귀하가 우려하시는 리스크는 무엇인가요?"라는 질문을 통해 니즈를 파악한 뒤, 이를 해결한 실제 사례를 스토리로 전달하면 신뢰와 공감을 동시에 얻을 수 있다.

스타트업 창업자는 매일 다양한 이해관계자를 설득해야 하는 도전에 직면한다. 효과적인 질문 기술은 상대방의 니즈와 문제를 깊이 이해하는 데 도움을 주고, 스토리텔링은 이를 바탕으로 감정을 자극하며 공감을 이끌어낸다. 이 두 가지 도구를 전략적으로 활용하면, 투자자, 고객, 파트너와의 관계에서 설득력을 극대화하고 성공 가능성을 높일 수 있다.

이제 창업자로서 당신은 자신의 전문 분야만 잘하면 되는 역할을 넘어섰다. 다양한 이해관계자들과 소통하고, 그들을 설득하며, 함께 목표를 이루어 가는 리더로서의 책임이 주어진 것이다. 과거에는 이런 상황이 익숙하지 않았더라도, 변화의 순간을 받아들이고 한 걸음 더 성장해야 한다. 마치 알을 깨고 나오는 새처럼, 새로운 역할을 기꺼이 받아들이고 앞으로 나아갈 준비를 해야 할 때다.

디지털 시대의 커뮤니케이션 전략

디지털 기술의 발전은 커뮤니케이션의 패러다임을 변화시켰다. 이제 기업은 고객, 투자자, 파트너 등 이해관계자들과의 관계를 효과적으로 관리하기 위해 디지털 도구와 플랫폼을 전략적으로 활용해야 한다. 특히 디지털 시대에서는 데이터 기반 분석, 소셜 미디어 활용, 개인화된 접근, 실시간 소통이 핵심 요소로 작용한다.

첫째, 데이터 기반 커뮤니케이션이 중요하다. 빅데이터와 인공지능(AI) 기술은 고객의 행동 패턴, 선호도, 니즈를 실시간으로 분석하고 예측할 수 있는 도구이다. 아마존은 고객의 구매, 클릭 및 장바구니 데이터를 분석해 개인화된 추천과 수요예측에 활용하여 고객 만족도를 높여 충성도를 강화하였다. 이러한 데이터 기반 접근은 고객의 기대를 정확히 충족시키는 맞춤형 커뮤니케이션을 가능하게 한다.

둘째, 소셜 미디어를 활용한 상호작용이 요구된다. 디지털 시대의 고객은 일방적인 메시지 전달보다 양방향 소통을 중시한다. 나이키는 인스타그램과 트위터를 통해 고객과 활발히 소통하며, 사용자 생성 콘텐츠(UGC, User-generated contents)를 활용해 고객 참여를 이끌어냈다. 브랜드 정보 제공뿐 아니라, 고객과의 감정적 연결을 형성하며 브랜드 충성도를 강화했다.

셋째, 개인화된 메시지 전달은 고객과의 관계를 공고히 하는 전략이다. CRM (Customer Relationship Management) 시스템과 마케팅 자동화 도구를 통해 고객별 맞춤형 메시지를 제공함으로써 고객이 자신의 니즈가 충분히 반영되었다고 느끼게 할 수 있다.

넷째, 실시간 커뮤니케이션은 디지털 시대 고객의 기대를 충족시킨다. 고객은 문제 발생 시 즉각적인 응답과 해결을 원하며, 옴니채널 커뮤니케이션이 활용된다. 옴니채널 커뮤니케이션은 온라인, 오프라인, 모바일 앱, 소셜 미디어 등 다양한 채널에서 일관된 경험을 제공하기 위해 모든 접점을 통합하는 전략이다. 스타벅스는 모바일 앱과 매장 시스템을 연결해 실시간 주문, 결제, 고객 지원 서비스를 제공하며, 고객이 어디서나 동일한 메시지와 서비스를 경험할 수 있도록 지원한다. 이러한 접근은 고객 여정을 매끄럽게 연결하고, 고객 경험을 극대화한다.

그러나 디지털 시대의 커뮤니케이션에서는 주의해야 할 점도 있다. 우선, 고객 데이터 활용 과정에서 프라이버시와 데이터 윤리를 철저히 준수해야 한다. 데이터 유출 사례는 기업 신뢰에 심각한 영향을 미칠 수 있다. 또한, 다양한 디지털 채널에서 메시지와 브랜드 이미지의 일관성을 유지해야 한다. 마지막으로, 디지털 환경에서도 진정성을 잃지 않는 소통이 중요하다.

효과적인 커뮤니케이션은 고객과의 신뢰를 구축하고, 비즈니스를 성장시키는 수단이다. 이 장에서는 신뢰를 구축하는 커뮤니케이션의 핵심 요소, 질문 기술과 스토리텔링을 활용한 설득, 그리고 디지털 시대의 커뮤니케이션 전략을 통해 창업자가 고려해야 할 여러 접근법을 제시했다.

신뢰를 구축하기 위해서는 경청과 공감을 바탕으로 명확하고 간결한 메시지를 전달하며, 비언어적 신호와 일관된 태도로 진정성을 드러내야 한다. 질문 기술은 상대방의 니즈를 파악하고, 스토리텔링은 그 니즈에 공감과 설득력을 더하는 효과적인 도구로 작용한다. 나아가, 데이터 기반 접근, 소셜 미디어 활용, 개인화된 메시지, 실시간 커뮤니케이션 등을 통해 고객과의 관계를 강화하는 전략이 필요하다.

창업자는 이를 유기적으로 활용하여 고객, 투자자, 파트너와의 관계를 공고히 하고, 지속 가능한 성공을 위한 기반을 마련해야 한다. 효과적인 커뮤니케이션은 비즈니스의 설득력을 높이는 도구이다.

제4장 마무리

영화 〈파운더〉에서 맥도날드의 창립자인 레이 크록은 고객 신뢰를 기반으로 한 비즈니스 확장 전략을 보여준다. 그는 고객 관점에서 접근해 지속적인 품질 유지와 빠른 서비스를 약속하며, 맥도날드를 세계적인 브랜드로 성장시켰다. 이러한 신뢰 구축의 과정은 스타트업 창업자들에게 교훈을 남긴다.

4장에서는 고객 신뢰가 비즈니스 성장을 좌우하는 요소임을 다루었다. 고객의 니즈를 깊이 이해하고, 약속을 지키며, 지속적으로 가치를 제공하는 것이 신뢰를 쌓는 방법임을 강조했다. 또한, 설득력 있는 커뮤니케이션이 정보 전달을 넘어, 고객의 공감과 믿음을 이끌어내는 역할을 한다는 점을 살펴보았다.

스타트업 창업자가 꼭 염두에 두어야 할 핵심 메시지는 다음과 같다:
- **고객 중심 사고**: 고객의 문제를 철저히 이해하고 공감하는 태도는 신뢰의 시작점이다.
- **작은 약속의 반복 이행**: 작은 약속을 꾸준히 지키는 행동이 신뢰를 구축하는 강력한 방법이다.
- **지속적인 가치 제공**: 고객과의 관계는 한 번의 거래로 끝나지 않는다. 끊임없는 혁신과 가치를 통해 장기적인 파트너십을 형성해야 한다.
- **설득력 있는 커뮤니케이션**: 명확한 메시지와 스토리텔링, 비언어적 신호를 활용해 고객의 공감과 신뢰를 이끌어내야 한다.
- **디지털 전략 활용**: 데이터 기반 분석과 개인화된 소통, 소셜 미디어 활용으로 신뢰를 공고히 하고, 고객과 실시간으로 소통하라.

신뢰는 고객이 '왜 이 기업과 계속 협력해야 하는가'라는 질문에 대한 답이다. 창업자는 이 장에서 소개된 전략을 바탕으로 고객에게 '함께 성장할 가치 있는 파트너'라는 인식을 심어주어야 한다. 이는 매출 확대를 넘어, 지속 가능한 비즈니스의 비결이 된다.

제2부 마무리

'제2부: 고객 – 사업의 시작과 끝'에서는 스타트업 창업자가 고객과의 관계를 시작하고 발전시키며, 이를 통해 지속 가능한 성장을 이루는 과정을 다루었다. 고객은 사업의 생존과 성장을 결정짓는 핵심 파트너다. 그들의 니즈를 이해하고 해결하는 과정 자체가 비즈니스의 본질임을 강조했다.

창업 초기, 고객 설득은 아이디어를 현실로 만드는 첫 관문이다. 적합한 고객을 발굴하고, 올바르게 정의하며, 이들과의 관계를 신뢰로 전환하는 과정은 스타트업의 성장과 성공에 필수적이다. 고객 중심 사고는 지속 가능한 비즈니스를 위한 기본 철학이다.

제2부의 핵심 메시지는 다음과 같다:
- **고객 정의와 타깃 설정**: 명확한 고객 정의와 올바른 타깃 설정이 스타트업 성공의 첫걸음이다.
- **고객 발굴 기술**: 적합한 고객을 찾아 그들의 문제를 깊이 이해하는 것이 중요하다.
- **신뢰와 관계 관리**: 고객과의 관계는 신뢰를 바탕으로 지속 가능성을 확보해야 한다.
- **고객 중심 사고**: 비즈니스 활동은 고객의 니즈와 가치를 중심으로 이뤄져야 한다.
- **소통과 피드백**: 고객과의 지속적 소통과 피드백은 제품과 서비스 개선의 핵심이다.

고객은 사업의 시작이자 끝이며, 스타트업의 성공은 고객과의 동행 속에서 완성된다. 그러나 고객 중심 사고만으로는 장기적인 경쟁력 확보에 충분하지 않다. 이를 구체적이고 실행 가능한 전략으로 전환해야 한다.

'제3부: 전략 – 생존과 성장을 이끄는 설계안'에서는 비즈니스 모델 설계, 시장 접근 전략, 운영 체계 구축 등 스타트업의 지속 성장을 위한 실행 방안을 탐구한다. 데이터 기반 의사결정, 시장 변화에 대한 유연한 대응, 협업과 혁신을 통해 장기적인 경쟁력을 확보하는 방법을 제시할 것이다.

이제 고객 중심의 철학을 전략적으로 확장하여, 성장과 성공의 로드맵을 함께 설계하고 실행해보자. 고객과 함께 그린 꿈을 현실로 만드는 여정이 시작된다.

제3부
전 략: 생존과 성장을 이끄는 설계안

전략(戰略)이란 단어는 본래 전쟁에서 유래되었다. 한자로 "전략(戰略)"은 전(戰, 전쟁)과 략(略, 책략 또는 계획)의 결합으로, 전쟁에서 적의 움직임을 예측하고 자원을 효율적으로 배분하며 최적의 행동 계획을 설계하는 과정을 뜻한다. 이는 전쟁에서 승리하기 위한 방법과 책략이며, 20세기 이후 군사적 맥락을 넘어 경영, 경제, 정치 등 다양한 분야로 확장되었다. 경영에서는 경쟁 환경 속에서 목표를 달성하기 위한 체계적이고 실행 가능한 계획을 의미하는 용어로 자리 잡았다.

박재희 교수의 『손자병법으로 경영하라』는 전략의 본질을 현대 경영 환경에 적용한 도서이다. 그는 손자병법이 전쟁 기술을 넘어, 인간과 조직, 그리고 자원을 통합적으로 관리하고 목표를 달성하는 지혜를 담고 있다고 강조한다. 유비와 제갈공명은 리더와 전략가가 협력하여 비전을 구체적이고 실행 가능한 계획으로 전환하는 과정을 보여준다. 유비는 리더십과 조직 운영의 역량을 가졌다면, 제갈공명은 전장의 흐름과 변수를 고려해 전략을 설계하고 실행하며 성공으로 이끄는 역할을 수행했다.

손자병법의 가르침은 현대 경영에도 유효하다. 치열한 경쟁 환경 속에서 리더는 전장을 이해하고, 조직의 자원을 최적화하며, 상황에 맞는 유연한 전략을 설계해야 한다. 복잡하고 빠르게 변하는 환경에서 조직의 생존과 성장을 이끌 수 있는지 실질적인 통찰을 가져야 한다.

이제, 당신의 비즈니스 생존과 성공을 설계해 보자. 전략을 통해 시장의 복잡성을 단순화하고, 경쟁에서 앞설 준비를 하자. 성공의 설계도를 펼칠 시간이다.

01. 비즈니스 모델: 성공을 설계하다
02. 시장에서 살아남기: 효과적인 진입 전략
03. 변화와 도전에 대비하기: 위기 관리와 성과 관리

01 비즈니스 모델
: 성공을 설계하다

    드라마로 방영된 바 있는 〈재벌집 막내아들〉은 산경 작가의 웹소설로, 흥미로운 경영 전략과 투자 이야기를 담고 있다. 극 중 2000년대 초로 돌아간 진도준은 새롬데이터에 20억 원을 투자해, 무려 20배 이상의 수익을 거둔다. 반면, 그의 고모 진화영은 거품이 꺼지기 직전 최고점에서 투자해 큰 손실을 입으며 가족 간 갈등을 초래했다.

    이 장면의 배경은 1990년대 말에서 2000년대 초반, 인터넷의 급격한 확산이 수많은 벤처 기업을 탄생시키며 기술 혁신의 시대를 연 때다. 당시 새롬데이터는 대표적인 성공 사례로 주목받았다. 이 회사는 국제전화 무료 서비스인 '다이얼패드'를 시장에 선보이며 큰 반향을 일으켰다. 갑작스러운 대중적 성공은 새롬데이터의 주가를 폭등시켰고, 기업 가치는 단숨에 수직 상승했다.

    그러나 새롬데이터의 무료 서비스는 혁신적인 아이디어였음에도 불구하고, 안정적인 수익 모델을 설계하지 못해 막대한 운영 비용과 자금 부족 문제를 겪었다. 주가는 폭락했고, 회사는 생존의 기로에 놓였다. 이 사례는 닷컴 버블(Dot-com Bubble) 시기에 많은 스타트업이 직면한 현실을 잘 보여준다. 혁신적인 기술은 있었지만, 안정적이고 지속 가능한 수익 구조를 설계하지 못한 기업들은 거품처럼 사라져 갔다.

    이런 혼란 속에서 비즈니스 모델의 중요성이 부각되기 시작했다. 기술이나 제품 개발을 넘어, 어떻게 고객 가치를 창출하고 지속 가능한 수익을 만들어 낼 것인지가 핵심 과제로 떠올랐다. 이러한 고민에 답을 제시한 것이 알렉산더 오스터왈더(Alexander Osterwalder)의 비즈니스 모델(Business Model)이다. 그는 비즈니스 모델을 체계적으로 설계하고 시각화하는 도구를 개발하여, 기업이 아이디어와 자원을 효율적으로 활용할 수 있는 캔버스를 제공했다.

    새롬데이터의 사례와 닷컴 버블의 교훈은 우리에게 중요한 메시지를 남긴다.

기술과 아이디어만으로는 시장에서 성공을 보장할 수 없다. 이를 지속 가능하게 만드는 것은 바로 탄탄한 비즈니스 모델이다. 이 장에서는 비즈니스 모델의 개념과 중요성, 대표 유형, 설계와 실행, 그리고 혁신과 변형의 과정을 통해 스타트업이 성공의 설계도를 어떻게 그릴 수 있는지 알아볼 것이다.

1.1 비즈니스 모델의 개념과 중요성

비즈니스 세계에 첫발을 내디딜 때, 당신은 아이디어와 자원을 손에 쥐고 있을 것이다. 하지만, 이 자체로는 아무런 가치를 창출하지 못한다. 구슬이 서 말이어도 꿰어야 보배가 되듯, 아이디어와 자원을 효과적으로 연결하고 구조화해야 한다.

그렇다면, 당신이 가진 아이디어와 자원을 어떻게 연결해 성공적인 사업 아이템으로 만들 수 있을까? 지속 가능한 성장을 이루기 위해 어떤 준비가 필요할까? 이 질문에 대한 답을 찾는 과정에 비즈니스 모델이 빛을 발한다.

비즈니스 모델은 기업이 제품이나 서비스를 제공하는 방식을 넘어, 고객 가치를 창출하고 지속 가능한 수익을 만들어내는 설계도이다. 이는 스타트업부터 대기업에 이르기까지 비즈니스의 생존과 성공을 좌우하는 중요한 요소다.

기업의 진정한 목표는 고객이 필요로 하는 가치를 제공하면서 경제적으로 지속 가능한 구조를 만드는 것이다. 비즈니스 모델은 이를 실현하기 위한 청사진이며, 고객과의 관계, 자원의 활용, 수익 창출 방법 등 기업 운영의 전반을 설계하는 데 유용하다.

특히 스타트업은 제한된 자원으로 최대의 효과를 만들어야 하는 만큼, 탄탄한 비즈니스 모델은 생존과 성장을 위한 충분 조건이다. 아이디어와 기술을 현실로 구현하기 위해 구체적이고 차별적인 비즈니스 모델과 전략 설계가 뒷받침되어야 한다.

이 장에서는 스타트업에게 비즈니스 모델이 왜 중요한지 알아보고, 개념을 정의하며, 공통적으로 가진 성공 요소를 탐구할 것이다. 이를 통해 창업자는 자신의 아이디어를 실행 가능한 설계로 구체화하고, 경쟁 시장에서 장기적으로 성장할 수 있는 기반을 마련할 수 있다.

스타트업에게 비즈니스 모델의 역할

스타트업은 제한된 자원과 불확실한 시장 상황에서 출발하기 때문에, 실행 가능한 비즈니스 모델은 생존과 성장을 위한 필수 요소다. 방향성을 설정하고 자원을 효율적으로 배분하며, 시장에서 경쟁 우위를 확보하는 데 중요한 역할을 한다.

비즈니스 모델의 전략적 중요성은 다음과 같다.

첫째, 방향성을 제공한다. 비즈니스 모델은 스타트업이 "무엇을", "어떻게", "왜" 할 것인지를 정의한다. 이는 조직 내외부에 공유될 수 있는 전략적 청사진으로, 창업자가 초기에 설정한 목표를 달성하기 위한 구체적인 실행 계획을 제시한다.

둘째, 자원 배분의 효율성 강화한다. 스타트업은 자본, 인력, 기술 등 모든 자원이 제한적이다. 비즈니스 모델은 어떤 활동에 자원을 집중해야 하는지에 대한 기준을 제공하며, 리소스를 최대한 효율적으로 활용할 수 있도록 돕는다.

셋째, 시장에서의 차별화를 돕는다. 스타트업은 기존 기업들과 차별화된 고객 가치를 제공해야 경쟁에서 살아남을 수 있다. 비즈니스 모델은 스타트업이 고유의 경쟁 우위를 정의하고, 이를 고객에게 효과적으로 전달할 방법을 찾도록 지원한다.

비즈니스 모델은 당신의 사업 아이디어와 아이템을 실행하고 검증하는 역할을 한다. 구체적으로 살펴보면 다음과 같다.

- 가설 검증의 도구로 활용: 스타트업은 새로운 아이디어와 가설을 바탕으로 시작되며, 비즈니스 모델은 이를 검증하는 도구로 활용된다. 린 스타트업 (Lean Startup) 방식에서 강조하는 MVP(Minimum Viable Product)는 비즈니스 모델의 일부를 실험적으로 실행하여 고객 반응을 확인하고 수정하는 과정에 중요한 역할을 한다. 드롭박스(Dropbox)는 초기 MVP로 제품 데모 영상을 제작해 고객 관심을 평가한 후, 정식 제품 개발에 착수했다.

- 지속적인 개선과 적응: 시장은 항상 변화하기 때문에, 비즈니스 모델은 정적이지 않고 동적이어야 한다. 스타트업은 고객 피드백과 시장 변화에 따라 비즈니스 모델을 주기적으로 점검하고 개선해야 한다. 마켓컬리는 새벽 배송의 강점을 살리면서도 고객의 니즈에 따라 신선 식품 외의 카테고리를 확장하며 비즈니스 모델을 발전시켰다.
- 투자 유치와 신뢰 구축의 도구: 비즈니스 모델은 스타트업이 투자자에게 기업의 잠재력을 입증하는 역할을 한다. 어떻게 가치를 창출하고 수익을 낼 것인지 보여줌으로써 투자자의 신뢰를 얻는다. 쿠팡(Coupang)은 로켓배송이라는 차별화된 비즈니스 모델을 통해 비전을 제시하고, 대규모 투자 유치에 성공했다.
- 협력 관계를 형성하는 기반: 명확한 비즈니스 모델은 잠재적 파트너와의 협력을 유도한다. 파트너는 기업이 제시하는 비전과 수익 모델을 이해하고 신뢰할 때 협력 관계를 맺는다. 카카오는 카카오톡을 기반으로 다양한 비즈니스 모델(광고, 결제, 콘텐츠 등)로 확장하며, 파트너십을 통해 생태계를 구축했다.

비즈니스 모델은 스타트업이 생존하고 성장하며, 궁극적으로 성공에 이르기 위한 설계도이다. 불확실성과 경쟁 속에서 차별화된 가치를 제시하며 지속 가능성을 확보할 수 있게 한다. 스타트업이 고객과 시장에서 자신의 자리를 어떻게 정의할 것인지 결정하는 전략적 기반이다.

비즈니스 모델이란 무엇인가

비즈니스 모델은 [그림 3-1]과 같이 어떻게 가치를 창출(What)하고, 누구(Who)에게 전달(How)하며, 수익화(Why)하는지를 설명하는 틀이다. 누구에게-무엇을-어떻게-왜, 누구를 대상으로, 무엇을 파는지, 어떻게 만들고, 왜 수익성이 있는지 설명한다.

[그림 3-1] 비즈니스 모델

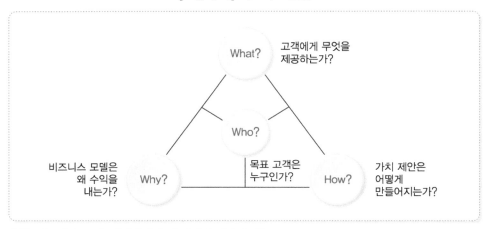

출처: 비즈니스 모델 내비게이터, 올리비아 가스만 외

피터 드러커(Peter Drucker)는 비즈니스 모델을 기업이 고객에게 가치를 제공하고, 이를 통해 수익을 창출하는 방식으로 정의하며, 고객 중심의 사고와 지속 가능성을 강조했다. 또한, 조앤 마그레타(Joan Magretta)는 Harvard Business Review에서 기업이 수익 구조를 기반으로 어떻게 고객과의 관계를 맺고 운영되는지 설명하는 이야기 구조로 비즈니스의 본질로 보았다.

데이비드 티스(David Teece)는 비즈니스 모델을 기업이 어떻게 가치를 제공하고, 전달하며, 수익화하는지에 대한 설계로 정의하며, 특히 동적이고 빠르게 변화하는 환경에서 기업이 경쟁 우위를 확보하기 위한 핵심 요소라 했다. 경쟁 우위 실현을 위한 실행 가능한 프레임워크라 강조했다.

헨리 체스브로(Henry Chesbrough)는 비즈니스 모델을 기업이 기술 혁신을 상업화하는 중요한 연결고리로 보았다. 비즈니스 모델은 기술 자체보다도 더 큰 가치를 창출할 수 있으며, 기업이 기술을 수익화하기 위한 전략적 설계가 필수라고 주장했다.

비즈니스 모델은 현대 경영 환경에서 다음과 같은 이유로 더 중요해지고 있다.

첫째, 오늘날 시장은 기술 발전과 글로벌화로 변화 속도가 매우 빠르다. 급변하는 시장 환경에 새로운 경쟁자가 등장하고 산업 구조가 빠르게 재편되고 있다. 이 가운데 기업은 끊임없이 가치를 창출하고 전달하는 방식을 혁신해야 한다. 전통적인 방식으로는 경쟁력을 유지하기 어려워졌고, 이를 극복하기 위해 차별적인 비즈니스 모델이 요구된다.

둘째, 기술 중심 경제의 가속은 새로운 가치 창출을 요구한다. 4차 산업혁명 시대에 접어들면서, 인공지능(AI), 사물인터넷(IoT), 블록체인, 클라우드, 빅데이터와 같은 기술이 비즈니스 중심에 자리 잡았다. 이러한 기술은 기존 비즈니스 모델을 혁신하거나 완전히 새로운 모델을 창출하며, 기업의 경쟁 환경을 재편하고 있다. 이처럼 변화무쌍한 환경에서 기술을 효과적으로 상업화하고 수익화하는 건 기업의 경쟁력으로 작용한다.

셋째, 고객 중심의 비즈니스 패러다임으로의 전환이다. 현대 경영은 제품 중심에서 고객 중심으로 전환되었다. 고객은 제품을 구매하는 소비자가 아니라, 브랜드 경험과 가치를 요구하는 능동적인 참여자로 자리 잡았다. 기업은 고객의 니즈를 정확히 파악하고, 이를 반영한 비즈니스 모델을 설계해야만 치열한 경쟁 속에서 생존할 수 있다.

스타트업은 명확하고 실행 가능한 비즈니스 모델이 없으면 죽음의 계곡을 무사히 넘기지 못할 수 있다. 죽음의 계곡은 초기 자금 고갈과 수익화 실패로 사업이 중단될 위험이 큰 단계로 생존의 고비를 말한다. 기존 기업 역시 현재 성공을 거둔 비즈니스 모델을 혁신하지 못하면 시장 변화에 뒤쳐져 도태될 위험에 처할 수 있다. 오늘날 스타트업과 기존 기업 모두에게 비즈니스 모델은 생존과 성장을 위한 전략이다.

현대 경영의 급변하는 시장, 기술 혁신, 고객 중심 패러다임에 대응하기 위해 기업은 끊임없이 비즈니스 모델을 점검하고 혁신해야 한다. 이어 비즈니스 모델을 구성하는 요소와 대표적인 유형을 살펴보자. 스타트업이 시장에서 생존하는 기반 마련에 도움을 줄 것이다.

비즈니스 모델의 요소

비즈니스 모델은 다음 세 가지 핵심 질문에 답하는 구조로 시작해 볼 수 있다.

무엇을 제공할 것인가(What)?
어떻게 제공할 것인가(How)?
왜 지속 가능한가(Why)?

이는 기업이 고객에게 제공하는 제품이나 서비스, 그리고 그 가치를 정의하고, 고객에게 전달하는 데 필요한 자원, 프로세스, 파트너십을 설명하며, 수익 창출하는 방식과 경제적 지속 가능성을 보여준다.

알렉산더 오스터왈더(Alexander Osterwalder)는 비즈니스 모델 캔버스(Business Model Canvas, BMC)라는 도구를 제시했다. 이 캔버스는 9가지 요소로 구성되며, 기업 운영을 시각적으로 설계하도록 돕는다. 아래 [그림 3-2]와 9가지 요소에 대한 설명을 참조하자.

[그림 3-2] 비즈니스 모델 캔버스

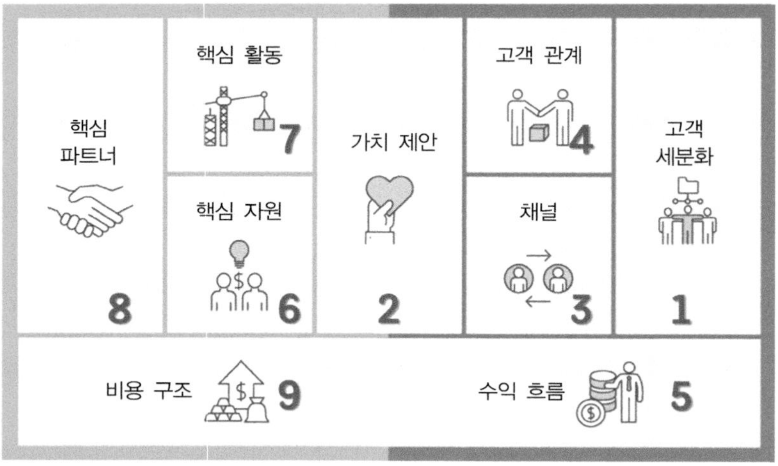

출처: 삼성뉴스룸, 저자 편집.

① 고객 세분화(Customer Segments)
  - 우리가 목표로 하는 고객은 누구인가?
  - 제품 또는 서비스를 제공하려는 특정 고객 그룹을 정의
  - 고객을 세분화하여 각 세그먼트의 니즈를 파악하고, 비즈니스 모델을 고객 중심으로 설계
  - 예) 중소 제조업체를 주요 타깃으로, 물류 관리 솔루션을 제공한다.

② 가치 제안(Value Propositions)
  - 고객에게 제공하는 핵심 가치는 무엇인가?
  - 고객에게 제공되는 제품 또는 서비스의 고유한 가치를 설명
  - 고객의 문제를 해결하거나, 니즈를 충족시키는 차별화된 혜택을 정의
  - 예) 재고 관리 자동화를 통해 비용 절감을 지원하는 솔루션.

③ 채널(Channels)
  - 고객에게 가치를 전달하는 방법은 무엇인가?
  - 고객에게 가치를 전달하는 경로 또는 방법을 설명
  - 판매 경로, 커뮤니케이션 채널, 유통 채널 등을 포함
  - 예) 직접 영업과 디지털 마케팅을 통해 고객에게 솔루션을 제공.

④ 고객 관계(Customer Relationships)
  - 고객과 어떤 방식으로 관계를 맺고 유지할 것인가?
  - 고객과의 상호작용 방식을 정의
  - 고객 만족도를 높이고, 장기적인 관계를 구축하는 방안을 설계
  - 예) 정기적인 기술 지원과 맞춤형 컨설팅 제공.

⑤ 수익 흐름(Revenue Streams)
  - 수익은 어떻게 발생하는가?
  - 사업이 수익을 창출하는 방법과 경로를 나타냄
  - 다양한 수익 모델(구독, 일회성 구매, 사용량 기반 등)을 검토
  - 예) 월 구독료와 초기 도입 비용을 결합한 수익 모델.

⑥ 핵심 자원(Key Resources)
- 비즈니스 모델을 실행하기 위해 필요한 주요 자원은 무엇인가?
- 비즈니스 모델이 작동하는 데 필요한 주요 자원을 식별
- 인적 자원, 기술, 자금, 네트워크 등을 포함
- 예) 고급 기술 인력과 안정적인 서버 인프라.

⑦ 핵심 활동(Key Activities)
- 가치를 창출하고 전달하기 위해 수행해야 할 핵심 활동은 무엇인가?
- 비즈니스 모델이 성공적으로 작동하기 위해 수행해야 하는 주요 활동을 정의
- 제품 개발, 마케팅, 고객 지원 등을 포함
- 예) 소프트웨어 개발과 정기적인 기능 업데이트.

⑧ 핵심 파트너(Key Partners)
- 성공을 위해 협력해야 할 주요 파트너는 누구인가?
- 비즈니스 운영에 필수적인 외부 파트너와의 관계를 설명
- 공급업체, 협력사, 기술 파트너 등을 포함
- 예) 클라우드 서비스 제공업체와의 파트너십.

⑨ 비용 구조(Cost Structure)
- 주요 비용 항목은 무엇인가?
- 비즈니스 모델 운영에 따른 주요 비용을 파악
- 고정비와 변동비를 고려해 비용 효율성을 분석
- 예) 서버 운영비와 기술 인력 비용이 주요 구성.

비즈니스 모델의 다양한 요소와 관점은 전략적으로 활용하는 방법과 방향성을 제시한다. 경쟁력을 강화하고 장기적인 성과를 창출하도록 돕는 나침반 역할을 한다.

성공적인 비즈니스 모델의 공통 요인

성공적인 비즈니스 모델은 아이디어 실행을 넘어, 고객에게 명확한 가치를 제공하고 이를 수익으로 연결하는 체계적인 구조를 갖춘다. 비즈니스 모델이 효과적으로 작동하기 위해서는 다음과 같은 공통 요소가 반드시 포함되어야 한다.

① **명확한 가치 제안(Value Proposition)**. 가치 제안은 비즈니스 모델의 핵심으로, 고객이 왜 해당 제품이나 서비스를 선택해야 하는지를 명확히 설명해야 한다. 성공적인 비즈니스 모델은 고객의 문제를 해결하거나 욕구를 충족시키는 독특한 가치를 제공한다.

우버(Uber)는 이동의 간편함을 가치로 내세워, 기존의 택시 산업과 차별화된 경험을 제공하며 성공을 거두었다. 카카오톡은 언제 어디서나 무료로 소통할 수 있는 간편함이라는 명확한 가치를 고객에게 전달하며, 혁신적인 서비스 제공 방식으로 국내 메신저 시장을 선도했다.

② **타깃 고객의 정의(Customer Segments)**. 어떤 고객을 대상으로 비즈니스를 전개할지 명확히 정의해야 한다. 모든 고객을 대상으로 하는 모델은 효과적이지 않으며, 세분화된 고객 집단의 니즈를 파악하고 그에 맞는 가치를 제공하는 것이 중요하다.

넷플릭스(Netflix)는 콘텐츠 소비 패턴을 분석해, 개인화된 서비스를 제공하며 타깃 고객 세그먼트의 요구를 충족했다. 마켓컬리(Market Kurly)는 고객의 소비 패턴과 선호도를 분석해, 신선 식품을 중심으로 한 개인화된 추천 서비스를 제공하며 타깃 고객 세그먼트의 요구를 충족시켰다. 이를 통해 프리미엄 신선식품 배송 시장에서 경쟁 우위를 확보했다.

③ **효율적인 전달 채널(Channels)**. 고객에게 가치를 효과적으로 전달할 수 있는 채널을 설계해야 한다. 이는 온라인 플랫폼, 오프라인 매장, 모바일 앱 등 다양한 접점을 포함할 수 있다.

나이키는 온·오프라인 쇼핑 경험을 통합한 Nike App과 Nike Member Experience를 통해 고객 충성도를 높였다. 고객은 매장에서 신발을 스캔해 온라인에서 사이즈와 색상을 비교하거나, 매장 내에서 직접 구매하지 않아도 앱을 통해 원하는 제품을 집으로 배송받을 수 있다. 또, 이케아는 디지털과 오프라인 채널을 연결한 옴니채널 전략으로 고객 편의성을 높였다. IKEA Place 앱을 통해 AR(증강현실) 기술로 가구를 집 안에 배치해 보는 경험을 제공하며, 온라인에서 구매한 제품은 이케아 매장에서 픽업하거나, 배송 서비스를 통해 집까지 받을 수 있다.

④ **지속 가능한 수익 구조**(Revenue Streams). 비즈니스 모델은 고객에게 가치를 제공하는 동시에, 기업이 안정적이고 지속 가능한 수익을 창출할 수 있는 구조를 가져야 한다.

애플(Apple)은 하드웨어 판매와 함께 구독형 서비스(Apple Music, iCloud)를 통해 다각화된 수익 구조를 구축했다. 구글(Google)은 초기에 검색엔진 서비스로 출발했으나, 안정적인 수익 모델 없이 적자를 기록했다. 하지만 애드워즈(AdWords)와 같은 광고 모델을 도입하면서, 검색 결과와 연계된 맞춤형 광고를 통해 막대한 수익을 창출하기 시작했다.

⑤ **비용 효율성과 자원 관리**(Cost Structure & Key Resources). 기업의 비용 구조와 자원 활용 방식은 비즈니스 모델의 실행 가능성을 결정짓는 요소다. 주요 활동과 자원을 효율적으로 관리함으로써, 지속 가능한 운영이 가능해진다.

아마존(Amazon)은 물류 네트워크를 최적화하여 비용을 절감하고, 고객에게 빠르고 신뢰할 수 있는 서비스를 제공하고 있다. 전 세계 주요 거점 지역에 수백 개의 풀필먼트 센터(Fullfillment Centers)를 설립해, 이를 통해 고객 주문을 지역적으로 처리하여 배송 시간을 단축하고 물류 비용을 크게 절감했다. 또한, AI 알고리즘을 활용해 고객 수요를 예측하고, 재고를 전략적으로 배치해 물류 비용을 줄였다. 그리고, 페덱스(Fedex)는 글로벌 물류 시장에서 비용 절감과 고객 만족을 위해 허브 앤 스포크(Hub and Spoke) 물류 모델을 성공적으로 구현했다. 각 지역에 위치한 주요 허브를 중심으로 화물을 집결시키고, 이를 다시 여러 목적지로 분산시키는 시스템을 도입하여 복잡한 직배송 루트를 단순화하고, 물류 효율성을 크게 향상했다.

⑥ **차별화된 고객 관계**(Customer Relationships). 고객과의 관계를 효과적으로 구축하고 유지하는 전략은 필수이다. 이는 고객 충성도를 높이고 장기적인 비즈니스 성장을 지원한다.

에어비앤비(Airbnb)는 고객 리뷰와 호스트 평가 시스템을 통해 신뢰 기반의 관계를 형성하며, 전 세계적으로 확장할 수 있었다. 직방(Zigbang)은 부동산 중개 플랫폼으로서, 고객과의 신뢰 구축을 위해 다양한 전략을 펼쳤다. 특히, 거주민 리뷰와 상세한 매물 정보를 제공하여 투명성을 높였으며, 이를 통해 사용자들의 신뢰를 얻었다. 또한, 사용자 경험을 개선하기 위해 지속적으로 앱 기능을 업데이트하고, 고객의 피드백을 반영하여 서비스를 발전시켰다.

⑦ **유연성과 확장성**(Flexibility & Scalability). 성공적인 비즈니스 모델은 변화하는 시장 환경에 유연하게 대응할 수 있어야 하며, 성장에 따라 확장이 가능해야 한다.

[그림 3-3] 성공적인 비즈니스 모델의 공통 요소

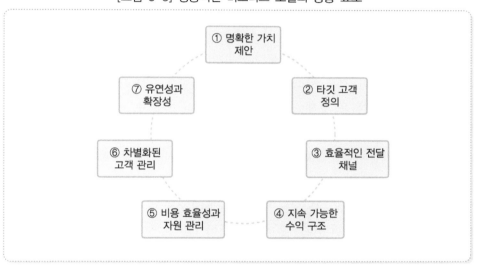

기억해야 할 점은 이 요소 중 하나라도 제대로 갖추지 못했다면 성공 가능성이 현저히 줄어든다는 사실이다. 줌(Zoom)은 팬데믹 상황에서 급격히 증가한 사용자 수요를 충족하기 위해 유연성과 확장성을 기반으로 클라우드 인프라를 활용해 서비스 품질을 유지했다. 토스 역시 사용자 기반과 트래픽 증가 속에서 클라우드 인프라와 기술 혁신으로 차별화된 고객 관계 관리를 통해 안정성과 품질을 유지하며 시장에서 성과를 거두었다.

당신이 보유한 요소가 무엇이든 그것을 당신만의 강점으로 삼아 비즈니스 모델을 구축해야 한다. 이로써 경쟁 우위를 확보하며 지속 가능한 성장을 설계할 수 있다. 비즈니스 성공은 핵심 가치를 명확히 정의하고, 이를 고객과 시장에 효과적으로 전달하는 데서 시작된다.

1.2 비즈니스 모델의 대표 유형

『로마인 이야기』는 시오노 나나미가 15년 동안 집필한 15권으로 된 대작이다. 이 책은 로마 제국의 탄생부터 번영기를 지나 쇠퇴기에 이르기까지의 과정을 황제를 중심으로 생생하게 담아냈다. 무엇보다 현대에도 적용할 수 있는 인사이트와 흥미로운 에피소드로 가득 차 있다. 고대 이야기가 마치 지금 우리의 일처럼 다가오는 것은 이 책이 가진 특별한 매력이다.

특히, 로마의 경제 진화는 흥미롭다. 『로마인 이야기』는 로마 제국이 군사 정복을 넘어, 효율적인 경제 시스템과 무역망을 기반으로 번영을 이뤄냈음을 보여준다. 한 가상의 인물을 통해 당시의 변화를 따라 가보자.

한 소년 루키우스는 로마 외곽의 작은 마을에서 태어난 평범한 농부의 아들이다. 그가 자라던 시기, 로마는 전쟁에서 승리하고 지중해 무역망을 확장하며 새로운 번영의 시대를 열고 있었다.

어린 시절, 루키우스의 부모는 곡물을 재배해 장터에서 물물교환을 했다. 하지만 물물교환은 늘 불편했다. "우리는 곡물이 남아도는데, 소금이 필요 없을 땐 어떻게 하지?" 아버지는 종종 고민했다. 이러한 문제를 해결하기 위해 로마는 청동 화폐를 도입(기원전 3세기경)했다. 거래는 한층 간편해졌고, 아버지는 말했다. "이제 필요한 물건을 쉽게 살 수 있겠군!"

청년이 된 루키우스는 무역상이 되어 로마의 무역로를 따라 여행했다. 로마는 지중해를 중심으로 무역로를 확장(기원전 2세기~기원후 1세기)하며 이집트 곡물, 히스파니아 와인, 동쪽의 향신료 등을 교환했다. "지중해는 바다가 아니라 우리의 도로야." 루키우스는 자부심을 느꼈다. 로마의 무역로는 물건만을 나르는 길이 아니라, 다양한 지역의 가치를 연결하는 거대한 경제망이었다.

그는 또한 로마의 빵 생산 길드에 가입해 품질을 관리하고 시장 혼란을 방지하는 협력의 중요성을 배웠다. 길드는 오늘날 산업 협회나 프랜차이즈의 초기형태로, 구성원 간 협력을 통해 안정적인 생산과 거래를 보장했다. 나중에 그는 포룸(Forum)에서 가게를 운영하며 정보와 소식을 교환하는 중심지에서 사업을 키워나갔다.

루키우스는 가상의 인물이지만, 그의 이야기는 『로마인 이야기』에서 다룬 로마의 경제 혁신을 생생히 보여준다. 로마의 전성기, 팍스 로마나(Pax Ramana)는 군사 정복만이 아니라, 화폐 도입, 무역로 확장, 길드 시스템 등 경제적 혁신의 결과였다. 시오노 나나미의 시각처럼, 고대 로마의 이야기는 오늘날 여전히 유효한 교훈을 던지고 있다.

현대 기업이 가치를 창출하고 수익을 얻는 방식은 시대의 변화와 함께 천천히, 그러나 끊임없이 진화해왔다. 1990년대까지는 공장에서 생산한 유형의 제품이 주요 거래 대상이었으며, 돈과 함께 서로 주고받는 전통적인 교환 방식이 중심이었다. 이후, 무형의 서비스가 대두되며 고객이 현장에서 필요로 하는 지원을 제공하는 새로운 형태의 거래가 나타났다. 이후, 플랫폼 경제의 도래와 함께, 기업은 사용자에게 무료로 서비스를 제공하면서, 그 이용자를 대상으로 광고하거나 부가가치를 창출하는 방식으로 수익을 창출하기 시작했다.

비즈니스 모델은 거래와 생산, 공급 방식을 뜻하며, 경제 시스템과 긴밀히 상호작용하며 시대 흐름에 따라 변화해 왔다. 혁신적인 비즈니스 모델은 경제 시스템의 변화를 촉진했고, 반대로 새로운 경제 시스템은 비즈니스 모델에 큰 영향을 미쳤다.

올리버 가스만(Oliver Gassmann) 외 연구진이 『비즈니스 모델 내비게이터(The Business Model Navigator)』에서 분석한 55개의 대표 유형은 오늘날 산업의 주류를 이루는 비즈니스 모델들을 탐구할 수 있는 자료를 제공한다. 이 장에서는 대표적인 모델들의 특징과 적용 사례를 살펴보고, 창업가들이 자신의 비즈니스에 적합한 모델을 설계하고 활용할 수 있도록 구체적인 가이드를 제시하고자 한다.

비즈니스 모델 유형 선정 기준

비즈니스 모델 유형 선정은 다음과 같은 절차와 기준으로 이루어졌다. 먼저, 시가총액, 매출액, 브랜드 가치를 기준으로 글로벌 Top 10 기업을 선정한 후, 중복된 회사를 제외하여 23개 기업 리스트를 확보하였다.

〈표 3-1〉 시가총액 기준 글로벌 Top 10 기업

순위	기업명	시가총액 (조 $)
1	애플(Apple)	3.785
2	엔비디아(NVIDIA)	3.288
3	마이크로소프트(Microsoft)	3.133
4	알파벳(Alphabet)	2.321
5	아마존(Amazon)	2.306
6	사우디 아람코(Saudi Aramco)	1.807
7	메타(Meta)	1.478
8	테슬라(Tesla)	1.296
9	브로드컴(Broadcom)	1.086
10	TSMC	1.024

출처: companiesmarketcap.com(2025. 1. 1. 기준)

〈표 3-2〉 매출액 기준 글로벌 Top 10 기업

순위	기업명	매출액 (억 $)
1	월마트(Walmart)	6,387.80
2	아마존(Amazon)	5,747.50
3	사우디 아람코(Saudi Aramco)	5,023.50
4	시노펙(Sinopec)	4,735.30
5	페트로차이나(PetroChina)	4,353.00
6	버크셔 해서웨이(Berkshire Hathaway)	4,017.70
7	애플(Apple)	3,857.00
8	유나이티드헬스 그룹(UnitedHealth)	3,599.80
9	CVS 헬스(CVS Health)	3,577.70
10	엑슨모빌(Exxon Mobil)	3,461.70

출처: 포춘(2023년 기준)

〈표 3-3〉 브랜드 가치 기준 글로벌 Top 10 기업

순위	기업명	브랜드 가치 (억 $)
1	애플(Apple)	5,710
2	아마존(Amazon)	5,010
3	마이크로소프트(Microsoft)	4,690
4	구글(Google)	4,570
5	삼성전자(Samsung)	3,010
6	토요타(Toyota)	2,830
7	코카콜라(Coca-Cola)	2,410
8	디즈니(Disney)	2,200
9	나이키(Nike)	2,030
10	맥도날드(McDonald's)	1,910

출처: 인터브랜드(2024년 기준)

그다음, 23개 기업의 비즈니스 모델 형태를 비교 분석하여, 기업들이 가장 빈번히 사용하고 있는 비즈니스 모델 유형을 도출하였다. 이 모델들은 각기 다른 산업군에서 성공적으로 활용되고 있으며, 기업들이 지속적으로 수익을 창출하고 경쟁력을 유지하는 데 중요한 역할을 하고 있다.

〈표 3-4〉 글로벌 23개 기업과 핵심 비즈니스

순위	기업	핵심 비즈니스
1	애플(Apple)	소비자 전자제품, 소프트웨어
2	엔비디아(NVIDIA)	반도체, GPU 제조
3	마이크로소프트(Microsoft)	소프트웨어(Windows, Office), 클라우드(Azure)
4	알파벳(Alphabet)	검색 엔진, 광고, 클라우드 서비스
5	아마존(Amazon)	전자상거래, 클라우드 컴퓨팅
6	사우디 아람코(Saudi Aramco)	석유 및 가스 탐사, 생산, 정제
7	메타(Meta)	소셜 미디어, 디지털 광고
8	테슬라(Tesla)	전기차 제조 및 에너지 저장 시스템
9	브로드컴(Broadcom)	반도체 및 인프라 소프트웨어
10	TSMC	반도체 칩 제조

11	월마트(Walmart)	소매 및 전자상거래
12	시노펙(Sinopec)	석유 및 가스 정제, 석유화학
13	페트로차이나(PetroChina)	석유 및 가스 탐사, 생산, 정제
14	버크셔 해서웨이(Berkshire Hathaway)	투자, 보험, 다각화된 사업군
15	유나이티드헬스 그룹(UnitedHealth)	헬스케어 서비스 및 보험 제공
16	CVS 헬스(CVS Health)	약국 체인, 헬스케어 서비스
17	엑슨모빌(Exxon Mobil)	석유 및 가스 탐사, 생산, 정제
18	삼성전자(Samsung)	전자제품, 반도체 제조
19	토요타(Toyota)	자동차 제조 및 판매
20	코카콜라(Coca-Cola)	음료 제조 및 브랜드 마케팅
21	디즈니(Disney)	엔터테인먼트, 테마파크, 스트리밍 서비스
22	나이키(Nike)	스포츠웨어 및 신발 제조
23	맥도날드(McDonald's)	패스트푸드 프랜차이즈 운영

이제 글로벌 기업들이 채택하고 있는 주요 비즈니스 모델 유형인 플랫폼, 구독형, Razor and Blade, 직접 판매에 대해 하나씩 자세히 살펴보자. 이미 익숙하게 이해하고 있는 전통적인 제조·생산 기반의 거래형 모델은 이번 논의에서 제외한다. 시장에서 성장하고 있는 혁신적인 비즈니스 모델에 초점을 맞춰, 기업들이 어떻게 지속적인 수익을 창출하고 고객과의 관계를 장기적으로 유지하는지를 살펴보고자 한다.

플랫폼 비즈니스 모델

플랫폼 비즈니스 모델은 공급자와 수요자를 연결하여 가치를 창출하는 중개 역할을 수행한다. '플랫폼'이라는 단어는 기차 승강장의 연결 공간에서 비롯되었으며, 이는 다양한 참여자를 연결하고 상호작용을 촉진하는 중심 역할을 한다.

플랫폼 비즈니스 모델은 인터넷과 디지털 기술의 발전과 함께 등장했다. 1990년대 후반, 인터넷 사용자의 폭발적 증가와 함께 초기 전자상거래 및 검색 엔진 기반의 플랫폼이 출현하면서 시작했다. 이때 등장한 대표 기업이 아마존과 구글이다.

2000년대 중반이 되며 소셜 네트워크 서비스(SNS)와 모바일 기술이 발전하면서, 소셜 플랫폼이 세계 무대에 등장했다. 페이스북과 트위터 서비스는 사용자들 간의 소셜 연결과 상호작용을 중심으로 발전했다. 이는 네트워크 효과를 발휘하며 플랫폼의 가치를 더욱 확장시켰다.

2010년대 이후에는 클라우드 컴퓨팅, 데이터 분석, 모바일 앱 생태계가 확산되면서 플랫폼 모델이 다양해졌다. 우버와 에어비앤비를 대표로 공유 경제 (Sharing Economy) 기반의 새로운 플랫폼이 출현하며, 물리적 자산이 아닌 디지털 연결을 통해 새로운 가치를 창출했다.

#1. 플랫폼 비즈니스 모델의 특징

플랫폼 비즈니스 모델은 전자상거래, 소셜 미디어, 클라우드 서비스 등 다양한 산업에 적용되며 발전하고 있다. 이러한 플랫폼 비즈니스 모델의 특징을 살펴보자.

첫째, **플랫폼 비즈니스 모델의 가장 강력한 특징은 네트워크 효과다.** 참여자가 많아질수록 플랫폼의 가치가 기하급수적으로 증가한다. 페이스북은 사용자가 늘어나면서 더 많은 사람들이 서로 연결되었다. 이러한 네트워크 효과로 인해 플랫폼의 매력이 커졌다. 초기 사용자를 확보하고, 플랫폼의 네트워크 효과를 극대화하는 것이 플랫폼 성공의 중요 포인트이다.

둘째, **양면 시장(two-sided market)의 형태를 띠며, 공급자와 수요자를 동시에 관리한다.** 양면 시장은 두 그룹의 사용자(예: 공급자와 수요자)를 연결하고, 이들 간의 상호작용을 통해 가치를 창출하는 시장 구조를 의미한다. 유튜브(YouTube)는 콘텐츠 제작자인 크리에이터와 시청자를 연결하고 있다. 이는 두 집단 모두에게 가치를 제공해야 하며, 어느 한쪽의 만족도가 낮아지면 전체 생태계가 흔들릴 수 있어, 두 집단 간의 균형을 유지하는 것이 중요하다.

[그림 3-4] 플랫폼과 양면 경제

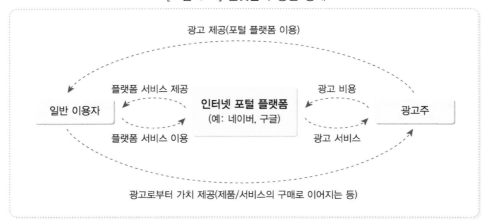

출처: https://www.stevenjlee.net

셋째, **확장성이 있다.** 물리적 자산에 의존하지 않고 디지털 자산을 활용하므로, 운영 비용 증가 없이 규모를 쉽게 확장할 수 있다. 우버는 물리적인 차량이나 드라이버를 소유하지 않고도 전 세계적으로 확장할 수 있었다. 디지털 기반의 확장성은 플랫폼이 시장에서 빠르게 지배적인 위치를 차지할 수 있게 했다.

넷째, **데이터 중심으로 활동이 전개된다.** 플랫폼은 참여자 간의 상호작용에서 생성되는 데이터를 수집하고 이를 활용해 서비스를 개선하거나 새로운 가치를 창출한다. 아마존은 구매 데이터와 검색 데이터를 분석해 고객 맞춤형 추천을 제공하고, 이는 구매 전환율을 높이는 데 기여한다. 데이터는 플랫폼의 지속적인 성장과 경쟁 우위 확보를 위한 핵심 자산이다. 그러나 데이터 프라이버시와 보안 문제를 함께 고려해야 한다.

#2. 플랫폼 기업들의 수익 모델

오늘날 플랫폼 기업들은 글로벌 시장을 선도하며 새로운 가치를 창출하고 사용자를 끌어모으고 있다. 이들의 주요 수익 모델은 다음과 같은 형태로 구분된다.

먼저, 광고 기반 모델(Advertising Model)이다. 플랫폼이 사용자들에게 무료로 서비스를 제공하면서, 광고주로부터 수익을 창출하는 방식이다. 플랫폼은 사용자 데이터를 활용해 광고를 타기팅하며, 광고 효율을 극대화한다. 우리는 페이스북, 인스타, 구글을 무료로 이용하는 대신, 광고를 소비하고 있는 셈이다.

또, 거래 수수료 기반 모델(Transaction Fee Model)이 있다. 판매자와 구매자를 연결하고, 거래가 발생할 때마다 일정 비율의 수수료를 받는 방식이다. 아마존은 오픈 마켓을 통해 셀러(판매자)와 구매자를 연결하며, 판매액의 일정 비율을 수수료로 수취한다. 이 모델은 이후 전자상거래의 일반 형태로 확장되었다. 이는 직접 재고를 보유하지 않아도 안정적인 수익 창출이 가능한 장점이 있다.

구독형 모델도 많은 플랫폼 기업이 채택하는 수익 모델 중 하나로, 정기적으로 일정 금액을 지불하고 서비스를 이용하는 방식이다. 이는 다음 파트에서 자세히 다룰 예정이다.

이 외 데이터 판매 및 분석 기반 모델과 프리미엄 사용료 모델도 목격된다. 현대 플랫폼 기업들은 단일 수익 모델에 의존하지 않고, 광고, 구독, 수수료 등 다각화된 수익 구조를 통해 안정적인 성장을 도모하고 있다.

#3. 플랫폼 기업들의 당면 문제

플랫폼 비즈니스 모델은 많은 성공 사례를 만들어냈지만, 오늘날 플랫폼 기업들이 해결해야 할 문제도 다수 존재한다. 이를 요약하면 다음과 같다.

먼저, 규제와 독점 논란이다. 플랫폼 기업의 시장 지배력이 커지면서 독점에 대한 비판이 증가하고 있다. 정부와 규제 당국은 데이터 독점, 불공정 거래, 경쟁 격화에 대해 문제를 제기하며 규제를 강화하고 있다. 규제 준수를 위해 운영 방식을 조정해야 하며, 이는 비용 증가와 혁신 속도 저하를 초래할 수 있다.

또한, 개인정보보호와 보안 문제는 항시 따라오는 잠재적 리스크이다. 플랫폼이 사용자 데이터를 기반으로 가치를 창출하지만, 데이터 유출 사고와 개인정보보호에 대한 우려가 커지고 있다. 플랫폼 기업들은 데이터 보호와 투명성 강화를 요구받고 있다.

네트워크 효과는 양날의 검이다. 네트워크 효과는 초기 성장에 유리하지만, 플랫폼이 지나치게 커지면 품질 관리와 신뢰 유지가 어려워진다. 사용자 신뢰도 저하와 이탈 위험 증가로 플랫폼 생태계가 위협받을 수 있다.

다음은 수익 모델의 지속 가능성에 대한 우려다. 광고 기반 수익 모델의 시장 포화와 소비자들의 광고 거부 경향이 증가하고 있다.

기술 혁신 속도의 압박도 당면 문제다. 플랫폼 기업은 경쟁에 앞서기 위해 지속적인 기술 혁신이 필요하지만, 기술 변화 속도는 투자 부담을 가중시킨다. R&D 투자 증가와 기술 경쟁이 장기적인 부담으로 작용하며, 이는 기업 운영 효율성을 떨어뜨릴 가능성이 있다.

#4. 스타트업 창업가 시사점

플랫폼 비즈니스 모델은 네트워크 효과, 확장성, 데이터 중심 활동 등 장점을 통해 현대 경제를 재편하고 있다. 동시에 규제 강화, 데이터 프라이버시, 품질 관리 문제와 같은 도전에 직면하고 있다. 플랫폼 모델을 운영 중인 스타트업 창업가들에게 다음과 같은 시사점을 전할 수 있다.

첫째, 초기 네트워크 효과 극대화 전략을 펼쳐라. 플랫폼의 성공은 초기 네트워크 효과를 얼마나 효과적으로 창출하느냐에 달려 있다. 공급자와 수요자를 동시에 확보하기 위해 인센티브, 보조금, 무료 서비스 등을 적극 활용할 수 있다. 배달의민족은 초기 단계에서 음식점과 고객 모두에게 프로모션과 할인 혜택을 제공하며 빠르게 플랫폼을 확장했다.

둘째, 데이터 보호와 투명성을 강화해라. 데이터는 플랫폼의 핵심 자산이지만, 데이터 프라이버시와 보안 문제는 사용자 신뢰를 좌우하는 중요한 요소다. 데이터를 수집하고 활용하는 모든 과정에서 투명성을 유지하고, 개인정보 보호를 최우선으로 고려하라.

셋째, 지속 가능한 수익 모델 설계하라. 광고에만 의존하는 플랫폼 모델은 시장 포화와 규제 변화로 인해 한계에 도달할 수 있다. 광고, 구독, 거래 수수료 등 다양한 수익원을 고려해 장기적으로 수익 다각화를 계획하라. 카카오톡은 광고 외에도 이모티콘, 카카오페이, 카카오T와 같은 서비스를 통해 수익원을 다각화하고 있다.

넷째, 플랫폼 품질 관리의 중요성을 자각해야 한다. 플랫폼이 확장됨에 따라 품질 관리와 신뢰도 유지가 더 어려워질 수 있다. 엄격한 품질 관리 정책과 커뮤니티 가이드라인을 수립하고, 사용자 피드백을 적극 반영하라. 당근마켓은 지역 기반의 중고 거래에서 사용자 간 신뢰를 높이기 위해 리뷰 시스템과 실명 인증을 도입했다.

다섯째, 지속적인 기술 혁신과 시장에 적응하라. 플랫폼 시장은 기술 혁신 속도가 빠르기 때문에, 지속적인 투자와 적응이 필요하다. 새로운 기술을 적극 도입하고, 기술 변화에 유연하게 대응해야 한다.

여섯째, 규제 환경을 지속적으로 모니터링해야 한다. 플랫폼의 성장과 함께 규제 환경도 빠르게 변화하고 있다. 규제 변화에 민감하게 반응하고, 법적 요구 사항을 준수하는 동시에 윤리적 경영을 실천해야 한다.

플랫폼 비즈니스 모델은 창업가에게 높은 가능성을 제공하지만, 동시에 복잡한 도전 과제도 안고 있다. 초기에는 특정 니치 시장에서 성공적인 생태계를 구축하고, 장기적으로는 기술, 규제, 품질 관리 측면에서 균형 잡힌 전략을 추구해야 한다.

구독형 비즈니스 모델

구독형 비즈니스 모델은 고객이 정기적으로 일정 금액을 지불하면서 상품이나 서비스를 지속적으로 이용하는 형태를 의미한다. 단발성 구매와 달리 안정적인 현금 흐름을 제공하며, 고객과의 장기적인 관계를 형성할 수 있다는 점에서 주목받고 있다. 고객은 필요한 순간에 원하는 서비스를 이용할 수 있고, 기업은 지속적인 수익을 통해 성장의 기반을 마련할 수 있다.

[그림 3-5] 구독형 비즈니스 모델

출처: Subscription－Business Model Toolbox(bmtoolbox.net)

구독형 모델의 대표적인 사례로는 넷플릭스, 유튜브 프리미엄, 스포티파이와 같은 서비스들이 있다. 넷플릭스는 월 구독료를 통해 사용자에게 무제한 스트리밍 콘텐츠를 제공하며, 개인화된 추천 알고리즘을 통해 만족도를 높이고 있다. 유튜브 프리미엄은 광고 없는 시청 경험과 오프라인 재생, 유튜브 뮤직을 포함한 다양한 혜택을 제공하며 고객에게 가치를 전달한다. 스포티파이는 무료 서비스와 프리미엄 구독 서비스를 명확히 구분하여 사용자들이 프리미엄으로 전환하도록 유도한다. 한국에서는 네이버 플러스 멤버십이 구독형 모델의 사례로, 쇼핑 포인트, 콘텐츠, 클라우드 저장 공간 등을 결합한 혜택을 제공하며 사용자들에게 가치를 제공하고 있다.

이 비즈니스 모델은 인터넷 기술과 디지털 결제 시스템의 발전, 그리고 소비자들의 소유에서 경험으로의 전환이라는 트렌드 변화와 맞물려 성장했다. 구독형 모델은 고객과의 지속적인 접점을 통해 충성도를 강화하고, 데이터를 기반으로 개인화된 경험을 제공할 수 있다는 점에서 장점이 있다. 특히 정기적인 수익원이 보장되기 때문에 기업 입장에서는 안정적인 성장이 가능하다. 또한, 물리적 상품과 디지털 서비스를 결합하거나, 다단계 요금제를 통해 고객층의 다양한 니즈를 충족시킬 수 있다.

그러나 구독형 비즈니스 모델이 성공하기 위해서는 다음을 고려해야 한다. 먼저, 고객 유지 전략이 중요하다. 구독형 모델은 고객의 이탈을 최소화하고 지속적으로 서비스를 이용하도록 유도하는 것이 성패를 가르는 중요 요소다. 이를 위해 기업은 정기적으로 신규 콘텐츠를 제공하거나, 고객 충성도 프로그램을 운영해야 한다. 또한, 초기에는 무료 서비스를 통해 고객을 유입시키고, 유료 구독으로 전환하는 방안도 있다. 이때, 무료와 유료 서비스 간의 명확한 차별화를 제공해야 한다.

구독형 모델에서는 고객 데이터를 활용해 개인화된 경험을 제공하는 것도 필요하다. 사용자의 데이터를 분석해 맞춤형 추천 서비스를 제공하면, 고객 만족도를 높이고 이탈률을 줄일 수 있다. 더불어, 다단계 요금제를 도입하거나 다양한 서비스와 상품을 결합하여 구독 가치를 높이는 것도 수반되어야 한다.

구독형 비즈니스 모델은 안정적인 수익과 고객 충성도를 동시에 달성할 수 있는 비즈니스 모델이다. 하지만 고객 이탈 관리, 지속적인 가치 제공, 데이터 기반 개인화 전략이 성공의 열쇠라는 점을 잊지 말아야 한다. 스타트업은 초기 단계에서 특정 니치 시장을 타깃으로 구독형 서비스를 설계하고, 장기적으로는 데이터를 기반으로 차별화된 가치를 제공하며 성장해 나갈 수 있다. 구독형 모델은 단순히 수익 창출의 도구가 아니라, 기업과 고객이 장기적으로 신뢰를 쌓아가는 관계의 토대라는 점에서 그 의미가 크다.

Razor and Blade 모델

Razor and Blade 모델은 초기 제품(하드웨어)을 저렴하게 판매하거나 무료로 제공하고, 이후 소모품(소프트웨어, 부품, 서비스)을 통해 지속적인 수익을 창출하는 비즈니스 모델이다. 면도기와 면도날에서 유래된 이 모델은 초기 단계에서 고객을 플랫폼에 유입시키고, 반복적인 구매를 유도함으로써 장기적인 수익을 확보하는 전략이다. 고객은 초기 제품을 저렴하게 구매할 수 있어 접근성이 높아지고, 기업은 고객의 소모품 반복 구매를 통해 안정적인 수익원을 확보할 수 있다.

[그림 3-6] Razor and Blade 비즈니스 모델

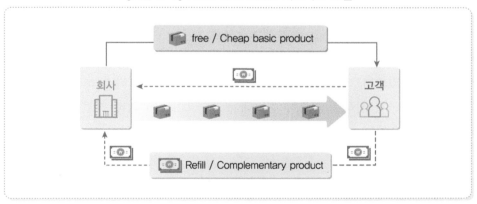

출처: www.collidu.com

이 모델은 Apple, 프린터 기업(HP, Canon), 그리고 게임 콘솔 제조사(Sony PlayStation, Microsoft Xbox)와 같은 다양한 기업에서 활용되고 있다. Apple은 iPhone과 같은 하드웨어를 판매한 후, App Store, iCloud, Apple Music 등 디지털 서비스에서 수익을 추가로 창출한다. 프린터 기업은 프린터를 저렴하게 판매한 뒤 잉크 카트리지와 토너 같은 소모품에서 수익을 올리는 방식으로 오랫동안 Razor and Blade 모델을 활용해왔다. 게임 콘솔 제조사들은 콘솔을 원가 이하로 판매하면서, 게임 소프트웨어와 구독 서비스를 통해 수익을 창출한다.

이 모델의 주요 특징은 초기 제품의 가격을 낮추어 고객 진입 장벽을 낮추고, 소모품이나 부가 서비스에서 반복적인 수익을 창출하며, 초기 제품과 후속 제품 간의 높은 호환성을 통해 고객을 묶어두는 고착화(Lock-in)효과를 발생시킨다는 점이다. 이러한 특징은 기업이 시장 점유율을 확보하고, 장기적인 고객 생애가치를 극대화하는 데 효과적이다.

Razor and Blade 모델은 다음의 시사점을 제공한다. 먼저, 초기 제품의 설계와 개발에 투자하여 경쟁력 있는 진입점을 만들어야 한다. 그런 다음, 소모품을 통해 지속적인 수익 모델을 설계해야 한다. 고객 락인을 강화하여 경쟁사의 대체 제품으로의 이동을 어렵게 만들어야 한다. 초기 제품의 가격을 낮추거나 보조금을 제공하여 고객 유입을 촉진하고, 단일 수익원에 의존하지 않고 디지털 서비스나 구독형 모델을 병행하여 수익원을 다각화해야 한다.

Razor and Blade 모델은 고객 생애가치를 극대화하고 반복적인 수익을 창출하는 전략이다. 첨단 기술의 발전과 소비자 트렌드의 변화로 인해 이 모델은 점차 확장되고 있으며, 스타트업이 장기적인 관점에서 성장하려면 초기 제품과 후속 서비스의 연계 전략을 꼼꼼히 준비해야 한다. 이는 고객과 기업 간의 지속적인 관계를 구축하는 전략적 접근이라는 점에서 그 의의가 있다.

직접 판매 모델

직접 판매(D2C, Dirce-to-Consumer) 모델은 기업이 중간 유통 단계를 배제하고, 소비자에게 직접 제품이나 서비스를 판매하는 방식을 말한다. 전통적인 유통망(도매상, 소매상 등)을 거치지 않기 때문에, 기업은 고객과 직접 연결되어 더 높은 마진을 확보하고, 고객과의 관계를 강화할 수 있는 것이 특징이다. 이 모델은 최근 디지털 기술의 발전과 소비자 경험 중심의 트렌드로 확산되고 있다.

[그림 3-7] D2C 비즈니스 모델

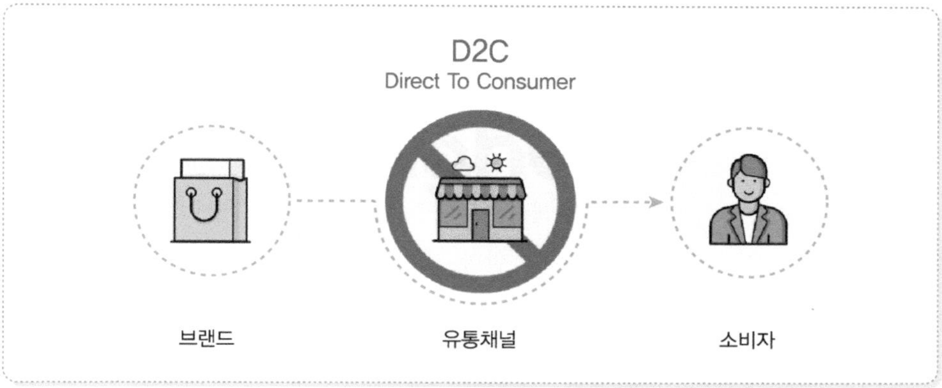

출처: blog.dighty.com

대표적인 사례로는 나이키, 애플, 테슬라, 다이슨 같은 글로벌 기업이 있다. 나이키는 도매 유통망을 통해 제품을 판매하면서도, 자사 매장과 온라인 스토어를 통해 직접 판매(D2C, Direct-to-Consumer)를 강화하며 고객 데이터를 활용해 맞춤형 서비스를 제공한다. 애플은 Apple Store와 자사 온라인 스토어에서 제품을 직접 판매하여 브랜드 경험을 통제하고, 소비자와의 직접적인 상호작용을 통해 충성도를 높이고 있다. 테슬라는 자동차 업계의 전통적인 딜러십 모델을 배제하고, 전기차를 자사 웹사이트와 매장을 통해 직접 판매하며 고객에게 투명한 가격과 구매 경험을 제공한다. 다이슨 역시 브랜드 매장과 온라인 스토어를 통해 프리미엄 제품의 이미지를 유지하며 고객과 직접 연결한다.

직접 판매 모델은 디지털 기술과 브랜드 통제의 필요성, 그리고 소비자 경험 중심의 변화에 기인한다. 전자상거래와 소셜 미디어의 발전은 기업이 소비자와 직접 연결될 수 있는 새로운 채널을 제공했다. 또한, 유통망을 통해 판매할 경우 브랜드 이미지가 약화되거나 가격 정책이 통제되지 않을 위험이 있어 일부 기업들이 채택하고 있다.

직접 판매 모델의 특징을 요약하면 다음과 같다. 중간 유통 단계를 제거함으로써 추가 마진을 확보할 수 있다. 그리고, 기업이 고객과의 접점을 통제하며, 브랜드 경험을 강화할 수 있다. 또, 고객 데이터를 직접 수집하여 이를 기반으로 개인화된 마케팅과 제품 개선에 활용할 수 있다. 뿐만 아니라, 기업이 가격 정책을 직접 결정하고 통제할 수 있어 할인, 프로모션, 번들링 등의 전략을 유연하게 실행할 수 있다. 마지막으로, 고객과의 직접 거래를 통해 신뢰를 구축하고 신속한 애프터서비스와 고객 지원을 제공할 수 있다.

스타트업 창업가들에게 직접 판매 모델은 다음의 시사점을 제공한다. 디지털 채널의 구축은 필수적이며, 자사 웹사이트와 소셜 미디어를 활용해 소비자와 직접 연결할 수 있는 기반을 마련해야 한다. 브랜드 이미지를 정교하게 설계하고, 일관된 메시지와 가치를 전달함으로써 고객과의 신뢰를 쌓아야 한다. 또한, 직접 판매를 통해 수집한 고객 데이터를 활용해 개인화된 마케팅과 지속적인 관계를 유지하는 것이 중요하다. 고가 제품이나 프리미엄 브랜드라면 오프라인 매장을 통해 소비자와 직접 소통하며 신뢰를 구축할 필요도 있다. 더불어, 고객 지원과 사후관리 시스템을 최적화하여 소비자 만족도를 높이는 것도 필요하다.

직접 판매 모델은 브랜드와 고객을 직접 연결하는 수단이다. 스타트업은 이 모델을 활용해 고객과 직접 소통하며 신뢰를 쌓고, 데이터를 기반으로 한 맞춤형 경험을 제공함으로써 장기적인 성장을 이룰 수 있다.

1.3 비즈니스 모델 설계

드라마 〈대장금〉에서 장금이는 단순히 맛있는 음식을 만드는 요리사가 아니었다. 그녀는 사람의 체질과 건강 상태를 분석하고, 각 재료의 특성과 조화를 고려해 사람의 몸과 마음을 치유하는 요리를 완성했다. 특히, 임금님의 건강이 악화되었을 때 기력을 회복시킬 수 있는 음식을 만들기 위해 고민했다.

그녀는 먼저 임금님의 체질과 상황에 맞는 재료를 선정했다. 기력을 보충하기 위해 단백질 함량이 높은 고기와 해산물을 선택하고, 소화 부담을 줄이기 위해 조리법을 반복적으로 시험하며 최적의 레시피를 완성했다. 맛을 넘어 건강 회복이라는 가치를 담은 이 요리는 임금님의 칭찬을 받으며, 장금이가 단순한 요리사가 아닌 진정한 가치 창출자임을 증명했다.

창업자도 마찬가지다. 좋은 아이디어와 자원을 조화롭게 엮어 고객과 시장에 구체적인 가치를 전달할 수 있는 비즈니스 모델을 설계하지 않는다면 성공하기 어렵다. 비즈니스 모델은 요리사의 레시피와 같다. 고객의 문제를 정확히 이해하고, 그 문제를 해결할 최적의 솔루션을 설계하며, 이를 지속 가능하게 실행할 전략을 마련해야 한다.

이번 장은 비즈니스 모델 설계의 기본 틀과 이를 창의적으로 발전시키는 방법을 다룬다. 이를 통해 아이디어를 체계적이고 구체적으로 실현하는 방법을 알아보자.

비즈니스 모델 캔버스

비즈니스 모델 캔버스(BMC)는 [그림 3-2]와 같이 비즈니스 모델의 주요 요소를 한눈에 정리할 수 있는 시각적 프레임워크다. 이 도구는 창업자가 아이디어를 체계화하고 실행 가능성을 검토하는 데 유용하며, 팀 간 협업을 촉진하고 시장의 피드백을 반영할 수 있도록 돕는다.

BMC의 장점은 기존의 복잡한 비즈니스 플랜 작성 방식을 단순화했다는 점이다. 창업자와 팀원들은 주요 비즈니스 요소를 한 페이지에 정리함으로써, 아이디어를 구체화하고 실행 가능성을 검토하며 비즈니스 모델의 강점과 약점을 명확히 이해할 수 있다. 또한, 이 도구는 고객과 시장 중심으로 설계되어 있어, 창업자가 고객의 문제를 해결하고 가치를 전달하는 데 중점을 두도록 돕는다.

BMC는 다양한 상황에서 활용될 수 있다.

첫째, 창업 초기 단계에서 아이디어를 구체화하고 시장 적합성을 점검하는 데 효과적이다. 새로운 제품이나 서비스를 개발할 때, BMC를 활용해 각 요소를 점검하며 실행 가능한 전략을 설계할 수 있다.

둘째, 팀원 간 협업과 토론을 활성화하는 도구로도 유용하다. BMC를 기반으로 팀원들이 각자의 의견을 공유하며 비즈니스 방향성을 논의할 수 있다.

셋째, 시장 검증 도구로 활용할 수 있다. 캔버스에 정의한 각 요소에 대해 가설을 세우고, 고객 및 시장 데이터를 통해 이를 검증함으로써 실행 가능성을 높인다.

마지막으로, 투자자와 외부 이해 관계자와의 소통 도구로 활용된다. 복잡한 비즈니스 계획 대신 BMC를 통해 아이디어를 시각화하여 전달할 수 있다.

BMC의 구조는 크게 세 가지로 나뉜다.

중앙에는 가치 제안(Value Proposition)이 위치하며, 이는 고객의 문제를 해결하거나 니즈를 충족시키는 비즈니스의 중심 요소다. 왼쪽 영역은 기업 내부 활동에 해당하며, 핵심 자원, 핵심 활동, 핵심 파트너로 구성된다. 이는 비즈니스의 가치를 창출하고 전달하기 위해 필요한 자원과 활동, 협력 네트워크를 정의한다. 오른쪽 영역은 시장과 고객을 다루며, 고객 세그먼트, 채널, 고객 관계를 통해 기업이 타깃 고객군과 상호작용하고 가치를 전달하는 방식을 포함한다. 마지막으로 하단 영역은 재무 요소로 구성되며, 비용 구조와 수익원을 통해 비즈니스 모델의 지속 가능성을 점검한다.

BMC를 작성할 때는 체계적이고 논리적인 순서(BMC 요소의 숫자)를 따라 전개하길 바란다. 먼저, 시장과 고객을 정의하여 목표 고객 니즈를 파악하고 고객 중심으로 BM을 준비한다. 그런 다음, 가치 제안으로 비즈니스가 해결하고자 하는 고객 문제를 명확히 규정하고, 제공할 가치를 구체화한다. 이후, 채널과 고객 관계를 설계한다. 이후에는 기업 내부 활동을 정의하며, 비즈니스 운영에 필요한 핵심 자원, 활동, 파트너를 점검한다. 마지막으로, 비용 구조와 수익원을 정리하여 비즈니스 모델의 지속 가능성을 확인한다. 이 순서를 따르면 비즈니스의 우선순위를 자연스럽게 설정할 수 있을 뿐 아니라, 하나의 완결된 스토리를 형성할 수 있다.

BMC는 창업자가 고객과 시장 중심으로 비즈니스를 설계하고, 실행 가능성을 점검하는 설계 도구다. 시장 상황과 고객 요구에 따라 지속적으로 업데이트하고 개선해야 하며, 이를 통해 비즈니스의 적응성과 유연성을 강화할 수 있다.

린 캔버스

린 캔버스(Lean Canvas)는 BMC를 기반으로 애쉬 모리야(Ash Maurya)가 스타트업 환경에 적합하도록 변형한 도구로, 불확실성과 빠르게 변화하는 시장 환경에서 리스크를 최소화하는 데 초점을 맞추었다.

[그림 3-8] 린 캔버스

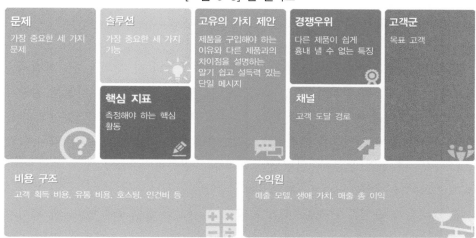

출처: JC&COMPANY.

린 캔버스는 위 그림처럼 총 9가지 구성 요소로 이루어져 있다.

[린 캔버스 9가지 핵심 요소]
- 문제(Problem): 고객이 직면한 주요 문제를 정의하고 현재의 문제 해결 방식을 분석한다.
- 고객군(Customer Segments): 제품이나 서비스를 필요로 하는 핵심 고객군을 정의하며, 초기 타깃 고객과 잠재 고객을 포함한다.
- 고유의 가치 제안(Unique Value Proposition): 고객이 이 제품이나 서비스를 선택해야 하는 이유와 경쟁 제품과의 차별성을 명확히 제시한다.
- 솔루션(Solution): 고객의 문제를 해결하기 위한 구체적인 제품이나 서비스 아이디어를 설계한다.
- 채널(Channels): 고객에게 도달하기 위한 방법과 경로를 정의한다.

- 수익원(Revenue Streams): 제품이나 서비스로 수익을 창출할 방식을 구체화한다.
- 비용 구조(Cost Structure): 비즈니스 운영에 필요한 주요 비용을 파악한다.
- 핵심 지표(Key Metrics): 비즈니스 성과를 측정하고 관리할 수 있는 주요 지표(KPIs)를 설정한다.
- 경쟁 우위(Unfair Advantage): 경쟁자가 쉽게 모방할 수 없는 독특한 강점을 정의한다.

린 캔버스는 문제에서 시작한다. 고객의 문제를 명확히 정의한 뒤, 해결책을 설계하는 데 초점을 맞춘다. 그런 다음, MVP 설계를 통해 초기 가설을 검증하고, 고객 피드백을 바탕으로 개선한다. 그리고, 빠른 검증과 반복으로 시장 반응과 데이터를 통해 캔버스를 지속적으로 업데이트하며 비즈니스를 최적화해 나간다. 또, 팀 내 협업 툴로서, 팀원들이 캔버스를 공유하며 비즈니스 목표와 전략에 대한 공통된 이해를 갖는 데 활용할 수 있다.

린 캔버스의 장점은 간결함, 리스크 관리, 효율성과 유연성에 있다. 한 페이지에 모든 요소를 시각적으로 정리해, 아이디어를 공유하고 점검할 수 있다. 스타트업의 불확실성을 줄이고, 시장 검증을 통해 리스크를 최소화한다. 시간과 자원을 절약하며, 비즈니스 모델의 핵심 요소를 빠르게 설계할 수 있다. 그리고, 시장변화와 고객 피드백에 따라 지속적으로 업데이트하고 개선해야 한다.

스타트업 창업자는 린 캔버스 활용으로 다음 인사이트를 얻을 수 있다.
- 문제를 명확히 정의하라: 고객의 문제를 정확히 파악하면, 해결책과 시장 진입 전략이 더 효과적으로 도출된다.
- 빠르게 검증하라: 완벽한 제품을 만들기보다는, 핵심 기능으로 시장 반응을 확인하고 이를 바탕으로 개선하라.
- 핵심 지표를 관리하라: 성공 여부를 측정할 수 있는 지표를 설정하고 데이터 기반의 의사결정을 내려라.
- 고객 중심으로 설계하라: 린 캔버스의 모든 요소는 고객 세그먼트와 문제를 중심으로 구성되어야 한다.

- **지속적으로 업데이트하라**: 린 캔버스는 정적인 문서가 아니라, 시장 검증과 피드백을 바탕으로 끊임없이 수정되어야 한다.

린 캔버스는 비즈니스 아이디어를 실행 가능하게 설계하고 빠르게 검증하며, 시장 변화에 유연하게 대응할 수 있도록 돕는다. 창업자는 이를 통해 자원의 낭비를 줄이고, 고객의 문제를 해결하는 데 집중하며, 지속 가능한 비즈니스 모델을 구축할 수 있다.

차별화된 비즈니스 모델 설계

차별화는 스타트업의 생존과 성공에 중요한 요소다. 경쟁이 치열한 시장 환경에서 창업자가 아이디어를 돋보이게 만들고, 고객에게 특별한 가치를 제공하기 위해서는 독창적인 비즈니스 모델 설계가 요구된다. 이 장에서는 차별화된 비즈니스 모델을 설계하는 전략과 방법을 살펴보며, 창업가가 실행 가능한 통찰을 얻을 수 있도록 돕겠다.

스타트업이 직면하는 큰 도전 중 하나는 경쟁 속에서 어떻게 자신만의 자리를 만들 것인가다. 독창성 없는 비즈니스 모델은 실패로 이어질 가능성이 크다. 반면, 차별화된 비즈니스 모델은 고객의 관심을 끌고, 시장에서 위치를 확보하는 데 기여한다.

차별화된 비즈니스 모델을 설계하기 위해서는 아래 관점과 전략이 필요하다.
- **고객 중심의 문제 정의**: 비즈니스의 시작은 고객의 문제를 정의하는 데 있다. 표면적인 문제가 아니라 고객이 직면한 근본적인 문제를 발견해야 한다.
- **기존 산업의 불편함 해결**: 전통적인 산업에서 고객이 느끼는 불편함을 분석하고, 이를 혁신적으로 해결하는 방안을 모색해야 한다. 에어비앤비는 호텔 숙박의 높은 비용과 제한된 선택지라는 문제를 해결해, 전 세계의 개인 숙소를 연결하는 플랫폼을 구축했다.
- **새로운 수익 모델 탐색**: 경쟁자들이 간과한 새로운 수익 모델을 추가하면서 차별화를 꾀할 수 있다. 예를 들어, 프리미엄 구독 서비스나 데이터 기반

수익 모델은 기존 비즈니스의 한계를 뛰어넘을 수 있는 방법이다.

· **기술 활용과 디지털 전환**: 최신 기술을 활용해 기존의 방식을 혁신할 수 있다. 클라우드, AI, 블록체인 등의 기술은 비즈니스 모델에 새로운 가능성을 제공한다.

· **독특한 고객 경험 설계**: 고객이 제품이나 서비스를 통해 느끼는 전반적인 경험을 차별화의 중심에 둬야 한다. 테슬라는 전통적인 자동차 구매 과정 대신, 온라인 구매와 직접 판매 방식을 도입해 새로운 고객 경험을 창출했다.

이 중 당신의 비즈니스 모델이 이미 갖춘 것은 무엇인가? 아직 갖추지 못한 부분이 있다면 언제, 어떻게 확보할 것인가?

창업자가 자신의 비즈니스 모델을 점검할 수 있는 〈표 3-5〉의 체크리스트를 확인하자.

〈표 3-5〉 창업자를 위한 차별화 BM 체크리스트

체크리스트	검토 결과
내 비즈니스 모델은 고객에게 독특한 가치를 제공하고 있는가?	
경쟁자와의 차별점이 명확히 드러나는가?	
기술, 경험, 수익 모델 등 다양한 측면에서 차별화를 고민했는가?	
고객의 문제를 근본적으로 해결하고 있는가?	
시장 검증과 피드백을 통해 지속적으로 모델을 개선하고 있는가?	

차별화된 비즈니스 모델은 경쟁에서 살아남을 수 있는 전략적 방안이다. 하지만 차별화는 창의적인 아이디어만으로 이루어지지 않는다. 고객의 문제를 깊이 이해하고, 실행 가능한 전략을 설계하며, 시장의 피드백을 통해 끊임없이 개선해 나가는 과정이 필요하다.

고객 문제를 해결할 독창적인 가치를 찾고, 이를 바탕으로 시장에서 차별화된 위치를 구축하라. 실패와 어려움은 새로운 기회와 학습의 과정일 뿐이다. 당신이 만든 비즈니스 모델은 세상을 바꾸는 힘을 가질 수 있다.

다음 장은 비즈니스 모델 혁신을 다룬다. 혁신은 기존의 틀을 깨고 고객과 시장을 새롭게 정의하는 과정이다. 혁신으로 기존 비즈니스 모델의 한계를 넘어서는 방법과 성공 사례를 심도 있게 탐구해 보자. 차별화된 비즈니스 모델을 장착하고 혁신의 길로 나아갈 준비를 하자.

〈성공 노트 # 3〉

■ 아래 린 캔버스를 채워 당신의 차별화된 비즈니스 모델을 설계해 보자.

BM 차별화	핵심 질문
문제 (Problem)	고객이 직면한 주요 문제를 정의하고 현재의 문제 해결 방식을 분석한다.
고객군 (Customer Segments)	제품이나 서비스를 필요로 하는 핵심 고객군을 정의하며, 초기 타깃 고객과 잠재 고객을 포함한다.
고유의 가치 제안 (Unique Value Proposition)	고객이 이 제품이나 서비스를 선택해야 하는 이유와 경쟁 제품과의 차별성을 명확히 제시한다.
솔루션(Solution)	고객의 문제를 해결하기 위한 구체적인 제품이나 서비스 아이디어를 설계한다.
채널(Channels)	고객에게 도달하기 위한 방법과 경로를 정의한다.
수익원(Revenue Streams)	제품이나 서비스로 수익을 창출할 방식을 구체화한다.
비용 구조(Cost Structure)	비즈니스 운영에 필요한 주요 비용을 파악한다.
핵심 지표(Key Metrics)	비즈니스 성과를 측정하고 관리할 수 있는 주요 지표(KPIs)를 설정한다.
경쟁 우위 (Unfair Advantage)	경쟁자가 쉽게 모방할 수 없는 독특한 강점을 정의한다.

1.4 비즈니스 모델 혁신

오늘날 많은 사람이 혁신의 아이콘으로 테슬라의 일론 머스크를 떠올린다. 테슬라는 전기차와 지속 가능한 에너지로 새로운 시대를 열고 있다. 그러나 테슬라의 성공은 기술적 우위나 제품의 우수성에만 있지 않다. 그것은 비즈니스 모델의 근본적인 혁신, 즉 기존의 틀을 깨고 새로운 방식으로 가치를 창출한 데 있다.

찰스 다윈은 『종의 기원』에서 "오래 살아남는 종은 가장 강한 종도, 가장 똑똑한 종도 아니다. 변화에 가장 잘 적응하는 종이다."라고 했다. 테슬라의 이야기는 이를 비즈니스 세계에 그대로 투영한다. 전통적인 자동차 제조업체들이 화석연료 기반의 기존 비즈니스 모델에 있을 때, 전기차를 중심으로 새로운 시장을 열며 자동차 산업의 패러다임을 바꾸고 있다.

테슬라는 2003년 창립 이래, 세 가지 혁신적인 전략으로 자동차 산업과 에너지 시장을 재편했다.

첫째, 전기차를 플랫폼으로 비즈니스 모델을 혁신했다. 전통적인 자동차 제조업체는 엔진 성능, 디자인, 브랜드 이미지에 초점을 맞췄지만, 테슬라는 자동차를 이동 수단이 아닌, 소프트웨어 기반의 플랫폼으로 재정의했다. 차량 내 OTA (over the air) 업데이트, 자율주행 기술 등은 고객 경험을 새롭게 설계했다.

둘째, 기술과 지속 가능성의 결합이다. 전기차를 만드는 데 그치지 않고, 충전 인프라와 에너지 솔루션을 포함한 지속 가능한 에너지 생태계를 구축하는 데 초점을 맞췄다. 이를 통해 전기차 사용의 불편함을 해소하고, 친환경 에너지 전환을 가속화했다.

셋째, 고객 중심의 경험을 차별화했다. 전통적인 딜러 네트워크를 없애고, 고객이 온라인에서 차량을 주문할 수 있는 직접 판매 모델을 도입했다. 복잡한 옵션 대신 직관적이고 명확한 모델 구성을 제공하며 고객의 선택 부담을 줄였다.

테슬라의 성공은 기존의 규칙과 한계를 뛰어넘어, 변화에 적응하고 이를 기회로 전환한 데 있다. 오늘날의 비즈니스 세계도 마찬가지다. 변화는 도전이자 위기일 수 있지만, 동시에 새로운 시장을 열 수 있는 기회다.

스타트업 창업자는 고객의 문제를 근본적으로 해결하는 독창적인 비즈니스 모델을 설계하고, 이를 기반으로 시장을 재정의해야 한다.

다음 장에서는 혁신을 이끄는 비즈니스 모델 설계의 핵심 전략을 살펴보며, 창업가가 변화를 기회로 삼아 성공적인 미래를 설계할 수 있는 방법을 탐구할 것이다. 변화에 적응하라, 그것이 생존과 성공의 비결이다!

비즈니스 모델 혁신의 정의와 필요성

비즈니스 모델 혁신은 기업이 가치를 창출하고 전달하며 수익을 얻는 방식을 재구성하는 것을 의미한다. 기존을 개선하거나, 완전히 새로운 방식으로 고객의 문제를 해결하고 새로운 시장을 창출하는 것이 핵심이다. 아마존의 물류 네트워크는 기존 전자상거래 모델에 물류 혁신을 더해 배송 시간을 단축하며 경쟁력을 높였다. 또한, 새로운 시장 창출을 위해 기존 시장의 틀을 깨고 새로운 가치 네트워크를 구축할 수 있다. 우버는 차량 호출 서비스를 통해 기존 택시 시장을 재정의했다.

현대 경영 환경에서 비즈니스 모델 혁신은 선택이 아니라 필수가 되었다. 그 이유는 다음과 같다.

하나, 기술 발전. 인공지능(AI), 블록체인, 클라우드 컴퓨팅 등 첨단 기술은 전통적인 비즈니스 모델의 경계를 허물고, 새로운 기회를 제공한다. 넷플릭스는 스트리밍 기술을 통해 미디어 소비 방식을 완전히 바꿨다.

둘, 고객의 요구와 기대 변화. 현대 고객은 더 나은 경험, 개인화된 서비스, 빠르고 간편한 접근성을 요구한다. 디즈니 플러스는 OTT 플랫폼으로 전환하며 전통적인 TV 방송 방식을 보완하고 고객의 변화하는 콘텐츠 소비 패턴에 대응했다.

셋, 경쟁 환경의 변화. 글로벌화와 디지털화로 인해 기존 시장은 더욱 치열해졌으며, 경쟁 우위를 유지하기 위해서는 끊임없는 혁신이 요구된다. 스타벅스는 커피 판매에 그치지 않고, 리워드 프로그램과 모바일 앱을 통해 고객 경험을 혁신하며 경쟁력을 유지했다.

넷, 불확실성과 시장 포화. 기존 시장이 포화 상태에 이르면서 기업은 새로운 시장을 개척하거나 비즈니스 모델을 전환해야만 지속 가능한 성장을 이룰 수 있다. 테슬라는 전기차와 지속 가능한 에너지 시장으로 확장하며 전통 자동차 시장의 포화에서 벗어났다.

새로운 시도를 멈춘 기업의 미래는 쉽게 예측할 수 있다. 디지털 카메라 기술을 최초로 개발했지만, 필름 카메라 시장의 안락함에 안주했던 코닥은 결국 시장에서 그 지위를 완전히 상실하고 말았다. 반면, 오늘날 가장 혁신적인 플랫폼 기업으로 손꼽히는 아마존과 구글은 끊임없는 비즈니스 모델 혁신으로 변화를 주도하고 있다. 물론 새로운 시도는 때로 실패할 수 있다. 하지만 그 실패는 종종 성공보다 더 값진 교훈을 기업에 남긴다.

비즈니스 모델 혁신은 기업의 생존과 성공을 위한 필수 전략이다. 기존 모델에 안주하기보다는 고객 중심의 혁신을 통해 지속 가능한 경쟁 우위를 확보해야 한다. 이를 위해 창업자는 기술, 고객 요구, 시장 환경을 깊이 이해하고, 이를 기반으로 비즈니스 모델을 설계하고 실행해야 한다.

"혁신은 선택이 아니라, 생존과 성장의 열쇠다."

비즈니스 모델 혁신은 도전적이지만, 이를 통해 새로운 시장을 창출하고 가치를 증대시키는 기회가 될 수 있다.

비즈니스 모델 혁신을 추진하는 방법

비즈니스 모델 혁신은 기업의 지속 가능성과 경쟁력을 확보하기 위한 전략이다. 이러한 혁신은 체계적인 접근과 실행 계획을 필요로 한다. 여기서는 비즈니스 모델 혁신을 성공적으로 추진하기 위한 주요 단계를 제시한다.

[그림 3-9] 비즈니스 모델 혁신 추진

[1] 현재 비즈니스 모델의 분석 → [2] 고객 중심의 문제 정의 → [3] 새로운 솔루션 도출

[4] 파일럿 테스트와 검증 → [5] 조직 내부 정렬 → [6] 지속적인 개선과 학습

#1. 현재 비즈니스 모델의 분석

혁신은 기존 모델의 강점과 약점을 명확히 이해하는 데서 시작된다. 아래 질문을 통해 평가해 보자. 비즈니스 모델의 주요 요소를 시각적으로 정리하고, 비즈니스의 전반적인 흐름을 파악한다.

· 현재 비즈니스 모델에서 고객에게 제공하는 가치는 무엇인가?
· 자원과 역량은 어떻게 활용되고 있는가?
· 수익 구조와 비용 구조는 지속 가능한가?

#2. 고객 중심의 문제 정의

다음은 고객 중심의 문제 정의다. 혁신의 출발점은 고객의 문제를 명확히 정의하고, 이를 해결하기 위한 새로운 접근 방식을 모색하는 것이다. 다음 질문으로 확인해 보자. 고객 인터뷰, 설문 조사, 사용자 피드백 등을 통해 실제 문제를 탐구한다. 고객 문제와 해결책을 중심으로 비즈니스 모델을 설계한다.

· 고객이 직면한 가장 큰 문제는 무엇인가?
· 기존 모델에서 고객의 불만족 요소는 무엇인가?

#3. 새로운 솔루션 도출

그리고, 아이디어를 발굴해 새로운 솔루션을 도출한다. 비즈니스 모델 혁신은 새로운 아이디어를 기반으로 한다. 아래 질문과 함께 내부 팀뿐만 아니라 외부 환경에서 얻을 수도 있다. 브레인스토밍, 디자인 싱킹, 트렌드 분석 등을 통해 창의적인 아이디어와 솔루션을 발굴할 수 있다. 혹은 성공적인 비즈니스 모델 사례를 참고해 벤치마킹을 시도하거나.

- 현재 시장에서 간과되고 있는 기회는 무엇인가?
- 기술적, 사회적 변화가 제공하는 새로운 가능성은 무엇인가?
- 고객의 문제를 해결하는 (기술적) 솔루션은 무엇인가?

#4. 파일럿 테스트와 검증

파일럿 테스트와 검증을 진행한다. 새로운 비즈니스 모델은 아래 질문과 함께 실행 전에 검증 과정을 반드시 거쳐야 한다. MVP를 제작하여 최소한의 자원으로 시장 반응을 테스트한다. 데이터를 기반으로 초기 가설을 검증하고, 필요한 경우 모델을 조정한다.

- 이 모델이 실제로 시장에서 작동할 것인가?
- 고객의 반응은 어떤가?

#5. 조직 내부 정렬

조직 내부를 정렬한다. 비즈니스 모델 혁신이 성공하려면, 조직 전체가 변화에 동참해야 한다. 변화 관리 프로그램을 통해 조직 전체가 혁신의 목표를 공유하도록 한다. 리더십 팀이 명확한 비전을 제시하고, 직원들에게 자율성과 책임감을 부여한다.

- 조직 내부의 저항 요소는 무엇인가?
- 혁신을 지원할 구조와 문화는 마련되어 있는가?

#6. 지속적인 개선과 학습

지속적인 개선과 학습이 필요하다. 혁신은 한 번의 성공으로 끝나지 않는다. 아래 질문처럼 비즈니스 모델은 끊임없이 변화하는 환경에 적응하고 진화해야 한다. 시장 데이터와 고객 피드백을 정기적으로 분석하여 개선점을 도출한다. 애자일(Agile) 접근법을 도입하여 변화하는 요구에 빠르게 대응한다.

· 시장의 변화에 따라 비즈니스 모델은 어떻게 조정되어야 하는가?

· 지속적인 학습을 통해 더 나은 모델을 설계할 수 있는 방법은 무엇인가?

비즈니스 모델 혁신은 고객과 시장, 조직의 역량을 종합적으로 고려하는 체계적인 접근을 필요로 한다. 혁신의 성공은 계획된 실행과 지속적인 학습에 달려 있다. 창업가는 이러한 단계를 통해 변화의 리스크를 기회로 전환하고, 지속 가능한 성장을 이끌어낼 수 있다. 혁신은 단번에 이루어지는 것이 아니라, 끊임없는 개선과 실행을 통해 성취된다.

제1장 마무리

〈재벌집 막내아들〉에서 진도준이 1990년대 말로 돌아가 새롬데이터 주식을 매매하며 큰 수익을 올린 장면은 당시 인터넷 혁명이 가져온 시장 변화를 상징적으로 보여준다. 1990년대 말, 인터넷의 등장과 함께 비즈니스 모델은 새로운 기술이 시장에 안착하기 위한 필수 전략으로 자리 잡았다.

스타트업 창업자에게 비즈니스 모델 설계는 사업 시작 단계를 넘어, 지속 가능한 성공을 설계하는 지도로서 중요한 의미를 가진다. 1장에서는 비즈니스 모델의 중요성과 이를 설계하고 실행하기 위한 핵심 요소를 중점적으로 다루었다.

스타트업 창업자가 반드시 기억해야 할 핵심 메시지는 다음과 같다:
- **가치 중심 설계:** 고객이 진정으로 원하는 가치를 파악하고, 이를 해결하는 데 초점을 맞춘 비즈니스 모델이 시장에서 차별화될 수 있다.
- **지속 가능한 수익 구조:** 반복적인 매출을 창출할 수 있는 구조를 설계해, 안정적인 자금 흐름을 확보하는 것이 중요하다.
- **유연성과 검증:** 모델을 지속적으로 검증하고, 시장 피드백에 따라 보완하며 발전시켜야 한다.
- **경쟁 우위를 확보:** 차별화된 핵심 역량과 고객 중심의 실행력을 바탕으로 경쟁자가 따라오기 어려운 전략적 우위를 만들어야 한다.
- **조직과 실행력의 정렬:** 모델의 실현을 위해 팀, 자원, 조직 문화를 준비하고, 실행 가능한 환경을 조성해야 한다.

비즈니스 모델은 스타트업의 방향과 가능성을 결정한다. 고객의 문제를 해결하고 가치를 제공하며 지속 가능한 성장을 설계한 모델이 시장에서 살아남는다.

이제, 비즈니스 모델이 준비되었다면 시장에서 실제로 실행하고 자리 잡을 단계로 나아가야 한다. 2장에서는 효과적인 시장 진입 전략을 통해 경쟁이 심한 환경에서 생존하고 성공을 거두는 방법을 다룬다. 당신의 비즈니스가 시장에서 어떻게 첫발을 내딛고, 경쟁을 넘어설 수 있을지 함께 탐구해 보자.

02 시장에서 살아남기
: 효과적인 시장 진입 전략

많은 사람에게 익숙한 '다윗과 골리앗' 이야기는 약자가 강자를 이길 수 있다는 희망을 상징한다. 이스라엘과 블레셋 군대가 대치하던 전장에서, 블레셋의 거인 골리앗은 누구도 상대할 수 없는 적으로 보였다. 그는 압도적인 체구와 강력한 무기, 견고한 갑옷으로 무장한 전사였다. 이스라엘 군대에 공포를 심어주었고, 싸우기 전부터 승패는 정해진 듯했다.

하지만 다윗이라는 작고 연약한 목동이 골리앗에게 도전장을 내밀며 상황은 뒤바뀌었다. 다윗은 전통적인 전투 방식인 근접전을 피하고, 자신의 강점인 슬링샷 기술을 활용해 원거리에서 정확히 골리앗의 약점을 공격했다. 거대한 골리앗이 간과했던 이 전략은 그를 무너뜨렸다. 다윗은 자신이 익힌 기술과 창의성을 활용해 승리하며, 약자도 전략적으로 싸우면 강자를 이길 수 있다는 메시지를 남겼다.

말콤 글래드웰의 『다윗과 골리앗』은 이 고전적 이야기를 현대적 시각에서 재해석하며, 약자가 가진 고유한 강점과 전략의 중요성을 강조한다. 다윗의 승리는 기적이 아니라, 골리앗의 약점과 다윗의 슬링샷이라는 원거리 무기를 활용한 전략적 판단의 결과라는 것이다. 강자도 약점이 없지 않으며, 약자는 자신에게 유리한 방식으로 싸울 때 승리할 수 있다. 이 내용은 비즈니스 환경에도 유효하다.

이 이야기는 오늘날 시장에서 작은 기업, 특히 스타트업이 직면하는 도전을 비유한다. 대기업은 풍부한 자원과 기존 시장에서의 강력한 입지를 바탕으로 절대적 강자로 여겨진다. 하지만 스타트업은 창의성과 민첩성, 기술력을 통해 차별화된 전략으로 시장에 도전할 수 있다.

다윗과 골리앗의 이야기는 스타트업 창업가들에게 다음과 같은 교훈을 준다.

첫째, 기존 규칙에 얽매이지 말고 새로운 방식을 찾아야 한다. 기존 강자가 익숙한 방식 대신, 자신만의 강점을 활용한 규칙으로 싸워야 한다.

둘째, 자신의 강점을 극대화해야 한다. 다윗이 자신의 슬링샷 기술로 골리앗의 약점을 공략했듯, 스타트업도 제한된 자원을 효과적으로 활용해 시장에서 경쟁력을 확보해야 한다.

셋째, 자신감을 가지고 도전해야 한다. 다윗의 두려움 없는 태도는 상대방의 심리를 흔들었으며, 이는 시장에서 협상력과 유사한 역할을 한다.

변화와 도전을 두려워하지 않고, 자신만의 방식을 찾아 도전하는 기업만이 시장에서 성장할 수 있다.

2.1 니치 마켓 공략

창업의 가장 큰 도전 중 하나는 시장에 첫발을 제대로 내딛는 것이다. 뛰어난 기술과 혁신적인 아이디어가 있어도, 시장 진입 전략이 부실하다면 고객과 만나기도 전에 길을 잃기 쉽다. 특히 초기 창업 단계에서 신뢰와 관계를 구축하는 것이 필수적이기 때문에, 시장 진입의 문턱은 더욱 높아질 수 있다.

앞서 다뤘던 다윗과 골리앗의 이야기를 떠올려보자. 다윗은 싸움에서 정면승부를 피하고, 자신이 잘할 수 있는 전략으로 접근해 승리를 거머쥐었다. 이는 초기 시장 진입에 중요한 교훈을 준다. 모든 고객층을 겨냥해 기존 기업과 정면으로 맞서는 대신, 작은 틈새를 찾아 공략하면 적은 자원으로도 강력한 경쟁력을 확보할 수 있다.

이러한 틈새 시장, 즉 니치 마켓(Niche Market)은 대규모 시장의 경쟁 강도에서 벗어나, 작지만 강력한 고객 기반을 구축할 수 있는 기회를 제공한다. 초기 자원이 한정된 스타트업에게는 특히 유리한 전략이다. 예를 들어, 세계적인 스포츠 음료 브랜드 레드불(Red Bull)은 초기에는 극한 스포츠를 즐기는 에너지 소비층이라는 작은 시장을 공략해 성공을 거두었다. 이후 충성 고객층을 기반으로 글로벌 브랜드로 성장했다.

이 장에서는 니치 마켓의 정의와 중요성을 살펴보고, 적합한 시장을 식별하고 타기팅하는 방법을 다룬다. 또한, 성공과 실패 사례를 통해 니치 마켓이 기업의 성장과 생존에 어떤 영향을 미치는지 분석할 것이다. 작은 시장에서 시작하지만, 이 작은 틈새는 더 큰 성공의 시작점이 된다.

니치 마켓의 정의와 중요성

니치 마켓(Niche Market)은 특정 고객군이나 독특한 요구를 충족시키는 작은 시장을 의미한다. 이는 대규모 시장의 한 부분으로, 특정한 특성, 취향, 필요를 가진 고객층을 대상으로 한다. 일반적으로 대형 기업들이 간과하거나 진입을 망설이는 영역으로, 스타트업과 소규모 기업에게 새로운 기회를 제공한다.

니치 마켓은 특화된 고객군, 독특한 요구, 낮은 경쟁 강도를 특징으로 한다. 비교적 작은 시장으로 집중적인 자원 활용이 가능하고, 성공하면 높은 고객 충성도를 확보할 수 있으며, 경쟁 강도가 낮아 프리미엄 가격 전략이 가능하다. 또한, 규모가 큰 인접 시장으로의 확장 발판을 제공해 준다.

스타트업이 니치 마켓을 공략해야 하는 이유는 효율적인 시장 진입과 고객 관계 구축에 있다. 고객 신뢰와 충성도를 기반으로 하는 장기적인 시장 확장 가능성을 열어준다.

스타트업은 니치 마켓에서의 성과로 성장의 발판을 마련할 수 있으며, 대규모 경쟁 시장에서 겪을 수 있는 자원 소모와 위험을 줄일 수 있다. 니치 마켓은 스타트업이 시장에 첫발을 내딛고, 핵심 고객을 확보하며, 지속 가능한 경쟁 우위를 구축하는 데 있어 이상적인 전략적 선택지다.

니치 마켓 식별과 타기팅

니치 마켓 진입은 단지 작은 시장을 선택하는 데 있지 않다. 올바른 시장을 식별하고, 적합한 고객을 타기팅하며, 그들의 요구를 충족시키는 데 있다. 스타트업이 니치 마켓에서 성공하려면 철저한 조사와 전략적 접근이 필요하다. 니치 마켓을 식별하고 효과적으로 타기팅하는 방법을 알아보자.

니치 마켓을 식별하려면 다음의 세 단계를 따를 수 있다. 성공적인 니치 마켓 식별은 고객의 미충족 요구를 발견하는 데서 시작된다. "고객이 기존 제품이나 서비스에서 느끼는 불만족은 무엇인가?" 질문해 보자. 설문조사, 고객 인터뷰, 소셜 미디어 피드백 등을 통해 고객이 겪는 문제를 탐구할 수 있다.

다음으로, 시장 데이터와 트렌드를 분석해 경쟁이 치열하지 않은 세그먼트를 찾아야 한다. "경쟁사가 간과하고 있는 시장 세그먼트는 무엇인가?"의 질문을 산업 보고서, 시장 데이터베이스, 경쟁사 분석 등을 활용해 시장 분석을 진행한다.

그리고, 차별화 가능성을 검토하는 거다. 니치 마켓 안에서 자신만의 독창적인 가치를 제시할 수 있어야 한다. "이 시장에서 나만의 차별화된 가치 제안을 제공할 수 있는가?", 내부 역량, 자원, 기술을 평가해 경쟁 우위를 확보할 수 있는 영역을 찾는다.

이렇게 식별된 니치 마켓을 성공적으로 공략하려면, 타깃 고객을 명확히 정의하고, 효과적으로 접근해야 한다. 다양한 고객 그룹이 존재할 수 있는데 이를 세분화해 가장 적합한 타깃 고객을 정의해야 한다. 그런 다음 타깃 고객의 특징, 니즈, 행동 패턴을 시각적으로 정리한 고객 페르소나를 개발한다. 그리고 타깃 고객이 자주 사용하는 채널을 활용해 가치와 차별성을 명확히 전달해야 한다.

그러나 이러한 니치 마켓을 공략할 때 유의할 점도 있다. 니치 마켓은 규모가 작기 때문에, 성장 가능성을 검토해야 한다. 진입 이후 틈새 시장 내 점유율 확대와 인접시장 확장이 가능해야 한다. 그리고, 특정 시장에 의존할 경우, 시장 변화나 트렌드의 영향을 크게 받을 수 있어 과도한 집중의 위험을 고려해야 한다. 지속적으로 새로운 틈새 시장을 탐색하며 다각화를 시도해야 한다. 한편, 성공적인 니치 마켓 진입은 경쟁자의 관심을 끌게 된다. 경쟁사 진입 가능성을 고려해 지속적인 차별화와 브랜드 신뢰도 구축으로 경쟁력을 유지해야 한다.

니치 마켓의 식별과 타기팅은 작은 시장 선택이 아니라, 그 안에서 자신만의 강점을 활용해 고객과 연결하는 전술이다. 철저한 시장 조사, 고객 중심의 접근, 명확한 가치 제안을 통해 스타트업은 니치 마켓에서 입지를 다질 수 있다. 이는 시장 진입의 성공적인 첫걸음이 된다.

성공적인 니치 마켓 진입 사례

니치 마켓에서 성공적으로 입지를 다지고, 이후 글로벌 시장으로 성장한 기업들의 사례를 소개하겠다. 이 사례는 스타트업 창업가들에게 인사이트를 제공하며, 각 기업이 성공적으로 시장에 진입하고 성장할 수 있었던 공통적인 전략과 특징을 파악하는 기회를 제공한다. 실제 비즈니스 현장에서 적용할 수 있는 교훈을 얻고, 니치 마켓 공략의 효과적인 방법을 탐구해보자.

[성공 사례 #1] 세일즈포스(Salesforce)
- 니치 타깃: 중소기업용 CRM 솔루션
- 전략: 초기에는 비용 부담이 큰 대형 CRM 시스템 대신 중소기업을 위한 클라우드 기반의 CRM(고객 관계 관리) 솔루션을 제공. 설치형 대신 클라우드형 모델을 채택해 진입장벽을 낮춤.
- 결과: 중소기업들이 빠르게 도입하며 성공을 거둠.
- 교훈: CRM 시장의 일부인 '중소기업 고객'을 집중 공략해 초기 기반을 탄탄히 해 성공.

[성공 사례 #2] 줌(Zoom)
- 니치 타깃: 단순하고 빠른 영상회의 솔루션을 원하는 기업들
- 전략: 기존의 복잡하고 무거운 영상회의 시스템 대신, 사용이 간편하고 안정적인 화상회의 솔루션을 제공해 문제를 해결.
- 결과: 팬데믹 시기에 전 세계로 확장되며 필수 협업 툴이 됨.
- 교훈: 시장의 복잡한 문제를 해결하는 심플한 솔루션을 제공해 초기 고객을 확보.

[성공 사례 #3] 슬랙(Slack)
- 니치 타깃: 소규모 팀과 스타트업을 위한 협업 툴
- 전략: 슬랙은 초기부터 소규모 스타트업이나 개발팀을 타깃으로 개발자 친화적이고 직관적인 커뮤니케이션 플랫폼을 제공.
- 결과: 기존의 이메일과 복잡한 협업 툴이 가진 불편함을 해소하면서 빠르게 입소문이 났고, 이후 대기업과 다양한 산업으로 확장.
- 교훈: 초기에는 좁은 고객군(스타트업, IT팀)을 타기팅해 기능을 정교화하고 이후 시장을 확장.

[성공 사례 #4] 스페셜라이즈드(Specialized)
- 니치 타깃: 고급 사이클링 장비 시장
- 전략: 기존 자전거 시장에서 '전문적인 사이클링 장비'라는 틈새를 공략. 특히 고성능 로드 바이크와 산악 자전거를 원하는 열정적인 사이클리스트를 타기팅.
- 결과: 시장의 틈새 수요를 선점하며 프리미엄 브랜드로 자리 잡았고, 고급 시장에서 독보적인 위치를 확보.
- 교훈: 특정 수요층을 공략해 '프리미엄 니치 시장'의 리더십을 확보.

이 사례들은 대형 시장을 목표로 하기 전에 좁고 명확한 고객군을 공략해 빠르게 신뢰와 입지를 확보하고, 이후 확장 전략을 통해 성장했다. 이번에는 국내 기업이 니치 마켓에 성공적으로 진입한 사례를 살펴보자.

[성공 사례 #5] 마켓컬리 – 프리미엄 새벽 배송 시장
· 니치 타깃: 프리미엄 신선식품을 원하는 30~40대 맞벌이 가구
· 전략: 마켓컬리는 기존 식품 배송 시장에서 프리미엄 신선식품과 새벽배송
  이라는 틈새 시장을 공략. 바쁜 맞벌이 가구를 대상으로 고품질 제품과 시
  간 절약이라는 가치를 전달.
· 결과: 초기에는 작은 고객군을 대상으로 시작했지만, 점진적으로 수요를 확
  대하며 신선식품 유통의 혁신 사례로 자리 잡음.
· 교훈: 고객의 시간과 품질에 대한 니즈를 세분화해 시장을 개척.

[성공 사례 #6] 직방 – 부동산 VR 기반 서비스
· 니치 타깃: 1인 가구 및 젊은 층의 부동산 임대 시장
· 전략: 직방은 기존 복잡하고 오프라인 중심이었던 부동산 시장에서 원룸 및
  오피스텔을 중심으로 한 VR 기반 부동산 매물을 제공. 특히 사회 초년생과
  1인 가구의 임대 수요에 집중.
· 결과: 틈새시장을 선점하며 성장했고, 이후 다가구, 상업용 부동산으로 확장
  하면서 업계 선도 기업이 됨.
· 교훈: 고객층의 생활 패턴과 기술 활용도에 맞춘 틈새 시장 공략.

[성공 사례 #7] 크림(KREAM) – 한정판 리셀 플랫폼
· 니치 타깃: 한정판 스니커즈와 명품 리셀 시장
· 전략: 크림은 한정판 스니커즈, 명품을 사고팔 수 있는 리셀 플랫폼으로 시
  작. 기존 오프라인 거래나 불투명한 시장에서의 위조품 이슈를 해결하고 정
  품 검수 시스템을 통해 신뢰를 확보.
· 결과: 스니커즈 마니아들과 한정판 수집가라는 좁은 타깃층을 공략하면서
  입소문을 타고 빠르게 성장했고, 지금은 리셀 시장의 대표 플랫폼으로 자리
  잡음.
· 교훈: 기존 시장의 문제점을 해결하며 특정 수요층을 공략한 사례.

[성공 사례 #8] 채널톡 - 중소기업용 올인원 고객관리 플랫폼

· **니치 타깃:** 중소기업 및 스타트업
· **전략:** 채널톡은 중소기업이 고객과 소통하고 비즈니스를 운영하는 데 필요한 CRM 기능, 채팅, 마케팅 툴을 통합한 올인원 솔루션을 제공. 대형 기업이 접근하기 어려운 세부 니즈를 중소기업 중심으로 해결.
· **결과:** 초기에는 소규모 스타트업과 중소기업을 타깃으로 시작했지만, 입소문을 통해 빠르게 성장했고 이제는 다양한 산업군에 도입되고 있음.
· **교훈:** 중소기업의 미충족된 수요를 해결하며 B2B 시장에서 입지를 다짐.

[성공 사례 #9] 트리플 - 여행 플랫폼의 틈새 시장

· **니치 타깃:** 자유여행객을 위한 맞춤형 여행 정보 플랫폼
· **전략:** 트리플은 패키지여행 중심의 기존 여행 시장에서 자유여행객을 대상으로 여행 일정 추천, 맞춤 정보 제공 서비스를 제공. 특히 해외여행을 준비하는 젊은 층의 니즈를 세분화해 접근.
· **결과:** 고객 맞춤형 서비스를 통해 빠르게 시장에 안착했고, 코로나 이후 국내 여행 시장까지 확대하고 있음.
· **교훈:** 기존 시장의 특정 고객층에 맞춘 서비스 제공으로 성공.

이들 기업은 공통적으로 기존 시장의 미충족된 수요나 고객 페인포인트를 정확히 파악하고, 특정 고객층에 초점을 맞추면서 시장을 선점했다. 초기 니치 시장을 성공적으로 공략한 후 점진적으로 확장하며 지속 성장을 이뤘다.

니치 마켓 진입에 성공한 기업 사례를 기반으로 성공 요인을 정리하면 다음과 같다.

〈표 3-6〉 사례를 통해 본 니치 마켓 진입 성공 요인

니치 마켓 진입 성공 요인
○ 타깃 고객의 명확한 정의
○ 고객 문제를 명확히 이해하고 해결책 제시
○ 경쟁사와의 차별화를 통해 독보적 가치 제공
○ 적절한 타이밍과 트렌드 대응으로 시장 선점
○ 가격과 품질의 균형을 맞추며 신뢰 확보
○ 확장 가능성을 염두에 두고 지속적으로 성장할 수 있는 기반 마련

이상 고객의 문제를 이해하고 해결하는 고객 요소, 독보적인 가치를 제공하며 신뢰를 구축하는 가치 요소, 그리고 적절한 시점에서 트렌드에 대응하며 확장 가능성을 염두에 두는 시간 요소로 정리할 수 있다. 고객, 가치, 시간, 이 세 요인을 통합적으로 활용할 때, 니치 시장에서의 성공 가능성은 높아진다.

실패 사례에서 배우는 교훈

니치 마켓 진입 결정이 스타트업의 성공을 보장하지는 않는다. 잘못된 시장 선택, 불충분한 준비, 타깃 고객과의 소통 부족 등은 실패로 이어질 수 있다. 실패 사례를 과오로만 치부하지 않고, 무엇을 피해야 하고 어떻게 개선해야 하는지 배우는 건 가치가 있다. 니치 마켓 진입 실패 사례를 살펴보고 교훈을 탐구해 보자.

[실패 사례 #1] 하인즈의 컬러 케첩(Heinz EZ Squirt Colored Ketchup)
· **제품 개요:** 2000년대 초반, 하인즈는 어린이들을 타깃으로 보라색, 초록색 등 다양한 색상의 케첩을 출시.
· **실패 원인:** 소비자들은 케첩은 빨간색이라는 고정관념이 강했으며, 음식이 비정상적으로 보인다는 부정적인 반응이 많았음.
· **결과:** 일시적인 판매 증진에도 불구하고, 지속적인 수요를 확보하지 못해 결국 단종.

[실패 사례 #2] 삼성전자의 갤럭시 라운드

· 제품 개요: 삼성전자는 2013년 세계 최초로 곡면 디스플레이를 적용한 스마트폰 '갤럭시 라운드'를 출시하며 혁신적인 디자인으로 니치 마켓을 공략하려 시도.

· 실패 원인

  - 실용성 부족: 곡면 디자인이 실제 사용 편의성에 큰 도움을 주지 못했고, 오히려 불편하다는 의견이 있었음.

  - 높은 가격: 혁신적인 기술 적용으로 인한 높은 가격이 소비자들의 구매를 망설이게 함.

  - 제한된 수요: 특이한 디자인을 선호하는 소비자층이 제한적이어서 대중화에 실패.

· 결과: 판매 부진으로 인해 후속 모델 개발이 중단되었고, 삼성은 이후 다른 형태의 혁신을 모색하게 됨.

[실패 사례 #3] 스토리팝(StoryPop)

· 서비스 개요: 2013년 출시된 스마트폰 기반 소설 읽기 및 쓰기 플랫폼으로, 사용자들이 직접 소설을 작성하고 공유할 수 있는 공간을 제공.

· 실패 원인

  - 시장 타이밍 부적절: 당시 스마트폰 사용자들은 간단한 작업에 주로 집중했으며, 긴 글을 읽거나 쓰는 데 익숙하지 않았음.

  - 소비자 분석 부족: 젊은 세대의 디지털 콘텐츠 소비 패턴을 정확히 파악하지 못해, 서비스가 사용자들의 관심을 끌지 못함.

  - 경쟁 심화: 유사한 기능을 제공하는 대형 플랫폼들과의 경쟁에서 차별화를 이루지 못함.

· 결과: 이용자 수가 기대에 미치지 못해 서비스는 종료됨.

[실패 사례 #4] 울라블라(Oolabla)

· 서비스 개요: 2011년 이승건 대표가 개발한 스마트폰 초음파 통신을 이용해 오프라인 만남을 기록하는 소셜 네트워크 서비스.

· 실패 원인

    - 대형 경쟁자의 등장: 페이스북이 비슷한 기능을 출시하면서 경쟁에서 밀림.

    - 시장 수요 부족: 사용자들의 니즈를 충분히 충족시키지 못함.

· 결과: 예상치 못한 경쟁자의 등장으로 인해 서비스를 중단.

[실패 사례 #5] 홈클(Homecl)

· 서비스 개요: 2015년 출시된 가사도우미 매칭 플랫폼으로, 사용자와 가사도우미를 연결해주는 서비스를 제공.

· 실패 원인

    - 법률 및 규제 문제: 당시 법적으로 가사도우미는 중개업자가 아닌 실사용자가 임금을 지급해야 했음. 이러한 규제는 플랫폼 운영에 큰 제약이 됨.

    - 시장 조사 부족: 이용자들의 성향과 요구를 충분히 파악하지 못한 채 서비스를 출시하여, 사용자들의 니즈를 충족시키지 못함.

    - 자금 부족: 법적 문제를 해결하기 위해 가사도우미를 직접 고용하려면 상당한 자금이 필요했지만, 스타트업으로서는 감당하기 어려웠음.

· 결과: 서비스는 시장에서 큰 반향을 일으키지 못하고 결국 중단.

[실패 사례 #6] 타운어스(Townus)

· 서비스 개요: 2015년 설립된 공동구매 플랫폼으로, 대학 등을 중심으로 맞춤형 단체복을 판매.

· 실패 원인

    - 코로나19 팬데믹 영향: 2020년 초 시작된 코로나19 확산으로 단체활동이 줄어들면서 수요가 크게 감소.

    - 시장 변화에 대한 대응 부족: 팬데믹 상황에서 비즈니스 모델을 신속하게 전환하지 못함.

    - 해외 시장 진출의 어려움: 중국 시장에서의 문화적 차이를 충분히 고려하지 못해 서비스 확대에 어려움을 겪음.

· 결과: 사업 확장을 기대하고 채용을 늘렸지만, 예상치 못한 팬데믹 상황으로 인해 결국 서비스를 종료.

[실패 사례 #7] 마이돌(MyDoll)
· 서비스 개요: 2013년 개발된 팬덤 서비스로, 스타와 가상으로 대화하는 휴대폰 잠금화면 애플리케이션.
· 실패 원인
  - 수익 모델 부재: 누적 다운로드 1,400만 건에 달했지만, 지속 가능한 수익 모델을 찾지 못함.
  - 엔터테인먼트 산업의 척박한 환경: 당시 연예기획사들과의 협업이 어려웠고, 시장 환경이 성숙하지 않음.
  - 내부 문제: 복잡한 지분 구조 등 내부 경영 문제로 인해 성장에 한계가 있었음.
· 결과: 초기에는 주목받았지만, 결국 수익성 확보에 실패하여 서비스 종료.

[실패 사례 #8] 애플의 뉴턴 메시지패드(Newton MessagePad)
· 제품 개요: 1993년 애플이 출시한 PDA(개인 디지털 보조기기)
· 실패 원인: 당시 기술로는 필기 인식 기능이 부정확했고, 높은 가격과 짧은 배터리 수명 등으로 소비자들의 기대에 미치지 못함.
· 결과: 판매 부진으로 인해 1998년 생산 중단.

이 사례를 통해 소비자 이해 부족, 기술 완성도 부족, 가격 경쟁력 부족, 시장 진입 타이밍 실패, 경쟁 대응 미흡, 규제 및 외부 환경 변화 등이 니치 마켓 실패의 주요 원인임을 알 수 있다. 예상치 못한 외부 요인이나 대형 경쟁자 등장에 대비해 유연한 전략 수립이 요구된다.

니치 마켓에 완벽히 준비된 상태로 진입하는 건 쉽지 않다. 그러나 실행 과정에서 발생하는 문제를 빠르게 파악하고, 방향을 조정해 길에서 벗어난 부분을 바로잡는 것은 중요하다. 이때 실패 원인을 이해하고 이를 피하는 방법을 활용하면, 문제 해결과 성공적인 시장 안착에 도움이 된다.

실패 원인과 실패를 피하는 방법을 정리한 표를 참조하자.

〈표 3-7〉 실패 사례를 통한 본 니치 시장 실패 원인과 피하는 방법

실패 원인	실패 피하는 방법
• 소비자 이해 부족 • 기술 완성도 부족 • 가격과 가치 불균형 • 시장 타이밍 실패 • 경쟁 대응 미흡 • 규제 및 외부 환경 변화	▶ 철저한 시장 조사 ▶ 제품의 완성도와 실질적 가치 제공 ▶ 고객이 납득할 수 있는 가치와 가격의 균형 ▶ 출시 시점을 전략적으로 계획 ▶ 경쟁사 움직임 예의 주시, 차별화 유지 ▶ 외부 환경 변화에 빠르게 적응

니치 시장에서 실패를 막으려면 치밀한 시장 조사와 고객 이해는 기본이다. 그리고 기술 완성도와 실질적 가치를 제공하는 제품을 통해 신뢰를 쌓고, 가격과 가치의 균형을 맞춰야 한다. 또한, 시장 타이밍을 전략적으로 계획하고, 경쟁사의 움직임과 외부 환경 변화에 민첩하게 대응하는 유연성이 요구된다.

차별화로 경쟁에서 앞서기

니치 마켓에서 성공적으로 자리 잡기 위해서는 고객들에게 명확한 이유와 가치를 제공해야 한다. 여기서 중요한 전략이 바로 차별화다. 차별화는 경쟁자와의 뚜렷한 차이를 만들어내어 고객들이 선택할 이유를 제공하며, 이는 특히 니치 마켓과 같은 작은 시장에서 더욱 효과적이다.

니치 마켓은 규모는 작더라도 고객층이 분명하게 정의된 시장이다. 이러한 시장에서 경쟁자가 적다는 것은 장점이지만, 동시에 고객의 기대치가 매우 구체적이고 까다로울 수 있다. 따라서 니치 고객이 원하는 가치를 명확히 파악하고, 이를 충족하거나 초과 달성하는 차별화 전략이 필수적이다.

차별화는 단순히 제품이나 서비스를 다르게 만드는 것이 아니다. 고객의 특정 문제를 해결하거나 그들이 느끼는 고유한 필요를 충족시킴으로써 그들의 선택을 받을 이유를 제공하는 것이다. 이는 충성도 높은 고객을 확보하고, 시장 내 리더로 자리 잡을 수 있는 기반이 된다.

니치 마켓에서 성공적인 차별화를 이루기 위해 다음과 같은 전략을 활용할 수 있다.

첫째, 독창적 가치 제안 설계: 니치 고객이 겪고 있는 고유한 문제를 직접 해결하는 솔루션 제공은 차별화 요소가 된다. 이를 위해 고객 페인 포인트(Pain Point)를 깊이 이해하고, 그들의 기대를 초월하는 맞춤형 솔루션을 설계해야 한다. 예를 들어, 와비 파커(Warby Parker)는 온라인에서 안경을 구매할 때 높은 가격과 제한된 선택지를 문제로 느꼈다. 온라인 맞춤형 안경 쇼핑 모델을 도입해 여러 개의 샘플을 무료로 착용해보고 선택할 수 있도록 했으며, 가격도 대폭 낮춰 시장에서 차별화를 이루었다.

둘째, 고객 경험(UX)의 디테일을 차별화: 니치 마켓의 고객은 일반 소비자보다 더 높은 기대를 가질 가능성이 크다. 따라서 고객이 제품을 탐색하고 구매하며 사용하는 모든 과정에서 탁월함을 경험할 수 있도록 세심하게 설계해야 한다.

니치 마켓에서는 첫 번째로 주목받는 브랜드가 경쟁 우위를 가지게 되는 경우가 많다. 차별화로 초기 진입 시점에서 경쟁자보다 앞설 수 있으며, 고객 추천을 활성화하거나 커뮤니티를 구축하는 전략은 장기적인 리더십 확보에 기여할 수 있다. 또한, 경쟁자가 모방하기 어려운 진입 장벽을 구축하는 것도 필요하다. 기술적 특허, 독점적인 고객 데이터, 고유한 생산 공정 등이 그 예이다.

성공적으로 차별화를 이뤄낸 스타트업들은 그들만의 고유한 스토리와 고객 가치로 시장 내 입지를 다졌다. 예를 들어, 특정 지역에서만 판매하는 희귀한 재료로 만든 뷰티 제품이 글로벌 브랜드로 성장한 사례는 고객의 고유한 니즈를 충족한 성공적인 차별화 전략을 보여준다. 반면, 차별화 없이 기존 브랜드와 비슷한 전략을 취했던 기업들은 고객의 주목을 받지 못해 시장에서 사라지는 결과를 초래하기도 한다. 이처럼 성공적인 차별화의 필수 요소를 배우고, 실패의 교훈을 전략에 반영해야 한다.

차별화는 단기적인 성공에 그치지 않고 지속 가능성을 확보해야 한다. 지속적으로 고객 피드백을 수집하여 제품과 서비스를 개선해야 한다. 또한, 시장과 고객의 변화에 민감하게 반응하며 새로운 니즈를 선제적으로 충족할 수 있는 적응력을 키워야 한다.

궁극적으로, 혁신적인 기술과 아이디어를 지속적으로 통합해 차별화 전략을 확장하는 것도 필요하다. 이는 경쟁자가 쉽게 따라 할 수 없도록 하고, 장기적인 경쟁 우위를 유지할 수 있게 해준다.

니치 마켓에 성공적으로 진입하고 확장하기 위해서는 철저한 준비와 차별화 전략이 필요하다. 니치 마켓 진입은 자원이 부족하고 시장 기반이 약한 창업자가 도전해 볼 만한 매력적인 시장 접근 전략이다.

그러나 니치 마켓에 진입했다고 성공이 보장되는 것은 아니다. 이후 성공 여부는 고객 중심의 독창적 가치 제안, 탁월한 고객 경험 설계, 그리고 지속 가능한 차별화 전략에 달려 있다. 특히, 경쟁자가 쉽게 따라 할 수 없는 차별화를 통해 시장 내에서 독보적인 입지를 구축해야 한다. 진입 시점에서 우위를 확보하며, 고객 추천을 활성화하고 충성도를 높이는 방안을 통해 시장 리더로 자리 잡을 수 있다.

성공적인 차별화는 단발적인 성과에 그치지 않고 지속 가능한 방식으로 유지되고 확장되어야 한다. 본문에서 소개된 다양한 성공과 실패 사례를 통해 이러한 전략의 중요성을 이해하고, 성공적인 전략을 수립하기 바란다.

제2장 마무리

2장에서는 스타트업이 시장에 진입하며 직면하는 도전과 이를 극복하기 위한 니치 마켓 전략을 중점적으로 살펴보았다. 〈다윗과 골리앗〉의 이야기처럼, 작은 존재가 거대한 상대와의 대결에서 승리하려면 정면 승부가 아닌 자신만의 강점을 활용한 전략적 접근이 필요하다. 기존 기업이 간과하거나 진입을 주저하는 틈새 시장에서 특화된 가치를 제공하는 것이 얼마나 효과적인지, 국내외 다양한 성공과 실패 사례를 살펴보았다.

니치 마켓은 규모는 작지만, 고객의 독특한 요구를 충족함으로써 빠르게 신뢰와 충성도를 구축할 수 있는 기회다. 그러나 명확한 시장 조사와 차별화 전략이 뒷받침되지 않으면 틈새에서도 실패를 경험할 수 있음을 기억해야 한다.

스타트업 창업자가 기억해야 할 핵심 메시지는 다음과 같다:
- 니치 마켓의 기회와 강점: 기존 기업이 주목하지 않는 작은 시장에서 특화된 가치를 제공함으로써 경쟁 우위를 확보할 수 있다.
- 고객 중심의 차별화: 고객의 구체적이고 까다로운 요구를 충족하기 위해 독창적인 가치 제안과 우수한 사용자 경험을 갖춰야 한다.
- 확장 가능성의 설계: 초기에는 틈새 시장에 집중하더라도, 인접 시장으로 확장할 수 있는 로드맵을 미리 설계해야 한다.
- 실패를 학습의 기회로: 실패 사례를 통해 잘못된 시장 선택과 전략적 오류를 파악하고, 이를 유연하게 보완하는 태도를 유지해야 한다.

니치 마켓 전략은 스타트업이 시장 진입 초기 단계에서 효율적으로 자리 잡고 지속 가능한 성장을 위한 기반 마련에 유용한 방법이다. 그러나 고객의 니즈를 철저히 파악하고, 경쟁자들이 쉽게 모방할 수 없는 차별화된 강점을 확보해야 한다. 이러한 과정을 통해 스타트업은 틈새에서 시작해 더 큰 시장으로 뻗어나갈 수 있다.

시장의 불확실성과 경쟁의 압박은 항상 존재한다. '3장: 변화와 도전에 대비하기'에서는 스타트업이 위기 상황을 효과적으로 관리하고, 성과를 체계적으로 관리함으로써 불확실성을 기회로 전환하는 전략에 대해 알아보자. 변화와 도전에 대비할 준비가 되었는가? 다음 장에서 함께 맞서 보자.

03 변화와 도전에 대비하기
: 위기 관리와 성과 관리

기업이 한 분야에서 오랜 기간 경쟁 우위를 유지하는 건 현실적으로 쉽지 않다. 급변하는 경영 환경과 빠른 기술 발전 때문이다. 실제로, 기업의 평균 수명은 1958년 약 61년에서 2012년 약 18년으로 단축되었으며, 2027년에는 약 12년으로 더욱 줄어들 것으로 예상되고 있다.

노키아(Nokia)는 1865년 핀란드에서 고무 부츠와 종이 등을 생산하며 시작했지만, 시대의 흐름에 따라 사업을 전환하며 기술 시장으로 뛰어들었다. 1998년에는 미국 모토로라를 제치고 세계 1위의 휴대전화 제조업체로 기록되었고, 2007년 말에는 세계 휴대폰 시장 점유율이 약 40%에 달했다.

그러나 2007년 애플의 아이폰 출시로 스마트폰 시대가 열리면서 변화에 신속하게 대응하지 못해 시장 점유율이 급격히 하락했다. 이러한 위기 속에서 노키아는 휴대전화 사업을 마이크로소프트에 매각하고, 통신 장비와 네트워크 사업으로 방향을 전환했다.

현재 노키아는 5G 통신 장비 시장에서 두각을 나타내며, 2023년 기준 전 세계 5G 통신 장비 시장 점유율 14.9%로 화웨이(28.7%), 에릭슨(15%)에 이어 3위를 기록하고 있다. 특히, 5G 유·무선 네트워크 기술에서 경쟁사 대비 한발 앞서 있다는 평가를 받는다.

노키아의 역사는 비록 한 시점에 실패를 경험하더라도, 변화와 도전 속에서 생존하고 성공하기 위해 필요한 용기를 보여준다. 기존의 성공에 안주하지 않고, 새로운 흐름을 읽고 과감하게 방향을 전환하는 것은 선택이 아니라 생존과 성과를 위한 필수 조건이라는 교훈을 준다.

3.1 시장 변화에 대응하기

급변하는 비즈니스 환경에서 예측 불가능한 위기는 기업의 생존과 성장에 결정적인 영향을 끼친다. 오늘날 삼성그룹은 한국을 대표하는 기업이며, 삼성전자는 세계적인 기업 반열에 당당히 명함을 내밀고 있다. 그러나 이러한 탄탄한 성공 뒤에는 숱한 시장 변화와 그로 인한 위기가 숨어 있었다. IMF 외환위기부터 2008년 글로벌 금융위기까지, 삼성은 불확실한 시기에 포트폴리오를 재정비하고 과감히 투자함으로써 오히려 경쟁력을 강화했고, 이를 발판으로 글로벌 무대에서 거대한 성장을 이루어냈다.

삼성그룹이 1997년 IMF 외환위기 때 보여준 행보는, 위기를 시장변화에 대한 기회로 잘 대응한 사례다. IMF 당시 삼성은 '고비용·저효율' 구조를 개선하지 않으면 글로벌 시장에서 살아남기 어렵다는 절박감을 공유했고, 이건희 회장이 "마누라와 자식 빼고는 다 바꿔라"라는 말로 혁신의 필요성을 강조했다. 그룹의 부실·중복 사업을 과감히 정리해 65개 계열사를 44개로 축소하고, 고강도 구조조정으로 약 3만 명을 감원하며, 반도체·전자·통신 등 핵심 분야에 역량을 집중하여 재도약의 토대를 마련했다.

2008년 글로벌 금융위기 때도 선진국 수요가 위축됨에 따라, 신흥시장(중국·인도 등)에서의 사업 확대 기회를 모색하며, R&D 및 미래기술에 공격적으로 투자하여 TV·반도체·스마트폰 등에서 글로벌 시장점유율을 높였고, 브랜드 가치 역시 단기간에 크게 끌어올렸다.

이번 장에서는 예측하기 어려운 외부 충격과 시장변화에 창업자가 어떻게 대응 전략을 세우고 실행해야 하는지 살펴보자. 위기의 경고 신호를 놓치지 않고, 유연하고 과감한 변화와 혁신을 통해 새로운 성장 모멘텀을 만들어내는 통찰력을 가져보자.

유연한 전략으로 환경 변화에 적응하기

현대 비즈니스 환경은 끊임없이 변화하며, 기업이 생존하고 성장하기 위해서는 변화에 민첩하게 적응하는 유연한 전략이 필요하다. 전략은 현재 상황을 분석하는 데 그쳐서는 안 되며, 미래의 변화를 예측하고 대비하는 데 초점이 맞춰져야 한다. 한 경험을 통해 이러한 교훈을 되짚어볼 수 있다.

현업에서 B2B 마케터로 일하고 있을 때, 신규 고객 진입 전략을 수립하기 위해 고객사를 제품 현황과 거래 상황에 따라 네 그룹으로 나누고 각 그룹별 공략 전략을 보고한 적이 있었다. x축은 고객사가 반제품을 자체적으로 생산하는지 여부, y축은 현재 거래 여부를 기준으로 고객사를 분류했다. 이 과정에서 고객사 위치를 시각화하고 예상 구매량과 진입 난이도를 평가하며 전략 우선순위를 설정했다.

[그림 3-10] 제품 현황-거래 상황에 따른 고객사 위치

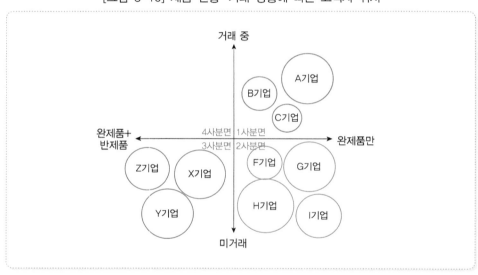

당시 보고에서는 [그림 3-10]처럼 현 시점의 고객사 현황만을 기준으로 결론을 도출했다. 보고된 결론은 1사분면 고객의 시장 점유율 확대와 2사분면 고객의 적극적인 공략이었다. 그러나 보고 이후 몇 년이 지나며 고객사들의 위치는 급격히 변화했다. 1사분면에 있던 주요 고객은 반제품을 내재화해 4사분면으로 이동했고, 2사분면에 있던 고객은 반제품 공급사를 인수해 3사분면으로 옮겨갔다. 이러한 변화로 인해 공급량과 매출은 급감했고, 가격 협상력도 약화되었다.

[그림 3-11] 변화된 고객사 위치

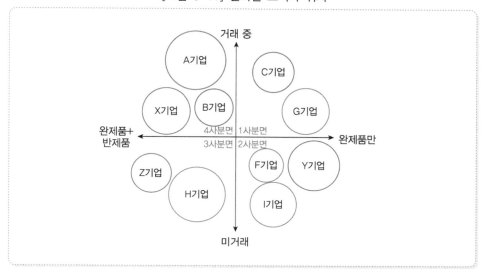

이 경험에서 얻은 교훈은 다음과 같다. "변화는 예측하고 대비해야 한다." 보고 당시, 기업 환경의 동적 변화를 간과하고 고정된 시점에서만 전략을 수립한 것이 주요한 한계였다. 최악의 시나리오를 가정하지 않았으며, 고객사가 단순한 구매자가 아니라 잠재적인 경쟁자가 될 가능성에 대해 충분히 고려하지 못했다. 이러한 관점의 부족은 전략적 대처를 어렵게 만들었다. 기업의 전략은 미래를 예측하고 잠재적인 리스크를 분석하여 유연한 대응 계획을 수립해야 한다.

스타트업은 규모와 자원이 한정적이기 때문에 외부 환경 변화에 민감하게 반응해야 한다. 금리 인상, 환율 변동, 글로벌 공급망 혼란은 기업의 비용 구조와 매출 흐름에 직접적인 영향을 미친다. 이러한 요인에 대비하지 못하면 재정적 압박이 가중될 수 있다. 또한, 기술 발전은 기존 시장 질서를 빠르게 재편한다. 새로운 기술을 도입하거나 이에 적응하지 못한 기업은 경쟁력을 상실할 가능성이 크다. 그리고, 고객사의 변화, 특히 B2B 환경에서 주요 고객사의 경영 위기, 거래 중단, 인수합병 등은 스타트업의 존폐에 심각한 영향을 미칠 수 있다.

경영 환경의 복잡성과 불확실성을 극복하기 위해서는 다음과 같은 전략이 필요하다.

- 시나리오 플래닝: 최악의 경우를 포함한 다양한 시나리오를 설정하고 대응책을 마련한다.
- 핵심 경쟁력 확보: 고객사가 스스로 해결할 수 없는 차별화된 기술과 제품을 제공한다.
- 데이터 기반의 트렌드 분석: 고객사의 잠재적 움직임과 시장 변화를 파악한다.

유연한 전략은 고정된 사고에서 벗어나 환경 변화를 파악하고 대응하는 데 초점이 맞춰져야 한다. 기업이 변화의 속도를 따라잡고 이를 기회로 전환할 수 있다면, 경쟁이 치열한 시장에서도 당당히 살아남을 수 있다.

위기를 극복하고 성장하기 위해서는 세 가지 측면에서 유연성을 길러야 한다. 전략적 유연성, 조직적 유연성, 제품 및 서비스 유연성이 그것이다.

전략적 유연성이란 시장 환경 변화에 따라 사업 모델과 운영 방식을 조정할 수 있는 능력을 의미한다. 넷플릭스(Netflix)는 초기 DVD 대여 서비스에서 시작했으나, 스트리밍 기술의 부상을 예측하고 빠르게 전환했다. 이후 오리지널 콘텐츠 제작에 투자하며 시장의 주요 플레이어로 자리 잡았다. 이처럼 사업 모델 전환은 전략적 유연성의 대표적 사례다. 창업자는 정기적으로 시장 데이터를 분석하고, 기술 동향과 경쟁사의 변화를 모니터링하여 중장기 전략을 지속적으로 조정해야 한다.

조직적 유연성이란 변화에 빠르게 대응할 수 있는 조직 구조와 프로세스를 설계하는 것을 뜻한다. 고정된 계층 구조와 복잡한 의사결정 프로세스는 변화에 대응하는 속도를 늦춘다. GE(General Electric)는 특정 사업 부문의 성과가 악화되었을 때, 신속하게 구조조정을 실시하고 새로운 사업 부문에 자원을 재분배했다. 특히, 디지털 트랜스포메이션을 추진하면서 조직 내 디지털 전문팀을 독립적으로 운영해 빠르게 혁신에 대응했다. 기업은 매트릭스 조직 구조를 도입하거나 프로젝트 기반 팀 운영을 통해 다양한 변화 요구에 유연하게 대처할 수 있는 시스템을 구축해야 한다.

제품 및 서비스 유연성은 고객의 새로운 니즈와 요구에 맞춰 솔루션을 빠르게 개발해 제공하는 능력이다. IBM은 전통적인 하드웨어 중심의 기업에서 클라우드와 AI 기반 솔루션으로 전환하며 고객 요구를 반영한 서비스를 빠르게 출시해 재도약했다. 고객의 피드백을 수집하고, 이를 제품 개발 및 개선에 신속히 반영할 수 있는 애자일(Agile) 프로세스를 도입하여 고객 맞춤형 제품과 서비스를 제공해야 한다.

유연한 전략은 변화하는 시장에서 기회를 포착하고 성장을 가속화하는 원동력이다.

스타트업 창업가는 다음의 질문을 끊임없이 던져야 한다:

"경제적 변화와 기술 혁신이 내 비즈니스에 어떤 영향을 미칠 것인가?"
"고객의 변화는 나에게 어떤 도전과 기회를 제공하는가?"
"우리의 제품, 조직, 전략은 변화에 적응할 준비가 되어 있는가?"

유연한 전략을 통해 변화무쌍한 시장 환경에서도 지속 가능한 성장을 이루는 창업가가 되기를 바란다.

혁신과 협업을 장려하는 조직 문화

현대 비즈니스 환경에서 변화와 경쟁은 피할 수 없는 현실이다. 기업이 이러한 도전을 기회로 전환하려면 혁신과 협업을 장려하는 조직 문화를 구축해야 한다. 특히 스타트업은 민첩성과 창의성을 기반으로 변화에 대응하고 새로운 가치를 창출해야 한다.

조셉 슘페터(Joseph Alois Schumpeter)는 '창조적 파괴'를 통해 혁신이 경제 발전의 원동력이라고 주장했다. 그는 기존의 질서를 무너뜨리고 새로운 것을 만들어내는 과정에서 기업이 경쟁 우위를 확보한다고 보았다. 스타트업은 이러한 창조적 아이디어를 실행할 수 있는 문화를 조성해, 시장에서 기존 강자를 대체할 기회를 만들어야 한다.

혁신이 조직 내에서 확산되려면 조직 구조와 문화가 이를 수용할 준비가 되어 있어야 한다는 로저스(Everett M. Rogers)의 이론도 주목할 만하다. 스타트업은 새로운 아이디어에 개방적이고 이를 실행으로 옮길 수 있는 체계를 갖추어야 한다. 이를 통해 혁신적인 아이디어가 조직 전반으로 퍼져 성과로 연결될 수 있다.

에드거 샤인(Edgar H. Schein)은 조직 문화가 조직의 행동과 의사결정을 형성하는 중요한 요소라고 강조했다. 그는 혁신적인 조직은 실패를 용인하고 실험과 학습을 강조하는 문화를 가진다고 주장했다. 스타트업은 실패를 학습의 기회로 전환하며, 지속적인 학습 환경을 통해 혁신 역량을 강화해야 한다.

혁신은 새로운 아이디어를 내는 것에서 끝나지 않는다. 혁신은 실행과 성과로 연결되어야 하며, 이를 위해 조직 내 환경과 리더십의 역할이 중요하다.

직원들이 새로운 아이디어를 자유롭게 제안하고 도전하는 환경을 조성하려면, 실패에 대한 두려움을 줄이는 조직문화를 구축해야 한다. 구글의 '20% 프로젝트'는 직원들이 본업 외의 창의적인 아이디어를 개발할 수 있는 시간을 제공해, 혁신적인 제품을 탄생시킨 대표적인 사례다.

협업 역시 스타트업의 성공에 있어 중요한 요소다. 스타트업은 소규모 팀이 여러 업무를 동시에 처리해야 하는 경우가 많기 때문에 부서 간 원활한 협업이 요구된다. 협업을 강화하기 위해서는 조직 내 신뢰와 정보 공유가 핵심이다. 사회적 자본 이론은 조직 내에서 형성된 신뢰와 협력이 생산성을 높이고 문제 해결 능력을 강화한다고 본다. 창업가는 팀원 간 신뢰를 강화하고, 정보를 자유롭게 공유하는 환경을 조성해야 한다. 이를 위해 협업 도구와 플랫폼을 활용해 정보의 투명성을 높이고, 전사적인 자원 공유 문화를 장려할 수 있다.

리더십은 혁신과 협업을 장려하는 조직 문화 구축에 핵심적인 역할을 한다. 리더는 실패를 용인하는 문화를 조성해 직원들이 새로운 아이디어를 제안하고 실험할 수 있도록 독려해야 한다. 또한, 최신 기술과 트렌드에 대한 교육 기회를 제공해 팀원들이 지속적으로 성장할 수 있도록 지원해야 한다. 협업을 강화하기 위해 수평적 의사결정 구조를 도입하고, 리더와 팀원 간 소통을 활성화해야 한다.

혁신과 협업을 장려하는 조직 문화는 스타트업이 변화하는 환경 속에서 생존하고 성장하기 위한 필수 조건이다. 스타트업 창업가는 혁신적인 아이디어를 실행하고 협업을 촉진하는 환경을 조성함으로써 지속 가능한 성장을 이룰 수 있다.

지속 가능한 변화 관리 체계 구축하기

시장은 끊임없이 변화한다. 이러한 변화에 단기적으로 대응하는 것만으로는 기업의 생존과 성장을 보장할 수 없다. 스타트업은 변화에 대한 일시적인 대응을 넘어, 지속 가능하고 체계적인 변화 관리 시스템을 구축해야만 장기적인 경쟁력을 확보할 수 있다.

#1. 변화를 수용하는 조직 문화

변화의 수용 여부는 조직 문화에 달려 있다. 변화에 민첩하게 적응하려면 열린 사고방식과 학습 문화가 조직 전반에 자리 잡아야 한다. 이를 위해 직원들이 변화에 긍정적으로 반응할 수 있도록 교육과 소통을 강화해야 한다. 변화에 대한 공감대를 형성함으로써 조직 내 저항을 줄이고, 변화에 대한 수용성을 높일 수 있다.

#2. 변화 예측 시스템 구축

데이터 기반의 의사결정은 변화 예측과 관리를 위한 필수 요소다. 기업은 시장 데이터를 지속적으로 모니터링하고 이를 기반으로 변화의 징후를 조기에 포착해야 한다. AI와 데이터 분석 도구를 활용하면 시장 동향과 고객 행동 변화를 실시간으로 분석할 수 있어 변화에 선제적으로 대응할 수 있다.

#3. 적응력 높은 조직 구조 설계

변화에 신속히 대응하려면 조직 구조가 유연해야 한다. 고정된 계층 구조는 의사결정을 지연시킬 수 있으므로, 민첩한 팀 구성과 프로젝트 중심의 운영 방식을 도입해야 한다. 매트릭스 조직 구조나 변화 대응을 위한 전담 태스크포스를 운영하면 변화에 유연하게 대처할 수 있다.

#4. 지속적인 평가와 피드백 루프

변화 관리 체계는 실행 후에도 지속적인 평가와 피드백을 통해 개선되어야 한다. 변화 대응의 성과를 측정하기 위한 주요 성과 지표(KPI)를 설정하고, 이를 정기적으로 검토해야 한다. 또한 팀원과 고객의 피드백을 수집하여 이를 바탕으로 개선 방안을 도출함으로써 다음 변화에 더욱 효과적으로 대응할 수 있다.

지속 가능한 변화 관리 체계는 변화를 따라잡는 데 그치지 않고, 변화를 기회로 전환할 수 있는 능력을 제공한다. 이를 통해 스타트업은 변화무쌍한 환경에서도 안정성을 유지하고, 시장에서 차별화된 경쟁력을 확보할 수 있다.

스타트업은 지속 가능한 변화 관리 체계를 구축해야 한다. 이를 위해 조직 문화, 변화 예측 시스템, 유연한 조직 구조, 지속적인 피드백 루프라는 네 가지 요소를 활용할 수 있다. 불확실한 시장 환경에서도 성장 기회를 창출하고, 지속 가능한 성공을 이어갈 수 있다.

3.2 위기 관리와 성과 개선

"포기하면 그 순간이 바로 시합 종료예요."

만화 '슬램덩크'의 명장면 중 하나에서 안 감독이 강백호에게 한 이 말은 스포츠 경기에서의 조언을 넘어, 위기 속에서 무엇이 중요한지를 깨닫게 해준다.

북산고 농구부가 강력한 라이벌인 산왕공고와의 경기에서 맞닥뜨린 순간은 승부 이상의 의미를 담고 있었다. 경기 막바지, 체력은 고갈되고 점수 차는 좁혀지지 않는 상황. 누구나 쉽게 포기하고 싶을 법한 상황에서, 강백호는 자신의 몸을 아끼지 않고 공을 향해 뛰어들었다. 특히 팀이 절체절명의 순간에 처했을 때, 그의 과감한 리바운드는 팀원들의 사기를 끌어올리고 흐름을 뒤집는 계기가 되었다. 그의 열정은 위기를 극복하는 데 필요한 의지와 행동을 보여줬다.

[위기 상황에 필요한 요소]
- **냉철한 판단**: 경기 상황을 분석하고, 지금 해야 할 일을 명확히 이해하는 것
- **팀워크**: 혼자가 아닌 팀과의 협력으로 더 큰 성과를 이뤄내는 것
- **끝까지 해보겠다는 의지**: 상황이 아무리 어렵더라도 포기하지 않는 태도가 결과를 바꿀 수 있다.

스타트업 환경에도 위기와 성과 개선은 밀접하게 연결되어 있다. 자금이 부족

하거나, 경쟁자가 앞서나가거나, 시장의 방향이 급격히 변할 때가 바로 그 순간이다. 강백호처럼 모든 것을 걸고 공을 향해 몸을 던지는 자세, 즉 도전하고 집중하는 태도는 비즈니스 위기에서도 중요한 의미를 갖는다.

위기는 단순히 문제를 뜻하지 않는다. 그것은 새로운 기회를 발견하는 순간이자, 조직이 성장할 수 있는 계기다. 삼성의 이건희 회장은 "위기가 기회다"라는 경영 메시지를 통해 어려운 상황 속에서도 새로운 가능성을 찾아내고 이를 도약의 발판으로 삼는 자세를 강조했다. 스타트업도 마찬가지다. 위기가 닥쳤을 때 포기하지 않고 끝까지 노력하며, 팀과 함께 문제를 해결하려는 의지와 실행력이야말로 위기를 돌파하고 성과를 개선하는 행동이다.

위기의 본질 이해하기

위기의 근본적인 의미는 통제 불가능해 보이거나 심각한 결과를 초래할 상황을 마주했을 때, 발생하는 긴장과 불안에 있다. 많은 창업가들은 극복해야 할 난관으로 인식하기 쉽지만, '위기가 무엇을 알려주고 있는가'라는 질문을 던진다면, 내·외부적 요인이 야기한 문제의 근본 원인을 파악하고 개선하는 기회로 잡을 수 있다. 가령, 자금 관리 실패가 위기의 원인이라면, 좀 더 체계적인 재무 구조를 갖출 기회를 포착하고, 팀 내 갈등이 있다면 역으로 소통 체계를 전반적으로 개선하는 발판으로 만들 수 있다.

위기가 기회다!

시장 변동이나 경쟁사 혁신과 같은 외부적 요인으로 생기는 위기는 더욱 예측하기 어렵지만, 이를 계기로 새로운 시장을 발견하거나 제품·서비스를 차별화하는 기회로 삼을 수 있다. 즉, 위기가 시장성을 상실한 기존 구조를 개선하거나 새로운 전략을 모색하라는 경고가 될 수 있는 것이다. 이때, 스타트업은 빠른 의사결정과 창의적인 접근 방식을 통해 기존의 방식을 과감히 변경하거나 사업 범위를 확대·축소해 탄력적으로 대응할 필요가 있다.

위기가 닥쳤을 때, 그것을 '피해야 할 장애물'이 아닌 '조직과 사업 포트폴리오를 재정비하고 경쟁 우위를 강화할 기회'로 받아들이는 인식 전환이 기업의 성패를 결정짓는다. 위기가 가져오는 불확실성을 어떻게 인식하고 대처 방안을 마련하는가에 따라 기업의 미래가 달라질 수 있다.

위기는 시장 흐름을 예리하게 읽고 선제적으로 대응한다면 도약의 기회가 되기도 한다. 위기를 어떻게 정의하고 바라보느냐에 따라, 한 단계 높은 성장을 가능케 한다는 점이 핵심이다.

무엇보다 스타트업이 위기를 통해 얻을 수 있는 가장 값진 자산은 '조직 역량 강화'다. 어려운 국면을 함께 해결하며 팀원 간 신뢰와 협업 능력이 향상되고, 문제 해결 과정에서 습득한 경험과 노하우가 조직의 내재적인 경쟁력으로 축적된다. 이러한 역량은 또 다른 위기가 발생했을 때 빠르게 대응할 수 있는 기반이 되며, 궁극적으로는 스타트업을 한 단계 높은 수준으로 도약시킨다.

위기는 제품·서비스, 내부 조직, 그리고 전체 시장에서 발생하는 경고음이자 기회의 시그널이 된다. 위기의 본질을 명확히 이해하면 현재의 난관을 해결하는 데서 그치지 않는다. 이를 객관적으로 분석하고 적극적으로 대응한다면, 위기를 극복하는 과정에서 조직의 내·외적 성장을 동시에 추구하는 토대를 마련할 수 있다. 이를 통해 더 강해지고, 시장에서 살아남는 동시에 독보적인 포지션을 구축하는 역량을 갖추게 될 것이다.

위기 상황에서의 리더십

위기는 조직이 한계를 시험받는 순간이자, 올바른 리더십과 전략적 판단을 통해 한 단계 도약할 수 있는 기회다. 빠르게 변화하는 환경 속에서 성공적인 위기 관리는 곧 조직의 지속 가능성으로 이어진다. 위기 상황에서 요구되는 리더십의 역할과 책임, 팀워크 강화의 중요성, 그리고 실제로 위기를 돌파하기 위한 구체적인 접근 방안을 알아보자.

위기 상황에서는 다음과 같은 리더의 역할과 책임이 특히 중요하다.

첫째, **냉철한 판단**이 필수적이다. 위기가 닥치면 우선적으로 그 원인을 객관적으로 분석하고, 즉각적인 대응 방안을 도출해야 한다. 감정적·단편적 대응보다는 정확한 데이터를 기반으로 한 결론이 중요하다.

둘째, **명확한 방향 제시** 또한 요구된다. 조직이 혼란에 빠졌을 때, 리더는 분명한 목표와 실행 계획을 제시해 구성원들에게 '어디로 가야 하는지'를 확실히 인식시켜야 한다. 이를 통해 모든 사람이 한 방향으로 움직일 수 있다.

마지막으로, **심리적 안정 제공**이다. 위기는 구성원들에게 불안과 압박을 가져오기 마련이다. 리더는 팀원들의 어려움을 공감하며, 이들이 능동적으로 해결책을 모색할 수 있도록 긍정적인 분위기를 조성해야 한다.

이러한 리더십은 다양한 성공 사례에서도 확인할 수 있다. 애플의 스티브 잡스는 복귀 후 '단순화 전략'을 강조해 복잡한 제품 라인업을 정리했고, 혁신적 제품(iPod, iPhone, iPad, iMac)을 출시함으로써 애플을 재도약시켰다. 삼성의 이건희 회장 역시 "위기가 곧 기회"라는 인식을 바탕으로 IMF와 글로벌 금융위기 같은 경제적 충격 속에서 사업 구조를 과감히 재편하고, 핵심 분야(반도체·전자)에 집중 투자했다. '위기를 놓치지 않고 혁신할 기회로 만든다'는 메시지와 실행력이 조직을 결속시키고, 글로벌 선도 기업으로 발돋움하는 원동력이 되었다.

위기를 대처하는 과정에서 팀워크를 강화하는 것 또한 빼놓을 수 없다. 리더 혼자서 위기를 돌파하기는 불가능하므로, 팀원 각자의 역량과 창의성을 최대치로 끌어올리는 상호 간 신뢰가 필요하다. 구성원들이 자신의 역할과 기여도를 명확히 인식하고, 동시에 공동의 목표 달성을 위해 적극 협력하도록 유도하는 것이 핵심이다. 또한, 팀 내 리소스(인력, 시간, 예산 등)를 최적화하기 위해 구성원의 전문성을 파악하고, 이에 맞춰 역할을 분배해야 한다. 위기 상황일수록 역량 있는 인재를 적재적소에 배치하는 것이 성과로 직결된다.

전략적 접근을 통해 위기를 돌파해야 한다. 어떤 문제가 가장 큰 영향을 미치는지 진단하고, 조직에 미치는 파급 효과를 고려해 우선순위를 분명히 설정한다. 내부 재무 지표, 시장 동향, 경쟁사 동향 등의 데이터를 종합적으로 분석해 대응 전략을 세우는 과정에서, 감에만 의존하기보다는 객관적 수치를 활용해 위험을 최소화해야 한다.

위기를 극복하기 위해서는 단기적 해결책과 장기적 대안을 동시에 마련해야 한다. 단기적으로는 손실을 줄이고 유동성을 확보하기 위하여 불필요한 비용 구조를 개선하거나 재고를 즉시 정리해 현금흐름을 안정화할 수 있다. 장기적으로는 동일한 위기의 재발을 막기 위해 조직 구조나 사업 포트폴리오를 근본적으로 재정비하고, 새로운 시장 기회나 기술 트렌드를 선제적으로 포착해 향후 성장 동력을 마련해야 한다.

결국, 위기는 그 자체로 위험 요소이지만 동시에 기회의 창이 될 수도 있다. 위기를 관리하고 극복하는 과정에서 조직은 강한 팀워크와 탄탄한 사업 기반을 다질 수 있고, 이를 통해 더 높은 성장의 발판을 마련할 수 있다. 예상하지 못한 위기 앞에서도 흔들림 없이 미래를 준비하면 경쟁 우위를 지켜나갈 수 있다.

성과 측정하고 개선하기

위기를 관리한 뒤에는 해당 대응 전략이 실제로 얼마나 효과적이었는지 성과를 측정하고, 그 결과를 바탕으로 조직의 운영 방식을 지속적으로 개선해야 한다. 위기가 가져다준 교훈을 조직 문화와 프로세스 전반에 녹여내는 과정에서, 기업은 더욱 견고한 체질을 갖추고 다음 도약을 준비할 수 있다.

첫째, 성과 측정의 중요성을 이해해야 한다. 위기 상황에서 실행한 대응 전략이 실제로 효과를 발휘했는지 파악하기 위해서는 체계적인 성과 측정이 필수적이다.

조직 차원에서 얼마나 매출 손실을 줄였는지, 고객 이탈을 방지했는지, 혹은 내부 협업이 얼마나 강화되었는지 확인해야만 향후 의사결정에서 실질적인 개선안을 도출할 수 있다.

둘째, 성과 지표(KPI)를 설정해야 한다. 성과를 객관적으로 측정하기 위해서는 구체적인 지표를 선정해야 한다. 예를 들어, 매출 변화율, 고객 유지율, 팀 생산성, 프로젝트 완료율, 재무 건전성(현금흐름, 부채비율 등) 등이 그 예다.

각 지표별 목표치를 설정하고, 실제 달성 여부를 주기적으로 점검함으로써, 위기 대응 활동의 실질적 성과를 진단한다.

셋째, 지속적인 피드백 루프를 활용해야 한다. 성과 평가 과정에서 팀원들과 고객으로부터 피드백을 수집해, 조직 운영 및 프로세스에 대한 개선점을 모색한다.

팀원 인터뷰, 고객 만족도 조사, 프로젝트 회고 미팅 등을 활용해, 현재 전략이 어느 지점에서 효과적이고 어느 지점에서 보완이 필요한지 구체적으로 파악한다.

넷째, 위기를 기회로 전환한 학습을 적용해야 한다. 성공 사례와 실패 사례를 모두 분석해, 향후 더 나은 전략을 수립하는 데 활용하는 거다.

예컨대, 대응 전략 A가 뛰어난 결과를 낳았다면 왜 효과적이었는지, 전략 B가 기대만큼 성과를 내지 못했다면 어떤 부분을 수정하거나 보완해야 하는지를 구체적으로 평가한다.

이렇게 확보된 학습 내용은 조직의 매뉴얼, 지식 공유 세션, 후속 교육 프로그램 등에 반영함으로써, 구성원 전체가 경험을 자산화할 수 있도록 돕는다. 위기 대응이 단발성 조치로 끝나서는 안 된다. 성과 측정과 피드백으로 얻은 교훈을 조직 전반에 체화시키는 과정은 위기를 '조직 역량 강화의 기회'로 전환하는 활동이다. 성과평가로 얻은 인사이트를 토대로 끊임없이 프로세스를 점검·개선하면, 기업은 환경 변화에 흔들리지 않는 단단한 경쟁력을 구축할 수 있다.

제3장 마무리

3장에서는 급변하는 시장 환경에서 스타트업이 위기를 인식하고 대응하는 방법을 다루었다. 노키아가 휴대전화 사업에서 밀려났지만 네트워크 장비로의 전환을 통해 재도약한 사례처럼, 위기는 위험이 아니라 방향을 재설정하고 혁신할 기회가 될 수 있다.

위기 상황에서 리더십은 방향을 제시하고 조직을 결속시키는 역할을 한다. 스티브 잡스와 이건희 회장은 냉철한 판단과 명확한 목표 제시를 통해 위기를 기회로 바꿨다. 더불어, 팀워크 강화와 자원 최적화는 조직의 역량을 결집해 위기 극복의 동력이 된다.

성과는 객관적인 지표로 측정해야 한다. 매출 변화, 고객 유지율, 팀 생산성 등의 데이터를 통해 대응 전략의 효과를 검증하고, 이를 토대로 조직 전체의 학습과 개선을 지속해야 한다.

스타트업 창업자가 기억해야 할 핵심은 다음과 같다:
- **리더십의 역할**: 위기 속에서 방향을 제시하고 팀을 결속시키는 리더십은 가장 중요한 자산이다.
- **팀워크와 자원 최적화**: 신뢰를 기반으로 한 협업과 자원의 효율적 배분이 조직의 역량을 극대화한다.
- **지속적인 평가와 개선**: 위기 대응 결과를 성과 지표로 분석하고, 이를 통해 조직 프로세스를 발전시킨다.

위기는 창업 여정에서 피할 수 없는 도전이지만, 이를 통해 배운 교훈은 더 강한 기업으로 도약하는 기반이 된다.

다음 장에서는 고객 중심 상품 기획을 주제로, 성공적인 제품이 어떻게 고객의 문제를 해결하고 시장에서 살아남을 수 있는지 살펴볼 것이다. 고객 니즈를 기반으로 한 상품 기획의 중요성과 실행 전략을 함께 탐구해 보자.

제3부 마무리

전략은 스타트업이 시장에서 생존하고 성장하기 위한 나침반이다. 지속 가능한 경쟁력을 갖추기 위해선 체계적이고 유연한 설계가 필요하다. 이 과정에서 비즈니스 모델은 가치 창출과 수익 구조를 연결하는 핵심 도구가 되고, 시장 진입 전략은 그 가치를 실현하는 구체적 실행 방안을 제공한다.

- **비즈니스 모델 설계의 중요성**: 스타트업은 고객 중심의 가치를 설계하고 지속 가능한 수익 모델을 만들어야 한다. 비즈니스 모델 캔버스, 린 캔버스 모델 같은 도구를 활용해 설계하고, 시장 요구에 따라 혁신과 개선을 지속해야 한다.
- **대표적인 비즈니스 모델의 활용**: 플랫폼, 구독, Razor and Blade 등 다양한 비즈니스 모델 유형을 이해하고, 자신의 산업과 고객층에 맞는 적합한 모델을 선택해야 한다.
- **시장 진입 전략의 핵심**: 초기에는 니치 마켓을 공략해 입지를 구축하고, 점차 확장을 추진해야 한다. 차별화된 강점을 강조하며 고객 신뢰를 확보하는 것이 필수다.
- **지속적 혁신의 필요성**: 비즈니스 환경은 끊임없이 변화한다. 기존 모델을 개선하거나 새로운 접근을 시도함으로써 시장에서 경쟁 우위를 확보해야 한다.
- **실패와 피드백의 가치**: 초기 검증 과정에서 실패는 필수적인 학습 과정이다. 고객 피드백을 통해 전략을 수정하고 보완하며 성장해 나가야 한다.

전략이 기업의 전반적인 방향성을 제시한다면, 제품은 고객과 직접적으로 연결되는 접점이다. '4부: 제품 – 기승전·제품, 경쟁력의 중심'에서는 스타트업이 고객에게 가치를 제공하기 위해 제품의 설계, 개발, 운영을 어떻게 접근해야 하는지에 대해 다룬다. 특히 제품 개발 과정에서 데이터 기반 의사결정과 사용자 경험(UX) 최적화를 강조하며, 성공적인 제품이 시장에서 어떻게 자리 잡는지 알아보자.

다음 장은 제품의 경쟁력을 강화하기 위한 접근 방법과 실제 사례를 통해 스타트업 창업가들에게 실질적인 가이드를 제공한다.

제 4 부
제 품: 기승전·제품, 경쟁력의 중심

1997년, 무명 작가였던 조앤 K. 롤링(J.K. Rowling)은 한 소년 마법사와 호그와트라는 마법 학교의 이야기를 담은 『해리포터와 마법사의 돌』을 세상에 선보이며 문학사에 새로운 이정표를 세웠다. 출간 직후 열광적인 반응을 얻었고, 곧바로 전 세계 출판사와 독자들의 눈길을 사로잡았다. 그러나 여기서 끝나지 않았다. 해리포터 시리즈는 책이라는 매체의 한계를 넘어, 영화, 게임, 테마파크, 굿즈 등 끝없이 확장되는 브랜드로 진화했다. 사람들은 소설 읽는 데 그치지 않고, 호그와트로 직접 편지를 받거나 '호그스미드' 마을에서 버터맥주를 마시는 경험을 갈망했다.

'해리포터'는 독자의 감정과 상상력을 자극해 '마법 세계'라는 경험으로 이어졌다. 독자들은 책에서 발견한 세계를 생활 속에서도 그대로 재현하고자 했고, 그러한 열망에 부응해 매력적인 제품이 계속 선보였다. 마니아적 팬덤에 힘입어 출판에서 영화와 테마파크 유니버설 스튜디오로 실제 공간 구현으로 영역을 넓혔다. 이는 브랜드 충성도의 정점을 보여준다.

오늘날 비즈니스 환경에서도 제품은 기능과 성능에 머무르지 않는다. 고객은 '내가 얻는 가치가 무엇인가'를 끊임없이 질문하고, 제품이 제시하는 경험에 몰입하기를 바란다. 제품은 팔고 끝나는 것이 아니라, 고객과 정서적 연결을 창출할 때 강력한 경쟁력이 된다. 해리포터가 보여준 것처럼, 제품 확장성과 경험적 가치는 브랜드에 마법 같은 힘을 불어넣으며, 고객 충성도와 시장 경쟁력을 높인다.

제4부에서는 이렇게 '마법 같은 제품'을 어떻게 설계하고, 확장성을 확보해야 하는지 살펴본다. 기업이 하는 모든 경영 활동은 제품이라는 구체적 결실로 귀결된다. 그러니 고객이 마법을 느낄 만한 제품을 만들기 위해 어떤 전략과 접근법이 필요한지, 함께 탐구해 보자.

01. 고객 중심 상품 기획: 성공적인 제품의 시작
02. 제품 설계와 운영: 경쟁력의 중심
03. 제품 경쟁력으로 지속 성장

01 고객 중심 상품 기획
: 성공적인 제품의 시작

2007년 1월, 샌프란시스코 모스코니 센터. 스티브 잡스(Steve Jobs)는 무대 위에 올라 청중들에게 다음과 같은 말을 건넸다.

"오늘, 우리는 세 가지 혁신적인 제품을 발표할 것입니다.
첫째는 터치 컨트롤이 가능한 와이드스크린 아이팟,
둘째는 혁신적인 휴대전화,
셋째는 획기적인 인터넷 커뮤니케이션 기기입니다."

잠시 후, 잡스는 청중을 바라보며 천천히 이렇게 말했다.

"이 세 가지는 하나의 제품입니다. 오늘 애플은 아이폰(iPhone)을 선보입니다."

청중들은 열광했고, 제품과 고객 경험의 새로운 기준을 제시한 순간이었다. 아이폰은 기술적 혁신을 넘어, 고객이 원하는 것을 이해하고 완벽히 구현한 대표적인 사례이다. 잡스는 기능이 아니라 사용자 경험, 디자인, 그리고 고객과의 정서적 연결을 중심으로 제품을 설계했다. 그는 아이폰으로 고객이 필요로 하지만 명확히 인지하지 못한 문제를 해결하며, "제품은 단순히 기술의 집합이 아니라 고객의 삶을 변화시키는 도구"라는 메시지를 전달했다.

고객 중심의 상품 기획은 고객이 진정으로 원하는 것을 탐구하고 이를 해결하는 솔루션을 제공하는 과정이다. 잡스의 발표는 신제품 공개가 아니라, 고객과의 소통이자 신뢰를 얻는 완벽한 설계의 예이다.

1.1 제품과 고객의 연결

조지 오웰의 소설 『동물농장』은 농장을 운영하는 동물들이 인간 농장주에 맞서 혁명을 일으키고, 자신들만의 이상 사회를 건설하려는 이야기로 시작된다. 이들은 모두가 평등하고 자유로울 수 있는 세상을 꿈꾸며 새로운 체제를 세웠다. 하지만 시간이 지나며, 리더 역할을 맡은 돼지들은 자신들의 이익만을 추구하게 되었고, 동물들의 목소리를 무시하며 점차 독재 체제를 구축했다.

소설 중반부에 등장하는 풍차 건설 에피소드는 고객과 제품의 연결에 시사점을 제공한다. 돼지 리더들은 풍차를 건설하면 동물들에게 더 많은 혜택과 편리함을 제공할 것이라고 약속한다. 그러나 실제로는 동물들의 고된 노동과 희생만 요구할 뿐, 동물들이 진정으로 필요로 하는 것은 간과되었다. 풍차는 동물들에게 실질적인 가치를 제공하지 못한 채, 돼지들의 권력을 유지하기 위한 상징적 도구로만 작용한다.

동물들의 불만은 커지고, 이상적인 사회를 건설하겠다는 원래의 목표는 사라져버린다. 고객(동물들)의 요구를 경청하지 않고, 일방적인 결정을 내린 결과는 결국 신뢰를 잃고 체제가 무너지는 비극으로 이어졌다.

『동물농장』의 풍차 사례는 기업이 고객의 니즈를 외면할 때 발생할 수 있는 위험을 잘 보여준다. 스타트업 창업자는 제품이 고객 삶에 어떤 가치를 창출할지, 고객의 문제를 해결할 수 있는지에 대해 끊임없이 고민해야 한다. 만약 고객과의 연결을 놓치고, 제품 개발을 내부 관점으로만 접근하면, 결국 고객 신뢰를 잃고 시장에서 경쟁력을 상실하게 된다.

우리는 고객이 제품과 브랜드를 통해 기대하는 바를 이해하고, 이를 중심으로 전략을 세워야 한다. 고객은 성공을 함께 만들어가는 파트너라는 점을 잊지 말아야 한다.

비즈니스 중심에는 항상 제품이 있다. 제품은 고객이 당신 기업과 만나는 첫 접점이자, 최종적으로 당신 가치를 판단하는 기준이다. 아무리 뛰어난 마케팅 전략이나 영업망을 구축했더라도 고객이 선택하고 지갑을 여는 건 결국 제품 경쟁력이다. 탁월한 제품은 고객과의 지속 가능한 관계를 만들어간다. 제품의 품질, 디자인, 사용자 경험은 고객 신뢰를 얻고, 브랜드 가치를 높인다. 기업의 정체성과 경쟁력을 상징한다.

제품과 서비스, 그리고 상품

성공적인 제품은 고객을 중심에 두는 것에서 시작한다. 제품은 고객의 문제를 해결하고 가치를 창출해야 하는 주체이다.

우선 제품, 서비스, 상품을 구분지어 이해해 보자. 제품(Product)은 소비자가 구매할 수 있는 물리적 형태를 가진 것으로 스마트폰, 자동차, 가구, 가전제품 등이 이에 해당한다. 이는 공장에서 생산되어 보관과 운송을 거쳐 최종 사용자에게 전달된다. 마케팅 관점에서 제품 거래는 금전적 대가를 지불하고 생산자 소유의 제품을 구매자로 이전하는 것을 의미한다.

서비스(Service)는 소비자가 구매하는 비물질적 활동이나 혜택으로, 보험, 컨설팅, 교육, 소프트웨어 등이 이에 해당한다. 일반적으로 경제가 발전할수록 서비스 산업 비중이 커진다. 서비스는 아래 〈표 4-1〉의 4가지 특징이 잘 알려져 있다.

〈표 4-1〉 서비스의 4가지 특징

특징	설명	예시
무형성	물리적 형태가 없어 보거나 만지거나 진열할 수 없음	컨설팅, 교육, 공연, 미용실, 의료 서비스, 카페, 항공사 서비스, 호텔 서비스 등
비분리성	생산과 소비가 동시에 이루어짐	
이질성	때와 장소에 따라 품질이 상이할 수 있음	
소멸성	소비되지 않은 서비스는 재고로 보관하거나 재판매할 수 없음	

상품(Goods)은 판매 또는 교환을 목적으로 만들어진 것이다. 경제적 거래의 대상이 되는 물건이며, 실제로 시장에서 유통되는 아이템을 일컫는다. 언뜻 보면 제품과 유사하지만, '상업적 거래'와 '시장 유통'이라는 측면에서 상품이라는 용어를 사용한다.

실제 비즈니스 현장에서는 제품이라는 단어를 매우 넓은 범위로 사용한다. 특히 스타트업은 물리적인 제품뿐 아니라, 온라인 플랫폼, 앱, 소프트웨어, 교육 프로그램 등 다양한 형태의 서비스를 공급하고 있다.

정리하자면, 제품은 고객이 구매하고 소유할 수 있는 물리적 대상이고, 상품은 상업적 교환을 목적으로 만들어져 시장에 유통되는 물건을 의미한다. 서비스는 무형의 활동이나 혜택으로, 물리적 보관이 아닌 즉각적인 가치 제공이 특징이다. 여기서는 이해의 편의를 위해 이 모든 것을 통합해 '제품'이라 부르겠다.

글로벌 B2C 기업의 제품 접근법

B2C 시장을 대표하는 기업인 애플(Apple), 코카콜라(Coca-Cola), 티파니(Tiffany & Co.), 카카오(Kakao)의 사례를 살펴보자. 이들 기업은 각각 IT, 음료, 럭셔리 주얼리, 모바일 메신저로 다른 업종이지만, 모두 소비자의 감성과 생활에 깊이 파고들어 강력한 브랜드 아이덴티티를 구축했다.

#1. 애플(Apple)

애플은 1976년 설립 이래 기술 혁신과 감성을 결합한 제품을 시장에 내며 전 세계 IT 시장을 선도하는 글로벌 브랜드다. 스마트폰, 태블릿, 컴퓨터와 같은 제품을 제공하는데, 소비자들은 성능뿐 아니라, 브랜드 경험에 매료되어 있다. 애플은 초기부터 "Think Different"라는 슬로건 아래 디자인과 사용자 경험에 집중하여 창의성과 혁신의 아이콘으로 자리 잡았다. 이러한 감성적 마케팅은 애플 제품을 소유하는 것이 곧 혁신적이고 세련된 삶의 방식이라는 이미지를 소비자들에게 심어주었다.

애플은 혁신적인 기술로 소비자 니즈를 선도하며 끊임없이 새로운 가치를 창출해왔다. 아이폰과 애플워치의 헬스케어 기능, 독자적인 M1 칩 개발 등은 기술 진보를 넘어 소비자에게 실질적이고 감각적인 만족을 제공하며 프리미엄 시장을 구축했다. 이처럼 독보적인 기술과 디자인의 조화를 통해 소비자에게 최첨단의 가치를 전달하며 브랜드의 정체성을 강화했다.

글로벌 정체성과 현지화 전략의 조화도 애플의 성공 요인이다. 세계적으로 동일한 디자인과 사용자 경험을 유지하면서도, 지역 특성을 반영한 마케팅으로 각 국 소비자와의 연결 고리를 강화했다. 예를 들어, 중국에서는 춘절(설날)을 기념한 단편 영화를 애플 기기로 촬영해 선보였고, 한국에서는 한글을 활용한 감성적 광고로 큰 호응을 얻었다. 이러한 전략은 애플을 대체 불가능한 브랜드로 만들며 소비자들의 높은 충성도를 유지하고 있다.

#2. 코카콜라(Coca-Cola)

코카콜라는 19세기 말 미국에서 탄생해, 오늘날 200여 개국에서 판매되고 있는 글로벌 브랜드이다. 코카콜라가 제공하는 대표 제품은 탄산음료이지만, 소비자들은 갈증을 해소하거나 단맛을 즐기기 위해서만 코카콜라를 마시지 않는다. 코카콜라는 음료 이상의 문화와 경험을 주고 있다.

오랫동안 행복, 즐거움, 공유와 같은 감성적 키워드를 브랜드와 연결해 왔다. 1970년대 대표 광고인 '힐탑(Hilltop)' 캠페인에서는 "I'd Like to Buy the World a Coke"라는 노래를 통해 평화와 화합의 이미지를 강조했다. 소비자가 한 모금 마실 때마다 기분이 좋아지고 활력을 얻는 긍정적 감정을 연상시키는 데 성공했다.

칼로리를 줄이거나 다양한 향을 첨가한 신제품을 꾸준히 출시하면서, 끊임없이 변화하는 소비자 기호에 대응해 왔다. 다이어트 콜라, 제로 콜라 등의 라인업을 통해 건강 이슈에 민감해진 소비자들까지 포섭하며 브랜드 저변을 넓혔다.

그리고, 글로벌 통합 마케팅과 로컬라이제이션을 시행했다. 세계 공통의 코카콜라 붉은색 이미지를 유지하면서도, 지역별 문화와 언어에 맞춰 현지화된 캠페인을 진행하고 있다. 한글날에 행복, 사랑, 우정 등의 단어를 병에 새겨 판매하거나, 지역의 명절·행사와 결합한 광고를 내보냈다. 제품 자체(콜라)에서 파생된 문화적 상징을 소비자에게 심어줌으로써, 대체 상품이 많음에도 브랜드 충성도를 높이고 시장 지배력을 유지하고 있다.

#3. 티파니(Tiffany)

티파니는 19세기 중반 뉴욕에서 시작된 보석 브랜드로, 다이아몬드와 럭셔리 주얼리 분야에서 세계적 위상을 지닌 기업이다. 티파니가 제공하는 제품은 고급스러운 보석과 액세서리이지만, 고객이 실제로 구매하는 건 장신구 이상의 낭만과 가치다.

티파니는 결혼을 앞둔 연인들에게 한 번뿐인 인생의 중요한 순간을 더욱 빛나게 해주는 로맨틱 심볼이다. 이 감성적 연결을 통해 제품 하나하나가 영원히 간직될 추억으로 포지셔닝된다. 로맨스와 특별함을 중심에 둔 브랜드 전략이 성공한 거다.

티파니 블루 박스를 보는 순간, 소비자는 특별한 선물, 고급스러운 순간을 떠올린다. 브랜드 로고나 이름 없이도 색상만으로 제품 가치를 연상시킨다.

뿐만 아니라, 고급스럽고 세련된 쇼룸, 장인의 수작업, 전 세계 유수의 다이아몬드 소싱 역량 등을 강조하며 이곳에서만 누릴 수 있는 가치를 제안한다. 티파니 제품을 소유하는 것은 곧 특별한 순간을 기념하고, 간직한다는 인식으로 이어진다. 보석 그 자체의 희소성과 품질뿐 아니라, 브랜드가 가져다주는 낭만적 이미지의 포지셔닝으로 경쟁력이 유지되고 있다.

#4. 카카오(Kakao)

카카오톡은 카카오에서 2010년 서비스를 시작한 대한민국에서 가장 널리 사용되는 모바일 메신저이다. 일상 커뮤니케이션을 혁신한 B2C 서비스로, 무료 문자와 통화 시대를 열었을 뿐 아니라 다양한 생활 플랫폼 서비스로 확장해 나갔다.

카카오톡은 유료 문자메시지와 불편한 UI의 시장 상황에서 무료 메신저라는 가치를 제공했다. 손쉬운 UI/UX와 안정적인 서버 운영으로 폭발적으로 가입자를 모았다. 이후 택시 호출(카카오T), 송금·결제(카카오페이), 게임(카카오게임즈), 웹툰·웹소설(카카오페이지) 등 다양한 연계 서비스를 선보이며, 앱 하나로 대부분의 디지털 생활을 해결할 수 있는 생태계를 구축했다.

또한, 이모티콘이라는 감성적 요소가 있다. 텍스트를 넘어 감정 표현의 폭을 넓혀주며, 친구·가족 간 대화에 재미를 더하는 이모티콘 문화는 카카오톡만의 차별점이 되었다. 캐릭터 라이언(Ryan), 어피치(Apeach) 등은 독특하고 귀여운 이미지로 브랜드에 호감도를 높였다.

사용자들의 소비·이동·소통 데이터를 복합적으로 활용해, 편리하고 맞춤화된 서비스를 제공하고 있다. 카카오페이를 통한 송금 기록, 카카오T의 이동 데이터, 카카오맵의 위치 정보를 연계해 사용자에게 유용한 정보를 제공하고, 자연스레 플랫폼으로 고객 락인(Lock-in)을 강화했다. 이는 단순 메신저가 아니라 일상의 필수 앱으로 자리 잡으면서, 소비자 생활 전반을 디지털로 연결하는 플랫폼 생태계를 완성하였다.

이러한 글로벌 B2C 기업의 제품 접근법을 살펴보면 제품 이상의 경험과 가치를 제공하고 있으며, 지속적인 제품 혁신과 확장으로 브랜드 아이덴터티를 강화하고 있다. 또, 커뮤니티와 플랫폼 전략으로 브랜드 생태계를 구축하고 있음을 확인할 수 있다.

글로벌 B2B 기업의 제품 접근법

이번에는 글로벌 B2B 기업인 아마존, 시스코, TSMC, 삼성전자, 인텔의 제품을 통해 그들의 관점과 접근법을 알아보자. 아마존(Amazon)은 세계 최대 클라우드 컴퓨팅 서비스 업체이며, 시스코(Cisco)는 네트워킹 장비와 보안 솔루션의 글로벌 리더다. TSMC는 세계 최대 반도체 파운드리 기업으로 고객 맞춤형 칩 제조로 혁신을 이끌고 있으며, 삼성전자는 메모리 반도체와 디스플레이 패널 분야의 선두 주자이다. 인텔(Intel)은 프로세서와 반도체 기술의 글로벌 강자로 자리매김한 기업이다.

#1. 아마존(Amazon)

아마존은 1995년 온라인 서점으로 시작해 오픈 마켓의 시초인 마켓플레이스를 성공적으로 런칭하며 세계적인 전자상거래 업체로 자리 잡았다. 현재 아마존의 핵심 성장 동력 중 하나인 AWS(Amazon Web Services)는 클라우드 서비스 분야에서 세계 1위를 차지하며, 기업 고객에게 서버와 관련된 다양한 인프라를 임대하는 비즈니스 모델로 혁신을 이끌고 있다. AWS의 성공은 고객 중심의 문제 해결과 지속적인 개선이 결합된 결과로, 차별화된 가치를 제공한 사례이다. 창립자 제프 베조스는 "고객 집착(Customer Obsession)"을 경영 철학으로 삼아, 고객을 단순히 제품을 구매하는 대상이 아니라, 지속적인 혁신과 개선을 통해 가치를 제공해야 할 파트너로 간주했다. 고객 리뷰 시스템, 1일 배송, 추천 알고리즘 등 다양한 혁신을 도입하게 한 원동력이었다.

제프 베조스의 접근법은 고객 중심 제품 개발에서 "왜"와 "어떻게"를 명확히 보여준다. 왜 고객 중심이어야 하는가는 고객이 회사의 장기적인 성장을 결정짓는 핵심이라는 데 있다. 고객의 불만과 피드백은 혁신의 기회로 작용하며, 이를 기반으로 고객 만족도를 높이면 충성도를 강화할 수 있다. 어떻게 고객 중심을 실현할 것인가에 대해서는, 고객의 니즈를 체계적으로 분석하고 이를 제품과 서비스 전반에 반영하는 전략적 접근이 필요하다는 것을 보여준다.

#2. 시스코(Cisco)

시스코의 경영 사례도 눈여겨볼 만하다. 네트워크 인프라와 클라우드 솔루션 분야의 글로벌 선두 기업으로, 1984년에 설립되어 현재까지 기술 혁신을 이끌어 오고 있다. 2023년 기준으로 약 510억 달러의 매출을 기록했으며, 네트워크 장비 및 솔루션 분야의 대표 기업이다. 직원 수는 약 8만3천 명이며, 제품으로는 Webex(화상 회의), Catalyst 시리즈 스위치, Meraki 클라우드 관리 솔루션 등이 있다. 고객의 니즈를 분석하고 이를 반영한 혁신적인 제품과 서비스를 통해 B2B 시장에서 신뢰받는 브랜드로 자리 잡고 있다.

또한 시스코는 고객과의 협력을 통해 맞춤형 솔루션을 설계해 왔다. 'Colla-borative Innovation'이라는 접근 방식을 통해 고객과 공동으로 문제를 해결하고, 지속적인 성과를 창출하고 있다. 제품의 라이프사이클 전체를 지원하는 'Lifecycle Approach'를 채택해 설치, 운영, 유지보수, 업그레이드까지 전 과정을 아우르는 서비스를 제공한다. 이러한 고객 중심 경영은 시스코가 다양한 산업군에서 신뢰받는 이유이며, B2B 제품 개발에 시사점을 준다.

#3. TSMC(Taiwan Semiconductor Manufacturing Company)

TSMC는 세계 반도체 제조를 선도하는 기업으로, 특히 고객 맞춤형 제조 서비스를 통해 독보적인 위치를 확보했다. 맞춤형 반도체를 제조하는 파운드리 서비스 기업으로 고객이 필요로 하는 특화된 성능과 효율을 최적화하는 데 집중하고 있다. 애플, 엔비디아, AMD 등 주요 고객의 칩 설계 요구를 충족하며 고객 제품의 시장 경쟁력을 강화하고 있다.

최첨단 기술 개발을 통해 고객의 미래 요구를 예측하고 이에 부합하는 솔루션을 제공하고 있다. 3nm 및 2nm 공정 도입을 선도하며, 고성능과 에너지 효율성을 동시에 만족시키는 반도체 제조 기술로 고객의 경쟁력을 극대화하고 있다. 또한, 협력 기반의 R&D 투자와 최고 품질의 제품 생산을 통해 반도체 시장에서 신뢰받는 브랜드로 자리 잡았다.

#4. 삼성전자 반도체

삼성전자 반도체 부문도 고객 중심과 기술 혁신의 경영 사례로 꼽힌다. 고객 맞춤형 솔루션과 지속적인 기술 혁신으로 글로벌 반도체 시장을 선도하고 있다. 주요 고객들과 긴밀히 협력하며 맞춤형 반도체 솔루션을 제공하고 있다. 클라우드 데이터 센터 운영 기업들과 협력해 전력 소모를 최소화하고, 고성능을 유지하는 맞춤형 메모리를 개발했다. 그리고, 고객의 생산 라인에 맞춘 프로세서 제품을 제공하여 고객의 제품 성능과 효율성 향상을 제공하고 있다.

이들은 고객의 비즈니스 요구를 이해하고 최적의 솔루션을 설계하는 데 중점을 두며, 이러한 접근은 고객의 경쟁력을 강화할 뿐 아니라, 삼성전자 반도체가 시장에서 신뢰를 확보하는 원동력이 되었다.

#5. 인텔(Intel)

최근 경영난에 직면한 인텔은 제품 개발 측면에서 몇 가지 취약점을 노출했다. 첫째, 고객 니즈에 대한 민첩한 대응이 부족했다. 클라우드, IoT, AI 등 변화하는 기술 요구에 대한 설계 유연성에서 경쟁사에 뒤처졌으며, 데이터센터와 같은 주요 고객들에게 맞춤형 솔루션을 제공하는 데도 한계를 보였다. 둘째, 공정 기술의 지연으로 인해 10nm 및 7nm 공정 도입이 늦어지면서, 고객들이 대안으로 경쟁사의 제품을 선택하게 되는 상황이 잦아졌다. 셋째, 고객 피드백을 신속히 반영하지 못한 점도 문제로 지적된다. 경쟁사들이 고객 피드백을 기반으로 제품을 빠르게 개선한 데 반해, 인텔은 이 과정에서 효율성을 발휘하지 못했다. 고객 중심 제품 개발과 관리에서 개선해야 할 점을 잘 보여주며, B2B 기업들에게 교훈을 제공한다.

글로벌 B2B 기업들에게 있어 고객 중심성, 혁신, 적응성은 핵심적인 성공 요소로 작용한다. 고객 중심성은 고객의 요구를 정확히 이해하고 이를 충족시키는 것으로, 고객사의 장기적인 신뢰와 충성도를 강화한다. 혁신은 변화하는 시장 요구에 빠르게 대응하고, 경쟁 우위를 확보하기 위한 핵심 전략이다. 특히, 기술 혁신은 고객 문제를 해결하는 도구로 작용하며, B2B 기업이 갖춰야 할 차별화이다. 적응성은 빠르게 변화하는 글로벌 환경에서 기업이 생존하고 성장하기 위해 필요한 요소로, 다양한 고객 요구와 산업 변화에 민첩하게 대응하는 능력을 의미한다.

아마존, 시스코, TSMC, 삼성전자, 인텔의 사례는 이러한 요소들이 기업의 성과에 어떻게 영향을 미치는지를 보여준다. 아마존은 고객 중심 경영을 통해 세계적인 전자상거래 및 클라우드 서비스 기업으로 성장했으며, TSMC와 삼성전자는 기술 혁신과 고객 맞춤형 솔루션 제공을 통해 반도체 시장에서 선도적인 위

〈표 4-2〉 글로벌 B2C vs. B2B 제품 접근법

주요 관점	B2C 제품	B2B 제품	공통점 (핵심)
고객 중심	개별 소비자의 감성·욕구 파악에 집중, 사용자 경험(UX) 극대화	기업 고객(조직)의 니즈·문제 해결에 집중, 맞춤형 솔루션 제안	고객을 최우선으로 고려하고, 그들의 만족을 위해 제품을 설계
제품 가치 제안	기능·디자인·감성 등 복합적 가치로 소비자의 선택을 유도	생산성·효율성·비용절감 등 실질적 비즈니스 가치로 기업 경쟁력 제고	문제 해결과 가치 창출을 중심으로, 차별화된 장점을 강조
장기적 관계 구축	브랜드 팬덤·커뮤니티 형성을 통한 반복 구매 및 충성도 확보	파트너십·장기 계약을 통한 지속적 거래와 신뢰 구축	신뢰 관계를 유지하며, 장기적으로 협력·재구매를 유도
지속적 혁신 & 개선	트렌드 변화에 빠르게 대응, 새로운 기술·기능을 지속 출시	시장·기술 변화(디지털 전환, AI 등)에 맞춘 솔루션·공정 혁신	지속적 연구개발(R&D)과 빠른 피드백 반영으로 시장 선도
통합적 서비스 & 지원	온·오프라인 채널(앱·매장 등) 통합 제공, 고객문의·A/S 체계화	설치·운영·유지보수·업그레이드 등 라이프사이클 전반 지원	구매 전후 토탈 서비스를 제공해 고객 만족을 극대화

치를 확보했다. 반면, 인텔은 고객 요구에 민첩하게 대응하지 못하고 혁신 속도
가 뒤처지면, 경영난으로 이어질 수 있음을 보여주었다.

글로벌 기업의 제품 접근법

앞서 살펴본 글로벌 B2B와 B2C 기업의 성공 전략을 분석하면, 고객 중심
(Customer-Centric), 가치 혁신(Value Innovation), 장기적 파트너십(Long-term
Partnership)이라는 세 가지 공통된 핵심 요소를 발견할 수 있다. 이 요소들은 시
장과 고객의 니즈를 이해하고, 유의미한 가치를 제공하며, 신뢰 기반의 관계를
구축하는 접근법을 보여준다.

[그림 4-1] 글로벌 기업의 제품 접근

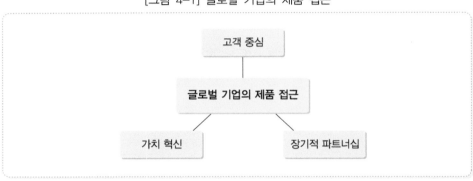

첫째, **고객 중심은 모든 비즈니스의 출발점이다.** 제품의 성공 여부는 고객이
진정으로 원하는 것을 얼마나 정확히 이해하고 해결하느냐에 달려 있다. 시장
조사와 소비자 인사이트를 통해 고객의 니즈를 분석해 제품을 기획해야 한다.
B2C 기업은 소비자 피드백을 빠르게 수집하여 이를 제품에 반영함으로써 경쟁
력을 유지하고, B2B 기업은 고객사가 직면한 복잡한 문제를 해결하는 맞춤형
솔루션을 통해 신뢰를 쌓아야 한다.

둘째, **가치 혁신은 고객에게 차별화된 가치를 제공하는 데 중점을 둔다.** 기술,
솔루션, 디자인의 혁신을 통해 고객이 기존에 경험하지 못한 유의미한 가치를
제공해야 한다. 이를 위해 R&D 역량을 강화하고, 협업과 오픈 이노베이션 같은

방식을 통해 새로운 트렌드를 선도해야 한다. B2C 기업은 혁신적인 디자인과 사용자 경험(UX)을 통해 고객 충성도를 높이고, B2B 기업은 기술 차별화를 통해 시장 내 입지를 강화할 수 있다.

셋째, **장기적 파트너십은 지속 가능한 성장을 위한 핵심 요소다.** 제품 구매 이후에도 꾸준한 고객 관리와 지원을 통해 재구매와 재계약을 유도하며, 고객과의 신뢰 관계를 유지해야 한다. B2C 기업은 커뮤니티와 멤버십 같은 플랫폼을 통해 고객과의 관계를 강화하고, B2B 기업은 제품의 라이프사이클 전반에 걸쳐 통합 지원과 맞춤형 컨설팅을 제공할 수 있다.

B2C와 B2B 기업은 비록 대상 고객군과 구매 의사결정 과정이 다르더라도, 고객 중심, 가치 혁신, 장기적 파트너십이라는 세 가지 접근법을 통해 제품의 장기적인 성공과 경쟁 우위를 확보할 수 있다. 기업이 이 세 가지 키워드를 제품 기획, 개발, 판매 전 과정에 균형 있게 적용한다면, 지속적인 성과와 시장 리더십을 기대할 수 있다.

1.2 문제 해결과 요구사항 분석

사업은 물건만 파는 것이 아니라 고객 신뢰를 얻고, 그들의 문제를 해결하는 과정이다. 성공적인 사업가는 단기적인 이익보다 지속 가능한 관계를 구축하는 데 집중하며, 이를 위해 철저한 시장 조사와 고객 요구 분석을 진행한다.

새로운 시장에 진입하는 사업가는 먼저 시장의 흐름과 소비자의 행동 패턴을 면밀히 분석해야 한다. 어떤 제품이 잘 팔리는지, 소비자들이 어떤 점에서 불편을 느끼는지 파악하는 게 문제 해결의 출발점이다. 특정 상품이 기대만큼 판매되지 않는다면, 그것이 가격 문제인지, 품질 문제인지, 혹은 유통 과정에서의 불편함 때문인지 알아내야 한다.

제품 개발의 시작점은 고객 문제를 정확히 이해하는 것이다. 고객이 겪고 있는 문제는 불편함을 넘어, 비즈니스 목표에 직접적인 영향을 미친다. 문제를 정의하고 요구사항을 분석하는 과정은 고객의 관점에서 원인을 탐구하고 해결책을 도출하는 전략적 접근이다. 제품의 방향성을 결정짓고, 고객 신뢰를 구축하는 시작점이다.

올바른 고객 문제 정의는 성공적인 제품 개발의 출발점이다. 고객이 겪는 문제를 명확히 이해하기 위해, 표면적인 증상에만 집중하지 않고 근본적인 원인을 파악해야 한다. 이러한 과정은 고객의 사용 환경, 기존 솔루션의 한계, 그리고 기대 가치와 맞물려 이루어져야 한다. 예를 들어, "처리 속도가 느리다"는 불만에서, "비효율적인 데이터 관리로 인해 생산성이 저하된다"는 근본 문제를 식별하는 것이 중요하다. 고객 문제를 제대로 정의해야 시장 적합성을 제대로 찾을 수 있다. 표면적 불만만 보고 기능을 추가하거나 UI만 다듬으면 정작 고객이 느끼는 진짜 불편함, 근본 문제를 놓친다.

문제 해결(problem-solving) 접근 방식을 취하면 논리적으로 문제를 분석하고 해결책을 검증하며, 운영 효율을 높일 수 있다. [그림 4-2]의 문제 정의, 문제 구조화, 데이터 수집 및 분석, 문제 해결책 개발, 실행 계획 및 결과 모니터링 단계를 따라 알아가보자.

[그림 4-2] Problem-solving의 주요 단계

- **문제 정의**: 문제의 본질이 무엇인지 명확히 한다. MECE(Mutually exclusive, Collectively Exhaustive) 원칙을 적용해 중복/누락 없이 문제 범위를 구체화해야 한다.
- **문제 구조화**: 문제 해결을 위한 잠재 가설을 설정하고, 이를 검증하는 방향으로 분석을 진행한다. 이슈 트리(Issue Tree)를 그려 큰 문제를 하위 문제로 쪼개보는 것도 유용하다.
- **데이터 수집 및 분석**: 지표(매출, 비용, 고객 수, 시장 점유율, 가입자 수, 활성 이용자수, 이탈률 등)를 통해 문제 규모와 특징을 파악한다. 고객 인터뷰나 설

문조사를 진행해, 숫자로 드러나지 않는 행동 패턴이나 정성적 니즈도 함께 이해해야 한다.

· **문제 해결책 개발**: 여러 솔루션을 나열하고, 비용 대비 효과, 자원의 가용성, 시장 반응 등을 종합해 해결책을 개발하고 우선 순위를 정한다.

· **실행 계획 및 결과 모니터링**: 실제 해결책을 적용할 로드맵(일정, 담당자, 예산, 기대효과 등)을 작성하고, 지표를 통해 결과를 측정하고, 반복적으로 개선한다.

이는 컨설팅에서 자주 사용하는 논리적 사고에 기반한 방법론으로 목표 달성과 장기적 성공을 지원하는 데 초점을 맞추고 있다. 제품은 고객사의 문제를 해결해 비즈니스 실질적 가치 창출에 집중해야 한다.

문제를 올바르게 정의하지 못하면, 잘못된 해결책으로 시간과 자원을 낭비하게 된다. 따라서 문제 해결은 고객이 제시하는 표면적 문제를 넘어, 근본적인 원인을 파악하고 이를 해결하기 위한 전략적 접근을 수립하는 것이다. 다음에 고객 문제의 근본 원인을 파악하는 대표적인 방법론을 알아보자.

#1. 5 Whys

RCA(Root Cause Analysis) 5 Whys를 통해 근본 원인을 파악하는 방법을 알아보자. 5 Whys 기법은 문제의 원인을 연속적으로 묻는 과정을 통해 근본 원인을 파악하는 것이다.

5 Whys 분석을 활용한 RCA 사례를 살펴보겠다. 제조업 공장에서 제품 불량률 증가라는 문제 해결 상황을 가정해보자.

〈표 4-3〉 5 Whys

문제	제품 불량률이 증가했다.	
첫 번째 Why	왜 제품 불량률이 증가했는가?	생산 라인에서 결함 있는 제품이 다수 발생했기 때문이다.
두 번째 Why	왜 생산 라인에서 결함 있는 제품이 발생했는가?	조립 공정 중 특정 부품이 제대로 설치되지 않았다.
세 번째 Why	왜 특정 부품이 제대로 설치되지 않았는가?	조립 기계의 정밀도가 낮아져 부품이 제대로 위치하지 못했다.

네 번째 Why	왜 조립 기계의 정밀도가 낮아졌는가?	정기적인 유지보수 작업이 제대로 이루어지지 않았다.
다섯 번째 Why	왜 정기적인 유지보수 작업이 제대로 이루어지지 않았는가?	유지보수 일정 관리 시스템이 없고, 담당자가 매번 수동으로 점검해야 하기 때문이다.
근본 원인	정기 유지보수 일정 관리 시스템의 부재.	
해결책	유지보수 관리 소프트웨어를 도입하여 일정 관리를 자동화하고, 정기적으로 점검하도록 프로세스를 개선.	

"5 Whys"를 통해 표면적인 증상이 아닌 근본 원인을 파악해 솔루션을 개발하거나 신제품에 반영할 수 있다.

#2. 5W1H

5W1H는 문제를 다각도로 접근해 놓칠 수 있는 세부 정보를 포착하도록 돕는 프레임워크이다. Who, What, When, Where, Why, How로 고객 문제의 맥락을 다각도로 파악해서, 대응 전략이나 기능 제안 때 놓칠 수 있는 부분을 보완할 수 있다. 고객 불만 사례를 분석할 때, 불만을 제기한 고객 유형(Who), 불만 내용(What), 문제 발생 시점(When), 문제 발생 위치(Where), 원인(Why), 해결책(How)을 조사하는 방식이다.

[그림 4-3] 5W1H

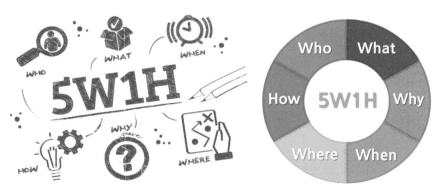

출처: Linkedin_Learnology

#3. 공감지도(Empathy Map)

　문제 해결의 핵심은 고객의 진짜 목소리를 이해하고 그들의 관점에서 문제를 바라보는 데 있다. 이를 위한 공감지도가 있다. 공감지도는 [그림 4-4]와 같이 고객이 문제 상황에서 무엇을 생각하고(Think), 느끼며(Feel), 보고(See), 듣고(Hear), 행동하고 말하는지(Say & Do)를 구조적으로 정리해 문제의 본질과 숨겨진 요구를 발견하게 해준다. 또한 고객이 겪는 고통(Pain)과 원하는 이익(Gain)을 파악함으로써 문제 해결의 실마리를 찾는다.

　예를 들어, 데이터 관리 솔루션을 개발한다면, 공감지도를 통해 고객인 기업 대표의 관점을 이해해 보는 거다. 대표는 업무 효율성을 높이기 위해 데이터 관리의 어려움을 해결하고 싶어할 것이다(Think & Feel). 그러나 그가 보는 시장 솔루션은 고가이거나 지나치게 복잡해 선뜻 도입하기 어렵다(See). 또한 직원들의 "지금 쓰는 시스템은 너무 불편하다"는 의견을 계속 들으며 새로운 대안을 찾아야 한다는 압박을 받는다(Hear). 이 모든 요소를 종합하면 대표는 저렴하면서도 직관적으로 사용할 수 있는 간단한 솔루션에 요구를 가지고 있다(Say & Do). 공감지도는 고객의 진짜 문제를 정의하고, 고객 중심의 솔루션을 설계하는 데 도움을 준다.

[그림 4-4] Empathy Map

출처: https://designsystem.gov.ae/

공감지도는 고객의 숨겨진 니즈를 발견하고, 고객 맞춤형 가치 제안을 설계하도록 한다. 특히 스타트업이 고객 요구사항 분석과 솔루션 설계 때 효과적인 프레임워크로 작용한다. 이를 통해 고객의 고통을 줄이고 원하는 가치를 제공하는 혁신적인 제품이나 서비스를 구현할 수 있다.

고객 문제의 원인을 파악한 방법론이 실제 산업현장에 적용된 사례를 살펴보자.

토스는 국내 인터넷 금융에서 불편하다고 여겨지던 공인인증서 기반의 송금 절차를 혁신한 사례다. 은행 앱마다 공인인증서를 적용해야 했고, 복잡한 절차와 보안 규제가 얽혀 있어 송금 과정이 번거로웠다.

이 문제를 해결하기 위해 토스는 인증과 보안 프로세스 자체를 다시 설계했고, 사용자 경험(UX) 관점에서도 최적화된 화면 흐름을 구현했다. 그 결과, 공인인증서 없이 간편하게 송금할 수 있는 시스템이 탄생했고, 빠른 송금이 새로운 문화로 자리 잡았다. 금융 서비스의 진입 장벽을 낮추고, 앱 중심의 사용자 경험을 정착시켰다.

배달의민족은 음식 주문과 배달 과정에서 발생하는 여러 문제를 모바일 앱으로 풀어냈다. 초기에는 음식점과 고객 간 전화로 주문이 이뤄져, 누락되거나 배달원이 위치를 제대로 찾지 못해 배달 지연이 잦았고, 빈번한 취소로 음식점 고객 불만도 누적되었다. 이러한 불편을 해소하기 위해, 주문·배차·라이더 매칭 과정을 앱 하나로 통합했다. 고객이 앱을 통해 주문하면, 실시간으로 식당과 배달원의 상태를 확인할 수 있고, 지도 정보를 자동 업데이트해 라이더가 정확한 위치를 찾도록 했다. 이로써 주문 취소와 배달 지연 문제를 획기적으로 줄였고, 고객이 배달 현황을 실시간으로 확인하면서 신뢰와 편의성을 얻었다. 이는 배달 서비스 시장 전반에 디지털 전환을 가속하는 계기가 되었고, 배달의민족은 시장을 선도하는 플랫폼이 되었다.

토요타는 생산 공정 중 반복적으로 발생하는 품질 결함 문제를 해결하기 위해 5 Whys 기법을 활용하였다. 초기에는 결함 원인을 특정 부품의 품질 문제로 판단했지만, 근본 원인을 분석한 결과 조립 라인의 작업 절차와 프로세스 설계가 주요 원인임을 발견했다. 이를 개선하기 위해 작업 표준을 재설계하고 작업자 훈련을 강화했으며, 결과적으로 결함률을 크게 줄이고 생산성을 향상시킬 수 있었다. 문제의 표면적 증상이 아닌 근본 원인을 찾아 해결한 사례이다.

고객 가치와 기대 사항 분석

문제를 해결했을 때 고객이 얻을 가치를 명확히 정의하는 것은 제품 개발에 필수다. 정량(비용 절감, 생산성 향상 등)과 정성(사용자 만족도, 브랜드 이미지 강화 등) 요소를 모두 포함한다. 고객의 기대치를 명확히 이해하지 못하면, 제품이 제공하는 가치가 고객 니즈와 엇나가 실패로 이어진다.

가치(Value)는 고객 관점에서, 기대는 고객 미래 가능성을 읽는 렌즈이다. 가치와 기대는 전략적 우위를 점할 수 있는 방법이다. 이는 기능적 효용을 넘어 고객이 느끼는 정량적, 정성적 혜택과 앞으로 기대하게 될 변화와 결과를 포함한다.

가치와 기대 정의는 고객이 무엇을 필요로 하고, 원하는지 심층적으로 이해하고, 이를 기반으로 고객이 추구하는 이상적인 상태를 구체화하는 과정이다. 이러한 작업은 초기 비즈니스 모델 수립부터 영업, 마케팅, 고객 관리에 이르기까지 모든 단계에서 활용될 수 있다.

가치는 고객이 진정으로 원하는 것으로, 효과적으로 정의하려면, 다음 질문들에 답할 수 있어야 한다.

- **정량적 가치**: 우리 제품/서비스가 고객의 비용 절감, 시간 단축, 매출 증가 등에 어떻게 기여하는가?
- **정성적 가치**: 더 나은 평판, 안정성, 브랜드 신뢰도를 얻는 데 어떤 도움을 줄 수 있는가?

질문의 답은 다음에 활용할 수 있다.
- **문제 진단**: 고객의 문제를 분석하고, 이를 해결할 구체적인 솔루션을 제안
- **가치 명확화**: 경쟁 제품과 비교했을 때, 자사의 제품이 가지는 차별화된 강점을 명확히 설명

· **가치 제안서 작성**: 고객의 언어로 '당신이 얻게 될 가장 큰 이점'을 서술

가치 제안 캔버스(Value Proposition Canvas)는 고객의 문제와 욕구를 정의하고, 이를 바탕으로 제품이나 서비스가 제공해야 할 가치를 설계하는 도구다. 고객의 입장에서 상황을 분석하고, 이를 해결하는 솔루션을 구조적으로 도출하는 데 도움을 준다.

[그림 4-5] 가치 제안 캔버스 (The Value Proposition Canvas)

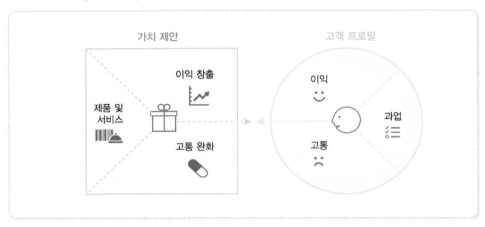

출처: https://www.cutthebullshitmarketing.com/

가치 제안 캔버스는 두 가지 주요 구성 요소로 이루어져 있다. 첫 번째는 고객 프로필(Customer Profile)이다. 고객 프로필은 고객이 직면한 문제를 깊이 이해하기 위한 기초 작업으로, 고객의 고통(Pains), 이익(Gains), 그리고 과업(Jobs)으로 구성된다. 고통은 고객이 느끼는 불편함, 문제, 또는 위험을 정의하며, 이익은 고객이 얻고자 하는 결과나 혜택을 의미한다. 마지막으로 과업은 고객이 달성하고자 하는 구체적인 목표나 요구 사항을 나타낸다. 과업은 기능적, 사회적, 감정적 과업으로 나뉘며, 각 과업은 고객의 니즈를 세밀히 이해하는 데 중요한 역할을 한다.

두 번째 구성 요소는 가치 제안(Value proposition)이다. 이는 고객 프로필에서 정의한 문제와 욕구를 해결하기 위해 제공할 구체적인 솔루션을 설계하는 단계

다. 가치 제안은 고통 완화(Pain Relievers), 이익 창출(Gain Creators), 그리고 제품 및 서비스(Products & Services)로 구성된다. 고통 완화는 고객이 겪고 있는 문제를 줄이기 위한 방안을 설계하는 데 초점을 맞추고, 이익 창출은 고객이 얻고자 하는 혜택을 실현할 수 있는 방법을 제안한다. 이 모든 과정은 고객이 필요로 하는 제품과 서비스를 통해 실질적인 솔루션으로 구현된다.

가치 제안 캔버스를 효과적으로 활용하려면 몇 가지 단계를 거쳐야 한다. 먼저 고객에 대한 이해를 위해 인터뷰나 설문조사를 진행하고, 고객의 고통과 이익을 구체적으로 정의해야 한다. 그런 다음, 고객의 니즈를 기반으로 솔루션을 설계하고, 프로토타입 개발과 피드백을 통해 이를 검증해야 한다. 정의된 가치 제안을 팀과 공유하고 전략적 의사결정에 반영함으로써 실질적인 성과로 이어지도록 한다.

창업자는 가치 제안 캔버스를 활용해 고객 중심의 사고를 강화하고, 고객의 문제를 해결하며, 원하는 가치를 명확히 전달할 수 있다. 고객과 긴밀한 관계를 구축하고 장기적인 협력 가능성을 높일 수 있다. 또한, 가치 제안 캔버스는 시장 변화에 따라 지속적으로 업데이트하고 활용해야 한다. 고객의 고통과 기대를 중심으로 한 접근은 신뢰를 구축하고 비즈니스 성공을 이끄는 중요한 전략적 요소가 될 것이다.

한 물류회사는 고객의 배송 지연 문제를 해결하기 위해 실시간 배송 추적 시스템을 도입했다. 이 과정에서 고객이 속도 개선뿐 아니라, 정확한 배송 예상 시간을 요구한다는 점을 발견했다. 이에 따라, 예측 기반 알고리즘을 추가하여 고객의 기대를 충족시키고, 신뢰성을 향상시키는 결과를 얻었다.

기대는 미래를 예측하고 설득하는 것이다. 고객은 현재 상태를 넘어선 미래의 가능성에서 가치를 찾는다. 이때 기대 정의는 고객이 꿈꾸는 이상적인 미래를 이해하고 충족할 수 있다는 확신을 주는 과정이다.

[고객 기대 전개 방법]
· 미래 예측: 고객이 시장 변화 속에서 직면할 도전 과제와 기회를 분석
· 스토리텔링: 제품/서비스를 통해 고객이 6개월, 1년, 3년 뒤에 얻게 될 결과

를 구체적인 시나리오로 제시

- **관계 구축**: 기대치를 충족시키는 것을 넘어, 꾸준히 상회하기 위한 피드백 루프 마련

창업자가 가치를 정의하고 기대를 관리할 때에는 다음 사항을 염두에 두어야 한다. 먼저, 가치를 정의할 때는 기술 자체보다는 이를 통해 고객이 달성할 수 있는 성과에 집중해야 한다. 고객은 제품이나 서비스의 기능보다는 이를 통해 얻을 수 있는 구체적인 성과와 결과를 더 중요하게 생각하기 때문이다. 또한, 객관적인 데이터와 사례를 활용해 신뢰도를 높이는 것도 필요하다. 고객에 따라 목표와 우선순위가 다르므로, 고객 맞춤형으로 가치를 제시하는 것도 중요하다.

기대를 관리할 때는 과도한 약속을 피하고 현실적으로 달성 가능한 기대치를 설정해야 한다. 지나치게 높은 기대치를 설정하고 이를 충족하지 못하면 신뢰를 잃을 위험이 크기 때문이다. 초기에는 소규모 프로젝트나 단계적인 접근을 통해 신뢰를 쌓아가고, 점진적으로 관계를 확장해 나가는 전략이 효과적이다. 또한, 고객에게 '작은 성공이 더 큰 성공으로 이어질 수 있다'는 메시지를 지속적으로 전달하며, 미래의 성장 가능성을 보여주는 것도 중요하다.

도전적인 목표와 현실 가능성 간의 균형을 유지하는 것이 창업자의 성공적인 가치 정의와 기대 관리의 핵심이다. 가치와 기대는 전략적 설득의 기초로서, 창업자는 고객이 추구하는 이상적인 미래를 함께 설계하는 파트너가 되어야 한다. 가치를 정의하고 기대를 충족하는 데 성공한다면, 장기적인 신뢰와 협력의 기반을 구축할 수 있다.

문제의 영향 측정과 요구사항 분석

문제의 영향 측정과 요구사항 분석은 문제의 본질을 이해하고 이를 해결하기 위한 구체적인 요구사항을 수집하고 분석하는 과정이다. 제품 개발 방향성을 명확히 하고 시장에서 경쟁우위를 확보하도록 지원한다.

스타트업 창업자는 해결하려는 문제가 고객과 시장에 미치는 영향을 구체적으로 평가하고 해결 우선순위를 설정해야 한다. 문제의 영향을 정량적·정성적

으로 분석하는 게 그 시작이다.

정량적 평가는 데이터를 기반으로 문제의 심각성을 객관적으로 수치화하는 방법이다. 예를 들어, 고객이 현재 사용 중인 소프트웨어의 비효율로 인해 하루 평균 10시간의 추가 작업이 발생하거나, 연간 1억 원 이상의 비용 손실이 발생한다고 분석하면 문제 해결의 필요성을 명확히 전달할 수 있다. 이를 위해 비용 분석, ROI 계산, 벤치마킹 등의 방법을 활용할 수 있다.

정성적 평가는 정량적 데이터로 드러나지 않는 문제의 심리적, 조직적 맥락을 파악하는 접근 방식이다. 고객 인터뷰나 설문조사를 통해 고객이 겪는 스트레스, 팀 내 갈등, 업무 환경의 혼란 등을 분석하고 이를 기반으로 해결 방안을 설계한다. 예를 들어, 반복적인 데이터 입력 작업으로 인해 팀원들이 업무에 불만을 느끼고 협업이 원활하지 않다는 피드백을 받을 경우, 이는 생산성 문제를 넘어 조직 문화와 직원 만족도에까지 영향을 미치는 것으로 해석할 수 있다.

요구사항 수집은 고객, 사용자, 이해관계자들의 필요와 기대를 포괄적으로 파악하고 정의하는 과정이다. 인터뷰, 설문조사, 사용자 관찰, 워크숍 등 다양한 방법으로 정보를 수집하고, 이를 기반으로 제품 개발 방향성을 설정해야 한다.

수집된 요구사항은 기능적 요구사항, 비기능적 요구사항, 제약 조건으로 체계적으로 분류한다. 기능적 요구사항은 제품이 기본적으로 제공해야 할 특정 기능을 말하며, 비기능적 요구사항은 성능, 보안, 확장성 등 제품의 품질 속성과 관련이 크다. 제약 조건에는 법적, 기술적, 자원적 제한 사항이 존재한다. 만약, 한 스타트업이 개발 중인 모바일 앱에서 '사용자가 3초 이내에 검색 결과를 확인할 수 있도록 자동 완성 기능 제공'과 같은 구체적인 기능적 요구사항을 정의하면, 개발 과정에서 혼란을 줄이고 목표에 맞는 결과를 도출할 수 있다.

그리고, 스타트업 자원은 제한적이기 때문에 요구사항 우선순위를 체계적으로 설정해야 한다. 정량적·정성적 평가를 기반으로 문제 중요성과 시급성을 종합적으로 판단하고, 가장 큰 비즈니스 가치를 제공하는 요구사항부터 해결해야 한다.

MoSCoW 기법을 활용해 요구사항은 다음과 같이 분류할 수 있다.
· Mush have: 반드시 필요한 기능. 제품이나 서비스의 기본적이고 필수적인

기능으로, 이것이 없으면 고객의 문제를 해결할 수 없거나 제품이 제대로 작동하지 않는 핵심 요구사항

- Should have: 필요하지만 반드시 우선순위는 아닌 기능. 중요한 요구사항이지만, 반드시 초기에 포함되어야 하는 것은 아니며, 시간과 자원의 여유가 있을 경우 포함할 수 있는 기능
- Could have: 있으면 좋지만 없어도 무방한 기능. 고객의 만족도를 높일 수는 있지만, 초기 출시나 최소 기능 제품(MVP)에는 포함되지 않아도 큰 문제가 없는 부가적 기능
- Won't have: 이번 단계에서는 포함하지 않을 기능. 현재 개발 범위에서는 제외하지만, 향후 업데이트나 다른 버전에 포함될 가능성이 있는 요구사항

[그림 4-6] MoSCoW 모델

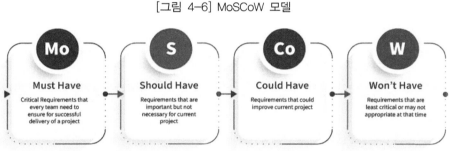

출처: GeeksforGeeks

한 스타트업이 배송 관리 솔루션을 개발하는 경우, "실시간 배송 추적 기능"이 고객 유지와 매출 증대에 직접적인 영향을 미친다면 이를 Must have로 설정한다. 반면, '사용자 테마 변경 기능'은 상대적으로 낮은 우선순위로 설정해 후속 업데이트에 포함시킬 수 있다. 이러한 접근은 제한된 자원 내에서 높은 효과를 내는 전략적 선택이다.

요구사항이 제공하는 비즈니스 가치에 따라 우선순위를 결정하는 가치 기반 우선순위와 특정 요구사항이 다른 요구사항에 의존하는 정도를 평가하는 의존성 평가도 적용할 수 있다.

스타트업 창업자는 문제 영향 측정과 요구사항 분석을 통해 고객 문제를 깊

이 이해하고, 이를 기반으로 우선순위를 설정하여 자원을 효율적으로 배분해야 한다. 이러한 과정을 통해 스타트업은 고객 중심의 솔루션을 설계하고, 시장에 서의 경쟁력을 강화하며, 지속 가능한 비즈니스 성장을 이룰 수 있다.

문제 해결과 요구사항 분석은 스타트업의 성공을 좌우하는 중요 과정이다. 고 객 문제를 표면적으로 이해하는 것을 넘어, 근본 원인을 탐구하고 이를 체계적 으로 해결하기 위한 전략적 접근이 필요하다. 스타트업은 자원과 시간이 제한된 상황에서 가장 중요한 문제부터 해결해야 하며, 이를 위해 정량적·정성적 데이 터를 기반으로 요구사항을 분류하고 우선순위를 설정하는 것이 필수적이다.

이는 고객과의 신뢰 관계를 구축하는 데도 기여한다. 고객 니즈를 충족시키는 솔루션을 제공할 뿐만 아니라, 그들의 기대를 초과하는 경험을 설계함으로써 장 기적인 협력 기반을 마련할 수 있다. 스타트업 창업자는 이러한 과정을 반복적 으로 실행하며, 고객 중심의 사고방식을 지속적으로 강화해야 한다. 이는 단기 적인 성공뿐 아니라, 지속 가능한 비즈니스 성장을 위한 견고한 토대를 마련하 는 길이다.

1.3 초기 제품 개발과 피드백

어떤 제품도 한 번에 시장 니즈와 소비자 욕구를 완벽히 충족시킨 사례는 거 의 없다. 오히려 출시 후 고객 반응과 피드백을 바탕으로 발전하며 시장을 확장 한 사례가 많다.

애플의 아이팟과 아이폰 사례를 살펴보자. 아이팟 1세대(2001년)는 미니 하드 디스크를 장착해 "1,000곡을 주머니에 담을 수 있다"는 메시지와 간결한 디자인 으로 시장에 등장했다. 그러나 1세대는 맥 사용자만을 겨냥해 윈도우 사용자에 게는 접근이 제한되었다. 하지만, 대용량 저장 기능과 직관적인 디자인은 소비 자에게 강한 인상을 남겼다. 이후 2세대 아이팟(2002년)은 터치 기반 스크롤 휠 을 도입하고 윈도우 지원 기능을 추가해 더 넓은 소비자층에 도달하며 성공적으 로 시장을 확장했다.

1세대 아이폰(2007년)은 혁신적인 터치스크린과 인터넷 브라우징 기능을 제공했지만, 3G 네트워크를 미지원, 통신 성능과 배터리 수명 문제 같은 제약이 있었다. 그러나 1세대 아이폰은 새로운 스마트폰 시장의 가능성을 확인한 계기가 되었고, 이를 바탕으로 한 2세대 아이폰(2008년)은 3G 네트워크 지원과 GPS 기능을 추가하며 대폭 개선되었다. 1세대 아이폰이 약 400만 대가 판매된 반면, 2세대 아이폰은 출시 첫 주말에만 백만 대 이상으로 폭발적인 성공을 거두었다.

이는 초기 제품이 완벽하지 않더라도, 시장의 피드백을 반영하여 개선한 후속 제품은 더 큰 성공을 거둘 수 있음을 보여준다. 초기 고객의 피드백은 제품 개선과 시장 확장의 중요한 밑거름이다. 초기 제품은 시장의 존재와 방향성을 검증하며, 고객과의 상호작용을 통해 더 나은 제품으로 발전하는 과정에서 중요한 역할을 한다.

초기 제품 개발은 고객의 문제를 해결하고, 시장에서 가치를 검증하는 첫 걸음이다. 고객이 요구하는 주요 기능을 빠르게 제공하면서도, 동시에 시장 반응을 통해 제품 방향성을 조정하는 민첩성이 필요하다. 초기 제품은 완벽하지 않아도 되며, 최소한의 기능을 갖춘 MVP(Minimum Viable Product)를 통해 고객과의 소통을 시작해야 한다.

피드백 활용은 초기 제품 개발에 중요하다. 고객의 실질적인 반응과 데이터를 수집하여 제품 개선에 반영하는 과정은 제품의 완성도를 높인다. 초기 고객들과의 협력은 문제 해결을 넘어 장기적인 파트너십을 구축하는 기회로도 작용할 수 있다.

최소 기능 제품의 설계와 활용

최소 기능 제품은 빠르게 시장에 진입해 고객 피드백을 수집하는 목적을 가진다. 핵심 기능을 담아 고객 문제를 해결하고 시장 반응을 검증하기 위해 진행한다. 자원에 제한이 있는 스타트업이 불확실한 시장에서 성공적으로 자리 잡기 위한 접근이다. 완벽하지 않아도 되며, 제품의 핵심 기능을 포함하여 시장 반응과 고객 피드백을 통해 가설을 검증하고, 나아가 완전한 제품으로 발전시키는 도구로 활용한다. 최소 기능 제품(MVP)을 설계할 때는 다음 원칙을 고려해야 한다.

[MVP 설계 원칙]
- 첫째, **문제를 명확히 정의하라.** MVP는 특정 고객의 특정 문제를 해결하는 데 초점이 맞춰져야 한다. 애매하거나 넓은 범위의 문제를 해결하려다 보면 자원 낭비로 이어질 수 있다.
- 둘째, **핵심 가치를 전달하라.** MVP는 제품의 핵심 가치를 고객에게 명확히 전달할 수 있어야 한다. 고객이 제품 목적과 가치를 즉각적으로 이해할 수 있는 간단하고 직관적인 기능이 중요하다.
- 셋째, **작고 빠르게 시작하라.** MVP는 최소한의 개발 시간과 비용으로 제작되어야 한다. 스타트업은 MVP를 빠르게 시장에 출시하고, 이후 고객 피드백을 기반으로 개선해 나가는 방식을 채택해야 한다.

MVP 설계는 다음과 같이 전개할 수 있다.

[그림 4-7] MVP 설계 단계

[1] 목표 설정 ⇒ [2] 핵심 기능 선정 ⇒ [3] 프로토타입 제작 ⇒ [4] 목표 고객 정의

먼저, MVP의 목표를 명확히 설정한다. 고객 문제 검증, 시장 수요 테스트, 기술적 가능성 실험 등으로 정할 수 있다. 다음, 핵심 가치 전달을 위한 핵심 기능을 선정해야 한다. 그런 다음, 개발 리소스를 최소화하며 제품 가치를 전달할 수 있는 프로토타입을 제작한다. 와이어프레임, 클릭 가능한 목업 등의 형태로 전개할 수 있다. 그리고, MVP를 테스트할 목표 고객군을 선정한다. 이때는 제품에 관심이 높고 피드백 제공에 적극적인 사용자를 선별해야 한다.

MVP를 활용하면 다음의 이점을 누릴 수 있다.

[MVP 활용 이점]
- 빠른 시장 검증: 실제 고객 반응을 통해 제품의 시장 적합성((Product-Market Fit)을 빠르게 검증할 수 있다. 고객 행동 데이터로 제품이 해결해야 할 문제와 고객 니즈를 보다 명확히 이해할 수 있다.
- 리스크 최소화: 제품에 대한 가설을 검증하며 시간과 비용을 줄이고, 완전한

제품 개발 전 고객 반응을 반영할 수 있어 실패 가능성을 줄인다.
- 피드백 기반 개선: 고객 피드백을 지속적으로 개선하는 토대를 마련한다. 고객이 중요하게 여기는 기능과 불필요한 요소를 빠르게 구분해낼 수 있다.

클라우드 스토리지 서비스인 Dropbox는 정식 출시 전에, 제품의 개념을 설명하는 간단한 동영상을 제작해 고객 반응을 테스트했다. 이를 통해 사용자의 관심을 확인하고, 초기 사용자 커뮤니티를 구축하며 제품 개발에 필요한 피드백을 얻었다.

온라인 신발 판매점을 시작한 Zappos는 초기 MVP로 신발 상점에서 사진을 찍어 온라인에 올리고, 고객이 주문하면 직접 상점에서 구매해 배송했다. 이를 통해 시장의 수요를 검증하고, 온라인 신발 판매가 가능한지 실험했다.

Airbnb는 창업 초기, 거실에 매트리스를 놓고 사진을 찍어 웹사이트에 올리는 방식으로 시작했다. 이를 통해 사람들이 남의 집에 숙박하는 서비스에 대한 반응을 확인했다.

MVP의 핵심은 고객의 문제를 명확히 이해하고, 이를 해결하는 데 필요한 최소한의 기능으로 시작해, 고객과 함께 제품을 완성해 나가는 것이다. MVP는 끝이 아니라 시작이다. MVP를 통해 수집된 고객 피드백과 데이터를 기반으로 제품을 개선하고, 점진적으로 기능을 확장하며 완성도 높은 제품으로 발전시켜야 한다. 이 과정에서 Lean Startup의 Build-Measure-Learn 주기를 활용하면 효율적으로 제품 개발을 진행할 수 있다.

피드백 기반 개선 프로세스

피드백 개선 프로세스는 고객과 상호작용을 통해 제품과 서비스를 지속적으로 발전시키는 데 초점을 맞춘다. MVP 출시 이후, 고객 피드백은 시장 적합성을 달성하고, 경쟁력을 강화하며, 자원을 효율적으로 활용하는 데 필수 역할을 한다. 여기서는 피드백 수집, 분석, 적용을 통해 제품 개선을 이끄는 방법에 대해 알아보자.

먼저 피드백 수집 방법을 알아보겠다. 피드백은 다음과 같이 다양한 채널로 수집할 수 있다.

[고객 피드백 수집 방법]
· **직접 인터뷰**: 고객 인터뷰로 제품 사용 경험, 기대치, 불만 사항을 심층적으로 파악
· **설문조사**: 온라인 설문 도구를 활용해 넓은 사용자군으로부터 정량적 데이터를 수집
· **사용 데이터 분석**: 사용자 행동 데이터(예: 클릭률, 유지율, 이탈률 등)를 통해 고객 행동 패턴을 이해
· **소셜 미디어 및 리뷰 모니터링**: 고객이 소셜 미디어나 리뷰 플랫폼에 남긴 의견을 수집해 트렌드와 감정 분석
· **커뮤니티와 포럼**: 사용자와의 직접 소통을 강화하고 제품 개선에 대한 아이디어를 얻음

이렇게 고객 데이터를 수집한 후에는 피드백을 체계적으로 분석해야 한다. 먼저, 고객 주요 요구사항을 도출하고, 피드백을 기능별, 유형별로 분류해 반복적으로 제기되는 문제를 파악해야 한다. 데이터를 통합적으로 분석하여 각 피드백이 제품 가치를 얼마나 증대시키는지 평가하고 자원의 효율적 배분을 위해 우선순위를 설정한다.

다음, 피드백 분석 결과를 기반으로 개선 계획을 수립하고, 이를 실행 가능한 단계로 구체화해야 한다. 예를 들어, "사용자 등록 과정이 복잡하다"는 문제를 "3단계를 2단계로 단축"과 같은 구체적인 목표로 변환하는 거다. 그리고, 문제 해결을 위한 여러 아이디어를 검토하고, 비용 대비 효과가 높은 방안을 선택해, 개선안을 프로토타입으로 제작해 소규모 사용자 그룹에서 테스트를 진행한다.

피드백 기반 개선은 단회성 작업이 아니라 반복적 프로세스의 일부로 이해해야 한다. 개선된 기능이 목표를 달성했는지 데이터를 통해 측정한다. 예를 들어, 개선 후 사용자 등록 전환율이 20% 증가했는지 확인해 볼 수 있다. 개선된 결과를 고객과 공유하고, 다시 피드백을 요청해 새로운 인사이트를 얻는 것도 좋

다. 반복적인 피드백 개선 과정을 통해 고객과의 신뢰를 강화하고, 제품 품질을 점진적으로 높여간다.

이러한 피드백 기반 개선 프로세스는 고객 중심의 사고방식을 강화하고, 제품을 시장의 니즈에 더욱 적합하게 만드는 데 기여한다. 스타트업은 고객 피드백을 문제를 해결하는 도구로만 보지 않고, 새로운 기회를 발견하고 혁신을 창출하는 원천으로 활용해야 한다.

MVP 설계 방법론

#1. 린 스타트업(Lean Startup)

'Lean'은 '군살 없는, 효율적인'이라는 뜻으로, 경영이나 비즈니스에서는 자원 낭비를 최소화하고 효율을 극대화하는 방식을 의미한다. 린 스타트업은 에릭 리스(Eric Ries)가 제안한 제품 개발 방법론으로, 제한된 자원 속에서도 신속하게 가설을 검증하고 반복적인 개선 과정을 통해 시장 적합성을 찾아가는 데 중점을 둔다. 핵심은 Build-Measure-Learn(만들기-측정하기-학습하기)의 주기를 활용해 MVP를 빠르게 설계하고 시장 반응을 검증하는 것이다.

린 스타트업은 초기 자원을 최소화한 상태에서 핵심 가설을 테스트하고, 고객 피드백을 바탕으로 제품을 점진적으로 발전시키는 접근 방식이다. 한 스타트업이 소규모 소매점을 대상으로 POS(Point of Sales) 시스템을 MVP로 개발한 뒤, 고객 데이터 분석을 기반으로 추가적인 기능을 점진적으로 확장하는 방식이다. 단기간 내에 가설을 검증하고, 자원 낭비를 방지하며 제품 개발 방향성을 설정한다.

[그림 4-8] 린 스타트업

출처: smartvook1.tistory.com/233

린 스타트업의 핵심 단계인 Build(만들기), Measure(측정하기), Learn(학습하기)를 알아보겠다. Build 단계에서는 최소한의 리소스를 활용해 고객에게 핵심 가치를 전달하는 MVP를 설계하고 제작한다. 고객 문제를 해결할 수 있는 핵심 가치를 전달하는 기능을 선정하고, 불필요한 요소를 배제하고, 프로토타입 수준의 제품을 제작한다.

다음 Measure 단계에서는 사용자 데이터를 수집하고, 제품의 유용성과 가설 타당성을 검증한다. 사용률, 전환율, 고객 유지율 등의 정량적 데이터를 측정해 사용자 행동 데이터를 분석한다. 또, 설문조사, 인터뷰 등으로 고객의 정성적 피드백을 수집해 불편과 요구사항을 파악할 수 있다. 이 과정을 통해 고객이 제품을 어떻게 사용하는지 파악하고 주요 문제점을 식별할 수 있다.

Learn 단계에서는 데이터와 피드백을 기반으로 제품 개선 방향을 결정한다. MVP가 고객 문제를 해결했는지 평가하고, 가설이 검증되면 확장을 진행하고 검증되지 않을 경우 피봇(Pivot)을 고려할 수 있다. 피봇은 기존의 사업 방향이나 전략을 수정하여 새로운 방향으로 전환하는 것을 의미한다.

린 스타트업은 완벽함보다 속도, 실패보다 학습을 강조한다. 이 접근법은 초기 단계에서 실패를 두려워하지 않고, 빠르게 실험과 피드백 과정을 반복함으로써 제품 개발의 불확실성을 줄이는 데 초점을 맞춘다. 특히, 스타트업이 제한된 자원을 최대한 활용하여 시장 적합성을 검증하고, 경쟁력을 확보할 수 있도록 돕는다.

#2. 디자인싱킹(Design Thinking)

디자인싱킹(Design Thinking)은 고객 중심의 문제 해결 접근 방식으로, 창의성과 논리적 사고를 결합하여 복잡한 문제를 해결하는 데 초점을 맞춘다. 특히 스타트업과 같은 빠르게 변화하는 환경에서 고객의 니즈를 정확히 이해하고 이를 바탕으로 혁신적인 솔루션을 설계하는 데 적합하다. 디자인싱킹은 고객의 경험과 관점을 최우선으로 두며, 이를 통해 실행 가능한 아이디어를 도출하고, 반복적으로 개선해 나가는 과정을 포함한다.

[그림 4-9] 디자인싱킹

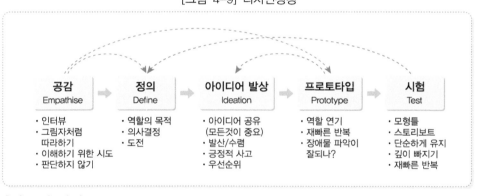

출처: 중앙교육신문

디자인싱킹은 인간 중심적 디자인에 있으며, 스탠퍼드 대학교와 글로벌 디자인 컨설팅 회사인 IDEO, 그리고 이들의 협력자로부터 발전하며 체계적인 틀이 만들어졌다. 5단계는 공감, 정의, 아이디어 발상, 프로토타입, 시험으로 구성된다: 공감(Empathize) 단계에서는 고객 관점에서 문제 바라보기, 문제 정의(Define)는 문제를 명확히 설정하기, 아이디어 발상(Ideate)은 창의적인 해결책 도출, 프로토타입(Prototype)은 아이디어를 시각화하고 테스트하기, 시험(Test)에서는 피드백을 통해 개선하기.

디자인싱킹의 접근은 다음의 장점을 가진다.

[디자인싱킹의 장점]
- **고객 중심 접근**: 고객의 경험과 니즈를 바탕으로 문제를 정의하고 해결책을 설계하기 때문에, 고객 만족도와 충성도를 높이는 데 효과적이다.
- **창의적 문제 해결**: 다양한 아이디어를 탐구하고, 반복적인 개선 과정을 통해 혁신적인 해결책을 도출할 수 있다.
- **실험과 학습**: 프로토타입과 테스트를 통해 시장 반응을 검증하고, 학습할 기회를 제공한다.
- **협업과 팀워크 강화**: 다양한 배경을 가진 팀원들이 함께 참여하여 다각적인 관점에서 문제를 해결한다.

글로벌 디자인 기업 IDEO는 디자인싱킹 접근법으로 혁신적인 제품과 서비스를 개발하는 것으로 유명하다. IDEO는 한 병원의 대기실 환경을 개선하기 위해 디자인싱킹을 적용했다. 그들은 공감 단계를 통해 환자와 보호자들이 느끼는 불안과 스트레스를 발견했고, 이를 해결하기 위해 대기실 공간을 보다 편안하고 친근하게 설계했다. 이 사례는 고객의 문제를 해결하며 동시에 비즈니스 가치를 창출하는 디자인싱킹의 힘을 잘 보여준다.

디자인싱킹은 단순한 디자인 도구가 아니라, 고객 중심 사고와 문제 해결을 결합한 방법론이다. 스타트업은 이 방식을 통해 시장에서 차별화된 가치를 제공하며, 지속적으로 변화하는 고객 요구에 적응할 수 있다. 창의성과 데이터 기반 사고를 결합하여, 복잡한 문제를 효율적이고 혁신적으로 해결하는 데 유용한 도구이다.

#3. 애자일 개발(Agile Development)

애자일 개발은 변화가 빠른 환경에서 효율적으로 대응하고, 지속적으로 고객의 피드백을 반영하여 제품을 개선하는 유연한 개발 방법론이다. 전통적인 폭포수(Waterfall) 방식의 개발이 고정된 계획에 따라 진행되는 반면, 애자일은 짧은 주기와 반복적인 프로세스를 통해 지속적인 개선과 가치를 제공하는 데 중점을 둔다. 스타트업과 같은 불확실성이 높은 환경에서는 특히 유용하며, 제한된 자원으로도 빠르게 실행 가능한 결과물을 만들어내는 데 강점을 가진다.

[그림 4-10] 애자일 방법론

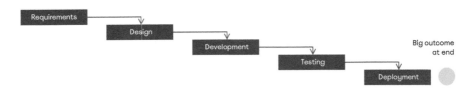

출처: minzzy.log

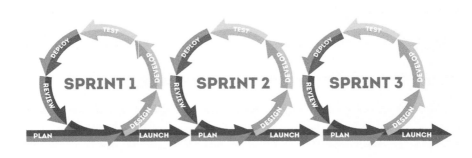

출처: ominext

애자일 개발은 다음의 특징을 가진다.

[애자일 개발의 특징]

· 반복적이고 점진적인 개발: 애자일은 긴 개발 주기가 아니라 짧은 주기(스프린트, Sprint)로 나뉘어 진행된다. 각 스프린트는 일반적으로 1~4주 동안 실행되며, 구체적인 목표를 가진다. 각 주기가 끝날 때마다 작동 가능한 결과물을 제공하며, 이를 기반으로 피드백을 수집하고 다음 개발 방향을 조정한다.

- **고객 피드백 반영**: 고객의 피드백을 주기적으로 수집하여 제품에 즉각 반영한다. 고객과의 협력을 통해 요구사항의 우선순위를 설정하며, 필요에 따라 요구사항을 수정한다.
- **팀 중심의 자율성**: 애자일 팀은 자율적으로 운영되며, 팀 내 구성원들이 협력해 문제를 해결한다. 역할이 유연하며, 팀원 간의 소통과 협업이 강조된다.
- **변화에 대한 유연성**: 시장 상황, 고객 요구, 기술 변화에 따라 개발 방향을 유연하게 수정할 수 있다.

애자일 개발은 짧은 개발 주기로 결과물을 제공하며, 시장 요구 변화에 신속히 대응할 수 있다. 또, 고객 피드백을 반복적으로 반영함으로써 고객 니즈를 충족시키는 제품을 개발하고, 단계별로 문제를 식별하고 개선하기 때문에, 초기 단계에서 리스크를 효과적으로 관리할 수 있다. 협업 중심의 자율적 환경은 팀원의 동기를 부여하고, 생산성을 극대화하는 데 도움이 된다.

애자일 개발은 스타트업이 불확실성과 제한된 자원 속에서도 빠르게 실행 가능한 결과물을 제공하고, 지속적인 개선을 통해 시장에서 경쟁력을 확보할 수 있도록 돕는다. 유연성, 협업, 반복적 개발이라는 애자일의 특성은 스타트업이 혁신을 추구하는 과정에 유용하게 작용한다. 고객 중심 사고와 데이터를 바탕으로 실행 가능한 목표를 설정하며, 빠르게 변화하는 시장 환경에 적응하는 것이 애자일의 핵심이다.

제1장 마무리

1장은 스타트업 제품 기획과 초기 개발에서 고객 중심 사고의 중요성을 다루었다. 스티브 잡스가 아이폰 신제품 발표에서 혁신적인 기능과 디자인으로 고객의 마음을 사로잡았던 것처럼, 성공적인 제품 개발은 고객의 문제를 깊이 이해하고 이를 해결하는 데서 출발한다. 이 과정에서 MVP(최소 기능 제품)를 활용해 빠르게 시장 피드백을 수집하고, 이를 바탕으로 개선을 반복하는 것이 핵심이다.

린 스타트업, 디자인싱킹, 애자일 개발 같은 방법론은 제한된 자원을 효율적으로 활용하면서 제품을 빠르게 발전시키는 데 유용하다. 초기 제품이 완벽하지 않더라도, 고객 피드백을 통해 점진적으로 개선하면 장기적인 성공을 이룰 수 있다.

스타트업 창업자가 기억해야 할 핵심 메시지는 다음과 같다:
- **고객 문제 중심 사고**: 제품 개발의 시작은 고객의 문제를 정의하고 이를 해결하는 데 있다.
- **MVP 활용**: 최소한의 기능으로 시장에서 아이디어를 검증하고 피드백을 받아라.
- **피드백 활용**: 고객 피드백은 혁신과 개선의 원천이다.
- **반복적 접근**: 제품 개발과 개선 과정에서 민첩성과 유연성을 유지하라.
- **완벽보다 속도**: 초기에는 완벽을 추구하기보다 신속히 시장에 진입해 학습하라.

1장에서 살펴본 고객 중심 사고와 초기 제품 개발은 스타트업 여정의 첫걸음이다. 하지만 단기적인 성공에 머물지 않고 진정한 경쟁력을 확보하려면, 장기적인 설계와 운영 전략이 필수적이다.

'2. 제품 설계와 운영: 경쟁력의 중심'에서는 고객 경험을 극대화하는 제품 설계, 데이터 기반 제품 관리, 그리고 스케일업을 위한 제품 운영 전략을 다룬다. 지속 가능한 성장을 위해 제품의 설계와 운영을 체계적으로 관리하는 방법을 살펴보자. 고객과 함께 성장하는 여정은 이제부터 본격적으로 시작된다.

02 제품 설계와 운영
: 경쟁력의 중심

엘리 골드랫(Eliyahu M. Goldratt) · 제프 콕스(Jeff Cox)의 경영 소설 『더 골 (The Goal)』은 공장장 '알렉스 로고'가 부실 운영으로 위기에 처한 공장을 되살리기 위해 분투하는 이야기이다. 겉보기엔 생산관리 책 같지만, 사실 그 이면에는 '제품이란 무엇이며, 어떻게 만들어야 하는가?'라는 근본적인 질문이 숨어 있다. 이야기 속에서 알렉스는 공장의 병목 공정과 재고 과잉, 긴 리드 타임 같은 현실적인 문제들을 해결해 나가며, 단순히 생산 효율을 높이는 것을 넘어 '시스템 전체의 목표(Goal)가 무엇인가'를 고민한다.

이 소설이 경영 현장에서 회자되는 이유는, 제품을 만든다는 것은 '각 파트를 조립하는 기술적 과정'이 아니라, 회사 전체가 어느 방향을 바라보며 고객에게 어떤 가치를 전달할 것인지 결정하는 과정이기 때문이다. 알렉스가 공장을 개혁하기 위해 중시했던 가치(목표, 병목 제거, 고객 니즈 등)는 오늘날 스타트업부터 대기업에 이르는 모든 조직이 고민해야 할 '제품 설계와 운영'의 핵심과 닿아 있다.

이번 장에서는 바로 그 지점, '제품이 경쟁력의 중심'이라는 관점을 파헤쳐 볼 것이다. 생산관리나 개발 프로세스라는 기술적 이슈를 넘어, 고객이 원하는 가치를 어떻게 정의하고, 제품에 어떤 방식으로 녹여낼 것인지, 그리고 조직 전체가 하나의 목표를 어떻게 공유하고 협력해야 하는지 살펴보자. 『더 골』에서 병목 공정의 제거가 결국 공장의 모든 지표를 개선하듯, 우리의 제품 설계와 운영에서 어떤 요소가 핵심 병목인지, 어떤 목표가 진정한 '더 골'인지 파악하는 노력이 성공의 길을 열어줄 것이다.

'제품 설계와 운영' 주제를 통해, 제품의 경쟁력을 어떻게 강화하고 지속 가능성을 확보할 수 있을지 구체적으로 살펴보려 한다. 고객이 원하는 가치를 정의하고 이를 제품에 녹여내는 과정, 맞춤화와 표준화를 조화롭게 결합하는 전략, 그리고 사용자 경험을 극대화하며 조직 전체가 협력해 제품 로드맵을 설계하고 실행하는 방식을 탐구할 것이다. 이러한 논의를 통해, 제품이 기능의 집합을 넘어 기업의 목표와 고객 가치를 연결하는 '경쟁력의 중심'임을 명확히 할 수 있다.

2.1 제품 차별화를 위한 전략

빵집 하나가 지역 경제를 살리고, 전 국민이 알고 있는 브랜드로 성장할 수 있을까? 대전의 성심당은 이를 현실로 만들어냈다. 대전역을 지나며 꼭 들러야 할 명소로 자리 잡은 성심당은 맛있는 빵을 넘어, 고객의 기억 속에 깊이 각인되는 브랜드로 성장했다.

대표 제품인 '튀김소보로'는 겉은 바삭하고 속은 달콤한 크림으로 채워져 독특한 식감과 맛을 자랑한다. 이 제품은 '빵에 튀김'이라는 이색적인 조합을 통해 타 빵집과 차별화되었고, 성심당의 시그니처 메뉴로 자리 잡았다. 하지만 성심당의 성공은 제품 그 자체만의 차별화로 끝나지 않았다. 직원의 친절한 서비스, 따뜻한 매장 분위기, 빵 하나하나에 담긴 이야기가 고객들에게 '특별한 경험'을 선사했다.

튀김소보로로 이름을 알린 성심당은 여기서 멈추지 않았다. 이들은 끊임없이 신제품을 개발해 소비자들에게 새로운 매력을 선사하며 브랜드의 가치를 더욱 확장해 나갔다. 특히, 계절과 트렌드를 반영한 망고케익과 딸기시루케익은 출시되자마자 폭발적인 반응을 얻었다. 소비자들이 이 신제품을 구매하기 위해 새벽부터 줄을 서는 모습은 제품 차별화를 통해 시장 지위를 확보했음을 보여준다.

성심당의 사례는 제품 차별화를 기반으로 한 지속적인 혁신이 장기적인 성공을 이끄는 걸 보여준다. 스타트업 창업자들은 제품 차별화의 중요성을 이해하고, 이를 통해 어떻게 독창적인 브랜드 정체성과 충성 고객을 구축할지 고민해야 한다.

기능적 차별화

기능적 차별화는 제품의 본질적인 속성에서 경쟁 우위를 확보하는 전략이다. 이는 제품이 가진 핵심 기능과 기술적 특징을 통해 고객의 문제를 효과적으로 해결하거나 기존 제품 대비 더 나은 경험을 제공하는 데 초점을 맞춘다. 핵심 기능이 고객 기대 수준의 품질을 충족하지 못한 제품은 시장에 발 붙이기 어렵다.

기능적 차별화를 확보하기 위해서는 고객 문제에 대한 이해, 핵심 기능의 명확성, 기술적 우위 확보, 성능과 품질의 일관성이 필요하다. 기능적 차별화는 고객이 겪는 문제를 정확히 이해하는 것에서 시작된다. 고객이 느끼는 불편함이나 비효율성을 파악하고, 이를 해결할 수 있는 핵심 기능을 설계해야 한다. 그리고, 제품의 차별화 포인트가 고객에게 명확하게 전달되어야 한다. 핵심 기능은 사용자가 즉각적으로 이해하고 느낄 수 있는 가치를 제공해야 한다. 디지털 문서 서명 서비스인 DocuSign은 클릭 몇 번으로 서명이 완료되는 기능으로 복잡한 문서 작업을 간소화하며 시장에서 빠르게 자리 잡았다.

최신 기술을 활용하거나 독창적인 접근 방식을 통해 경쟁사와 차별화된 기술적 우위를 제공할 수 있다. 전기차 시장에서 테슬라는 자체 배터리 기술과 충전 인프라를 통해 경쟁사 대비 강력한 기능적 차별화를 이루었다.

기능적 차별화는 성능과 품질에서의 우수성을 바탕으로 한다. 초기 고객에게 제품이 제대로 작동하고 높은 품질을 제공하면, 신뢰와 입소문을 통해 시장 내 입지를 강화할 수 있다. 다이슨의 청소기는 혁신적인 싸이클론 기술로 강력한 흡입력을 제공하며, 기존 청소기 대비 성능 차별화를 이루었다.

기능적 차별화는 명확한 시장 포지셔닝, 고객 충성도 강화, 진입 장벽 구축에 기여한다. 고객 문제를 해결하는 독보적인 기능을 통해 특정 시장에서 리더십을 확보할 수 있으며, 고객 니즈를 정확히 충족하는 기능은 충성도 높은 고객층을 형성하는 데 기여한다. 그리고 경쟁사가 모방하기 어려운 기술적 우위를 통해 시장 내 높은 진입 장벽을 구축할 수 있다.

이번에는 기능적 차별화를 진행할 때 유의 사항을 살펴보자.

[기능적 차별화 진행시 유의사항]

· 고객에게 과도한 학습을 요구해서는 안 된다. 차별화된 기능이 고객에게 복잡하거나 지나친 학습을 요구하지 않도록 설계해야 한다. 기능은 직관적이고 간단해야 한다. 애플은 직관적이고 간단한 UX/UI로 기술적 복잡성을 최소화했다.

· 기능보다 가치 전달에 집중해야 한다. 단순히 기능의 나열이 아닌, 해당 기능이 고객에게 어떤 가치를 제공하는지 명확히 전달해야 한다. 고객은 기능 자체가 아니라 그로 인한 결과를 구매하기 때문이다.

· 차별화 유지 전략이 필요하다. 기능적 차별화는 경쟁사에 의해 빠르게 모방될 수 있어 지속적인 R&D와 혁신을 통해 경쟁력을 유지해야 한다.

기능적 차별화를 확보하고자 하는 스타트업 창업가는 고객 중심 설계, 최신 기술 활용, 테스트와 개선, 지속적 혁신을 통해 더욱 공고히 할 수 있다.

고객이 제품을 어떻게 사용하고, 어떤 문제를 겪는지 분석하여 해결책을 기능으로 구현할 수 있다. AI, IoT, 클라우드 등 혁신 기술을 활용하여 제품 성능과 효율성을 강화할 수 있다. 또, 초기 MVP를 통해 기능을 테스트하고, 고객 피드백을 바탕으로 향상하며, 경쟁사가 모방하기 어려운 고유의 기술과 특징을 지속 개발해 나가야 한다. 기능적 차별화를 통해 고객에게 명확하고 즉각적인 가치를 제공할 수 있다.

감성적 차별화

감성적 차별화는 고객의 감정과 정서적 연결을 형성하여 경쟁 우위를 확보하는 것이다. 현대 소비자들은 제품 성능과 가격 비교를 넘어, 제품과 브랜드가 제공하는 감정적 경험과 가치를 중요하게 여긴다. 감성적 차별화를 성공적으로 구현한 사례와 스타트업이 이를 활용할 방법을 소개하겠다.

감성적 차별화를 위해서는 스토리텔링을 통한 브랜드 이미지 강화, 감각적 요소로 매력 강화, 고객의 라이프스타일과 가치에 공감, 개인화된 경험 제공의 요소를 활용할 수 있다.

고객은 제품 이상의 이야기를 원한다. 브랜드 역사, 제품이 만들어지게 된 배경, 창업자의 비전 등을 통해 고객과의 정서적 유대를 형성할 수 있다. 스타벅스는 '제3의 공간'으로 고객이 일상에서 벗어나 편안히 머물 수 있는 경험을 제공하고 있으며, 나이키는 'Just Do It' 슬로건으로 도전과 극복 메시지를 전달하며 소비자와 정서적 유대를 강화했다. 자신의 브랜드와 제품이 왜 특별한지 스토리를 구성하고, 이를 고객에게 감동적으로 전달해야 한다.

제품의 디자인, 색상, 질감, 패키징 등은 고객이 제품을 경험할 때 즉각적으로 느끼는 감각적 요소로 작용한다. 이러한 요소를 활용하면 감성적 차별화를 강화할 수 있다. 애플은 매끄럽고 간결한 디자인으로 기술과 예술의 융합이라는 메시지를 전달하며 프리미엄 이미지를 구축했고, 티파니는 고유의 티파니 블루 색상으로 럭셔리와 로맨스를 상징하며 고객의 감성을 자극하고 있다. 제품 설계시 감각적 경험(시각, 촉각, 청각 등)을 고려하고, 브랜드 고유의 심미적 아이덴티티를 개발해야 한다.

또한, 현대 소비자들은 자신이 중요하게 여기는 가치인 지속 가능성, 사회적 책임 등과 일치하는 브랜드를 선호한다. 이를 제품에 반영하면 감성적 차별화를 통해 고객과 깊은 유대를 형성할 수 있다. 목표 고객층이 중요하게 여기는 가치와 라이프스타일을 파악하고, 이를 제품과 브랜드 메시지에 반영하면 된다.

주얼리 기업인 판도라(PANDORA)는 고객이 자신만의 이야기를 담은 팔찌를 구성할 수 있도록 맞춤형 제품을 제공하고 있다. 고객 한 사람 한 사람의 고유한 취향을 이해하고 맞춤형 경험을 제공하여 고객은 더 깊은 감정적 연결을 느끼고 브랜드 충성도를 보였다. 고객 데이터를 활용하여 개인화된 제안을 하고, 사용자 맞춤형 경험을 제공할 수 있다.

감성적 차별화를 위해서는 고객 심리 이해, 소비자 여정 중심 설계, 브랜드 정체성 확립, 피드백을 통한 개선 등의 방법을 활용할 수 있다.

고객의 감정을 자극하려면 그들이 무엇에 감동하고, 무엇을 중요하게 여기는지 파악해야 한다. 이를 위해 고객 인터뷰, 설문조사, 관찰 등을 활용해 심리적, 정서적 니즈를 탐구할 수 있다. 그리고, 고객이 제품을 탐색, 구매, 사용하는 전

과정인 [그림 2-8] 고객 여정 지도를 분석하고 각 단계에서 긍정적인 경험을 제공할 방법을 설계할 수 있다.

또, 고객이 브랜드를 떠올릴 때 즉각적으로 감정적 반응을 유발할 수 있는 핵심 메시지와 이미지를 구축할 수 있다. 이는 로고, 컬러 팔레트, 브랜드 슬로건을 포함한 브랜드 요소와 일관성을 유지해야 한다.

끝으로, 고객이 제품에 대해 느끼는 감정적 연결을 주기적으로 평가하고, 부족한 부분을 보완하면 된다. 소셜 미디어와 리뷰 플랫폼에서 고객의 감정적 반응을 모니터링하는 것도 필요하다.

감성적 차별화를 구축할 때 유의사항을 알아보자.
· 진정성을 유지해야 한다. 감성적 차별화는 단순한 마케팅 기법이 아니라 진정성 있는 접근이어야 고객의 신뢰를 얻을 수 있다.
· 일관성을 확보해야 한다. 브랜드의 감성적 메시지와 실제 제품 경험이 일치하지 않으면 고객의 신뢰를 잃을 수 있다.
· 과잉 차별화에 주의해야 한다. 지나치게 감성적 요소에만 의존하다 보면 제품의 본질적 기능이 간과될 위험이 있다.

고객의 감정적 니즈를 충족시키는 제품과 브랜드는 충성도 높은 고객층을 확보하고, 장기적으로 지속 가능한 경쟁력을 갖추게 된다.

고객 경험 차별화

고객 경험(Customer Experience, CX)은 제품 사용 순간을 넘어, 고객이 브랜드와 상호작용하는 모든 접점에서의 총체적 경험을 의미한다. 고객 경험 차별화는 고객이 브랜드와 관계를 형성하고, 기억에 남을 긍정적인 감정을 느끼도록 설계하는 것이다.

고객 경험 차별화를 위해서는 접점 설계, 감정적 연결, 개인화된 경험 제공, 편리함과 간소화를 실행할 수 있다. 고객 경험은 첫 만남에서부터 사후 지원에 이르는 모든 접점에서 형성된다. 매장 방문, 웹사이트 탐색, 고객센터 응대 등에서 일관되고 긍정적인 경험을 제공해야 한다. 애플 스토어는 제품 구매뿐 아니라 고객이 브랜드 문화를 체험할 수 있는 공간으로 설계되어 있다.

고객 경험 차별화의 핵심은 브랜드와 고객 간의 감정적 유대감을 강화하는 것이다. 고객이 제품을 사용할 때 '와우(Wow) 효과'를 느끼거나, 브랜드가 고객의 가치를 진정으로 이해한다고 느낄 때 충성도가 형성된다. 디즈니랜드는 단순한 놀이공원이 아니라 '행복과 마법'을 제공하는 장소로 차별화된다.

고객 데이터를 활용해 각 개인의 취향과 필요를 반영한 맞춤형 경험을 제공하는 것도 중요하다. 넷플릭스는 사용자의 시청 기록과 선호 장르를 기반으로 추천 콘텐츠를 제안해 고객 만족도를 높인다.

고객이 제품이나 서비스를 사용할 때 복잡함을 줄이고 간소화된 절차를 제공하는 것 역시 경험 차별화의 중요한 요소다. 카카오톡은 '간편함'을 가치로, 복잡한 절차를 없애고 사용자 중심의 간편한 메시징 경험을 제공하며 고객 충성도를 확보했다.

즉, 고객 경험 중심 차별화를 위해서는 고객 여정 지도 설계, 피드백 루프 구축, 브랜드 정체성과의 일치를 통해 접근할 수 있다.

고객이 브랜드와 상호작용하는 모든 단계를 시각화하여 개선점을 도출하여 고객이 겪는 문제(Pain Point)와 기대(Gain)를 명확히 파악해야 한다. 고객 여정 단계를 수립한 뒤 고객의 문제나 불편 혹은 기대를 분석한 후 구매 과정 간소화, 고객 불만 해결 속도 향상과 같은 아이디어를 도출할 수 있다.

고객 경험을 지속적으로 개선하기 위해 고객 리뷰, NPS(Net Promoter Score), 설문조사 등을 통해 개선 사항을 파악하고 이를 실행에 반영할 수 있다. NPS는 고객 충성도를 측정하기 위한 지표로, 고객이 특정 제품, 서비스, 또는 브랜드를 다른 사람에게 추천할 가능성을 평가하여 기업의 고객 만족도를 파악하는 것이다. 그리고 고객 경험은 브랜드의 가치를 반영해야 한다. 루이비통은 고급스러운 고객 경험을 위해 매장에서의 응대 방식과 포장 서비스까지 세심하게 관리하고 있다.

스타트업이 고객 경험 차별화를 실현하는 방법은 다음과 같다.

[고객 경험 차별화 방법]
- 작지만 강렬한 경험 설계: 스타트업은 제한된 자원으로 고객에게 강렬한 인상을 남겨야 한다. 고객이 제품 사용 과정에서 놀라움을 느끼도록 설계하라.
- 일관된 브랜딩과 커뮤니케이션: 모든 고객 접점에서 동일한 메시지와 이미지를 유지하라. 이는 장기적으로 신뢰 형성과 브랜드 충성도를 높이는 데 기여한다.
- 디지털 기술 활용: AI 챗봇, 자동화된 이메일 마케팅, 사용자의 행동 데이터를 분석해 맞춤형 경험을 제공하는 기술을 적극 활용하라.

고객 경험 차별화는 고객과의 관계를 강화하고, 감정적 연결을 형성하며, 고객 충성도를 높이는 과정이다. 고객 여정의 각 단계에서 감동과 편의를 제공할 방법을 끊임없이 탐구해야 한다. 고객 경험은 단순한 부가 요소가 아니라, 시장에서 살아남고 차별화되는 '핵심 전략'임을 기억하라.

제품 차별화는 시장에서 눈에 띄는 것을 넘어, 고객의 선택과 충성도를 확보하는 전략이다. 기능, 감성, 고객 경험의 차별화를 통해 실현할 수 있다. 기능적 차별화는 고객이 실질적으로 느끼는 유용성과 편리함을 제공하며, 기술 혁신과 성능 개선이 이를 뒷받침한다. 감성적 차별화는 고객의 감정을 움직이고 브랜드와 정서적 유대를 형성하며, 브랜드 스토리와 정체성을 통해 제품에 가치를 더한다. 마지막으로, 고객 경험 차별화는 고객이 제품을 접하고 사용하는 전 과정을 통합적으로 설계함으로써, 기대를 초과하는 경험을 제공한다.

스타트업 창업자는 차별화 전략을 설계할 때, 고객 니즈를 깊이 이해하고, 기능적, 감성적, 경험적 요소를 균형 있게 통합해야 한다. 이는 고객의 신뢰와 충성도를 기반으로 지속 가능한 성장을 이루는 핵심이 된다. 차별화는 고객과의 관계를 구축하고 경쟁력을 강화하는 비즈니스의 중심 전략임을 기억해야 한다.

2.2 고객 맞춤화와 표준화의 조화

1997년, 제프 베조스는 아마존의 주주들에게 보낸 첫 번째 편지에서 "우리의 목표는 고객을 중심에 두고 모든 결정을 내리는 것"이라고 선언했다. 이 원칙은 오늘날 아마존을 세계 최대 전자상거래 플랫폼으로 이끈 토대가 되었다.

베조스는 아마존의 성공 비결을 고객 맞춤화와 운영의 표준화를 조화롭게 결합하는 데서 찾았다. 아마존은 고객 맞춤화를 위해 개인화된 추천 알고리즘을 도입했다. 사용자가 어떤 상품을 클릭했는지, 장바구니에 담았는지, 구매했는지 데이터를 분석해 그들의 취향을 예측하고, 개별 사용자에게 딱 맞는 상품을 추천하는 시스템을 구축했다. 이는 고객 락인(Lock-in)효과를 일으키며 아마존의 매출 증대에 크게 기여했다.

반면, 아마존의 물류 및 운영은 표준화를 통해 효율성을 달성했다. 전 세계 물류센터는 동일한 프로세스를 따르며, 로봇을 활용한 자동화 시스템으로 운영 효율성을 극대화했다. 이 표준화된 시스템 덕분에 아마존은 방대한 상품 재고를 관리하고, 고객이 원하는 상품을 빠르고 정확하게 배송할 수 있었다.

베조스의 철학은 고객 맞춤화는 고객 경험을 강화하고, 표준화는 이를 지속 가능하게 만든다는 것이다. 고객에게는 개인화된 서비스를 제공하면서도, 내부적으로는 모든 운영 과정을 표준화해 비용을 절감하고 효율성을 높였다. 고객 맞춤화와 표준화가 상호 배타적이지 않으며, 오히려 서로를 보완할 수 있음을 보여준다. 이번 절에서는 이 두 가지 전략을 효과적으로 조화시키는 방법을 살펴볼 것이다. 우선, 표준제품과 맞춤제품을 구분한 뒤, 맞춤형 솔루션과 확장 가능한 설계의 중요성을 이해하고, 모듈식 설계를 활용한 성장 가능성 확보에 대해 논의하며, 고객 만족과 운영 효율성을 동시에 달성하는 구체적인 접근법을 탐구해 보자.

표준제품과 맞춤형 제품 설계

제품은 사용자를 누구로 보느냐에 따라 표준형과 맞춤형으로 구분할 수 있다. 표준형은 불특정 다수를 대상으로 하며, 맞춤형은 특정 고객의 요구를 기반으로 개발되는 제품이다. 표준제품에 특정 고객 요구사항을 반영한 부분 맞춤형 제품도 있다.

전통적으로 B2C 시장은 표준제품 중심으로 운영되었지만, 최근 개인 맞춤형 제품에 대한 수요가 급증하며 제품 형태가 다양해지고 있다. B2B는 맞춤형 제품이 주류를 이루며, 고객사 니즈에 최적화된 솔루션 제공이 경쟁력 요소로 작용하고 있다.

[그림 4-11] 제품 개발 유형

표준형과 맞춤형 제품은 설계와 운영 측면에서 상반된 것처럼 보이지만, 둘을 적절히 결합하면 효율성과 고객 만족도를 동시에 달성할 수 있다. 표준제품은 대량 생산과 비용 효율성에 유리하고, 맞춤형 제품은 개별 고객 요구를 충족시켜 시장에서의 차별화를 가능하게 한다. 표준과 맞춤형 제품 설계를 효과적으로 실행하는 방법을 알아보자.

표준제품은 대규모 고객을 기반으로 한 시장에 효과적이다. 설계와 생산 과정에 일관된 규격과 프로세스를 따르며, 대량 생산이 가능하며 품질 일관성을 보장한다.

표준제품 설계의 장점은 다음과 같다.
· **비용 효율성**: 대량 생산을 통해 제조 단가를 낮추고, 자원을 효율적으로 활용
· **일관된 품질**: 표준화된 프로세스로 고객에게 동일한 품질의 제품을 제공
· **빠른 시장 대응**: 개발 및 생산 시간이 단축되어 신속히 시장에 진입 가능

애플의 아이폰은 표준화된 제품 라인을 대량 생산하며, 글로벌 시장에 동일한

사용자 경험을 제공하고 있다. 또, 맥도날드는 전 세계 매장에서 동일한 메뉴와 조리 방식을 유지하며 표준화된 서비스를 제공하고 있다. 이는 일관된 품질과 빠른 시장 대응으로 고객에게 만족을 주며, 규모의 경제 효과로 비용 효율성을 달성할 수 있다.

맞춤형 제품은 고객의 개별적인 요구를 반영하여 설계된다. 이는 고객 만족도를 극대화하고 브랜드 충성도를 높이는 데 효과적이다.

다음은 맞춤형 제품 설계의 장점이다.
· **고객 경험 강화**: 고객의 개별 니즈를 충족시켜 높은 만족도를 제공
· **브랜드 차별화**: 경쟁사와 차별화된 독특한 가치를 제공
· **프리미엄 수익**: 맞춤형 옵션을 통해 고급화된 가격 전략 실행 가능

[그림 4-12] 표준화와 맞춤화의 이점

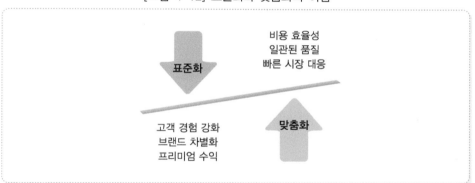

나이키의 Nike By You는 소비자가 신발의 색상, 재질, 디자인을 직접 선택해 자신만의 운동화를 제작할 수 있게 지원하고, 테슬라는 고객이 배터리 용량, 내외부 색상, 자율 주행 옵션 등을 선택할 수 있도록 설계하고 있다.

표준제품과 맞춤형 제품은 상호 보완적인 관계로 접근할 수 있다. 기업은 둘의 장점을 결합하여 고객 만족과 운영 효율성을 동시에 달성하는 제품 전략을 고려해야 한다.

첫째, **모듈형으로 설계**. 제품을 표준화된 모듈로 설계하여 필요에 따라 맞춤

형 조합이 가능하도록 한다. 폭스바겐은 자동차 플랫폼 위에 다양한 모듈, 예를 들면 샤시, 파워트레인, 내외장, 전장 등과 툴킷을 활용해 다양한 모델과 브랜드를 생산하고 있다. 이와 같은 레고 조립식 차량 제작으로 부품 생산 비용을 절감하고 있다.

둘째, **기본형과 프리미엄 라인을 구분**. 표준제품과 맞춤형 제품을 별도로 운영하며, 고객의 다양한 요구를 충족시켜 준다. 자동차 제조업체는 표준 모델과 맞춤형 옵션을 제공하여 다양한 고객층을 타깃으로 하고 있다.

셋째, **플랫폼 기반으로 설계**. 기본 플랫폼은 표준화하되, 고객 요구에 따라 추가 옵션을 선택하도록 한다. 오늘날 많은 소프트웨어 기업은 표준 기능을 제공하고, 플러그인이나 확장 옵션으로 맞춤화를 제공하고 있다.

넷째, **데이터 기반으로 개인화**. 기본 서비스를 제공하며 추가적으로 고객 데이터를 분석해 개인화된 경험을 제공한다. 넷플릭스는 시청 기록과 선호도를 분석해 맞춤형 콘텐츠를 추천하고 아마존은 고객 구매 이력과 선호도를 분석해 제품을 추천하고 있다.

표준제품과 맞춤제품 설계는 대립되는 개념이 아닌, 전략적으로 조화를 이룰 수 있는 접근법이다. 표준화는 효율성과 확장성을 제공하고, 맞춤화는 고객 만족도와 브랜드 차별화를 가능하게 한다. 이 두 가지 설계를 균형 있게 활용하여 시장에서 차별화된 가치를 제공하고, 지속 가능한 성장 기반을 구축할 수 있다.

맞춤형 솔루션 제공과 확장 가능한 설계

최근 시장에서 맞춤형 제품의 중요성이 커지고 있다. 이는 시장의 기대가 표준화된 제품에서 벗어나, 개별적인 니즈와 가치를 충족하는 방향으로 이동하고 있기 때문이다. 디지털 기술의 발전으로 데이터 분석과 예측이 정교해지면서, 기업은 고객의 행동 패턴과 요구사항을 세밀히 파악할 수 있게 되었고, 이를 기반으로 맞춤형 솔루션을 제안하는 것이 새로운 경쟁 우위로 자리 잡았다.

이러한 변화 속에서 제품 개발은 맞춤형 솔루션 제공과 동시에 확장 가능한 설계를 결합하는 전략이 요구된다. 고객 개개인의 니즈를 충족시키는 동시에 지속 가능한 성장을 도모해야 한다.

B2B 시장에서는 고객의 산업, 비즈니스 모델, 운영 환경에 따라 요구사항이 달라지므로, 맞춤형 접근이 기본이다. 이러한 맞춤형 솔루션은 고객과의 신뢰를 구축하고, 충성도를 높이며, 경쟁사와 차별화하는 데 중요한 역할을 한다. 예를 들어, 클라우드 서비스 제공업체는 고객의 데이터 저장 요구를 기반으로 맞춤형 서버 용량 및 데이터 보안 솔루션을 제공할 수 있다. 이를 통해 고객은 자신들의 핵심 니즈를 만족시키는 동시에 비용을 효율적으로 관리할 수 있다.

맞춤형 솔루션을 제공하는 데 있어 도전 과제 중 하나는 비용과 리소스 관리다. 맞춤형 설계가 지나치게 세분화되면, 생산 효율성이 저하되고 운영 비용이 급증할 위험이 있다. 이러한 문제를 해결하기 위해, 확장 가능한 설계를 적용하는 것이 효과적이다. 확장 가능한 설계는 표준화된 요소를 기반으로, 특정 고객 요구사항에 따라 확장한 모듈을 추가하는 시스템을 말한다. 이는 모듈화 설계(Modular Design)와 API 기반 시스템을 통해 구현할 수 있다.

맞춤형과 확장 설계를 융합하기 위해서는 다음 방안을 적용할 수 있다.

첫째, 데이터를 활용해 예측하는 거다. 고객 데이터를 분석해 공통된 니즈와 개별 요구사항을 파악하면, 자원을 효율적으로 배분할 수 있다. 반복적으로 요구되는 기능을 표준화하고, 특정 고객층만 필요로 하는 기능은 맞춤형으로 제공하는 거다.

둘째, 플랫폼 기반 접근이다. 기업은 기본 플랫폼을 구축한 뒤, 고객별 요구사항에 맞춰 모듈을 추가하거나, 일부 기능을 수정하는 방식으로 운영할 수 있다. 예를 들어, 소프트웨어 기업은 표준 기능 모듈을 제공하고, 고급 기능이나 통합 서비스를 옵션으로 제공할 수 있다.

셋째, 생산 공정을 최적화한다. 제조 기업의 경우, 생산 공정에서 공통 요소를 최대화하고, 특정 공정을 맞춤형으로 설계하는 방식이 효과적이다. 이는 대량 생산의 장점을 유지하면서도 고객 개별화를 충족할 수 있는 방법이다.

테슬라와 SAP은 맞춤형과 확장 설계의 조화를 이룬 사례다. 테슬라는 차량의 기본 플랫폼(예: Model S, Model 3)을 표준화한 뒤, 고객이 배터리 용량, 색상, 추가 기능을 선택할 수 있도록 맞춤형 옵션을 제공한다. 이는 생산 효율성과 고객 만족을 동시에 달성한다. SAP는 ERP 소프트웨어에서 기본 기능을 제공하고, 각 산업군에 특화된 맞춤형 모듈을 선택적으로 추가할 수 있도록 했다. 이를 통해 대규모 고객사와 중소기업 모두에 적합한 솔루션을 제공하고 있다.

스타트업이 맞춤형 솔루션과 확장 설계를 조화롭게 적용하려면 다음을 고려해야 한다. MVP로 접근해 초기에는 소수의 주요 고객을 대상으로 맞춤형 솔루션을 제공하며, 공통된 요구사항을 표준화하여 플랫폼으로 발전시키는 것이다. 그리고, 유연한 아키텍처로 설계해야 한다. 향후 성장 가능성을 고려해 시스템이나 제품 구조를 유연하게 설계한다. 또, 고객과 협력해야 한다. 고객과 긴밀히 협력해 초기 설계부터 피드백을 수렴하고, 맞춤형 요구를 효과적으로 반영한다.

맞춤형 솔루션은 고객 만족을 높이는 역할을 한다. 그러나 확장 가능한 설계와 결합해야만 장기적인 비용 효율성과 성장이 가능하다. 스타트업이 이러한 균형을 잘 맞춘다면, 시장의 요구를 효과적으로 충족시켜 고객 기반을 확대할 수 있다.

제품 개발과 운영에서 고객 맞춤화와 표준화의 조화는 지속 가능한 비즈니스 성장의 핵심 전략으로 자리 잡고 있다. 고객의 개별적인 요구를 충족시키는 맞춤형 솔루션은 선택이 아닌 필수가 되었다. 동시에, 기업 내부에서는 표준화된 설계를 통해 비용 효율성과 운영의 일관성을 유지하는 균형 감각이 요구된다.

맞춤형 솔루션 제공과 확장 가능한 설계는 이러한 균형의 좋은 예다. 고객 중심의 접근 방식을 유지하면서도, 재사용 가능한 모듈식 설계 전략을 통해 기업은 더 많은 고객 니즈를 충족시키면서도 성장의 여지를 확보할 수 있다. 기술발전이 가속화되면서 고객 데이터의 분석과 예측을 기반으로 한 개인화 전략은 더욱 세밀해지고 있다.

고객 맞춤화와 표준화의 조화는 개별 고객에게 차별화된 가치를 전달하는 동시에, 기업 내부적으로 지속 가능한 성장 기반을 구축하는 길이다. 고객 중심 사고, 운영의 효율성, 그리고 혁신적 설계의 결합이야말로 오늘날 비즈니스 경쟁에서 성공을 보장하는 중요한 요소임을 기억하자.

이어, 이러한 전략적 설계를 실제로 실행하고 관리하기 위한 구체적인 접근 방법인 "제품 로드맵 설계와 관리"에서는 단계별 목표 설정과 자원 배분을 중심으로 기업이 경쟁력을 강화하는 방법을 알아 보자.

2.3 제품 로드맵 설계와 관리

1981년, 잭 웰치가 GE의 CEO로 취임했을 때, 그는 GE의 경쟁력을 강화하기 위해 하나의 원칙을 제시했다. "우리가 1위 아니면 2위가 되지 못할 사업은 철수한다." 이 원칙은 당장의 이익 추구가 아니라, 장기적인 전략적 목표를 설정하고 이를 달성하기 위한 실행 로드맵을 구축하겠다는 의지를 반영한 것이다.

웰치는 취임 직후, GE의 모든 사업부를 평가했다. 각 사업부가 속한 시장에서의 위치를 분석하고 성장 가능성과 전략적 적합성을 따져, 어떤 사업을 강화하고 어떤 사업을 철수할지 결정했다. 당시 25% 이상을 매각하거나 철수시키고, 핵심 사업에 자원을 집중했다. 대대적인 구조 조정은 초기에는 논란을 불러일으켰지만, 결과적으로 한계를 뛰어넘는 성장을 이루며 글로벌 기업으로 자리 잡았다.

GE는 제품 및 사업 포트폴리오를 설계하고 관리하면서 다음의 원칙을 따랐다. 첫째, 장기적 비전을 설정했다. 단기 성과보다 시장에서의 지속 가능한 성장 가능성을 우선시했다. 둘째, 명확한 우선순위를 정했다. 리소스를 분산시키지 않고, 가장 큰 임팩트를 가져올 분야에 집중했다. 셋째, 지속적인 재평가를 진행했다. 넷째, 시장 환경과 고객 요구가 변화하면 로드맵을 유연하게 조정했다.

웰치의 리더십 아래 GE는 의료 기기, 항공 엔진, 금융 서비스 등 핵심 사업에서 독보적인 시장 지위를 확보했다. 그는 미래를 예측하는 데 그치지 않고, 미래를 설계하고 관리하는 체계적 접근을 통해 기업의 경쟁력을 끌어올렸다.

이는 목표 설정과 실행 관리의 중요성을 잘 보여준다. "왜 명확한 비전과 실행 계획이 중요한지", "어떻게 우선순위를 설정해야 하는지"에 대한 통찰을 확인할 수 있다.

단계별 목표 설정과 로드맵 수립

'로드맵(roadmap)'은 road와 map의 합성어로 원래 도로 지도를 의미하는 단어이다. 이 용어는 19세기 초에 처음 사용되었으며, 이후 특정 목표를 달성하기 위한 계획이나 전략을 나타내는 의미로 확장되었다. 비즈니스 분야에서 로드맵은 목표 달성을 위한 전략적 계획을 시각적으로 표현하는 도구로 활용되며, 이를 통해 팀 내 정보 공유와 프로젝트 진행 상황을 명확히 파악할 수 있다.

제품 로드맵 시작은 명확한 목표 설정이다. 각 단계에서 달성해야 할 목표를 정의하고, 이를 기반으로 실행 계획을 수립함으로써 제품 개발 과정의 방향성을 확보할 수 있다.

먼저, 모든 목표는 비전과 전략에 연계되어야 한다. 제품이 해결하려는 고객 문제와 제공하려는 가치를 바탕으로 중장기적인 목표를 설정한다. 이 과정에서 목표는 SMART 원칙에 따라 설정되면 좋다. SMART 원칙은 구체적인(Specific), 측정 가능한(Measurable), 달성 가능한(Achievable), 관련성 높은(Relevant), 시간 기반(Time-bound)을 포함하며, 목표를 명확히 정의하고 실현 가능성을 높이는 데 도움을 준다.

제품 로드맵은 목표를 장기, 중기, 단기로 계층화하여 설정하는 것이 효과적이다. 장기, 중기, 단기의 시간적 범위는 제품의 고유한 개발 주기를 참고하여 설정하는 것이 바람직하다. 예를 들어, 제품이 통상적으로 1년에 한 번 신제품을 출시하거나 대규모 업데이트가 이루어진다면 이를 단기 목표의 기준 기간으로 삼을 수 있다. 혹은 팀이 달성 가능한 하나의 과업 주기를 단기로 정의할 수도 있다. 중기 기간은 단기의 2~3배로, 장기는 중기의 2배 이상 기간으로 설정할 수 있다.

또, 각 구간에서 달성해야 할 주요 과업과 우선순위를 명확히 설정해야 한다. 이를 위해 시장과 소비자, 제품, 핵심 기술 트렌드와 같은 기업 내·외부 환경을 조사 분석하여 활용해야 한다. 예를 들어, 테크 기업은 다음과 같은 방식으로 목표를 설정할 수 있다.

- **장기 목표**: 5년 안에 시장 점유율 20% 확보를 목표로 하고, 이를 위해 차세대 기술 개발 및 해외 시장으로 확장한다.

- **중기 목표**: 2~3년 안에 주요 기능 업데이트를 통해 고객 충성도를 높이고, 경쟁사 대비 기술적 우위를 확보한다.
- **단기 목표**: 6개월 내 프로토타입 개발 완료 및 고객 피드백 수집을 통한 초기 제품 검증을 진행한다.

목표 설정 후에는 구체화하여 로드맵으로 [그림 4-13]과 같이 시각화한다. Top-down 방식으로 장기, 중기, 단기 목표를 설정하고, 각 구간별로 시장 트렌드를 분석하여 우리 기업의 실행 계획과 핵심 과업을 명시한다. 목표 달성을 위한 방향성을 제공하며, 자원을 효율적으로 배분할 수 있도록 돕는다.

명확하고 단계적인 목표 설정은 제품 로드맵 설계의 주요 과정이며, 단기적으로 실행 가능한 과업부터 시작해 중기 및 장기적으로 달성해야 할 성과를 체계적으로 쌓아갈 수 있다.

[그림 4-13] 목표와 로드맵 양식

장기	Y1												Y2				Y3				Y4	Y5
시장/소비자트렌드																						
제품트렌드																						
핵심기술/부품 트렌드																						
목표																						
로드맵																						
중기	Q1			Q2			Q3			Q4			Q1	Q2	Q3	Q4	Q1	Q2	Q3	Q4		
시장/소비자트렌드																						
제품트렌드																						
핵심기술/부품 트렌드																						
목표																						
로드맵																						
단기	1월	2월	3월	4월	5월	6월	7월	8월	9월	10월	11월	12월										
시장/소비자트렌드																						
제품트렌드																						
핵심기술/부품 트렌드																						
목표																						
로드맵																						

로드맵 수립은 시장 중심적이어야 한다. 고객 요구사항과 피드백을 반영하여 각 단계에서 해결해야 할 우선 과제를 설정하고, 시장 상황과 경쟁사를 고려하여 목표의 적절성을 점검해야 한다. 예를 들어, 경쟁사보다 빠르게 특정 기능을 출시하거나 신기술을 도입하는 등의 목표를 설정할 수 있다.

또, 각 목표는 성과 지표(KPI)를 통해 구체화되어야 한다. KPI는 목표 달성의 진행 상황을 측정하는 기준으로, 예를 들어 월 활성 사용자 수(MAU), 가입자당 평균 매출(ARPU), 오류율 등의 지표가 활용될 수 있다. 이러한 지표를 주기적으로 평가함으로써 목표 달성 여부를 판단할 수 있다.

마지막으로, 목표는 유연성을 유지해야 한다. 비즈니스 환경 변화나 예상치 못한 장애물이 발생할 경우 목표를 재조정할 수 있는 프로세스를 마련하는 것이 중요하다. 동시에, 각 목표 달성 과정에서 발생할 수 있는 위험 요소를 예측하고 대비책을 마련하여 리스크를 최소화해야 한다.

목적지를 제대로 찾아가고, 가는 도중 길을 잃지 않으려면 단계별 목표 설정과 로드맵 수립은 필수 도구이다. 팀이 한 방향으로 나아가도록 돕는 나침반 역할을 한다.

우선순위와 자원 배분

모든 기업은 투입 대비 성과를 극대화함으로써 이익을 창출하고 생존을 이어가는 경제 주체이다. 기업의 자원은 유한하며, 다양한 프로젝트와 시장 기회를 동시에 관리해야 하므로 효율적인 관리가 필요하다.

스타트업은 초기에는 자원 부족이 도전 과제이지만, 조직이 커지기 시작하면 규모의 경제와 복잡한 운영 구조 속에서 무엇에 집중해야 할지 결정하는 것이 중요해진다. 따라서 우선순위를 명확히 설정하면 자원을 효율적으로 활용해 최대의 성과를 얻고, 큰 영향을 주는 작업에 집중할 수 있다.

스타트업은 MVP 개발 과정에서 핵심 기능에 우선순위를 두어 빠르게 시장에 진입하고 초기 피드백을 받을 수 있다. 반면, 기존 기업은 전략적 투자를 통해 신성장 동력을 확보하거나, 경쟁사와의 격차를 벌리는 데 자원을 집중할 수 있다. 우선순위 설정은 모든 규모의 기업이 공통적으로 직면하는 핵심 과제이며, 목표 달성과 지속 가능한 성장을 위해 필요하다. 제한된 자원 속에서 성과를 극대화하는 과업을 선별하도록 돕는 지침이다.

이를 위해 다음 세 가지 요소를 고려할 수 있다.

- 비즈니스 임팩트: 특정 과업이 기업의 전략적 목표 달성에 얼마나 기여하는
  지를 평가한다. 고객 만족도를 높이거나 수익을 증대시키는 활동을 우선적
  으로 고려할 수 있다.
- 긴급성: 작업을 지연했을 때 발생할 수 있는 위험과 부정적인 영향을 고려
  한다. 긴급한 고객 요청이나 법적 준수 사항과 같은 일들은 높은 우선순위
  를 가져야 한다.
- 리소스 요구: 과업을 수행하는 데 필요한 시간, 비용, 인력 등의 자원 소모
  량을 평가하여, 효율적으로 자원을 배분할 수 있도록 한다.

우선순위를 체계적으로 정리하기 위해 다음의 프레임워크를 활용할 수 있다.
여기에 활용가능한 Eisenhower 매트릭스와 MoSCOW 분석은 앞서 설명한 내용
으로 [그림 1-13]과 [그림 4-6] 부분을 참조 바란다. 이 외 RICE 스코어링 모
델, Kano 모델을 추가로 소개하겠다. 당신의 제품과 시장에 가장 효과적인 방법
을 사용하기 바란다.

#1. RICE 스코어링 모델

RICE 스코어링 모델은 제품 관리 및 프로젝트 개발 시, 작업, 기능 또는 프로
젝트의 우선순위를 정하는 데 사용된다. RICE는 다음 네 가지 요소를 포함한다.
- Reach(도달 범위): 과업이 얼마나 많은 사용자에게 영향을 미칠 수 있는가?
  영향받을 사용자 또는 이해관계자의 수를 측정한다.
- Impact(영향): 과업이 고객 경험이나 비즈니스 목표에 얼마나 큰 영향을 줄
  수 있는가? 사용자 또는 비즈니스 목표에 미칠 잠재적인 영향을 평가한다.
- Confidence(자신감): 결과에 대한 신뢰도와 데이터 기반의 확신 수준은 어
  떠한가? 작업 또는 기능의 영향 및 노력 추정치에 대해 가지는 확실성과 자
  신감 수준을 나타낸다.
- Effort(노력): 과업을 완료하는 데 필요한 리소스는 어느 정도인가? 필요한
  시간, 인력 및 예산을 측정한다.

[그림 4-14] RICE score 모델

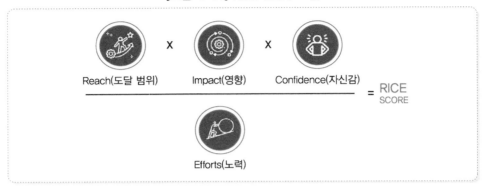

출처: GeeksforGeeks

RICE 점수가 높을수록 더 많은 가치를 제공하는 것으로 간주한다. 높은 점수는 적은 노력으로 큰 영향을 미치는 성공적인 작업 혹은 아이디어를 나타낸다. 이 모델은 의사 결정 과정에 구조와 객관성을 제공하여 더 나은 결정을 내리는 데 도움을 준다.

#2. Kano 모델

Kano 모델은 제품의 기능 구현 수준과 고객 만족도 간의 관계를 분석하여 우선순위를 정하는 도구다. 새로운 제품 또는 서비스의 기능 우선순위를 설정할 때 유용하다. 기능은 다음의 5가지 요소로 분류하고 있다.

- 당연적 욕구(Must-be needs): 고객이 기대하는 기본적인 기능. 제공되지 않으면 불만족을 초래하지만, 제공된다고 해서 특별한 만족을 주지는 않는다.
- 일원적 욕구(One-dimensional needs): 기능이 뛰어날수록 고객 만족도가 높아지는 요소로, 고객이 쉽게 알아차릴 수 있다.
- 매력적 욕구(Attractive needs): 제공 시 큰 만족도를 주는 요소로 경쟁사와의 차별화 요소로 작용할 수 있다. 없어도 불만은 없는데, 시간이 지남에 따라 매력적 품질이 당연적 욕구로 변할 수 있다는 점도 고려하고 있다.
- 무관심 욕구(Indifferent needs): 제공 여부가 고객 만족도에 영향을 미치지 않는 요소이다.
- 역품질 욕구(Reverse needs): 충족 시 오히려 불만을 야기하는 요소이다.

[그림 4-15] Kano 모델

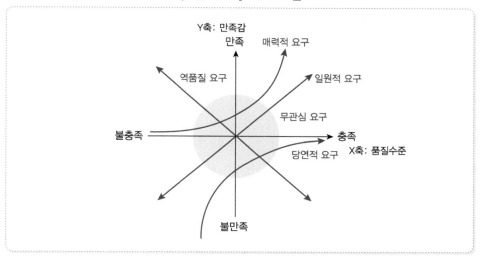

〈표 4-4〉 우선순위 설정 도구 요약

우선순위 설정 도구	특징
Eisenhower 매트릭스	긴급성과 중요성을 기준으로 작업을 분류
MoSCoW 분석	과업이나 요구사항을 Must Have, Should Have, Could Have, Won't Have로 분류
RICE 모델	Reach, Impact, Confidence, Effort를 고려한 점수 계산
Kano 모델	기본 요구, 성능 요구, 흥미 요소로 고객 만족도를 분석

Kano 모델은 고객 만족도를 극대화하기 위해 제품이나 서비스의 어떤 측면에 우선순위를 두어야 하는지 파악하는 데 목적이 있다. 설문조사 방법을 활용해, 각 특성에 대해 긍정과 부정적 질문을 쌍으로 제시하여 고객 반응을 분석할 수도 있다. 고객의 잠재 요구를 파악하고, 경쟁력 있는 제품 및 서비스를 개발하는 데 도움을 준다.

자원 배분은 기업의 자원을 효율적으로 활용하여 성과를 극대화하고자 할 때 필수 과정이다. 이는 다음과 같은 기준을 따를 수 있다. Pareto 법칙(80/20 원칙)은 결과의 80%는 20%의 작업에서 나온다는 원칙으로 가장 큰 가치를 창출하는 작업에 자원을 집중하라는 것이다. 이때는 단기적인 성과와 장기적인 성장을 모두 고려하며 자원을 분배해야 한다. 당장의 고객 요구를 충족시키면서도 연구 개발(R&D)과 같은 미래 성장 동력을 위한 투자도 소홀하지 않아야 한다는 말이다. 또, 유연한 배분을 진행할 수도 있다. 비즈니스 환경이 변화하거나 예상치 못한 변수가 발생했을 때, 자원을 재배분할 수 있는 유연성을 확보해야 한다. 이를 위해 일부 자원을 비축하거나, 긴급 상황에 대처할 수 있는 프로세스를 마련하는 것이 요구된다.

자원 배분과 우선순위 설정은 단 한 번의 결정으로 끝나지 않는다. 지속적인 모니터링과 피드백을 통해 효과성을 유지하고 개선해야 한다. 주기적으로 진행 상황을 평가하고, 우선순위와 자원 배분이 목표 달성에 적합한지 점검해야 한다. KPI를 활용해 구체적인 데이터를 기반으로 분석을 수행할 수 있다. 또, 팀 내에서 피드백을 수집하고, 이를 통해 다음 단계를 조정해야 한다. 피드백은 조직이 더욱 효율적이고 유연하게 운영될 수 있도록 돕는다.

제2장 마무리

2장은 스타트업의 제품 설계와 운영에서 목표와 실행이 균형을 맞추는 방법을 다루었다. 『더 골』의 알렉스가 공정 최적화를 통해 목표를 달성했던 이야기는, 명확한 목표와 실행이 얼마나 중요한지를 잘 보여준다.

이 장에서는 단계별 목표 설정과 로드맵 수립이 방향성을 제공하며, 우선순위와 자원 배분이 제한된 자원을 효율적으로 활용하게 한다는 점을 강조했다.

스타트업 창업자가 기억해야 할 핵심 메시지는 다음과 같다:
· **명확한 목표와 실행**: 단계별 목표와 로드맵은 조직의 방향성을 구체화한다.
· **효율적 자원 배분**: 우선순위를 정해 제한된 자원을 효과적으로 활용해야 한다.

2장에서 살펴본 이 요소는 개별적으로 작동하는 것이 아니라, 상호작용하며 스타트업의 안정적인 성장 기반을 형성한다. 목표가 방향성을 제시하고, 팀워크와 자원 배분이 이를 실행으로 옮기며, 체계적 접근이 스타트업의 혼란을 줄인다.

제품 설계와 운영은 시장 진입에서 멈추어서는 안 된다. 제품의 경쟁력을 기반으로 지속 가능한 성장을 이루는 것이 진정한 목표다. 다음 장 '제품 경쟁력으로 지속 성장'에서는 제품이 시장에서 두각을 나타내고, 장기적인 성공을 거두기 위해 어떻게 경쟁력을 강화하고 성장 전략을 설계할 수 있는지를 다룬다.

03 제품 경쟁력으로 지속 성장

무라카미 하루키의 소설 『노르웨이의 숲』은 주인공 와타나베가 과거를 회상하며 성장과 상실의 이야기를 풀어나가는 작품이다. 와타나베는 반복적으로 내면의 질문과 마주하며, 삶 속에서 의미를 찾기 위한 여정을 이어간다. 독자가 각자의 인생에서 "나는 누구인가?" 또는 "나는 어디로 가고 있는가?"라는 질문을 던지도록 만든다.

이 질문은 비즈니스에서도 동일하게 적용된다. 스타트업이 시장에서 경쟁력을 유지하고 지속적인 성장을 이루기 위해 반드시 물어야 할 질문은 "우리가 제공하는 가치는 무엇인가?", "우리가 가야 할 방향은 어디인가?"라는 것이다. 기업도 고객의 니즈와 변화하는 시장 환경 속에서 끊임없이 자신을 정의하고 새롭게 만들어가야 한다. 초기의 열정과 혁신을 잃지 않고 끊임없이 성장하기 위한 방안을 가져야 한다.

스타트업이 처음 시장에 나설 때, 제품은 독창성과 혁신으로 가득 차 있다. 그러나 시간이 지나면서 환경의 변화에 적응하지 못하거나, 과거의 성공에 안주한다면 이내 정체 상태에 빠질 수 있다. 성장의 본질은 끊임없는 탐구와 변화에 있다.

이 장에서는 스타트업이 초기의 열정과 창의성을 유지하며, 변화하는 시장에서 어떻게 제품 경쟁력을 지속적으로 강화할 수 있는지 탐구할 것이다. 제품 출시 그 다음은 끊임없이 개선하고 고객의 새로운 요구에 민첩하게 대응해야 한다. 당신의 스타트업이 장기적인 성장을 이루기 위한 길을 찾아보자.

3.1 성공적인 제품 출시와 개선

지속적인 개선과 성장을 유지하지 못한 기업들은 시장에서 도태되거나 사라졌다. 한때 코닥은 필름 카메라 시장에서 전 세계를 선도하는 대표 기업이었다. "당신은 버튼만 누르세요, 나머지는 우리가 알아서 합니다"라는 슬로건 아래, 코닥은 사용자 경험을 단순화하며 제품 출시와 시장 점유율을 동시에 잡았다. 그러나 디지털 기술의 부상과 함께 코닥의 성공 신화는 균열을 맞았다.

코닥은 1975년에 세계 최초로 디지털 카메라를 개발하는 데 성공했지만, 자신들의 핵심 비즈니스 모델을 해칠 것이라는 두려움에 이를 상용화하지 않았다. 그 결과 디지털 전환이라는 거대한 물결 속에서 기회를 놓치고, 시장의 주도권을 경쟁자들에게 넘겨주게 되었다.

코닥 이야기는 제품을 성공적으로 출시하고, 시장의 변화에 맞춰 개선해 나가는 것이 얼마나 중요한지 보여준다. 뛰어난 제품을 한 번 개발하는 것만으로는 충분하지 않다. 변화하는 소비자 니즈와 기술의 흐름을 읽고, 지속적으로 혁신하며 개선해 나가는 전략적 접근이 필요하다.

지속적인 개선과 성장은 현재 제품 유지에 그치지 않고, 끊임없이 발전시키며 기업의 경쟁력을 강화하는 과정이다. 특히 스타트업은 변화하는 고객 요구와 시장 환경에 빠르게 적응해야 한다. 이를 통해 제품 품질을 유지하고, 고객 신뢰를 얻으며, 장기적인 성장 동력을 확보할 수 있다.

이 장에서는 지속적인 개선과 성장이 왜 중요한지를 설명하고, 이를 실행하는 구체적인 방법을 제시한다. 성공적인 제품 출시와 개선의 반복, 고객 피드백 기반 개선 프로세스, 데이터 기반 의사결정, 그리고 제품 시장 적합성 유지 및 확장 전략을 중심으로 다룬다. 변화하는 시장 환경에서 경쟁력을 유지하며, 고객에게 지속적인 가치를 제공하는 방법을 살펴보자.

출시 전 품질 검증

성공적인 제품 출시는 고객의 기대를 충족하고, 문제를 해결하며, 시장에서 경쟁력 확보를 포함한다. 고객에게 명확한 가치를 제공하고, 기업의 성장 기반을 마련하는 중요한 단계이다.

제품 출시 전 품질 검증은 시장 진입의 필수 단계로, 초기 사용자 경험을 좌우하는 중요한 과정이다. 삼성전자는 품질 검증의 글로벌 표준을 보여주고 있다. 6시그마(6 Sigma)와 같은 품질 관리 방법론을 적용해 결함률을 최소화하며, 세계적으로 신뢰받는 품질을 유지한다. 특히, 각 지역별로 다양한 실사용 환경을 시뮬레이션하여 제품을 검증하는 과정을 도입하고 있다. 스마트폰 제품은 극한 기후 조건(고온, 저온, 고습 등)과 네트워크 환경(5G, 4G 등)에서 테스트하며, 출시 후 발생할 수 있는 문제를 사전에 방지한다. 또한, 제품의 내구성과 안정성을 검증하는 과정을 거친다. 이 과정은 충격, 낙하, 방수, 방진 테스트를 포함한 다양한 시험이 진행된다. 이러한 품질 검증 절차가 다양한 시장에서 안정적인 성능과 품질을 유지하는 이유다.

애플 역시 제품 개발 과정에서 수백 번의 프로토타입 테스트와 사용자 경험(UX) 검증을 반복하며 업계 표준을 정립했다. 아이폰 출시 전에 수행되는 '사용성 테스트'는 다양한 환경에서 제품 작동 상태를 평가하고, 실제 사용자 피드백을 반영해 반복적으로 개선한다. 또한, 공급망 전반의 품질 점검과 데이터 기반 분석을 통해 신뢰성을 보장하고 있다.

테슬라는 차량의 모든 부품을 제조 단계에서 테스트하며, 특히 배터리와 같은 핵심 부품은 실제 도로 주행 조건을 모사한 테스트를 거친다. 출시 이후에도 무선 네트워크를 통해 소프트웨어나 데이터를 원격으로 업데이트하거나 전송하는 기술을 의미하는 OTA(Over-The-Air) 소프트웨어 업데이트를 통해 성능과 안정성을 지속적으로 개선하며, 고객 기대를 충족하고 있다.

품질 검증은 제품의 안정성과 사용성을 평가하는 다양한 단계를 포함한다. 이를 체계적으로 실행하면 시장에서 발생 가능한 문제를 최소화할 수 있다.

- **프로토타입 테스트**: 초기 개발 단계에서 제품의 기본 기능과 구조를 점검하기 위해 프로토타입을 제작하고 테스트한다. 이 과정에서는 기술적 결함, 디자인의 불완전성, 사용자 경험 상의 문제점을 발견하는 것이 주요 목표다. 프로토타입 테스트를 통해 큰 수정 비용이 발생하기 전에 문제를 해결할 수 있다.
- **알파 테스트**: 개발팀 내부에서 제품을 테스트하는 단계로, 기술적인 결함과 논리적 오류를 중점적으로 점검한다. 개발자나 엔지니어가 직접 참여해 기능과 안정성을 검증하며, 이후 단계의 사용자 테스트 준비를 완료한다. 알파 테스트는 내부에서 이루어지기 때문에 기밀성이 유지되는 장점이 있다.
- **베타 테스트**: 제한된 범위의 실제 사용자나 고객을 대상으로 제품을 시험적으로 제공하는 단계다. 이 과정에서는 실제 사용 환경에서 발생할 수 있는 문제를 파악하고, 사용자 피드백을 수집해 최종 개선점을 도출한다. 베타 테스트는 제품의 시장 적합성을 확인하고 사용자 경험을 검증한다.
- **품질 보증(QA) 프로세스**: 제품의 성능이 기준에 부합하는지 검증하기 위해 품질 보증 프로세스를 수행한다. QA 단계에서는 정량적인 데이터를 수집하고, 표준화된 테스트 방법을 통해 오류 가능성을 최소화한다. 특히 디지털 제품의 경우, 다양한 플랫폼과 운영 환경에서의 호환성을 점검하는 것이 중요하다.

스타트업과 같이 자원과 시간이 제한된 조직은 효율성을 극대화한 품질 검증 전략이 필요하다. 다음은 이를 위한 몇 가지 전략이다.

- **MVP 활용**: 최소 기능 제품을 출시해 소비자 반응과 초기 데이터를 확보한다. 주요 결함과 개선 필요성을 빠르게 확인할 수 있다.
- **자동화 테스트 도구 활용**: 시간과 비용을 절감하기 위해 자동화된 테스트 도구를 활용해 반복적인 품질 검증 작업을 수행한다.

- **사용자 인터뷰 및 피드백 수집**: 초기 사용자와 직접 소통해 문제점을 파악하고, 개선 방향을 구체화한다.

품질 검증은 기업의 비전과 신뢰를 시장에 전달하는 활동이다. 출시 전 품질 검증으로 잠재적인 문제를 조기에 발견하고 보완함으로써 시장의 부정적 피드백을 사전 예방할 수 있다. 이 과정은 소비자에게 만족도를 제공하며 장기적으로 기업 가치를 향상시킨다.

그러나, 이는 신중함과 효율성 간의 균형도 고려해야 한다. 지나치게 보수적인 접근으로 품질 검사에 오랜 시간을 투자하면 시장 진입 시점을 놓칠 위험이 있다. 반대로, 충분한 검증 없이 출시하면 초기 시장에서 신뢰를 잃을 수 있다. 따라서 핵심 기능에 대한 철저한 검증을 우선하며, 추가적인 검증과 개선은 피드백을 통해 보완하는 단계적 접근이 합리적 대안이다.

출시 후 고객 반응 모니터링

시장에 출시한 이후 고객 반응을 모니터링하고, 이를 기반으로 제품을 개선하는 활동이 필요하다. 고객 피드백은 제품이 실제 사용 환경에서 효과적으로 작동하는지를 보여주는 지표이자, 지속적인 개선과 혁신을 위한 기초 자료다.

고객 반응 모니터링의 주요 목표는 다음과 같다.

- **사용자 경험 평가**: 고객이 제품을 사용하는 과정에서 발생하는 긍정적 경험과 불편함을 분석하여 UX를 최적화한다.
- **품질 문제 발견**: 출시 전 검증 단계에서 발견하지 못했던 결함이나 문제점을 파악한다.
- **시장 요구 변화 탐지**: 고객의 피드백을 통해 시장에서 새롭게 등장한 니즈와 트렌드를 식별한다.
- **브랜드 신뢰 구축**: 고객의 의견을 적극적으로 수렴하고 개선에 반영함으로써 신뢰를 형성하고 유지한다.

효과적인 고객 반응 모니터링을 위해서는 실시간 데이터 수집 및 분석, 고객 피드백 시스템 구축, 리뷰 및 평점 관리의 방법들이 있다.

- **실시간 데이터 수집 및 분석:** 소셜 미디어 모니터링을 통해 고객이 소셜 미디어에 남긴 리뷰, 댓글, 언급 등을 수집해 분석한다. 제품에 대한 즉각적인 반응을 파악할 수 있다. 사용 데이터 분석으로 고객의 사용 패턴과 데이터를 수집해 문제점을 확인하고 개선 방향을 도출할 수 있다.
- **고객 피드백 시스템 구축:** 고객 서비스 채널 활성화를 위해 고객센터나 이메일로 고객이 불편 사항이나 개선점을 쉽게 전달할 수 있도록 한다. 정기적으로 고객 설문을 진행해 제품 만족도와 개선 요구 사항을 수집한다.
- **리뷰 및 평점 관리:** 온라인 스토어와 리뷰 사이트에 올라오는 평가를 분석하고, 고객의 목소리에 신속히 대응한다. 부정적인 리뷰에는 공감과 개선 의지를 담은 답변을 제공해 브랜드 이미지 훼손을 방지한다.

삼성전자나 코카콜라는 신제품 출시 전후에 시장과 고객의 반응을 모니터링하고 있다. 온라인과 소셜 미디어 상에서 소비자들이 생성하는 대화와 의견을 분석하여 제품에 대한 인식을 파악하고 있다.

고객 반응 모니터링의 주요 방법은 소셜 리스닝 분석, 마케팅 캠페인 성과 측정, 소셜 워룸 운영이 대표적이다. 소셜 리스닝(Social Listening) 분석은 소셜 미디어와 온라인 플랫폼에서 소비자들이 생성하는 입소문을 실시간으로 모니터링하는 것이다. 제품에 대한 긍정적 또는 부정적 반응을 신속하게 파악하고, 필요한 대응책을 마련한다. 마케팅 캠페인 성과를 측정하기 위해 신제품 공개부터 출시 이후까지의 마케팅 캠페인에 대한 소비자 반응을 시간별, 세부 속성별로 분석하여 캠페인의 효과를 평가하고, 향후 전략에 반영한다.

그리고, 소셜 워룸(Social War Room)을 운영하여 고객 및 경쟁사의 브랜드, 주요 제품, 유관 시점에 대한 실시간 모니터링을 통해 이슈의 위험성과 시급성을 평가하고, 적시에 대응하는 체계를 구축하고 있다.

고객 반응 모니터링은 제품의 결함을 찾는 데 그치지 않고, 고객의 진정한 니즈를 이해하는 데 초점을 맞춰야 한다. 또한, 피드백에 즉각 반응하는 것만큼 중요한 것은 수집된 데이터를 분석해 장기적인 개선 전략을 세우는 것이다.

이 과정을 체계적으로 운영한다면 고객의 신뢰를 유지하며, 제품의 생애주기 전반에 걸쳐 지속적으로 시장에서의 경쟁력을 강화할 수 있다. 고객의 목소리는 제품 성공의 나침반이며, 기업 성장의 원동력이다.

제품 수명 주기 관리

제품 수명 주기(PLC, Product Life Cycle)는 제품이 시장에 출시된 이후부터 퇴출될 때까지의 과정을 단계적으로 구분한 개념이다. 일반적으로 제품 수명 주기는 도입기, 성장기, 성숙기, 쇠퇴기의 네 단계로 나뉜다. 각 단계는 시장 상황과 고객 요구가 다르기 때문에, 효과적인 수명 주기 관리는 기업이 경쟁력을 유지하고 지속적으로 수익을 창출하는 데 중요한 역할을 한다.

[그림 4-16] PLC 그래프

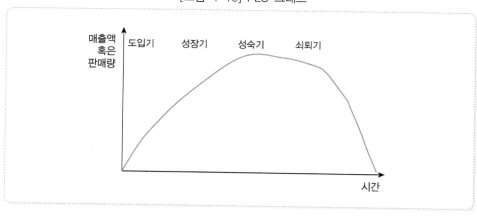

도입기, 성장기, 성숙기, 쇠퇴기의 각 단계별 특징을 알아보자.

• **도입기**: 제품이 처음 시장에 출시되는 단계로, 시장 진입과 초기 고객 확보가 주요 목표다. 높은 마케팅 비용과 낮은 초기 수익이 특징이며, 고객 인

식 구축과 초기 피드백 수집이 중요하다. 시장 진입을 위한 초기 프로모션, 무료 체험 제공, 초기 고객의 니즈 반영의 전략을 수립할 수 있다.

- **성장기:** 제품의 인기가 높아지며 매출과 시장 점유율이 빠르게 증가하는 단계다. 경쟁이 치열해지기 시작하며, 제품 개선과 차별화가 필요하다. 이 단계 전략은 브랜드 강화를 위한 마케팅, 기능 추가, 제품의 대중화가 있다.
- **성숙기:** 시장 성장 속도가 둔화되고, 경쟁이 심화되는 단계다. 안정적인 매출을 유지하되, 제품 혁신 또는 신시장 개척을 통해 수익성을 극대화해야 한다. 이 단계에서는 비용 효율성 강화, 고객 충성도 프로그램 도입, 새로운 파생 제품 개발의 전략을 추진할 수 있다.
- **쇠퇴기:** 시장 수요가 감소하고, 제품이 점차 퇴출되는 단계다. 생산과 마케팅 비용을 축소하며, 제품 라인을 정리하거나 대체 제품으로 전환할 시점이다. 생산 및 재고 관리 최적화, 사업 철수 또는 새로운 제품 출시 전략이 유용하다.

스타트업 창업가를 위한 제품 수명 주기 관리 전략을 살펴보자. 제품 수명 주기 관리를 효과적으로 활용해 시장에서 지속 가능성을 확보해야 한다. 다음 표에 적용할 수 있는 실질적인 전략을 제시한다.

<표 4-5> PLC 단계별 스타트업 전략

PLC 단계	스타트업 전략
도입기 전략	· MVP 출시: 초기 고객 피드백을 빠르게 수집하고, 제품을 개선하는 데 집중한다. · 커뮤니티 형성: 초기 고객과 직접 소통하며 충성 고객 기반을 구축한다.
성장기 전략	· 퍼포먼스 마케팅: 성과 중심의 광고 캠페인을 통해 시장 점유율을 확장한다. · 제품 라인 확장: 기존 제품과 연관된 파생 제품이나 서비스로 시장 니즈를 충족한다.
성숙기 전략	· 고객 충성도 강화: 구독 모델, 포인트 적립 등 고객이 지속적으로 제품을 이용하도록 유도한다. · 운영 효율성 최적화: 원가 절감 및 프로세스 개선을 통해 수익성을 극대화한다.
쇠퇴기 전략	· 시장 재정의: 기존 제품을 새로운 고객층에 맞춰 리브랜딩하거나 다른 시장으로 진출한다. · 디지털 전환: 제품을 디지털화하거나 구독형 비즈니스 모델로 전환해 새로운 기회를 창출한다.

제품 수명 주기를 활용한 국내 스타트업의 성공 사례를 살펴보자.

배달의민족은 초기 도입기 단계에서 대규모 광고보다 고객과의 소통을 통해 입소문을 유도하는 전략을 선택했다. 배달 앱 사용이 익숙하지 않은 고객층을 대상으로 사용자 인터페이스(UI)를 단순화하고, 사용 편의성을 극대화했다. 초기 프로모션으로 고객에게 할인 쿠폰을 제공해 앱 사용을 자연스럽게 유도했고, '한 글날 폰트 이벤트'와 같은 창의적인 마케팅으로 브랜드 인지도를 높였다. 고객의 니즈를 충족하는 실질적인 서비스와 재미있는 콘텐츠를 통해 빠르게 시장을 점유하며, 배달 앱 시장에서 선도적 위치를 차지했다. 특히, 고객과의 적극적인 소통이 신뢰를 쌓아 초기 시장 진입에 성공할 수 있었다.

쿠팡은 성장기 단계에서 '로켓 배송'이라는 차별화된 물류 서비스를 도입하며 시장 점유율을 급격히 확대했다. 자사 물류망을 직접 구축하며, 배송 시간을 대폭 단축해 고객의 편리성을 극대화했다. 기존 전자상거래 플랫폼과 차별화된 무제한 무료 배송 서비스(쿠팡 와우 멤버십)를 제공하고, 정기 할인 이벤트와 같은 공격적인 마케팅으로 고객의 구매 빈도를 늘렸다. 고객 경험을 혁신적으로 개선해 빠른 시간에 시장 선두주자로 자리 잡았다. 특히, 로켓 배송은 국내 전자상거래 시장에서 배송 경쟁의 새로운 기준을 제시하며 소비자의 신뢰를 얻는 데 큰 역할을 했다.

삼성전자의 갤럭시 시리즈는 성숙기에 접어든 제품이다. 성숙기에는 치열한 경쟁 속에서 점유율을 유지하고, 기존 고객의 충성도를 높이는 전략이 필요하다. 시장 내 포지션을 강화하고, 기존 고객과의 관계를 지속적으로 관리하며, 기술 및 디자인의 차별화를 통해 시장 점유율을 유지해야 한다.

넥슨은 오래된 게임, 즉, 쇠퇴기의 제품 수익성을 유지하기 위해 리브랜딩 및 모바일 전환을 통해 새로운 시장을 창출했다. PC 게임의 인기작을 모바일로 전환하며 기존 고객뿐 아니라 모바일 시장의 신규 고객층을 확보했다. '바람의 나라: 연'과 '카트라이더 러쉬플러스'는 기존 IP(지식재산)를 활용해 새로운 세대의 게이머를 유입시키는 데 성공했다. 새로운 이벤트와 콘텐츠 업데이트를 통해 유저의 지속적인 참여를 유도했다. 오래된 게임의 생명 주기를 연장하고, 새로운 시장에서의 수익 창출 가능성을 확대했다.

제품 수명 주기 관리는 각 단계의 생존 전략을 넘어, 제품 생애 전반에 걸쳐 가치를 극대화하는 과정이다. 스타트업 창업가는 각 단계의 특성과 고객의 요구를 정확히 이해하고, 이를 기반으로 유연한 전략을 구사해야 한다.

도입기에는 빠르게 피드백을 수집하고 제품을 개선하는 민첩성이 필요하며, 성장기에는 시장 점유율을 확대하기 위한 공격적인 마케팅과 차별화 전략이 요구된다. 성숙기에서는 고객 충성도를 강화하고 운영 효율성을 극대화하는 동시에, 새로운 혁신의 가능성을 탐색해야 한다. 쇠퇴기 단계에서는 시장 변화와 고객 니즈를 읽어 기존 제품의 생명력을 연장하거나 새로운 기회를 발굴하는 것이 중요하다.

제품 수명 주기 관리는 고객 중심의 사고와 지속적인 개선 노력에서 시작된다. 시장과 고객의 변화에 민감하게 대응하며, 각 단계에서 효과적인 전략을 실행한다면, 성장의 발판이 될 수 있다. 제품의 성공은 제품 수명 주기를 얼마나 체계적이고 전략적으로 관리하느냐에 달려 있다.

특히, 제품 수명 주기를 활용해 정기적으로 새로운 제품을 출시하고 관리하는 접근법은 시장에서의 지속 가능성을 확보하는 데 필수적이다. 이를 통해 다음과 같은 이점을 얻을 수 있다.

- **시장과 고객 요구의 선제적 대응**: 새로운 기술, 디자인, 기능을 주기적으로 추가함으로써 기존 고객의 관심을 유지하고 새로운 고객을 유치할 수 있다. 정기적인 제품 출시는 시장 변화와 고객 니즈를 반영해 제품의 경쟁력을 확보하는 기회를 만든다.
- **브랜드 신뢰와 충성도 강화**: 고객들은 제품이 지속적으로 발전하고 개선된다는 사실을 통해 브랜드에 대한 신뢰를 쌓는다. 정기 출시는 고객과의 지속적인 연결 고리가 되어 충성도를 강화한다.
- **시장에서의 지속적인 성장 유지**: 단일 제품에 의존하지 않고, 제품 라인 확장으로 안정적인 수익 창출 구조를 구축할 수 있다. 신제품과 기존 제품의 수명 주기를 교차 관리하여 시장 점유율을 효과적으로 방어하고 확장할 수 있다.

제품 수명 주기를 통한 제품 포트폴리오 관리는 고객 신뢰를 구축하고, 브랜드의 지속적 성장을 촉진하는 요소다. [그림 4-17]에서 볼 수 있듯이, PLC를 기반으로 세대 간 제품 교체, 신제품 출시, 그리고 기존 제품의 단계적 단종은 효과적인 제품 포트폴리오 관리의 중추다. 이러한 체계적인 접근은 민첩하게 시장 대응을 가능케 하며, 브랜드의 혁신성과 신뢰성을 강화한다. 시장 변화에 유연하게 대응하며, 기업의 지속 가능한 성장을 이끌어낼 수 있다.

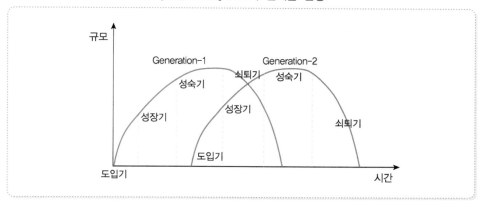

[그림 4-17] PLC와 신제품 런칭

성공적인 제품 출시와 개선은 제품을 시장에 내놓고 끝나는 일이 아니다. 이는 끊임없이 변화하는 시장 환경에 적응하며, 제품의 가치를 극대화하는 지속적인 과정이다. 제품 출시 전 품질 검증에서 시작해 출시 후 고객 반응을 모니터링하고, 수집된 데이터를 기반으로 제품을 개선하는 활동은 제품의 시장 경쟁력을 결정짓는다.

제품 수명 주기 관리는 이 과정을 체계적으로 정리하고 전략적으로 접근할 수 있는 프레임워크이다. 각 단계에 맞는 전략을 구사하며 제품의 경쟁력을 강화하고, 고객의 기대를 충족시키는 것이 중요하다. 특히 스타트업 창업가는 자원의 제약을 고려해 효율성을 극대화할 수 있는 방법을 선택해야 한다.

또한, 정기적인 제품 출시는 지속적인 가치를 창출하고, 브랜드 신뢰를 유지하는 데 필요하다. 주기적인 개선과 새로운 기능 추가를 통해 고객과의 연결을 유지하면, 이는 곧 제품의 생명력을 연장하는 중요한 기회가 된다. 애플, 삼성전자, 테슬라와 같은 글로벌 기업들은 이러한 전략을 성공적으로 활용하며 시장에서의 리더십을 공고히 하고 있다.

궁극적으로 성공적인 제품 출시와 개선은 판매보다 고객에게 지속적인 가치를 제공하고 기업의 장기적인 성장을 위한 발판을 마련하는 데 있다. 고객 중심의 사고, 데이터 기반의 개선, 그리고 혁신을 향한 지속적인 노력이 결합될 때, 제품은 단순한 상품을 넘어 기업의 성공과 성장을 이끄는 동력이 된다.

3.2 시장 적합성 유지와 확장

메이저리그 오클랜드 애슬레틱스 팀은 절박한 상황에 처해 있다. 한정된 예산으로 강력한 팀을 만들어야 하는 이들에게 전통적인 스카우팅 방식은 더 이상 유효하지 않다. 팀의 단장 빌리 빈은 과감히 새로운 접근을 도입한다. 그는 '세이버메트릭스(Sabermetrics)'라는 데이터 분석 기법을 활용해 선수의 가치를 재평가하고, 저평가된 선수들을 영입했다. 이 전략은 비용 대비 높은 성과를 내는 팀을 만들었으며, 메이저리그의 전략적 사고를 새롭게 정의하는 계기가 되었다. 이 이야기는 브래드 피트 주연의 영화 〈머니볼〉로 재현되었다.

전통적인 접근 방식에 의존하지 않고 데이터를 기반으로 새로운 전략을 수립함으로써, 변화하는 환경에서 팀을 성공으로 이끌었다. 마찬가지로, 기업이 시장 적합성을 유지하고 확장하려면 고객의 니즈와 시장의 변화를 정확히 파악하고, 이를 기반으로 기존 전략을 재정립하는 노력이 필요하다.

시장 적합성 유지는 기존의 방식을 고수하는 것이 아니라, 끊임없이 새로운 방식으로 가치를 재창출하는 데 있다. 데이터를 기반으로 현재의 시장 요구를 이해하고, 성장 가능성을 넓혀야 한다. 시장 변화에 적응하고, 경쟁력을 유지하며, 새로운 기회를 창출하는 방법이다.

시장 적합성을 유지하는 전략

시장 적합성은 기업이 제공하는 제품이나 서비스가 고객의 니즈를 충족하고, 시장에서 강한 수요를 얻는 상태를 의미한다. 스타트업 창업자에게 시장 적합성 유지는 초기 성공 이후에도 지속적으로 고객의 요구를 반영하며, 변화하는 시장 환경에 적응하는 것을 뜻한다. 이를 위해 다음을 참고하자.

고객 중심 사고는 시장 적합성을 유지하는 출발점이다. 고객의 요구와 기대를 이해하고, 이를 기반으로 제품을 설계하고 개선해야 한다. 고객 데이터 분석은 이를 실현하는 방법이다. 설문조사, 소셜 미디어 모니터링, 제품 사용 데이터를 활용해 고객의 니즈와 행동을 파악할 수 있다. 이를 확인하기 위해 고객 유지율,

반복 구매율, 순추천지수(NPS)와 같은 정량적 지표를 활용할 수 있다.

시장은 끊임없이 변화하며, 기업은 이를 예측하고 신속히 대응해야 한다. 마이클 포터의 5가지 경쟁 요인(Porter's Five Forces)은 산업의 경쟁 환경을 분석하는 틀이다. 경쟁이 심화될수록 제품의 차별화와 고객 충성도 강화가 중요해진다. 또, 대체품의 위협을 고려해야 한다. 기술 변화와 새로운 비즈니스 모델의 등장은 기존 제품을 대체할 가능성을 높인다. 기업은 혁신을 통해 이러한 위협을 완화해야 한다. 뿐만 아니라, 새로운 진입자의 위협은 항시 존재한다. 진입 장벽을 높이는 브랜드 신뢰와 기술적 우위를 확보해야 한다. 기업은 이러한 요인을 정기적으로 평가하고, 시장의 변화를 읽어 선제적으로 대응하는 시스템을 구축해야 한다.

경쟁사의 강점과 약점을 파악하여 자사의 제품이 제공할 수 있는 독창적 가치를 발견해야 한다. 리소스 기반 관점(Resource-Based View, RBV)에 따르면, 기업의 자원은 가치(Value), 희소성(Rarity), 모방 불가능성(Imitability), 조직화(Organization) 요건을 충족할 때 지속 가능한 경쟁 우위를 확보할 수 있다.

차별화 전략은 제품의 기능적 측면뿐만 아니라 브랜드의 정서적, 문화적 측면에서도 이루어져야 한다. 고객이 제품을 선택하는 이유가 단지 가격이나 성능이 아닌, 브랜드가 제공하는 경험과 신뢰에 기반하도록 만들어야 한다.

제품은 시장 적합성을 유지하기 위해 지속적으로 개선되어야 한다. 최소 기능 제품(MVP)을 통해 고객 피드백을 수집하고, 이를 기반으로 제품을 계속해 전개해야 한다. 디지털 제품의 경우, OTA(Over-The-Air) 업데이트와 같은 방식으로 고객이 실시간으로 새로운 기능과 개선 사항을 경험하도록 제공할 수 있다. 또, 고객 사용 데이터를 기반으로 문제를 예측하고 선제적으로 대응함으로써 만족도를 높일 수 있다.

시장 적합성은 고객과의 신뢰 관계 위에서 더욱 견고해진다. 고객과의 투명한 소통은 신뢰 형성의 핵심이다. 기업의 변화와 개선 과정을 고객에게 알리고, 그들의 의견을 존중하는 자세가 필요하다. 충성도 프로그램을 통해 기존 고객의 재구매율을 높이고, 장기적인 고객 관계를 구축해야 한다.

시장 적합성을 유지하기 위한 전략은 고객 중심 사고, 변화에 대한 신속한 대응, 경쟁 우위 확보, 지속적인 개선, 고객 신뢰 구축의 축으로 이루어진다. 이를 체계적으로 실행하면, 기업은 시장에서의 입지를 강화하고 변화하는 환경에서도 지속적으로 성장할 수 있다.

시장 확장을 위한 접근법

시장 확장은 고객 수를 늘리는 것을 넘어, 기업이 지속적으로 성장하고 새로운 기회를 창출하는 활동이다. 변화하는 시장 환경 속에서 기업은 기존 시장에서의 입지를 강화하는 동시에 새로운 시장을 탐색하고, 다양한 확장 전략을 통해 비즈니스의 지속 가능성을 확보해야 한다. 이를 위해 다음과 같은 접근법을 고려할 수 있다.

첫째, 새로운 고객 세그먼트 발굴

기존 시장 내에서 고객 데이터를 세분화해 새로운 타깃층을 정의하고, 이들의 고유한 요구를 충족시키는 전략을 수립한다. 예를 들어, 인구통계학적 요소(연령, 성별, 소득 수준 등)를 기반으로 새로운 고객층을 발굴할 수 있다. 또한, 고객의 행동 패턴이나 라이프스타일을 분석하면 기존 제품의 가치를 확장하거나 새로운 맞춤형 솔루션을 제시할 기회를 찾을 수 있다. 특히 특정 전문 영역에서 독특한 니즈를 충족하는 니치 마켓 전략은 스타트업처럼 시장 기반이 취약하고 자원이 제한된 기업에 적합한 방식이다.

둘째, 글로벌 시장으로의 확장

지역적 경계를 넘어 글로벌 시장으로의 진출은 기업 성장의 중요한 동력이다. 각국의 문화적, 경제적, 사회적 특성을 반영한 현지화 전략을 꾀할 수 있다. 예를 들어, 맥도날드는 각국의 입맛에 맞는 메뉴를 도입하며 글로벌 시장에서 성공적인 확장을 이루었다. 또, 전자상거래 플랫폼(Amazon, Alibaba 등)과 소셜 미디어를 활용해 초기 비용을 절감하며 새로운 시장에 접근할 수 있다. 현지 파트너와의 협력은 시장 진입 장벽을 낮추고, 고객 신뢰를 구축하는 데 유리하다.

셋째, 제품 라인의 확장

기존 제품의 강점을 활용하면서도 고객의 추가적인 요구를 충족시키기 위해 제품 라인을 확장하는 것이다. 이를 위해 고급형 또는 저가형 제품을 추가하는 수직적 확장과 새로운 제품군을 개발하는 수평적 확장을 활용할 수 있다. 애플의 아이폰 SE(저가형)와 프로 모델(고급형)은 수직적 확장의 예로, 다양한 고객층을 타기팅한다. 또한, 기존 제품과 신제품을 결합한 번들링 전략은 고객에게 더 많은 가치를 제공하며 시장 확장을 돕는다.

넷째, 협업과 파트너십을 통한 확장

기업 간 협업은 시장 확장을 위한 한 방법이다. 두 기업의 강점을 결합하면 새로운 시장에서 성과를 기대할 수 있다. 예를 들어, 삼성전자와 톰브라운이 협업한 갤럭시 Z는 프리미엄 고객층의 관심을 유도하며 브랜드 가치를 높였다. 또한, 글로벌 진출 시 현지 기업과의 파트너십을 통해 시장 접근성을 높이고, 현지화 속도를 가속화할 수 있다.

다섯째, 디지털 마케팅과 데이터의 활용

디지털 기술과 데이터를 활용할 수 있다. 검색 광고, 소셜 미디어 광고 등을 통해 성과 중심의 마케팅 캠페인을 실행하고, 고객 행동 데이터를 기반으로 잠재적 수요가 높은 시장을 파악하는 것이다. 또한, 리타기팅 및 이메일 마케팅을 통해 기존 고객의 충성도를 유지하면서도 새로운 고객 유입을 유도할 수도 있다. 이러한 데이터 기반 전략은 효율적으로 시장 확장을 가능하게 한다.

시장은 끊임없이 변화하며, 고객의 요구 또한 지속적으로 진화한다. 시장 확장은 기업이 고객의 새로운 니즈를 충족하고, 이를 통해 지속 가능성을 확보하는 활동이다. 새로운 고객층 발굴, 글로벌 시장 진출, 제품 라인 확장, 협업과 파트너십, 디지털 기술 활용이라는 다각적인 접근법을 실행해야 한다.

이 모든 과정에서 중요한 것은 변화에 대한 유연성과 실행력이다. 기업이 시장 확장을 효과적으로 이끌려면 새로운 기회를 발견하고 이를 실행할 수 있는 내부 역량을 강화해야 한다. 시장 확장은 사업의 생존과 장기적인 경쟁력을 유지하기 위한 경영 과제다.

기술과 데이터의 활용

변화하는 고객의 니즈를 이해하고, 새로운 시장 기회를 발견하며 경쟁력을 강화하기 위해, 기업은 데이터를 분석하고 기술을 활용해 전략적으로 접근해야 한다. 다음은 시장 적합성과 확장을 위한 기술과 데이터 활용 방안이다.

기업은 고객 데이터 분석으로 통찰력을 확보해야 한다. 데이터 분석은 고객의 요구와 행동을 이해하고, 이를 기반으로 효과적인 의사결정을 내리는 데 도움을 준다.

- 행동 데이터 분석: 고객의 구매 패턴, 웹사이트 방문 기록, 앱 사용 데이터 등을 수집하고 분석해 고객 행동의 트렌드를 파악한다.
- 세그먼트화: 데이터를 기반으로 고객을 세분화해 각 세그먼트에 맞춘 맞춤형 제품 및 마케팅 전략을 설계한다.
- 실시간 데이터 활용: 소셜 미디어, 리뷰 플랫폼 등에서 실시간 데이터를 수집해 고객의 현재 니즈와 반응을 신속히 확인한다.

다음으로 기술을 활용해 시장과 고객을 예측하고 자동화를 추진할 수 있다. AI와 데이터를 기반으로 미래의 고객 행동과 시장 트렌드를 예측한다. 이를 통해 기업은 새로운 시장 기회를 발견하거나 잠재적 리스크에 선제적으로 대응할 수 있다. 머신러닝은 고객의 선호도를 학습해 개별화된 추천과 맞춤형 서비스를 제공한다. 자동화된 프로세스를 통해 마케팅 캠페인 관리, 고객 서비스, 데이터 보고서 작성 등 반복적인 작업을 최적화해 운영 효율성을 강화할 수 있다. 아마존은 AI를 활용해 고객별 맞춤 추천을 제공하고, 물류 프로세스를 자동화해 빠르고 효율적인 배송 시스템을 구축했다.

기업은 디지털 마케팅 기술을 활용할 수 있다. 디지털 마케팅 기술은 기업이 고객과의 접점을 확장하고, 시장에서의 존재감을 강화하는 역할을 한다. 퍼포먼스 마케팅을 적용해 검색 광고, 디스플레이 광고, 소셜 미디어 광고 등으로 ROI가 높은 캠페인을 실행하거나, 리타기팅 광고로 이전에 제품을 살펴봤지만 구매하지 않은 고객을 대상으로 재타기팅해 전환율을 높일 수 있다. CRM(Customer Relationship Management) 및 마케팅 자동화 도구를 활용해 고객 세그먼트별 캠페인을 자동으로 실행하고 최적화할 수 있다. 나이키는 소셜 미디어와 디지털 캠페인을 적극 활용해 고객과의 연결을 강화하고, 맞춤형 마케팅 메시지를 통해 브랜드 충성도를 높였다.

그리고 IoT(사물인터넷)와 데이터를 통합할 수 있다. IoT 기술은 제품과 서비스를 연결해 실시간 데이터를 수집하여, 고객 경험을 향상시키는 데 활용되고 있다. IoT 센서를 통해 제품 사용 데이터를 실시간으로 수집하고, 이를 분석해 제품의 성능을 개선하거나 고객 문제를 선제적으로 대응할 수 있다. 또, 데이터 통합 플랫폼으로 고객의 다양한 접점(웹사이트, 모바일 앱, 소셜 미디어 등)에서 수집된 데이터를 통합해 일관된 고객 경험을 제공할 수 있다. 테슬라는 차량에 IoT 기술을 접목해 실시간 주행 데이터를 분석하고, OTA 업데이트를 통해 고객 경험을 개선하고 있다.

기술과 데이터 활용은 기업이 시장에서의 적합성을 유지하고 확장하는 데 도움을 준다. 고객 데이터를 분석해 인사이트를 얻고, AI와 디지털 기술을 활용해 고객 경험을 개인화하며, IoT와 데이터 통합을 통해 제품과 서비스를 지속적으로 향상해야 한다.

제3장 마무리

무라카미 하루키의 『노르웨이의 숲』에서 주인공이 삶의 복잡성과 관계 속에서 자신만의 의미를 찾아가는 과정은, 제품이 시장에 자리 잡고 성장해 나가는 여정과 닮았다.

제품은 기업 활동의 결과물인 동시에, 기업의 가치와 비전, 그리고 고객 니즈가 교차하는 지점에서 탄생하는 전략적 자산이다. 성공적인 제품 관리와 시장 확장은 고객 신뢰를 기반으로 한 지속적인 혁신과 성장 여정이다. 고객이 원하는 가치를 제공하고, 비전을 전달하며, 시장 변화를 기회로 삼는 기업만이 치열한 경쟁 속에서 생존하고 번영할 수 있다.

스타트업 창업자가 기억해야 할 핵심 메시지는 다음과 같다:

· **품질 검증과 고객 피드백을 통한 개선**: 제품이 신뢰를 얻어 시장에 성공적으로 자리 잡는 데 중요하다. 고객 경험이 만족으로 이어질 때, 이는 고객 충성의 시작점이다.

· **변화하는 시장 환경 속에서 시장 적합성 유지**: 이러한 전략적 접근은 고객 중심 사고, 지속적인 경쟁 분석, 그리고 데이터 기반 의사결정을 이끌며, 시장 변화를 기회로 전환하며 경쟁력을 강화한다.

· **제품 라인 확장을 통한 시장 확장**: 지속 가능한 성장을 담보한다. 새로운 고객 세그먼트 발굴과 제품 라인 확장을 통해 기업은 기존 시장의 경계를 넘어설 수 있다. 디지털 기술과 파트너십을 활용하면 시장 확장의 효과를 극대화할 수 있다.

성공적인 제품은 시장에 출시된 결과물이 아니라, 고객의 삶을 변화시키고 기업의 성장을 견인하는 주체이다. 고객과의 신뢰를 바탕으로 한 지속적인 노력은 새로운 기회와 성과를 열어줄 것이다. 이제, 더 나은 제품과 더 큰 시장을 향한 여정을 시작해 보자.

제4부 마무리

제품은 기업이 고객과 직접적으로 연결되는 가장 중요한 접점이며, 고객의 니즈를 이해하고 가치를 제공하는 핵심 도구다. 하지만 제품의 설계와 실행은 단발적인 이벤트가 아니라, 시장 적합성을 유지하고 지속 가능성을 확보하기 위한 끊임없는 과정이다.

- **제품 설계와 실행의 기본**: 제품 개발은 기업의 비전과 전략을 반영하는 과정이다. 초기 시장 신뢰를 구축하기 위해 품질 검증, 고객 피드백 수집, 신속한 문제 해결이 요구된다.
- **데이터와 기술 활용의 중요성**: 고객 데이터를 기반으로 한 통찰력 확보는 제품 개선과 개인화된 경험 제공의 핵심이다. AI, IoT와 같은 기술은 제품의 효율성과 차별화를 높이는 도구로 활용할 수 있다.
- **시장 적합성 유지와 확장**: 새로운 고객 세그먼트 발굴, 글로벌 시장 진출, 제품 라인 확장은 기업의 생존과 성장을 가속화한다. 시장 변화에 민첩하게 대응하며 지속적인 혁신을 추구해야 한다.
- **협업과 파트너십의 가치**: 혼자 모든 것을 이룰 수는 없다. 파트너십과 협업은 제품 개발과 시장 확장의 과정에서 시너지를 낼 수 있다.

제품이 고객과 기업을 연결하는 접점이라면, 성장은 그 접점을 통해 이루어지는 장기적인 여정이다. '제5부: 성장 — 성공의 길을 확장하다'에서는 지속 가능한 성장을 설계하고 실행하는 방법에 대해 다룬다. 스타트업이 조직적 효율성, 시장 경쟁력 그리고 기업 문화를 통해 더 큰 성공을 이루는 방안을 탐구한다. 성장이 고객, 조직, 시장 모두에서 긍정적인 변화를 일으키는 과정임을 확인해 보자.

제5부
성 장: 성공을 향한 다음 단계

이 책은 창업자의 여정을 함께하며, 아이템을 발굴하고 비즈니스 모델을 설계하며, 고객과 시장을 이해하고 설득하는 과정에 필요한 통찰과 전략을 담았다. 창업은 문제를 발견하고 해결하며, 새로운 가치를 창출하는 도전이다.

여기까지 오며, 창업에 중요한 문제 정의, 고객 니즈 파악, 시장에 맞는 제품 설계, 그리고 전략에 대해 논했다. 또한, 실패와 도전 속에서도 흔들리지 않고, 배움을 통해 성장하는 자세가 창업자에게 얼마나 중요한지를 강조했다.

좋은 아이디어와 실행력을 기반으로 한 지속 가능한 전략, 협상 기술, 파트너십, 그리고 글로벌 시장으로의 도전은 성장을 위한 다음 단계이다. 이 모두를 아우르는 리더십 역시 중요하다.

마지막 제5부는 창업 여정을 성공으로 이끌기 위한 다음의 주제를 다룬다.
- 스타트업 성장 단계: J-커브로 진단하는 현재 위치와 다음 단계
- 창업가 리더십과 기업가 정신: 혁신과 책임으로 조직에 긍정적 변화를 이끄는 힘
- 설득의 힘으로 바꾸는 세상: 창업자가 세상에 미치는 긍정적인 영향
- 협상 스킬: 협력과 신뢰를 구축하는 과정
- 파트너십 구축과 유지: 협력 관계를 통해 더 큰 가치를 창출하는 방법
- 해외 시장 도전: 글로벌 시장에서 성공하기 위한 현지화 전략과 접근법
- 지속 가능한 비즈니스: 단기적인 성과를 넘어 장기적인 성장을 위한 전략

지금, 당신은 더 큰 도전을 준비할 시점에 서 있다. 당신의 비즈니스가 더 많은 사람에게 가치를 전달하고, 더 큰 목표를 향해 갈 때 필요한 내용을 여기에 담았다. 세상에 긍정적인 변화를 일으키는 길로, 당신의 다음 단계를 설계할 시점이다.

01 스타트업 성장 단계

생존의 다리를 넘어선 순간, 당신은 더 높은 목표를 향한 초대장을 받은 셈이다. 많은 스타트업이 따르는 성장 곡선, 이른바 'J-커브'는 사업 시작에서 수익 창출에 이르는 단계를 보여준다. 스타트업이 겪는 도전과 기회를 담고 있다. J-커브의 주요 단계와 특징을 살펴보자.

[그림 5-1] 스타트업 성장 곡선 J-Curve

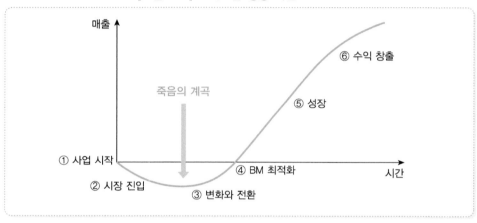

출처: The Start-Up J Curve(Love, 2016)

#1. Create(사업 시작)

아이디어를 발굴하고 사업화를 준비하는 시기다. 초기 팀을 구성하고 자금 조달을 위해 준비하는 단계다. 제품 컨셉을 개발하고, MVP를 제작하며, 시장 조사와 사업 계획 수립에 집중해야 한다.

#2. Release(시장 진입)

시장 진입 단계에서는 MVP를 출시하고 첫 고객을 확보한다. 고객 반응을 테스트하며 제품을 개선하고, 고객 피드백을 통해 시장 적합성을 확인해야 한다.

소규모 매출이 발생하기 시작하며, 시장에서의 초기 검증이 이루어진다.

#3. Morph(변화와 전환)

이 단계는 큰 도전에 직면하는 시기다. 비용은 지속적으로 발생하지만, 매출이 이를 따라가지 못하는 구간이다. 이 시기에는 초기 실패와 운영 문제를 해결하고 재도약을 준비해야 한다. 추가 자금 투입과 전략적 변화가 요구된다.

#4. Model(BM 최적화)

수익 모델을 검증하고 최적화하는 단계다. 고객 세그먼트를 심화 분석하여 비용 구조를 개선하고, 비즈니스 모델 안정성을 확보하는 데 집중해야 한다. 향후 확장을 위한 중요한 발판이다.

#5. Scale(성장)

시장 적합성이 확인된 이후, 스타트업은 본격적인 확장에 나선다. 마케팅, 세일즈, 운영 인프라를 강화하며 매출이 급격히 증가하는 시기다. 추가 투자를 통해 팀과 제품을 확장하고, 고객 기반과 브랜드 인지도를 강화해야 한다.

#6. Harvest(수익 창출)

마지막 단계에서는 안정적인 매출과 수익 구조를 확보하며, 주요 시장에서 확고한 입지를 다진다. 동시에 신사업이나 제품 다각화를 통해 추가 성장을 모색해야 한다. 주식 공개 발행인 IPO나 인수합병(M&A) 같은 출구 전략을 검토하며, 목표를 달성하게 된다.

특히, 1단계부터 4단계까지는 "죽음의 계곡"으로 불리며, 투입되는 자원에 비해 발생하는 수익이 현저히 적은 구간이다. 이 구간을 얼마나 효과적으로 극복하느냐가 스타트업 성공의 핵심 과제다. 투자 유치나 자금 확보를 통해 이 시기를 견뎌내는 동시에, 지속적인 전략 최적화를 통해 돌파구를 마련해야 한다.

지금 당신의 스타트업은 J-커브의 어느 단계에 있는가? 자신의 위치를 객관적으로 평가하고 인식한다면, 전략적 의사결정과 생존 가능성을 높일 수 있다. 위기를 기회로 바꾸며, 지속 가능하고 성공적인 스타트업을 만들 수 있다.

J-커브의 어느 지점에 있는지 정확히 파악하면 다음의 이점을 얻을 수 있다.

- **현실적인 목표 설정**: 현재 위치를 기준으로 단기·중기·장기 목표를 설정하여 불필요한 낙관이나 비관을 피할 수 있다.
- **자금 운용 최적화**: 침체기에는 무리한 확장보다 필수적인 비용을 유지하면서 생존 기간을 늘리는 전략이 필요하다. 반면, 상승 구간에서는 성장 가속화를 위해 마케팅, 인재 채용, 제품 개발 등에 공격적으로 투자를 추진할 수 있다.
- **의사결정 방향 정립**: 침체기라면 실험과 피드백을 반복하며 비즈니스 모델을 조정해야 하고, 상승기에 접어들었다면 확장을 위한 실행 전략이 필요하다. 현재 위치를 알지 못하면 방향성 없이 시행착오를 반복할 위험이 크다.
- **심리적 안정과 창업자의 지속성**: 많은 창업자가 성장 지연을 실패로 받아들이지만, J-커브에서 침체기는 자연스러운 과정이다. 자신의 위치를 이해하면, 막연한 불안감을 줄이고 전략적으로 대응할 수 있는 심리적 안정감을 얻을 수 있다.

02 창업가 리더십과 기업가정신

창업가 리더십 - 조직을 이끌고 세상을 변화시키다

『조선 왕, 그리고 리더십』에는 Leadership을 다음과 같이 설명하고 있다. Leadership은 Leader와 Ship의 합성어로 배를 이끌고 목적지에 도달하는 능력으로 구성원들의 판단과 행위를 리더가 원하는 방향으로 이끌어 가는 힘을 말한다. 창업자는 조직 중심에 서서 방향을 제시하고 팀을 이끌며, 더 나아가 세상을 변화시키는 리더다. 창업자 리더십은 목표 달성을 넘어, 조직 문화와 기업의 장기 비전을 형성하며, 위기 속에서도 팀원들에게 안정감과 동기를 부여하는 중요한 역할을 한다.

창업자 리더십은 비전 제시에서 시작된다. 비전(vision)은 조직이나 개인이 장기적으로 달성하고자 하는 궁극적인 목표와 미래 모습에 대한 명확한 그림이다. 조직이 나아갈 방향을 정하고, 팀원들에게 공감대를 형성하며, 그들이 스스로 역할을 자각하도록 돕는다. 리더는 비전 제시를 실현하기 위한 구체적인 전략과 실행도 제공해야 한다.

리더십은 신뢰를 기반으로 한다. 신뢰는 리더가 보여주는 진정성, 일관된 태도, 그리고 책임감에서 비롯된다. 팀원들은 리더가 자신들을 존중하고, 강점을 인정하며, 함께 성장하도록 돕는다고 느낄 때, 신뢰하고 따른다.

또한, 리더십은 지시와 통제가 아닌, 팀 잠재력을 발견하고 이를 극대화하는 능력이다. 창업자는 팀원 각자의 강점을 파악하고, 그들이 자신의 역량을 발휘할 수 있는 환경을 만들어야 한다. 이는 조직 성과와 팀원의 성장을 동시에 이루는 기반이다.

#1. 블랙과 머튼의 관리격자리더십 모형

블랙과 머튼(Blake & Mouton)은 리더십 행동을 과업(생산)에 대한 관심과 인간에 대한 관심의 두 차원으로 분석한 관리격자리더십(Grid Leadership) 모형을 제안했다. 과업(생산)에 대한 관심은 목표 달성과 업무 성과를, 인간에 대한 관심은 조직 구성원의 복지와 만족을 중시하는 경향을 말한다.

이 두 축을 기준으로 리더십 스타일을 9×9 그리드 형태로 나타내며, 아래 그림처럼 각기 다른 다섯 가지 주요 리더십 스타일을 제시했다.

[그림 5-2] 블랙과 머튼의 관리격자리더십 모형

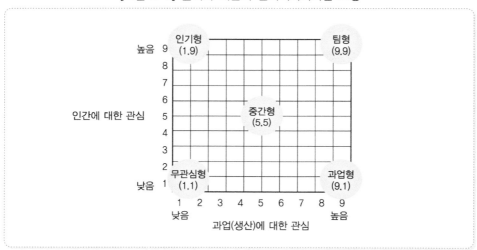

이 이론은 리더십의 유연성과 다차원적 접근의 중요성을 강조하며, 상황에 따라 리더가 다양한 스타일을 활용해야 함을 시사한다. 또, (9,9) 팀형 리더십은 이상적 리더십 모델로 팀워크와 성과를 모두 극대화한 것이다.

현재 당신의 리더십은 어떤 유형에 속하는가?

관리격자리더십 모형을 통해 다음을 배울 수 있다.

- **성과와 사람의 균형 유지**: 창업 초기에는 결과를 내야 하는 압박이 크지만, 팀원들의 동기와 만족도를 고려하는 것도 장기적 성공에 중요하다.
- **유연한 리더십 스타일 활용**: 상황에 따라 필요하다면 과업형(9,1형) 리더십으로 목표를 강하게 추진하거나, 인기형(1,9형)으로 팀원들의 사기를 북돋아야 한다.
- **팀형 리더십 지향**: 성과와 구성원 모두를 중시하는 (9,9)형 리더십 스타일을 목표로 삼아, 조직의 지속 가능성과 팀의 성장을 동시에 이루어야 한다.
- **조직 문화에 긍정적 영향**: 리더십 스타일은 조직 문화에 큰 영향을 미치므로, 초기 스타트업 문화에 적합한 리더십을 전략적으로 설계해야 한다.

리더십은 팀과 조직의 성공에 직접적인 영향을 미치므로, 관리격자모형을 통해 자신의 리더십 스타일을 점검하고 상황에 따라 유연한 대응력을 길러야 한다.

#2. 허시와 블랜차드의 상황적 리더십

허시와 블랜차드(Hersey & Blanchard)는 리더십은 고정된 스타일이 아닌, 구성원의 준비도(성숙도)와 상황에 따라 달라진다는 상황적 리더십 이론을 제안했다. 구성원의 능력과 의지(동기 수준)에 따라 리더가 리더십 스타일을 선택해야한다는 것이다.

상황적 리더십은 네 가지로 분류하고 있다. 지시형(S1-Telling)은 구성원의 능력과 의지가 낮은 경우, 명확한 지시와 구조를 제공하는 리더이다. 코치형(S2-Selling)은 능력이 낮으나 의지가 높은 경우로 동기 부여와 방향을 제시하는 리더다. 지원형(S3-Participating)은 능력은 높으나 의지가 낮은 경우에 의사결정과정에 참여를 유도할 수 있다. 마지막 위임형(S4-Delegating)은 능력과 의지가 모두 높은 경우로, 자율성을 부여하고 책임감을 주며 팀원을 이끌 수 있다.

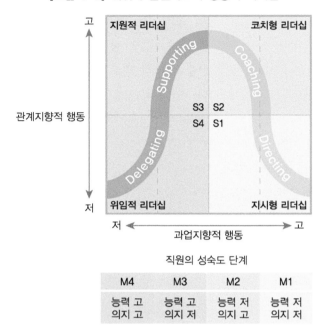

[그림 5-3] 허쉬와 블랜차드의 상황적 리더십

M4	M3	M2	M1
능력 고 의지 고	능력 고 의지 저	능력 저 의지 고	능력 저 의지 저

현재 당신의 조직에는 어떤 유형의 리더십이 필요한가?

이를 통해 다음의 시사점을 확인할 수 있다.

· **구성원 분석의 중요성**: 스타트업은 다양한 배경의 구성원으로 이루어져 있으므로, 각 구성원의 능력과 의지를 평가하고 이에 맞는 리더십 스타일을 적용해야 한다. 신입 구성원에게는 지시형 리더십(S1)이, 경험 많은 팀원에게는 위임형 리더십(S4)이 적합할 수 있다.

· **리더십 스타일의 유연성**: 스타트업은 빠르게 변화하는 환경에서 상황에 따라 지시, 코칭, 지원, 위임을 유연하게 조합할 수 있는 리더십이 필요하다.

· **구성원의 성숙도를 높이는 전략**: 지시와 코칭을 통해 초기에 능력과 의지를 끌어올리고, 점차적으로 자율성을 부여하며 성숙도를 높이는 전략이 효과적이다. 이는 장기적으로 리더의 부담을 줄이고, 조직의 자율적 운영을 가능하게 한다.

· **팀 성장과 조직 문화 구축**: 리더의 상황 적응력은 조직 내 신뢰와 협력 문화

를 형성하는 데 중요한 역할을 하며, 팀의 성장과 지속 가능성을 보장한다.

상황적 리더십 이론은 모든 사람을 똑같이 대할 게 아니라, 그 사람의 상황에 맞게 대해야 한다는 시사점을 제공한다. 이는 구성원의 성장을 도우면서도 조직 전체의 성공 가능성을 높일 수 있다.

#3. 현대적 리더십 유형

현대 사회의 복잡성과 급변하는 환경은 다층적인 리더십을 요구한다. 다음에 현대 리더십의 대표 유형인 변혁적 리더십, 카리스마 리더십, 적응적 리더십, 서번트 리더십, 거래적 리더십을 소개하겠다.

변혁적 리더십(Transformational Leadership)은 리더가 팀원들에게 비전을 제시하고, 그들이 더 높은 수준의 동기와 성과를 달성하도록 영감을 주는 스타일이다. 변화와 혁신이 필요한 상황에 효과적이다.

애플의 스티브 잡스(Steve Jobs)는 변혁적 리더십의 상징적 인물이다. 그는 제품 혁신을 통해 팀원들과 시장에 강렬한 비전을 전달하며, 애플을 세계적인 혁신 기업으로 성장시켰다. 또, 테슬라와 스페이스X의 일론 머스크(Elon Musk)는 미래 지향적인 비전과 열정으로 팀원들과 시장을 매료시키며, 혁신적인 프로젝트를 성공적으로 이끌었다. 지속 가능한 에너지로의 전환이라는 비전을 바탕으로 테슬라를 전 세계 전기차 산업의 선두주자로 성장시켰다. 초기에는 전기차의 실현 가능성에 대한 의구심이 컸지만, 머스크는 자신감과 열정으로 이를 극복하며 팀과 투자자들을 설득했다.

카리스마 리더십(Charismatic Leadership)은 리더의 비전, 열정, 자기 확신을 바탕으로 구성원들에게 강한 영향력을 미치고 영감을 주는 리더십 스타일이다. 구성원들의 신뢰와 존경을 얻어, 조직의 목표를 성취하기 위해 동기와 헌신을 유도한다. 비전을 제시하고, 위기 상황에서 구성원들을 결집시키며, 강력한 리더십으로 변화를 이끈다.

삼성그룹의 이건희 회장은 카리스마 리더십의 대표적인 사례로 꼽힌다. 삼성 신경영을 선포하며 대대적인 혁신을 주도했다. 이 회장은 삼성의 글로벌 기업

도약 과정에서 명확한 비전을 제시하고 구성원들에게 동기와 열정을 불어넣었다.

적응적 리더십(Adaptive Leadership)은 급변하는 환경에서 문제를 해결하고, 조직이 새로운 변화에 유연하게 적응하도록 이끄는 방식이다. 코로나19 팬데믹 동안 많은 기업들이 적응적 리더십을 채택했다.

넷플릭스의 리드 헤이스팅스(Reed Hastings)는 재택근무와 디지털 콘텐츠 생산을 빠르게 도입하며, 위기를 기회로 전환했다. 팬데믹 초기, 전 세계의 제작팀과 운영팀을 재택근무 체계로 전환했다. 이 과정에서 IT 인프라를 확장하고, 협업 도구를 제공하며 직원들이 원활히 일할 수 있는 환경을 마련했다. 이는 넷플릭스가 콘텐츠 제작과 스트리밍 운영을 이어가는 역할을 했다.

서번트 리더십(Servant Leadership)은 리더가 조직을 위해 봉사하며, 팀원들의 성장을 돕고 그들의 필요를 최우선으로 고려하는 리더십 스타일이다. 이는 직원의 심리적 안정과 높은 성과를 동시에 달성하는 데 유용하다.

허브 켈러허는 사우스웨스트 항공의 공동 창립자이자 CEO로, 서번트 리더십의 대표 사례로 꼽힌다. 그는 "행복한 직원이 행복한 고객을 만든다"는 철학을 바탕으로 직원 중심으로 조직 문화를 설계하여, 사우스웨스트를 저비용 항공사의 대명사로 성장시켰다.

거래적 리더십(Transactional Leadership)은 리더와 구성원 간의 명확한 목표와 보상 체계를 기반으로 한 스타일이다. 리더는 규칙, 보상, 처벌을 통해 조직의 효율성과 목표 달성을 관리한다. 성과 중심적이며, 명확한 업무 지시와 피드백 제공, 목표 달성을 위한 보상 체계를 제시한다.

제프리 이멜트는 GE의 CEO로 재직하며 효율적인 관리와 명확한 성과 중심 리더십으로 회사를 운영했다. 거래적 리더십을 통해 구성원들에게 명확한 역할을 부여하고 성과를 기반으로 한 보상 체계를 확립하며, 조직의 안정성을 유지하는 데 기여했다.

리더십 스타일은 유용한 지침이지만, 정답은 아니다. 중요한 건 자신의 강점과 조직 특성에 맞는 리더십 스타일을 찾아 발전시키는 것이다. 성공적인 경영자들은 특정 상황에 맞는 리더십 스타일을 선택하고, 이를 유연하게 조합해 조직을 성장시키고 문제를 해결한다.

마크 베니오프(Marc Benioff)는 변혁적 리더십과 서번트 리더십을 결합해 클라우드 CRM(Customer Relationship Management) 분야에서 세일즈포스를 선도 기업으로 성장시켰다. 초기 클라우드 기술이 주목받지 못하던 시기에, 베니오프는 클라우드 기반 CRM이 미래 비즈니스의 핵심이라는 비전을 제시했다. 이를 통해 고객, 시장, 내부 팀 모두에게 강한 동기와 영감을 제공하며 혁신을 이끌었다. 또한, 그는 기업의 성공이 직원 복지와 사회적 책임에 기반한다고 믿어, 직원 중심 경영과 환경 보호, 사회적 활동에 적극 참여했다.

스포티파이의 다니엘 에크(Daniel Ek)는 음악 스트리밍 시장에서 데이터 기반 리더십과 창의적인 조직 문화를 결합해 성공 사례를 만들었다. 에크는 사용자 데이터를 활용해 개인화된 추천 알고리즘을 개발하고, 시장 흐름을 분석해 새로운 아티스트와 콘텐츠를 발굴했다. 동시에, 조직에 자율성과 책임을 부여하며 창의적인 환경을 조성했다. 그는 다양한 배경의 인재를 채용하고 혁신을 촉진하는 조직 문화를 구축해 스포티파이를 글로벌 기업으로 성장시켰다.

리더십은 고정 틀이 아니라 조직의 필요와 환경에 따라 조율하는 것이다. 환경과 목표에 따른 리더십이 효과적이다. 예컨대, 서번트 리더십은 팀원의 성장을 지원하는 데 유리하지만, 빠른 의사결정이 필요한 위기 상황에서는 변혁적 리더십이 더 적합하다. 당신의 역할과 상황, 그리고 조직 문화에 맞는 리더십 스타일을 찾아가는 과정이 필요하다.

자신만의 리더십 스타일을 구축하는 방법은 아래를 참조하자.
- **자신의 강점과 약점 분석**: 어떤 상황에서 더 잘 대처하는지, 팀원들과의 소통, 문제 해결, 전략적 사고 중 자신의 강점과 약점을 파악하라.
- **조직의 특성과 목표 이해**: 조직이 중시하는 가치와 팀원들이 선호하는 리더십 방식을 분석하고, 이를 리더십 스타일에 반영하라.
- **피드백을 통해 개선하기**: 팀원들과 소통하며 리더십 스타일의 효과를 점검하

고, 피드백을 활용해 지속적으로 개선하라.

또한, 리더십의 궁극적인 목적은 조직의 성과를 높이는 것이다. 이를 위해 다음 원칙을 기반으로 리더십을 설계해야 한다.
· **명확한 목표 설정**: 팀원들이 공감할 수 있는 비전을 제시하라.
· **책임감과 자율성 부여**: 팀원들이 스스로 결정하고 성과를 창출할 수 있는 환경을 조성하라.
· **지속적인 학습과 개선**: 변화하는 환경에 맞춰 새로운 도구와 방법을 배우고 적용하라.

이를 위해 창업자가 실천해야 할 리더십 행동은 다음과 같다.
· **적극적인 경청**: 팀원들의 의견과 아이디어를 경청하며, 문제를 함께 해결하는 태도를 보여라.
· **명확한 피드백**: 강점은 강화하고, 약점은 개선할 수 있도록 구체적이고 긍정적인 피드백을 제공하라.
· **자율성 부여**: 팀원들이 스스로 결정하고 행동할 수 있는 자율성을 제공하며, 책임감을 격려하라.

이 글의 결론은, 당신만의 리더십을 찾으라는 것이다. 세상에 정해진 리더십 스타일은 없다. 당신만의 리더십을 찾아 조직의 성과와 성장에 실질적으로 기여할 수 있도록 발전시켜야 한다. 당신의 리더십은 팀을 이끄는 데 그치지 않고, 조직과 세상을 더 나은 방향으로 변화시키는 힘이 될 것이다.

기업가정신 – 변화 속에서 기회를 창출하다

기업가정신(Entrepreneurship)은 변화하는 환경 속에서 기회를 발견하고, 창의적인 아이디어와 혁신을 통해 새로운 가치를 창출하려는 태도와 능력을 의미한다. 이러한 기업가정신은 문제 해결 능력, 기회 포착, 위험 감수, 혁신, 지속 가능성의 요소로 대표할 수 있다.

- **문제 해결 능력**: 기존의 문제나 비효율성을 발견하고, 이를 해결하기 위한 독창적인 방법을 찾는 능력
- **기회 포착**: 환경 변화나 시장의 흐름에서 새로운 가능성을 발견하고 이를 실행에 옮기는 통찰력
- **위험 감수**: 불확실한 상황에서 결정을 내리고, 실패 가능성을 감수하면서도 도전하는 용기
- **혁신**: 새로운 기술, 제품, 서비스, 또는 비즈니스 모델을 통해 기존의 방식을 개선하거나 대체하는 창의적 사고
- **지속 가능성**: 단기적인 성과를 넘어 장기적으로 조직, 사회, 환경에 긍정적인 영향을 미치려는 의지

좀 더 간단히 말해 기업가정신은 '문제를 기회로 바꾸는 능력'이라 할 수 있다. 문제를 발견했을 때 이를 넘기는 게 아니라, 해결책을 통해 시장에서 새로운 가치를 만들어내는 것이다. 카카오톡은 기존 SMS의 비효율성을 해결하며 무료 메시징이라는 가치를 제공했다. 이런 아이디어와 실행이 기업가정신의 본질을 보여준다. 창의적 사고와 끊임없는 도전을 바탕으로 변화하는 환경 속에서 이를 실행으로 옮기는 과정에서 발휘된다.

기업가정신은 현대 사회에서 창업자뿐만 아니라 모든 조직 구성원이 갖춰야 할 중요 덕목이다. 이는 지속 가능한 성장을 이루고, 사회와 시장에 긍정적인 영향을 미친다. 기업가정신의 본질과 응용 가능성을 이해하기 위해 여러 이론적 관점을 살펴보자.

먼저, 조셉 슘페터(Joseph Schumpeter)의 혁신 이론을 알아보자. 슘페터는 기업가를 창조적 파괴(Creative Destruction)의 주체로 정의했다. 그는 기업가가 새로운 기술, 제품, 서비스 또는 비즈니스 모델을 통해 기존 시장 구조를 혁신적으로 대체한다고 보았다. 이는 경제 변화를 불러오며, 궁극적으로 사회의 성장 동력이라는 것이다. 스타트업 창업가는 기존 질서를 넘어 새로운 시장을 만들어내는 혁신적인 사고와 실행력을 갖추어야 한다.

이건희 회장의 신경영 선언은 슘페터의 이론을 잘 보여준다. 그는 기존의 비

효율적이고 품질 관리가 부족한 시스템을 완전히 파괴하고, 새로운 경영 철학과 품질 중심의 사업 전략으로 삼성의 글로벌 시장 점유율을 크게 확장했다. 신경영 선언 이후 삼성은 1993년부터 2008년까지 20배 이상 성장하였고, 반도체 시장 점유율 1위를 달성했다. 이 회장은 삼성의 운영 방식을 전면적으로 혁신하고, 글로벌 시장에서 한국 기업의 가능성을 입증함으로써 혁신적인 기업가정신을 보여주었다. 이러한 경영 혁신은 삼성전자를 연매출 200조 원 이상의 글로벌 기업으로 성장시키는 원동력이 되었다.

프랑크 나이트(Frank Knight)는 기업가를 불확실성(Uncertainty)을 감수하는 존재로 보았다. 그는 위험과 불확실성을 구분하며, 기업가는 불확실한 상황에서 결정을 내리고 이를 통해 새로운 성과를 창출한다고 주장했다. 특히 스타트업은 본질적으로 불확실성이 큰 존재다. 스타트업이 지향하는 시장과 기술은 종종 명확히 정의되지 않은 상태에서 시작되며, 창업자는 이러한 불확실성을 감내하며 새로운 기회를 만들어내야 한다.

김우중 회장은 1970~80년대 세계 경제와 무역 구조가 빠르게 변화하는 시기에 대우그룹을 이끌며 수많은 불확실성에 도전했다. 특히, 개발도상국 시장 진출 전략은 당시 한국 대기업에서는 보기 드문 접근법이었다. 베트남, 아프리카, 동유럽 등 경쟁자가 없는 새로운 시장에서 사업을 개척하며 현지 법적·문화적 제약을 극복하기 위해 맞춤형 현지화 전략을 도입했다. 또한, 김 회장은 대우의 주요 수출품목을 의류, 가전제품 등 다양한 산업으로 확대하며, 변화하는 글로벌 수요에 유연하게 대응했다. 이러한 도전 정신은 불확실성 속에서도 기회를 발굴하고, 리스크를 감내하는 기업가의 모습을 보여준다.

이스라엘 커즈너(Israel Kirzner)는 기업가를 기회의 탐지자로 정의하며, 시장의 비효율성을 발견하고 이를 활용해 새로운 가치를 창출한다고 보았다. 스타트업 창업가는 고객의 숨겨진 니즈를 발견하고 이를 혁신적인 솔루션으로 해결할 수 있어야 한다.

현대그룹의 정주영 회장은 한국전쟁 이후 열악한 경제 환경 속에서 기회를 발견하고 이를 실행으로 옮긴 기업가다. 당시 조선업은 한국에서 전혀 개척되지 않은 산업이었으며, 자금과 기술 부족, 글로벌 경쟁 등 수많은 장애물이 있었다. 그러나 세계 시장의 변화와 한국의 지리적 장점을 간파하여 조선업이 한국 경제의 새로운 성장 동력이 될 수 있음을 예견했다. 정 회장은 해외 기술 도입과 자금 조달을 통해 울산에 조선소를 설립했고, 이후 현대중공업은 세계 최대의 조선소로 자리 잡았다. 정 회장의 도전과 성취는 기업가가 어떻게 시장의 틈새를 발견하고, 경제적, 사회적 가치를 동시에 창출하는지 보여주는 사례다.

데이비드 맥클리랜드(David McClelland)의 성취 동기 이론은 기업가정신이 높은 성취 동기(Need for Achievement)에서 비롯된다고 보았다. 기업가들이 목표를 설정하고 이를 달성하려는 내적 동기를 가진다고 주장했다. 스타트업 창업가는 도전적인 목표를 설정하고 이를 달성하기 위한 강한 내적 동기 유지도 필수다.

박정부 회장은 유통 시장에서 '합리적인 가격과 품질'이라는 목표를 설정하고, 이를 위해 국내외 공급망을 구축하며 다이소를 전국적으로 확장했다. 다이소는 1997년 창업 당시 200여 개의 제품을 취급했으나, 현재 약 7만여 개의 다양한 품목을 제공하며 소비자 선택의 폭을 넓혔다. 그는 일본의 유통 네트워크를 적극 활용하며 안정적인 물류 체계를 구축했고, 전국에 약 1,300개의 매장을 설립했다. 이를 통해 연 매출 약 4조 원을 넘기며 합리적 소비 문화를 선도했다. 박 회장의 전략은 고객의 다양한 니즈를 충족시키면서도 저비용 고효율의 비즈니스 모델을 실현한 사례다.

리처드 캔티론(Richard Cantillon)의 경제적 역할 이론은 기업가를 위험 부담자로 정의하며, 생산 자원을 조정하고 시장의 불확실성을 관리하는 역할에 중점을 두었다. 스타트업 창업가는 제한된 자원을 효율적으로 활용하며, 리스크를 체계적으로 관리하는 능력을 길러야 한다.

구자경 LG그룹 명예회장은 화학과 전자 산업이 초기 단계였던 1960~70년대 한국에서, 산업화의 불확실성을 감내하며 과감히 해당 분야에 투자했다. 특히 LG화학은 1970년 국내 최초로 PVC(폴리염화비닐) 상업 생산을 시작하며 플라스틱 원료 시장의 기반을 마련했다. 또한, LG전자는 1982년 미국 앨라배마주에 TV 생산 공장을 설립하며 글로벌 시장 개척에 나섰다. 구회장은 위험을 감수하며 새로운 기술 개발과 글로벌 시장 확장을 통해 한국 제조업의 세계화에 기여했다.

스티븐 스미스(Stevenson)의 기업가적 행동 이론은 기업가정신을 행동적 측면에서 바라보며, 자원의 통제보다는 기회를 추구하는 행동에 초점을 맞췄다. 스타트업 창업가는 부족한 자원 속에서도 창의적인 접근으로 기회를 실현하는 데 집중해야 한다. 이는 제한된 자원 속에서도 창의적인 방법으로 기회를 포착하고 이를 실행하는 데 집중해야 함을 강조한다.

이병철 회장은 삼성그룹의 초기 설립 과정에서 한국이 자원이 부족하고 경제 기반이 약한 상태임에도 불구하고, 유통, 설탕, 전자 등 새로운 산업에 도전하며 기회를 추구했다. 특히 1969년 설립한 삼성전자는 국내 전자산업이 태동하던 시기에 자원의 부족을 극복하고 글로벌 기술력을 갖추는 데 집중했다.

사회적 기업가정신 이론은 경제적 성과뿐만 아니라 사회적 문제 해결에도 초점을 맞추고 있다. 사회적 기업가정신은 경제적 가치와 함께 사회적 가치를 창출하는 데 중점을 둔다.

셀트리온 서정진 회장은 바이오시밀러(바이오 의약품 복제약) 개발을 통해 고가의 바이오 의약품 접근성을 높이고, 환자들의 의료비 부담을 경감하는 데 기여했다. 이는 경제적 이익을 넘어서, 의료 접근성 향상이라는 사회적 가치를 실현하였다. 또한, 그는 지속적으로 연구개발에 투자하며, 글로벌 제약 시장에서 한국 바이오 산업의 입지를 강화했다. 이러한 노력은 경제적 성공과 사회적 문제 해결을 동시에 추구하고 있다. 현대 기업가들에게 경제적 가치와 사회적 가치를 통합적으로 고려하는 방향성을 제시하며, 사회적 기업가정신의 중요성을 일깨운다.

이론	설명	사례	스타트업 창업가 시사점
혁신이론 (조셉 슘페터)	기업가는 창조적 파괴를 통해 기존 시장 구조를 혁신적으로 대체한다.	이건희(삼성전자): 신경영 선언으로 기술 및 품질 혁신을 통해 삼성전자를 글로벌 선두로 성장시킴.	혁신적인 비즈니스 모델과 기술로 시장에서 차별화된 가치를 창출하라. 기존 질서를 뛰어넘는 창의적인 사고와 실행이 필요하다.
불확실성 이론 (프랭크 나이트)	기업가는 불확실한 상황에서 결정을 내리고, 이를 통해 새로운 성과를 창출한다.	김우중(대우그룹): 개발도상국 시장에 진출하며 법적·문화적 제약을 극복하고 글로벌 사업 네트워크를 구축.	불확실한 시장 환경에서 리스크를 관리하고, 결정을 내리는 결단력을 길러라. 실패를 두려워하지 말고, 불확실성을 기회로 활용하라.
기회인식 이론 (이스라엘 커즈너)	기업가는 시장의 비효율성을 발견하고 이를 활용하여 새로운 가치를 창출한다.	정주영(현대그룹): 조선업, 건설업, 자동차 산업 등에서 새로운 기회를 포착하고, 글로벌 시장 주도.	고객의 숨겨진 니즈와 시장의 비효율성을 발견해 차별화된 해결책을 제공하라. 데이터와 직관을 활용해 새로운 기회를 탐지하라.
성취동기 이론 (데이비드 맥클리랜드)	기업가는 높은 성취동기를 가지고 목표를 설정하고 이를 달성하려는 내적 동기를 가진다.	박정부(아성다이소): 소매 유통 시장에서 합리적인 가격과 품질을 제공하며 전국적으로 매장을 확대. 고객 중심의 전략을 통해 성공적인 비즈니스 모델을 구축.	도전적인 목표를 설정하고 이를 달성하기 위한 강한 동기를 유지하라. 어려운 상황에서도 성취 욕구를 기반으로 끊임없이 노력하라.
경제적 역할 이론 (리처드 캔터론)	기업가는 위험을 감수하며 생산 자원을 조정하고 시장의 불확실성을 관리한다.	구자경(LG그룹): PVC 생산 및 글로벌 전자산업 진출로 시장의 위험을 관리하고 기회를 창출.	자원을 효율적으로 활용하고, 시장에서 발생하는 리스크를 체계적으로 분석해 관리하라.
기업가적 행동 이론 (스티븐 스미스)	자원의 통제보다는 기회를 추구하며 제한된 자원 속에서 창의적인 방법으로 기회를 포착하고 실행한다.	이병철(삼성그룹): 전자, 유통, 설탕 산업 등에서 자원의 부족을 극복하며 기회를 창출.	자원이 부족하더라도 창의성과 실행력을 바탕으로 시장의 기회를 실현하라. 유연성과 민첩성을 갖추어 실행에 집중하라.
사회적 기업가정신 이론	경제적 가치와 함께 사회적 문제를 해결하며 지속 가능한 가치를 창출한다.	서정진(셀트리온): 바이오 의약품 개발을 통해 고비용 치료제의 대안을 제시하며 의료 접근성을 확대. 글로벌 시장에서 바이오시밀러 제품으로 혁신을 이룸.	사회적 가치를 창출하는 비즈니스 모델을 구상하라. 경제적 이익뿐만 아니라 지속 가능성과 사회적 임팩트를 고려하라.

이처럼 다양한 이론들은 기업가정신의 여러 측면을 조명하며, 창업자가 변화하는 시장에서 기회를 포착하고 성공적인 비즈니스를 운영하는 데 중요한 통찰을 제공한다. 기업가정신은 끊임없이 변화하는 환경 속에서 새로운 기회를 찾고, 혁신을 실행하는 태도다. 이는 기존 틀에 얽매이지 않고 창의적으로 사고하며, 문제 해결을 통해 가치를 창출하는 능력에 기초한다.

기업가정신을 실천하기 위해 창업자는 다음과 같은 태도를 가져야 한다.

- **실패를 두려워하지 않기**: 실패는 창업 과정에서 피할 수 없는 현실이다. 배우고 개선하며, 새로운 통찰을 얻는 것이 중요하다. 실패를 분석하고 배우는 과정을 통해 더 나은 전략을 설계하라.
- **기회를 발굴하고 실행하기**: 변화하는 시장 환경과 고객의 니즈를 세심하게 관찰하며, 그 안에서 새로운 가능성을 찾아내야 한다. 고객의 목소리를 듣고, 발견한 기회를 빠르게 실행하며 시장에서 검증하고 개선하는 민첩성이 필요하다.
- **지속적인 학습**: 최신 기술과 시장 동향을 끊임없이 배우고 이를 비즈니스 모델에 통합하라. 변화하는 환경 속에서 학습은 선택이 아닌 필수다.

리더십과 기업가정신이 결합될 때, 창업자는 조직 내부와 외부에서 긍정적인 변화를 이끌 수 있다. 내부적으로 팀을 결속시키고, 팀원들이 각자의 역량을 최대한 발휘하도록 돕는다. 외부적으로는 시장에 새로운 가치를 제공하고, 고객 삶을 개선하는 혁신적인 솔루션을 창출한다. 또한, 사회적으로도 의미 있는 변화를 만들어 기업의 영향력을 확대할 수 있다.

03 설득의 힘으로 바꾸는 세상

창업은 설득의 연속

창업은 설득의 연속이다. 창업자는 처음 비전을 세우는 단계부터 끊임없이 설득 과정을 거치게 된다. 창업 초기 함께 일할 동료나 직원을 설득하며, 자신의 비전과 목표가 현실성이 있으며, 함께 도전할 가치가 있음을 전달해야 한다.

이후에는 첫 고객을 설득해야 한다. 초기 고객 확보는 제품과 서비스 판매를 넘어, 시장 신뢰를 얻는 과정이다. 고객을 설득하기 위해 창업자는 자신의 제품이 고객 문제를 해결하는 최적의 솔루션임을 효과적으로 전해야 한다. 고객 피드백은 제품 개선과 시장 적응에 중요한 역할을 하며, 이는 창업자의 지속적인 설득 노력으로 연결된다.

초기 성장을 넘어서면 투자자를 설득하는 과정이 시작된다. 투자자를 설득하려면 비즈니스 모델의 수익성과 지속 가능성을 명확히 제시해야 한다. 또한, 창업자의 열정과 비전, 그리고 팀 역량에 대한 신뢰를 심어주어야 한다. 설득은 말솜씨가 아니라, 데이터와 근거, 그리고 진정성을 기반으로 상대의 마음을 움직이고 행동을 유도하는 과정이다.

창업자는 함께할 동료를 설득하고, 초기 고객에게 제품이나 서비스를 구매하도록 설득하며, 이후에는 투자자를 설득해 자금을 확보한다. 설득은 비전과 가치를 효과적으로 전달하고, 고객, 팀원, 투자자, 파트너를 비롯한 다양한 이해관계자의 신뢰와 동의를 얻는 역할을 한다. 비즈니스를 성공으로 이끄는 핵심 역량이자, 세상을 더 나은 방향으로 변화시키는 중요한 역할을 한다.

설득은 개인 이익을 위한 기술이 아니라, 더 큰 비전을 실현하고 세상을 변화시키는 데 활용되어야 한다. 실제로, 세계적인 창업자와 리더들은 설득의 힘을 통해 자신의 비전과 가치를 전달하며, 글로벌한 변화를 만들어냈다.

테슬라와 스페이스X를 설립한 일론 머스크는 설득의 대가로 꼽힌다. 전기차를 통해 자동차 산업을 재편하고, 우주 탐사를 통해 인류의 미래를 바꾸겠다는 그의 비전은 처음에는 비현실적이라는 평가를 받았다. 하지만 그는 강력한 설득력으로 투자자와 대중의 신뢰를 얻었다. 테슬라는 전기차를 자동차 산업의 중심에 올려놓았고, 스페이스X는 재사용 가능한 로켓으로 우주 산업의 판도를 바꾸고 있다. 머스크의 설득은 투자 유치와 기술 개발에 그치지 않고, 지속 가능한 에너지와 우주 탐사의 필요성을 전 세계에 알리며 인류의 미래를 재구성하는 데 기여했다.

제프 베조스는 아마존 창업 초기인 1990년대 말, 투자자들에게 인터넷이 무엇인지와 인터넷의 가능성을 설명하며 설득력을 발휘했다. 그는 "인터넷은 미래의 핵심 인프라가 될 것"이라는 비전을 제시하며, 전자상거래가 전통적인 소매업의 한계를 뛰어넘을 수 있음을 설득했다. 그의 확신과 설득력은 초기 투자 유치에 성공하며 아마존이 세계 최대의 전자상거래 기업으로 성장하는 기반을 마련했다.

김범수 카카오 창업자는 설득력을 기반으로 국내 IT 산업의 패러다임을 바꾸었다. 초기 카카오톡을 개발할 때, 메신저 앱 이상의 가치를 설득력 있게 전했다. 당시 무료로 사용할 수 있는 서비스와 사용자 친화적인 인터페이스를 통해 사람들에게 카카오톡의 가치를 설득했다.

그의 설득력은 투자 유치와 인재 영입에서도 빛을 발했다. 김범수 의장은 카카오 초기 개발팀과 투자자들에게 비전을 제시하며, '모바일 시대의 커뮤니케이션 중심 플랫폼'이라는 꿈을 공유했다. 이를 통해 카카오는 폭발적인 성장을 이루며, 국내 IT 시장의 혁신을 주도하게 되었다.

네이버의 창업자 이해진 의장은 글로벌 기업들이 지배하던 검색엔진 시장에서 국내 검색 시장의 독보적인 플레이어로 자리 잡기까지 설득의 힘을 발휘했다. 그는 초기 네이버의 검색 기술력과 사용자 중심의 설계를 강조하며, 광고주와 사용자 모두에게 네이버의 가치를 설득했다.

또한, 이해진 의장은 네이버의 글로벌 확장을 추진하며 일본과 동남아시아 등 해외 시장에서도 성공적으로 파트너십을 구축했다. 특히, 일본의 라인 메신저는 네이버의 글로벌 성공 사례로 꼽히며, 일본 내 주요 IT 플랫폼으로 자리 잡았다. 그의 설득력은 데이터 기반의 근거와 팀을 신뢰하는 리더십에서 비롯되었다.

반면, 설득에 실패한 리더의 사례도 목격할 수 있다.

스티브 잡스는 애플의 창립자로서 혁신적인 비전을 제시하며 회사를 성공 궤도에 올려놓았다. 그러나 1985년 그는 애플 내부 갈등과 이사회 설득 실패로 인해 자신이 창업한 회사에서 해고당하는 아픔을 겪었다. 당시 잡스는 강한 리더십 스타일과 독단적인 결정으로 팀과 이사회의 공감을 얻는 데 어려움을 겪었으며, 이는 조직 내 신뢰와 설득의 중요성을 상기시켜준다. 이후 그는 설득과 팀워크의 중요성을 알았고, 복귀 후 애플을 다시금 세계적인 기업으로 성장시켰다.

2002년 당시 HP의 CEO였던 칼리 피오리나(Carly Fiorina)는 컴팩(Compaq)과의 대규모 합병을 추진하며 많은 반대에 직면했다. 그녀는 이사회를 설득하여 합병을 성사시켰지만, 직원들과 주주들의 지지를 충분히 얻지 못한 결과로 회사 내부 갈등이 심화되었다. 이로 인해 그녀는 2005년 CEO 자리에서 물러나야 했다. 이 사례는 설득이 단순히 이사회의 승인을 얻는 것뿐 아니라, 조직 전반의 공감과 신뢰를 확보하는 데까지 이어져야 함을 보여준다.

이들의 사례는 설득이 개인 성공을 위한 기술이 아니라, 기업의 변화를 이끌고 사회를 더 나은 방향으로 바꾸는 도구임을 보여준다. 창업자는 설득의 힘을 통해 비즈니스의 성공뿐 아니라, 더 큰 사회적 가치를 창출할 수 있음을 기억해야 한다.

설득으로 만드는 변화

설득은 상대방의 마음을 움직일 뿐 아니라, 구체적인 행동을 유도하고 신뢰를 구축한다. 상대방의 관점을 이해하고, 데이터와 시각적 자료로 신뢰를 쌓으며,

구체적인 행동을 이끌어내는 전략으로 설득의 힘을 발휘해야 한다.

[설득의 중요 요소]
- 대상 분석: 설득 대상이 누구인지 명확히 정의하고, 그들의 니즈와 우선순위를 이해해야 한다. 상대방의 관심사와 해결하고자 하는 문제를 파악하면, 그에 맞춘 메시지를 전달할 수 있다. 예를 들어, 투자자를 설득하려면 수익성과 성장 가능성에 초점을 맞추고, 고객을 설득하려면 제품이 제공하는 실질적인 이점을 강조해야 한다.
- 데이터 활용: 설득력을 높이기 위해 객관적이고 신뢰할 수 있는 데이터를 활용하라. 숫자와 통계는 설득 기반을 강화하며, 신뢰감을 준다. 시장 점유율 분석, 소비자 만족도 조사 결과, 또는 제품 성공 사례 데이터를 제공하면 설득 효과를 높일 수 있다.
- 비주얼 커뮤니케이션: 메시지를 효과적으로 전달하기 위해 시각적 도구를 활용하라. 표, 이미지, 인포그래픽, 동영상과 같은 시각적 자료는 복잡한 정보를 단순하고 직관적으로 전달하여, 이해도를 높이고 설득을 강화한다. 특히, 시각 자료는 청중의 주의를 끌고 기억에 오래 남는 효과가 있다.
- 행동 요청: 설득은 정보 전달을 넘어, 구체적인 행동을 유도하는 것을 목표로 해야 한다. 설득 마지막 단계에는 상대방이 즉시 실행할 수 있는 구체적인 요청을 포함하라. 예를 들어, "지금 계약서에 서명하세요", "이 제품을 구매해 보세요", "투자 여부를 결정해 주세요"와 같은 명확한 행동 요청은 설득의 성공 가능성을 높인다.

설득력을 높이기 위해서는 화려한 말솜씨보다는 전략적이고 심리적인 접근이 필요하다. 이를 실현하기 위해 창업자가 고려해야 할 핵심 요소는 다음과 같다.

[설득의 접근 방법]
- 명확한 메시지: 설득의 시작은 전달하고자 하는 가치를 명확히 정의하는 데 있다. 메시지는 간결하고, 쉽게 이해할 수 있으며, 구체적인 목표를 포함해야 한다. 상대방이 당신이 무엇을 말하는지 명확히 이해하지 못하면 설득은 실패로 끝날 가능성이 크다. 대상에 적합한 설득 방법과 혜택을 중심으로

메시지를 구성해야 한다.

- **공감 능력**: 효과적인 설득은 상대의 관점을 이해하고 그들의 니즈를 반영하는 것이다. 무엇을 필요로 하고, 어떤 문제를 해결하려 하는지 깊이 공감해야 한다. 공감을 기반으로 한 설득은 상대방에게 진정성을 느끼게 하고 신뢰를 구축한다.

- **신뢰 구축**: 설득의 핵심은 신뢰다. 신뢰를 얻으려면 진정성, 일관성, 그리고 책임감 있는 행동이 수반되어야 한다. 자신의 메시지와 행동이 일치하고, 약속을 지켜야 한다. 신뢰는 설득의 기반을 다지고, 장기적인 관계 형성에 기여한다.

- **스토리텔링**: 논리와 감정을 결합한 스토리텔링은 설득력을 극대화한다. 데이터와 통계만으로는 상대방의 감정을 자극하기 어렵지만, 적절한 사례나 이야기를 통해 메시지를 전달하면 공감을 얻을 가능성이 높다. 창업자가 자신의 도전과 성공 사례를 이야기하면, 투자자나 고객은 더 깊이 공감할 수 있다.

- **행동 촉진**: 설득은 구체적인 행동으로 이어지는 것을 목표로 한다. 설득 과정이 끝날 때, 상대방이 무엇을 해야 할지 명확히 알도록 행동 요청을 포함해야 한다. 구체적인 요청은 상대방의 행동을 이끄는 데 효과적이다.

이와 같은 요소는 설득 성공 가능성을 높인다. 설득을 통해 기업은 고객과 깊은 신뢰 관계를 형성하고, 팀원들에게 동기를 부여한다.

설득력은 목표 달성에 그치지 않는다. 그것은 비즈니스를 성장시키고, 사람들과 연결되며, 세상을 더 나은 방향으로 변화시키는 힘이다. 이제 당신의 설득력을 활용해 비전을 실현하고, 변화 여정을 만들어보라. 당신의 설득력은 비즈니스를 넘어 세상을 바꾸는 도구가 될 것이니.

04 성공을 이끄는 협상의 기술

성공적인 거래를 이끄는 방법

한국 비즈니스 문화에서 협상은 상대적으로 낯선 개념이다. 협상 스킬은 전통적으로 학교 교육 과정에 포함되지 않았고, 업무 환경에서도 체계적으로 다뤄지지 않는 경우가 많다. "좋은 게 좋은 것이다"라는 태도로 타협이 협상의 대안으로 활용되는 경우도 흔하다. 그러나 현대 비즈니스 환경에서 협상은 신뢰를 구축하고 장기적인 성공으로 잇는 수단이다.

효과적인 협상은 이해관계자 간의 의견을 조율하며, 상호 이익을 창출하고 지속 가능한 관계를 구축한다. 비즈니스 거래를 성사시키는 기술에서 나아가, 복잡한 환경 속에서 협력과 성공을 이끌어내는 전략적 역량으로 인식되고 있다.

고객사에 제품을 최대한 비싸게 판매하는 것이 가격 협상의 성공이라고 생각할 수 있다. 그러나 이는 단기적인 관점에서 비롯된 착오이다. 고객사가 비싼 부품을 구매하면서 완제품의 가격 경쟁력이 떨어지고, 결과적으로 시장에서 성공하지 못하는 상황이 온다.

협상은 단순히 한쪽의 이익을 극대화하는 과정이 아니다. 양측이 서로의 필요를 충족시키며 장기적인 관계를 구축할 수 있는 win-win 지점을 찾는 것이다. 성공적인 협상은 단기적인 이익에 집착하기보다는, 거래 파트너 간의 신뢰와 상호 이익을 극대화하는 데 초점을 맞추어야 한다.

협상에 참여하는 양측은 서로의 부족한 점을 보완하고 필요한 것을 얻기 위해 협상 테이블에 앉는다. 때로는 부족한 점을 명확히 드러내고, 때로는 이를 전략적으로 숨기기도 한다. 하지만 궁극적으로 비즈니스 협상의 목표는 상대방과의 협력을 통해 상호 이익을 극대화하는 것이다.

한국 문화에서 협상은 충돌이나 갈등으로 여겨지기도 한다. 그러나 글로벌 비즈니스 환경에서 협상은 필수이며, 이를 적극적으로 활용해야 한다. 협상은 갈등을 해결하고 관계를 강화하는 스킬로 이해해야 한다. 상대방의 니즈와 제약을 고려하며, 합리적이고 공정한 조건을 제시하면, 양측은 장기적인 협력을 위한 신뢰를 쌓을 수 있다.

협상 성공은 철저한 준비에서 시작된다. 상대의 필요와 우선순위, 제약 조건을 분석해 협상 전략을 구체화하고, 협상이 결렬될 경우를 대비한 최상의 대안 (BATNA)을 설정해야 한다. BATNA(Best Alternative to a Negotiated Agreement)는 협상이 실패했을 때 선택할 수 있는 최상의 대안을 의미한다. 예를 들어, 협상이 결렬될 경우 후순위 공급업체와 계약을 체결하거나 자체적인 해결책을 마련하는 것이다.

또, 명확한 목표 정의가 필요하다. 협상에서 반드시 달성해야 할 결과를 정리하고, 양보 가능한 항목과 절대적으로 지켜야 할 조건을 구분해 협상의 방향성을 유지해야 한다.

협상 과정에서는 적극적인 경청이 필수다. 상대방의 요구와 우려를 주의 깊게 듣고 이를 공감하며, 신뢰를 구축해야 한다. 대화에서 비언어적 신호를 활용하거나 상대방의 말을 요약하며 진정성을 전달하는 태도는 협상을 더욱 긍정적으로 이끈다.

협상의 본질은 상호 이익을 극대화하는 데 있다. 단기적인 이익에 초점을 맞추기보다는 양측 모두 가치를 창출할 수 있는 해결책을 찾아야 한다. 거래의 주요 요소를 분리해 각자의 목표를 충족시키는 창의적 방안을 설계하면, 협상은 단발적인 거래를 넘어 장기적인 협력 관계로 발전할 수 있다.

협상 과정에서 감정 관리 또한 매우 중요하다. 갈등이나 긴장 상황이 발생하더라도 침착함을 유지하며 상대방의 감정을 존중하는 태도가 필요하다. 상대방의 불만을 공감적으로 처리하는 것은 신뢰를 잃지 않고 협상을 성공적으로 이끄는 데 중요한 역할을 한다.

또한, 데이터를 기반으로 한 논리적인 설득은 협상의 신뢰도를 높인다. 시장정보, 과거 기록, 경쟁사 데이터 등을 활용해 객관적인 근거를 제시하면, 감정적 대립을 방지하고 상대방을 설득하는 데 효과적이다.

마지막으로, 유연성과 창의성은 협상 과정에서 예기치 못한 상황에 대처하는 데 필수적인 역량이다. 상대방의 새로운 요구나 교착 상태에서도 유연한 태도를 유지하며 창의적인 해결책을 제시하면 협상을 원활히 진행할 수 있다.

협상은 신뢰와 상호 이익을 창출하는 전략적 도구다. 스타트업 창업가는 철저한 준비, 경청, 창의적 문제 해결을 결합해 협상을 비즈니스 성장을 위한 기회로 전환해야 한다.

협상의 함정과 성공 전략

협상 과정에서 발생하는 흔한 실수는 협상 결과에 직접적인 영향을 미칠 수 있다. 스타트업 창업가는 이러한 실수를 사전에 인식하고, 철저한 준비와 전략적 접근을 통해 문제를 예방해야 한다. 아래는 협상에서 자주 발생하는 세 가지 주요 오류와 이를 극복하기 위한 구체적인 방안이다.

첫째, 준비 부족에서 오는 정보의 비대칭성 위험이다. 협상 테이블에 필요한 정보를 충분히 준비하지 않은 상태로 앉는 것은 큰 실수다. 정보 부족은 상대방의 요구와 조건을 제대로 이해하지 못하게 하고, 협상의 주도권을 상대방에게 넘겨줄 수 있다. 이는 불리한 조건을 수용하거나 협상 결렬로 이어질 가능성을 높인다.

이를 극복하기 위해 시장 동향, 경쟁사 조건, 과거 거래 기록 등 데이터를 활용해 협상 근거를 마련해야 한다. 상대방의 비즈니스 목표와 니즈를 조사하여 협상 전략을 구체화하는 것도 좋은 방안이다. 혹은 법률 전문가, 컨설턴트 등 전문가와 협업해 정보의 정확성과 완전성을 보완할 수도 있다.

둘째, 단기적 관점에 집중해 장기적 신뢰를 저해하는 실수이다. 협상에서 단기적인 이익에만 집중하면 장기적인 신뢰와 관계를 손상시킬 수 있다. 이는 특히 스타트업에게 치명적일 수 있다. 과도한 요구나 상대방의 이익을 간과하면 재계약 가능성이 낮아지고, 시장 평판에도 부정적인 영향을 미친다. 장기적인 비즈니스 관계와 신뢰 구축을 목표로 해야 한다. 또, 협상 결과가 양측 모두에게 이익이 되도록 상호 이익을 강조하는 해결책을 설계하는 거다. 정기적으로 협상 조건을 검토하고 양측 이익을 조정해 신뢰를 유지하는 방안도 있다.

셋째, 과도한 양보로 인한 위험을 경계해야 한다. 협상에서 지나친 양보는 협상의 불균형을 초래하고, 상대방이 이를 남용할 가능성을 높인다. 이는 스타트업의 비즈니스 지속 가능성을 위협할 수 있다. 협상 전 양보 가능한 범위를 명확히 정하고, 핵심 이익은 양보하지 말아야 한다. 무조건적인 양보는 피하고, 대량 주문 시 할인 혜택을 제공하거나 최소 주문량을 설정하는 것처럼 양보 시 상응하는 조건을 요구할 수 있다. 지나치게 방어적이지 않으면서 양측의 균형을 유지해야 한다.

협상은 철저히 준비하고, 장기적 관점에서 데이터를 기반으로 한 논리적 접근을 결합해야 한다. 상호 이익 창출을 목표로 비즈니스의 지속 가능성을 높이고, 성공적인 관계를 구축할 수 있다.

05 파트너십 구축과 유지

파트너십이 필요한 이유

미국의 전기차 스타트업 리비안(Rivian)은 아마존과 협업하여 전기 배송 밴을 개발하고 있다. 2019년 아마존은 리비안에 10만 대의 전기 배달 밴을 주문하였으며, 이는 2030년까지 인도될 예정이다. 2022년부터 미국 내 여러 도시에서 리비안의 전기 배송 밴이 실제로 운행을 시작하였고, 2025년 1월 기준으로 아마존은 미국 내에서 2만 대 이상의 리비안 전기 배송 차량을 보유하고 있다. 이러한 파트너십은 아마존의 배송 네트워크 전기화 전략의 일환으로, 지속 가능한 물류 시스템 구축에 기여하며 상호 이익을 창출하고 있다.

스타트업은 제한된 자원과 경험 속에서 비즈니스를 시작하기 때문에, 성공적인 성장과 생존을 위해 전략적 파트너십이 필요하다. 파트너십은 스타트업이 자원을 보완하고, 시장에 빠르게 진입하며, 경쟁력을 강화하는 도구다. 아래는 스타트업에게 파트너십이 중요한 이유를 구체적으로 살펴본다.

첫째, 자원의 보완과 효율성 증대에 도움이 된다. 스타트업은 초기 단계에서 자본, 기술, 인적 자원 등 자원이 부족한 경우가 많다. 파트너십은 이러한 부족함을 보완하고, 한정된 자원을 효율적으로 활용할 수 있게 한다. 자원 기반 관점에 따르면 기업은 경쟁 우위를 확보하기 위해 희소하고 모방하기 어려운 자원을 보유해야 한다. 파트너십을 통해 부족한 자원을 외부에서 확보할 수 있다.

둘째, 시장 접근성을 향상시키고, 네트워크 확장에 유용하다. 파트너십은 스타트업이 기존 시장에 빠르게 진입하거나 새로운 시장을 개척할 수 있도록 돕는다. 이는 특히 초기 고객 확보와 시장 신뢰 구축에 효과적이다. 기업 간 연결과 상호작용이 시장 내 입지를 강화하고, 정보 및 기회를 공유할 수 있는 기반을 제공한다.

셋째, 혁신을 촉진한다. 파트너십은 기술 교류와 공동 개발을 통해 혁신을 촉진하는 데 기여한다. 이는 스타트업이 내부 역량에만 의존하지 않고, 외부의 기술적·창의적 자원을 활용할 수 있게 한다. 개방형 혁신(Open Innovation) 이론에 따르면 기업은 내부 자원뿐만 아니라 외부 자원을 적극적으로 활용해 혁신을 가속화해야 한다고 주장한다.

넷째, 위험 분산과 지속 가능성을 강화한다. 스타트업이 비즈니스의 다양한 위험 요소를 분산시키는 데 도움을 준다. 특히, 공동 프로젝트나 공동 투자 방식을 통해 재정적 부담과 시장 리스크를 나눌 수 있다. 협력을 통해 위험을 여러 주체에 분산함으로써 실패 가능성을 줄이고 지속 가능성을 높일 수 있다.

다섯째, 브랜드 신뢰와 인지도 제고에 보탬이 된다. 유명 기업 또는 기관과의 파트너십은 스타트업의 브랜드 신뢰도와 인지도를 높이는 데 효과적이다. 이는 고객과 투자자들에게 스타트업의 안정성과 성장 가능성을 증명하는 신호로 작용한다.

파트너십은 스타트업이 자원 부족, 시장 진입, 혁신 촉진, 위험 분산, 신뢰 구축 등 다양한 도전에 효과적으로 대응할 수 있도록 돕는다. 성공적인 파트너십은 자원 공유를 넘어, 상호 이익을 창출하고 지속 가능한 비즈니스 생태계를 형성하는 데 기여한다. 파트너십의 잠재력을 인식하고, 전략적으로 이를 활용해 성장과 성공의 기반을 마련해야 한다.

성공적인 파트너십

파트너십은 계약서에 서명하는 행위를 넘어, 상호 신뢰를 기반으로 지속 가능한 협력 관계를 구축하는 과정이다. 스타트업은 파트너십을 통해 더 큰 가치를 창출하고, 성장의 기회를 확대할 수 있다. 성공적인 파트너십을 위해 창업자가 알아야 할 핵심 요소와 전략을 아래와 같이 정리했다.

파트너십의 성공은 명확한 목표 설정, 상호 신뢰 구축, 그리고 지속적인 소통에 달려 있다.

- **명확한 목표 설정**: 파트너십을 통해 달성하고자 하는 목표를 초기 단계부터 명확히 정의하라. 예를 들어, 새로운 시장 진출, 제품 혁신, 공급망 안정화 등이 있을 수 있다. 목표 설정은 실질적인 기대치를 조율하고 협력의 방향성을 제시한다.
- **상호 신뢰 구축**: 신뢰는 파트너십의 기반이다. 상대방이 신뢰할 수 있는 행동(정확한 정보 제공, 약속 준수 등)을 꾸준히 실천해야 한다. 신뢰를 구축하면 갈등을 줄이고, 협력 관계를 더욱 강화할 수 있다.
- **지속적인 소통**: 파트너와 정기적으로 소통하며 목표와 진행 상황을 점검하라. 투명한 커뮤니케이션은 오해와 갈등을 예방하고, 관계를 공고히 하는 데 기여한다.

성공적인 파트너십을 구축하기 위해 스타트업 창업자가 따라야 할 주요 단계를 소개한다.

먼저, 비즈니스 목표와 문화가 일치하는 파트너를 선택하라. 과거 성과, 시장 평판, 기술력 등을 조사하여 신뢰할 수 있는 협력 대상을 찾는 것이 중요하다.

그다음, 각 파트너의 역할과 책임을 명확히 설정하라. 공동 목표와 성과 지표를 명시하여, 협력 과정에서 혼란을 방지하고 협력의 효율성을 높일 수 있다.

그리고, 계약서를 통해 협력의 법적·윤리적 기반을 설정하라. 갈등이 발생할 경우를 대비해 중재나 재협상 절차를 사전에 합의해야 한다.

파트너십을 단기적으로 유지하는 건 쉬울 수 있지만, 장기적인 성공을 위해서는 체계적인 관리와 지속적인 노력이 있어야 한다. 파트너십 유지를 위해서는 정기적인 성과 평가, 신뢰 강화, 공동 성장 모색, 갈등 관리가 필요하다.

- **정기적인 성과 평가**: 협력의 효과를 평가하기 위해 정기적으로 리뷰를 진행하라. 목표 달성 여부를 점검하고, 개선이 필요한 부분을 논의하여 협력의 방향성을 조정한다. 예를 들어, 반기별 성과 리뷰를 통해 협력의 투명성을 높이고, 관계를 강화한다.

- **신뢰 강화**: 투명성을 유지하고 약속을 철저히 이행하며 신뢰를 쌓아라. 예기치 못한 상황에서도 책임감 있게 대응하며, 성공 사례를 함께 축하하는 것도 신뢰 강화에 효과적이다.
- **공동 성장 모색**: 새로운 시장 기회를 탐색하거나 기술 개발을 위한 협력 프로젝트를 진행하라. 양측 모두가 성장할 수 있는 기반을 마련하는 것이 중요하다. 공동 프로모션 캠페인 진행, 연구개발 협력을 통한 새로운 제품 출시를 진행할 수 있다.
- **갈등 관리**: 갈등은 피할 수 없지만, 중재를 통해 입장을 조율하거나 갈등 원인을 분석해 재발 방지 대책을 마련하면 관계를 강화할 수 있다. 갈등 상황에서는 감정적으로 대응하기보다 협력적인 문제 해결 태도를 유지해야 한다.

[그림 5-4] 파트너십 유지 전략

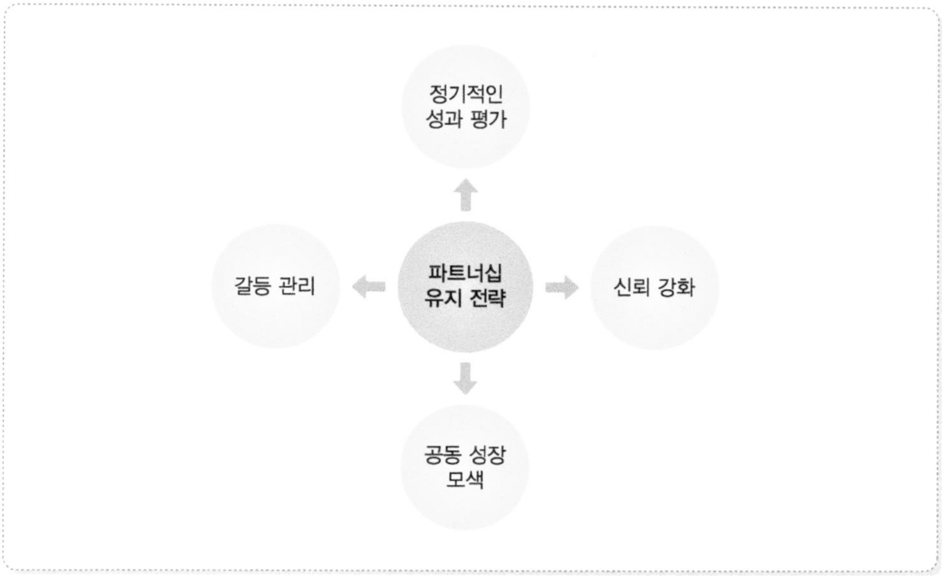

파트너십 종료는 새로운 협력만큼이나 중요하다. 종료 시점에서의 관계 관리는 향후 협력 가능성을 열어주고, 기업의 시장 평판에도 영향을 미친다. 종료 전에 성과와 책임을 정리하며, 피드백 세션을 통해 긍정적인 관계를 유지해야 한다. 종료 후에도 정기적인 소통을 유지하며, 새로운 협력 기회를 탐색할 수 있다.

파트너십은 스타트업 창업가가 제한된 자원과 경험을 극복하고 성장의 기회를 확대한다. 성공적인 파트너십은 명확한 목표, 신뢰 구축, 지속적인 소통을 통해 이루어진다. 이를 기반으로 스타트업은 더 큰 가치를 창출하며, 지속 가능한 비즈니스 성장을 도모할 수 있다.

06 해외 시장 도전

해외 시장 진출 준비

해외 시장 진출은 스타트업이 국내 시장의 한계를 넘어 글로벌 기회를 탐색하고 비즈니스를 확장하는 중요한 단계다. 단순히 새로운 고객 확보를 넘어 장기적인 성장을 도모하고, 글로벌 경쟁력을 강화하기 위한 과정이다. 특히 디지털 전환은 전 세계 고객과의 연결을 용이하게 하며, 글로벌 시장 진출의 문턱을 낮추고 있다. 이제 해외 시장에서 경쟁력 확보는 선택이 아니라 생존과 성장을 위한 필수 전략이다.

해외 시장 진출을 성공적으로 준비하기 위해 스타트업 창업자는 다음의 전략을 고려해야 한다.

첫째, 철저한 현지 시장 조사가 그 시작이다.

해외 시장 진출의 첫 단계는 진출하려는 국가에 대한 심층적인 시장 조사다. 각 국가의 고객 니즈, 구매 패턴, 문화적 차이, 경쟁 환경, 규제 요건 등을 분석해야 한다. 어떤 시장에서는 저가 제품이 인기를 끌고, 어떤 시장에서는 품질과 브랜드 가치를 중요시한다.

경쟁 환경도 중요한 요소다. 주요 경쟁사의 현지 전략을 분석하고, 이들의 성공과 실패 요인을 학습하여 차별화된 진입 전략을 설계해야 한다. 또한, 수출입 규제, 세금 정책, 인증 절차 등 각국의 법적 요건을 파악해 불필요한 리스크를 예방하는 것이 중요하다.

둘째, 현지화 전략이 성공의 열쇠다.

성공적인 해외 진출은 제품과 서비스의 현지화를 통해 가능하다. 언어 번역에 그치는 것이 아니라, 문화적, 사회적, 법적 요소를 고려한 조정을 포함한다. 특정 국가에서는 색상이나 이름이 문화적 의미를 담고 있을 수 있다. 이를 사전에 분석하여 반영해야 한다.

마케팅 메시지와 광고 캠페인도 현지 소비자들에게 공감을 주는 방식으로 설계해야 한다. 예를 들어, 유럽에서는 환경 보호와 지속 가능성을 강조하는 메시지가 효과적이다. 또한, 구매력과 경쟁 상황에 따라 현지화된 가격 전략을 설계하는 것도 중요하다.

셋째, 현지 네트워크와 파트너십을 구축하라.

현지 네트워크 구축은 스타트업이 시장 진입 속도를 높이고 초기 시행착오를 줄여 준다. 유통, 마케팅, 법적 절차에서 도움을 줄 수 있는 현지 전문가나 기업과의 협력은 효과적이다. 파트너십을 통해 현지 고객 니즈를 깊이 이해하고 맞춤형 전략을 실행할 수 있다.

넷째, 단계적인 접근과 데이터 기반 의사결정을 실행하라.

초기부터 대규모 진출을 시도하기보다, 단계적인 접근을 통해 리스크를 줄이고 데이터를 기반으로 의사결정을 내려야 한다.

먼저, 소규모 파일럿 프로젝트를 통해 고객 반응을 테스트하고, 성공적인 초기 성과를 기반으로 점진적으로 시장 점유율을 확대하는 전략이 필요하다. 또한, 주기적으로 성과 지표(시장 점유율, 고객 반응, 매출 성장률 등)를 모니터링하며 전략을 최적화해야 한다.

다섯째, 글로벌 브랜딩 전략을 개발하라.

해외 시장에서 신뢰를 얻고 성공하려면 글로벌 브랜딩 전략이 필요하다. 글로벌 고객에게 일관된 브랜드 메시지와 시각적 정체성을 전달하되, 각 지역의 문화와 소비자 감성을 반영한 현지화 요소를 결합해야 한다. 단순히 제품 판매를 넘어, 가치를 전달하고 신뢰를 구축해야 한다.

아모레퍼시픽은 프랑스 시장 진출 초기, 현지 유통 파트너와의 협업을 통해 시장 점유율을 확보하고자 했다. 1988년, 아모레퍼시픽은 프랑스 대리점을 통해 기초 화장품 '순(SOON)'을 수출하며 시장에 진입했다. 그러나 현지 유통 파트너의 부도와 프랑스 화장품 유통시장에 대한 이해 부족으로 마진 확보에 실패하며 철수하였다.

이러한 초기 실패를 교훈 삼아, 아모레퍼시픽은 현지 공장을 인수하고 법인을 설립하여 '리리코스(LIRIKOS)'라는 자체 브랜드를 'Made in France'로 출시했다. 그러나 프랑스 여성의 화장 습관에 대한 이해 부족으로 다시 한 번 실패를 경험하였다. 이후 아모레퍼시픽은 프랑스 패션 디자이너 롤리타 렘피카(Lolita Lempicka)와의 협업을 통해 향수 시장에 재도전하였고, 이는 성공적인 결과를 가져왔다.

이는 현지 시장에 대한 깊은 이해와 전략적 파트너십의 중요성을 보여주며, 스타트업 창업가에게 현지화 전략의 필요성을 보여준다.

해외 시장 진출은 스타트업이 국내 시장의 한계를 넘어 글로벌 무대에서 경쟁력을 확보할 수 있는 중요한 기회다. 이를 위해 창업자는 철저한 시장 조사, 현지화 전략, 네트워크 구축, 단계적 접근, 글로벌 브랜딩 전략을 실행해야 한다. 성공적인 해외 진출은 전략적 사고와 유연성을 결합해 글로벌 시장에서 지속 가능한 성장을 이끌어내는 데 기여한다.

해외 시장 진출 준비
◦ 철저한 시장 조사
◦ 현지화 전략
◦ 현지 네트워크와 파트너십 구축
◦ 단계적인 접근과 데이터 기반 의사결정 실행
◦ 글로벌 브랜딩 전략 개발

해외 시장으로 실행과 교훈

해외 시장 진출을 준비한 후에는 성공적인 실행을 위해 구체적인 전략과 계획을 수립해야 한다. 스타트업 창업가는 현지 시장의 특수성을 이해하고, 차별화된 접근 방식을 통해 글로벌 시장에서 경쟁력을 확보해야 한다. 다음은 해외 시장 성공을 위해 창업자가 고려해야 할 주요 전략이다.

첫째, 명확한 진입 전략을 수립해야 한다.

해외 시장에서 성공하려면 목표 시장에 적합한 비즈니스 모델, 마케팅 전략, 유통 채널 등을 명확히 정의해야 한다. 모든 고객을 대상으로 하기보다는 초기에는 특정 고객군을 타깃으로 삼아 집중하는 것이 효과적이다. 예를 들어, B2B

스타트업은 중소기업 고객을 대상으로 시범 사업을 진행해 신뢰를 구축할 수 있다. 또한, 현지 유통 네트워크와 협력하거나, 온라인 플랫폼을 활용해 초기 비용을 절감하면서 빠르게 시장에 진입할 수 있다.

둘째, 고객 중심의 접근을 실천해야 한다.

해외 시장에서는 현지 고객의 니즈와 요구를 깊이 이해하고, 이를 반영한 제품과 서비스를 제공해야 한다. 고객 피드백을 적극적으로 수집하고 이를 제품 개선에 활용하는 시스템을 구축하라. 정기적인 사용자 경험 분석과 업데이트를 통해 현지 고객의 요구를 반영할 수 있다. 또한, 현지 언어와 문화를 반영한 고객 지원 서비스는 고객 만족도를 높이는 데 필수적이다.

셋째, 글로벌 브랜딩과 현지화된 마케팅 전략을 실행해야 한다.

해외 시장에서 브랜드 신뢰를 얻으려면 글로벌 정체성을 유지하면서도 현지화된 마케팅을 결합해야 한다. 브랜드 가치를 일관되게 전달하되, 각 지역의 문화와 소비자 감성을 반영한 접근이 필요하다. 예를 들어, 삼성이 글로벌 시장에서 혁신과 품질을 강조하면서, 각국의 문화적 특성에 맞는 광고 캠페인 진행은 글로벌 브랜딩의 사례이다. 디지털 마케팅 또한 초기 진입 시 효율적인 도구가 될 수 있다. 소셜 미디어, 검색 엔진 광고 등을 활용해 현지 고객과의 접점을 확대하라.

넷째, 지속 가능한 운영 모델을 구축해야 한다.

해외 시장에서 성공하려면 단순히 초기 판매에 그치는 것이 아니라, 지속 가능한 운영 기반을 마련해야 한다. 물류와 유통 체계를 최적화하고, 현지 인력을 채용해 시장의 특수성을 이해하는 조직을 만들어야 한다. 예를 들어, 물류 네트워크를 구축하거나, 현지 배송 파트너와 협력해 효율성을 높이는 방식이 있다. 현지 인재는 문화적 차이를 이해하고, 고객과의 신뢰를 형성하는 데 중요한 역할을 한다.

다섯째, 성과를 측정하고 지속적으로 최적화해야 한다.

해외 시장에서의 성공은 단발적인 성과로 평가할 수 없다. 지속적으로 성과를 측정하고, 전략을 최적화하며 시장에서의 입지를 강화해야 한다. 매출, 고객 유지율, 시장 점유율 등 핵심 성과 지표(KPI)를 설정하고, 이를 기반으로 진행 상황을 평가하라. 현지 시장의 변화에 따라 마케팅 메시지나 가격 전략을 수정하는 등 유연성을 유지하며 전략을 조정해야 한다.

타파스미디어(Tapas Media)는 한국 웹툰의 비즈니스 모델을 미국 시장에 성공적으로 도입한 사례다. 이 회사는 현지화를 핵심 전략으로 삼았다. 미국 독자들의 문화적 코드와 선호도를 반영한 작품을 제공하며, '부분 유료화'라는 비즈니스 모델을 도입했다. 더불어, 미국 작가들과의 협업을 통해 현지 독자들이 공감할 수 있는 콘텐츠를 생산했다.

초기에는 시장 점유율 확보가 쉽지 않았으나, 독창적인 콘텐츠와 새로운 소비 경험을 제공하며 북미 시장에서 가장 큰 디지털 만화 플랫폼 중 하나로 자리 잡았다. 타파스미디어의 성공은 현지화와 협업의 중요성을 보여준다.

왓챠(Watcha)는 국내 구독형 OTT 플랫폼으로 일본 시장에 진출하며 해외 OTT 시장에서도 두각을 나타냈다. 이들은 일본 시청자들의 선호도를 분석해 현지화된 콘텐츠를 제공했고, 일본 소비자에게 익숙한 마케팅 채널을 활용해 브랜드를 알렸다. 또한, 일본 콘텐츠 제작사와 협력하여 현지 네트워크를 강화하며 경쟁력을 확보했다. 넷플릭스와 같은 글로벌 강자와의 경쟁 속에서, 현지화된 콘텐츠와 차별화된 전략을 통해 글로벌 OTT 시장에서 입지를 다지고 있다.

AI 기반 교육 플랫폼 콴다는 동남아시아와 일본 시장에 진출하며 글로벌 에듀테크 시장에서 주목받는 기업으로 성장했다. 현재 콴다는 누적 다운로드 수 7,000만 건 이상을 기록하며 글로벌 에듀테크 시장에서 주요 플레이어로 자리매김하고 있다. 콴다는 각국의 언어와 학습 커리큘럼을 현지화하여 맞춤형 서비스를 제공했다. 초기에는 특정 국가에서 파일럿 프로젝트를 진행하며 고객 반응을 테스트했고, 이를 기반으로 점진적으로 시장 점유율을 확대했다. 사용자 경험(UX)을 개선하고, 실시간 피드백 시스템을 구축해 고객 만족도를 높였다.

해외 시장 진출은 스타트업 창업가에게 글로벌 비즈니스의 기회를 잡는 중요한 도전이다. 명확한 진입 전략, 지속 가능한 운영 모델, 고객 중심 접근, 성과 측정을 실행해야 한다. 해외 시장에서의 성공은 자신만의 글로벌 전략을 수립하고, 끊임없는 혁신과 적응을 통해 가능하며, 이는 장기적으로 성장하고 글로벌 경쟁력을 확보하도록 한다.

07 지속 가능한 비즈니스

현대 기업 경영 환경은 그 어느 때보다도 빠르게 변하고 있다. 디지털 전환, 글로벌화, 고객 요구의 다양화와 같은 요소는 기업에 새로운 도전과 기회를 동시에 제공한다. 이러한 상황에서 '지속 성장'과 '경쟁 우위'는 목표를 넘어, 생존과 번영을 위한 필수 조건으로 자리 잡고 있다.

지속 성장은 매출 증가를 넘어 안정적이고 지속 가능한 발전을 의미한다. 자원 고갈, 환경 변화, 소비자 의식 변화와 같은 외부 요인들이 지속 성장을 더욱 중요한 과제로 만들고 있다. 이를 달성하려면 기업은 고객과 신뢰를 구축하고, 혁신적인 솔루션을 통해 시장 변화를 선도해야 한다.

또한, 친환경 비즈니스 모델을 도입해 지속 가능성을 강조함으로써 소비자와 파트너사에게 매력적으로 다가갈 수 있다. 환경 변화에 유연하게 대응하는 기업은 시장에서 더 큰 신뢰를 얻을 수 있다. 또, AI, IoT, 빅데이터 등 첨단 기술을 활용해 지속 가능한 성장을 지원하는 새로운 방안을 마련할 수 있다.

반면, 지속 성장은 다양한 위험 요소에 직면해 있다. 시장 포화, 경쟁 심화, 기술 변화는 기업이 성장을 지속하기 어렵게 만든다. 이러한 환경 속에서 끊임없이 새로운 성장 기회를 탐색해야 한다. 경쟁 우위를 확보하지 못한 기업은 도태될 위험이 크다.

경쟁 우위를 확보하기 위해 기업은 차별화된 가치를 제공해야 한다. 이는 제품과 서비스, 고객 경험, 브랜드 이미지 등 다양한 측면에서 실현될 수 있다. 그러나 경쟁 우위는 한 번 확보했다고 영원히 지속되지 않는다. 시장 환경은 끊임없이 변하기 때문에, 지속적으로 혁신하고 적응해야 한다. 비즈니스는 제품과 서비스 거래를 넘어, 고객과의 장기적 관계를 구축하고 지속 가능한 성장을 이루는 데 초점을 맞춰야 한다. 지속 가능한 비즈니스를 구축하기 위해 다음 요소를 고려해야 한다.

#1. 고객 중심의 가치 제공

비즈니스 성공은 고객 문제를 얼마나 효과적으로 해결하느냐에 달려 있다. 고객의 요구와 목표를 깊이 이해하고, 그에 부합하는 솔루션을 제공해야 한다. 이를 위해 세 가지를 실천할 수 있다.

- **고객 여정 분석**: 고객의 구매 결정 과정에서 발생하는 각 접점을 분석하여, 고객 경험을 최적화하라.
- **맞춤형 솔루션 제공**: 고객의 특성과 니즈에 맞는 솔루션을 설계하여 경쟁 우위를 확보하라.
- **LTV(Lifetime Value) 극대화**: 고객 생애 가치를 기반으로 장기적인 관계를 유지하며 반복적인 거래를 유도하라.

#2. 지속적인 혁신

시장은 기술 변화와 경쟁 심화로 끊임없이 진화하고 있다. 지속 가능성을 위해 혁신적인 솔루션과 서비스를 개발해야 한다. 이를 위한 세 가지 실천 방안을 제안한다.

- **디지털 전환**: 자동화, AI, 빅데이터, IoT 등의 기술을 활용하여 운영 효율성을 높이고, 새로운 가치를 제공하라.
- **데이터 기반 의사결정**: 고객 데이터와 시장 정보를 분석하여 빠르게 변화하는 환경에 적응하라.
- **제품 및 서비스 개선**: 고객의 피드백을 반영하여 지속적으로 제품과 서비스를 업그레이드하라.

#3. 신뢰 기반의 관계 강화

비즈니스는 신뢰를 기반으로 한다. 고객과의 장기적인 신뢰 관계는 비즈니스 성과를 안정적으로 유지하는 데 필수다. 이를 위해서는 다음 세 가지를 실행할 수 있다.

- 투명한 커뮤니케이션: 고객과의 모든 상호작용에서 투명성을 유지하며 신뢰를 쌓아라.
- 신속한 문제 해결: 고객 불만이나 이슈가 발생했을 때, 신속하고 책임감 있는 태도로 대처하라.
- 파트너십 강화: 고객을 단순한 구매자가 아닌, 비즈니스 성장의 파트너로 대하라.

#4. 사회적 책임과 ESG 경영

환경, 사회, ESG를 고려한 책임 있는 경영을 통해 지속 가능성을 강조하며, 기업의 긍정적인 이미지를 강화한다. 세 가지 방면에서 이를 접근할 수 있다.
- 환경 친화적 운영: 친환경 프로세스와 제품을 통해 지속 가능성을 추구하라.
- 사회적 책임 실천: 지역 사회와 협력하며, 사회적 가치를 창출하는 비즈니스 모델을 구축하라.
- ESG 통합: ESG 경영 원칙을 비즈니스 운영에 통합하여 시장에서 신뢰와 경쟁력을 확보하라.

#5. 유연성과 적응력

불확실성과 변화가 공존하는 환경에서 민첩하게 대응하고, 조직과 전략을 유연하게 조정하여 새로운 기회를 포착해야 한다. 이를 위한 세 가지 방안을 살펴보자.
- 시장의 흐름 읽기: 글로벌 트렌드와 고객의 새로운 요구를 빠르게 감지하고 대응하라.
- 위기 관리: 예기치 못한 상황에서도 조직이 안정적으로 운영될 수 있도록 위기 관리 시스템을 구축하라.
- 확장 가능성: 사업이 성장함에 따라 쉽게 확장할 수 있는 비즈니스 구조를 설계하라.

〈표 5-2〉 지속가능한 비즈니스 구축 요소

지속 가능한 비즈니스 요소	세부 항목
고객 중심의 가치 제공	− 고객 여정 분석 − 맞춤형 솔루션 제공 − LTV(Lifetime Value) 극대화
지속적인 혁신	− 디지털 전환 − 데이터 기반 의사결정 − 제품 및 서비스 개선
신뢰 기반의 관계 강화	− 투명한 커뮤니케이션 − 신속한 문제 해결 − 파트너십 강화
사회적 책임과 ESG 경영	− 환경 친화적 운영 − 사회적 책임 실천 − ESG 통합
유연성과 적응력	− 시장의 흐름 읽기 − 위기 관리 − 확장 가능성

지속 가능한 비즈니스는 고객 중심의 접근, 기술 혁신, 신뢰 관계 구축, 사회적 책임 실천, 그리고 유연성을 결합해야 가능하다. 이러한 요소를 통합적으로 실천할 때, 장기적인 성장과 성공의 기반을 마련할 수 있다.

기업은 끊임없는 혁신과 고객과의 신뢰를 통해 시장을 대응해야 한다. 동시에 환경 보호와 사회적 요구를 고려한 책임 경영을 실천함으로써, 기업의 지속 가능성을 높이고 더 큰 가치를 창출할 수 있다. 경쟁 우위를 유지하고, 시장에서 선도적인 위치를 확보할 수 있다. 장기적인 성장을 설계하려면, 지속 가능한 비즈니스 전략을 체계적으로 수립하고 실천해야 한다.

본 장에서는 지속 가능한 비즈니스를 위한 방향을 제시했다. 이를 바탕으로 실질적이고 효과적인 전략을 개발하여, 변화와 도전에 강한 기업으로 거듭나길 바란다.

Epilogue

당신의 여정을 응원하며

창업은 새로운 시작이자, 스스로의 가능성을 증명하는 여정이다. 스타트업 창업은 제품이나 서비스 제공을 넘어, 고객 문제를 깊이 이해하고 그들의 삶과 비즈니스에 가치를 더하는 도전이다. 이 과정에서 느끼는 설렘과 두려움, 경험하게 될 실패와 성공은 모두 소중한 여정의 일부다.

창업자는 비즈니스의 성공을 넘어 세상에 긍정적인 변화를 만든다. 열정은 창업자가 새로운 도전과 위기에 맞서는 에너지를 제공하고, 책임감은 고객, 팀원, 사회에 대한 신뢰를 구축한다. 혁신은 기존의 문제를 새롭게 바라보고, 이를 해결하기 위한 창의적인 방법을 제공한다. 열정, 책임감, 그리고 혁신은 창업자가 새로운 도전과 위기에 맞설 힘을 제공하며, 팀과 조직, 나아가 세상을 더 나은 방향으로 변화시킨다.

그러나, 창업의 길은 결코 평탄하지 않다. 예상치 못한 장애물에 부딪히고, 때로는 실패의 무게에 좌절할 때도 있다. 그러나 한 가지 분명한 사실은 도전하는 자만이 배우고, 도전하는 자만이 성장한다는 것이다. 실패를 두려워하지 않고, 그 안에서 배움을 찾아 앞으로 나아가는 당신의 용기는 지금보다 더 넓고 밝은 길을 열어줄 것이다.

스스로를 믿고, 자신만의 방식으로 도전하라. 배우고, 성장하며, 당신만의 독창적인 이야기를 써 내려가라. 창업은 생계 수단을 넘어, 자신의 가치를 세상에 증명하고 변화를 일으키는 과정이다. 이 책에서 전한 이야기와 실질적인 조언들이 당신의 창업 여정에 영감과 도움 주기를 바란다.

이제는 당신의 이야기를 시작할 차례다. 준비되었는가? 첫걸음을 내딛는 당신을 진심으로 응원하며, 이 여정이 가능성과 배움으로 가득하기를 기원한다. 당신이 마주할 도전은 성공으로 가는 디딤돌이 될 것이고 그 끝에는, 세상을 변화시키는 혁신가로 자리 잡은 당신의 모습이 있다.

"내 시작은 미약하나 나중은 심히 창대하리라."

저자 약력

- 정 진 선

현, 경북대학교 초빙교수
　　연세대학교 강사
　　고려대학교 강사
　　경영지도사(마케팅)
기술경영전문대학원 박사
전기전자및컴퓨터공학 학사
삼성전자 전략마케팅팀
삼성전기 전략마케팅팀
EY컨설팅 컨설던트
제32회 과학기술우수논문상 수상

스타트업 창업가 DNA

2025년 6월 10일 초판 인쇄
2025년 6월 15일 초판 발행

저　자　정　　　진　　　선

발 행 인　배　　　효　　　선

발행처　도서출판　法　文　社

주　소　10881 경기도 파주시 회동길 37-29
등　록　1957년 12월 12일 / 제2-76호 (윤)
전　화　(031)955-6500~6
FAX　　(031)955-6525
E-mail　(영업) bms@bobmunsa.co.kr
　　　　(편집) edit66@bobmunsa.co.kr
홈페이지 http://www.bobmunsa.co.kr
조　판　법　문　사　전　산　실

정가 28,000원　　ISBN 978-89-18-91610-1

불법복사는 지적재산권을 훔치는 범죄행위입니다.
　이 책의 무단전재 또는 복제행위는 저작권법 제136조 제1항에 의거, 5년 이하의 징역 또는 5,000만원 이하의 벌금에 처하게 됩니다.

※ 저자와 협의하여 인지를 생략합니다.